繁霜尽是心头血
洒向千峰秋叶丹

戚继光

研究文萃

政协烟台市委员会◎编

中国文史出版社
CHINA CULTURAL AND HISTORICAL PRESS

图书在版编目（ＣＩＰ）数据

繁霜尽是心头血，洒向千峰秋叶丹 : 戚继光研究文萃 / 政协烟台市委员会编 . -- 北京 : 中国文史出版社，2023.9

ISBN 978-7-5205-4241-8

Ⅰ . ①繁… Ⅱ . ①政… Ⅲ . ①戚继光（1528-1587）—人物研究—文集 Ⅳ . ① K825.2-53

中国国家版本馆 CIP 数据核字 (2023) 第 151476 号

责任编辑：梁玉梅

出版发行：中国文史出版社
社　　址：北京市海淀区西八里庄路 69 号院　邮编：100142
电　　话：010-81136606 81136602 81136603（发行部）
传　　真：010-81136655
印　　装：北京新华印刷有限公司
经　　销：全国新华书店
开　　本：16 开
印　　张：24　　插页：4
字　　数：358 千字
版　　次：2023 年 10 月北京第 1 版
印　　次：2023 年 10 月第 1 次印刷
定　　价：98.00 元

戚继光 52 岁画像

戚继光牌坊——父子总督坊

戚继光牌坊——母子节孝坊

戚武毅公祠正门

国家博物馆展出的戚继光刀

戚继光墓

戚继光祠堂

探寻戚继光精神的当代价值（代序言）

烟台历史名人戚继光，是一位"早将名姓播中华"的民族英雄。他戎马一生，转战南北，战无不胜，为国家边疆安宁立下了不朽功勋，素有战神美誉；他总结自己的军事理论和实践而成《纪效新书》《练兵实纪》等著作、发明的狼筅兵器和鸳鸯阵法以及空心敌台堡垒和车步骑合营战法，成为我国军事史上的瑰宝；他文武兼备，带兵打仗之余吟诗作书，留下来诸多脍炙人口的诗文和书法佳作，是历代男儿书剑生涯的翘楚。天地英雄气，千秋尚凛然。戚继光的英雄事迹中蕴含的精神元素，是一座价值丰富的历史宝库，至今仍闪耀着夺目的光芒，吸引我们不断地探寻。

2018年5月28日在两院院士大会上，习近平总书记引用戚继光诗句"繁霜尽是心头血，洒向千峰秋叶丹"，鼓励科技工作者心系国家、无私奉献。同年6月13日，习总书记视察烟台时，亲临蓬莱水城炮台，了解戚继光当年操练水师、保卫海防等情况，指示要弘扬戚继光精神，勉励领导干部多读一点历史，从中汲取更多精神营养。

站在历史的潮头，回看戚继光的壮丽人生，戚继光精神是立体的、丰富的。这些精神在他的诗句中每每有所体现，譬如"封侯非我意，但愿海波平"所反映的以天下为己任的家国情怀、"遥知百国微茫外，未敢忘危负岁华"所展露的枕戈待旦的忧患意识、"一剑横空星斗寒，甫随平北复征蛮"所表现的不怕牺牲的斗争精神、"一年三百六十日，多是横戈马上行"所蕴含的舍家卫国的敬业精神和"万众一心兮，群山可撼"所追求的团队精神，等等。所有这些精神，最核心、最显著的仍是爱国主义精神。戚继光在少年时，就受到忠贞报国等传统文化熏陶，良好的家风特别是父亲戚景通的言传身教，在戚继光的心目中根植了"但愿海波平"的人生追求。"一片丹心风浪里""总然用尽檐前力，应是无心为利名"就是戚继光为了国家和民族的利益，不计个人荣辱得失、奋斗一生的真实写照。可以说，正是这种丹心许国的爱国情怀，滋生培养了他的忧患意识、担当精神、斗争精神、创新精神及一切英雄行为。爱国主义精神是戚继光民族精神的具体表现和重要内容。

民族复兴呼唤责任担当，时代风云召唤斗争精神。总结研究好戚继光精神的当代价值，弘扬传承好戚继光爱国主义精神，既是赓续民族英雄的精神血脉，更是凝聚力量、奋进新时代的精神滋养。烟台是戚继光的桑梓之地，理应在推进戚继光精神研究和传承弘扬戚继光爱国主义精神方面走在前列，理应在推进戚继光生前战斗过的地方和城市之间的文化交流与合作做出积极贡献。近年来，烟台市先后修复了与戚继光有关的历史文物建筑，建设了戚继光纪念馆，成立了戚继光研究会，开展了戚继光专项社科课题研究，召开了全国性的学术研讨会，编撰出版了《戚继光文化著作选编》《戚继光研究》《戚继光精神与军事思想》《戚继光生平史话》等相关书籍20多套，上演了新编历史京剧《戚继光》——该剧获得第十二届山东省泰山文艺奖戏剧类一等奖。这一系列重要成果，把戚继光精神的当代价值研究和宣传推向了一个新阶段，也为海内外人士全面了解戚继光生平事迹和文化成就打开了一个个窗口。

这次我们推出的《戚继光研究文萃》，汇辑了近年国内学者在戚继光学术研究方面取得的最新成果。作者阵容强大，从中国军事科学院范中义研究员、中国明史学会戚继光分会朱亚非会长、浙江卢如平、河北张凤林等著名学者，到本地学者如鲁东大学刘凤鸣、王海鹏教授和原烟台教育学院曲树程教授等，有年高学深的著名专家，有崭露头角的青年才俊。其研究成果有的荣获国家社科基金资助，有的填补了戚继光研究的空白。在《文萃》付梓之际，谨向各位孜孜不倦从事戚继光研究的专家和论文作者表示崇高的敬意和衷心的感谢。

烟台是一座英雄辈出的城市，也是一座历史文化名城，更是一座充满生机和活力的城市。真诚欢迎广大读者抽时间到烟台来，实地感受一下英雄故乡的风貌。让我们一起讲好戚继光的故事，传承弘扬好以爱国主义为核心的戚继光精神，真正让戚继光精神洒向千峰，为新时代新征程、经济社会高质量发展注入更多精神文化力量。

烟台市政协主席、党组书记 于永信

2023 年 10 月

目录

戚继光生平及战功

戚继光生平概述

范中义 *

戚继光（1528—1588），字元敬，号南塘，晚号孟诸，世居登州（今山东蓬莱）。他戎马生涯四十年，南抗倭，北御虏，在军事理论创新和保卫华夏民族方面做出了突出贡献，是中国古代杰出的军事家、伟大的民族英雄。

蓬莱岁月

嘉靖七年闰十月初一（1528 年 11 月 12 日）子时，戚继光出生于山东济宁南60 里的鲁桥镇，其父戚景通为之取名"继光"，希望他能继承祖业，光裕后人。嘉靖十二年（1533）戚景通调任大宁都司掌印，六岁的戚继光随祖母回到蓬莱定居。

戚继光六世祖戚详，随朱元璋南征北战，由小旗升应天卫中所百户，战死于云南。朱元璋念其有开国功，授其子斌世袭登州卫指挥佥事（正四品）。斌生珪，珪生谏，谏生宣。宣无嗣，以弟宁之子景通承袭世职。戚景通（1473—1544），字世显，官至神机营坐营，为官清廉，政声颇善。56 岁得子的戚景通，要求戚继光生活俭朴，读书刻苦，思想上忠孝廉节。

戚继光七岁入学，其师梁玠为人刚直而富气节，儒雅博学，对戚继光儒学文化启蒙和品德修养有重要影响。在父亲和师长的教导下，戚继光刻苦攻读，博览

---

* 范中义，中国军事科学院战略研究部原研究员。

群书，15 岁时已"袁然以经术鸣于时"①。

戚继光 17 岁袭职，19 岁负责登州卫屯田事务。他一心奉公，整顿屯务，铲除积弊，军屯有了起色，颇得上司赞誉。同时，他"旦暮勤读，忻然忘倦"，并在兵书中写下诗句"封侯非我意，但愿海波平"②，体现了雄心伟志。

自嘉靖二十九年（1550）始，戚继光膺中军之任，连续三年，与山东民兵轮戍蓟镇。同年九月，入京参加武举会试，时当俺答南犯，兵临北京城下，京师戒严，诏会试者参加城守。戚继光任总旗牌，参与督防九门，其间上《御虏方略》十余策，受到兵部重视，将他记录为将才。

嘉靖三十二年（1553）六月，戚继光晋署都指挥佥事（从三品），总督山东备倭，领沿海三营二十四卫所。他秉公执法，号令严明，不徇私情。当时虽无倭寇入侵，但他居安思危，振饬营伍，整刷卫所，巡视海上诸营卫，惩治地方恶霸，备倭诸务逐步完备。

戚继光从小接受良好的家教和师授，袭职之后又亲历边海防，这为他后来在抗倭御虏斗争中取得辉煌业绩，成为一代名将，奠定了初步基础。

东南抗倭

浙江抗倭　嘉靖三十四年（1555）七月，戚继光调任浙江都司佥书（正三品），司屯局事。翌年七月改任宁绍台参将，走上抗倭前线。八九月间倭寇入犯，戚继光率部与敌战于龙山、雁门岭等地，虽未失败，也未获胜。戚继光深感兵不堪用，翌年十一月上《任临观请创立兵营公移》，提出练兵建议。嘉靖三十六年（1557）二月又上《练兵议》，终于得到上司胡宗宪首肯，将兵备佥事曹天佑所部三千名临观兵拨给他训练。经过训练，这支队伍军容可观，也取得了一些战绩，但终究胆怯，不敢与敌短兵相接。

嘉靖三十七年（1558）七月，因岑港战事不利，参战的戚继光与其他七位将

① （明）戚祚国等：《戚少保年谱耆编》卷一《嘉靖二十一年》，中华书局 2003 年版，第 7 页。

② （明）戚祚国等：《戚少保年谱耆编》卷一《嘉靖二十五年》，中华书局 2003 年版，第 9 页。

领一起被夺职。这使他更深刻地认识到练出一支勇敢善战精兵的必要性。

嘉靖三十八年（1559）八月再上《练兵议》，指出"义乌露金穴括徒""其气敢忾，其习惯而自轻"，如能招募他们，进行训练，"一旅可当三军"①。恰在此时义乌县令赵大河也有练兵之议，总督胡宗宪遂令戚继光赴义乌募兵。

戚继光到义乌在赵大河的配合下，选那些乡野老实的农民和矿徒，得 4000 余人。戚继光对这 4000 余名士兵授器、编伍后，进行耳、目、手、足、心以及营阵的全面严格训练。练耳目，使士兵绝对听从指挥，令行禁止。练手足，使士兵体格健壮，武艺精强。练心性气，使士兵亲附将领，士气高昂，勇敢作战。练营阵，使士兵协同作战，共同对敌。他根据南方地形和倭寇的特点，创造新的阵法——鸳鸯阵和一头两翼一尾阵。平时训练，要使士兵熟练运用这些战斗队形和战术队形。戚继光还训练部队掌握防伏、设伏以及行军、下营等一系列方法。所有这些都是按照他所编写的条例（即后来的十八卷本《纪效新书》）进行的。经过训练，戚继光所招募的 4000 多人，确实成了技艺精、战术强，有纪律、听指挥，万众一心、勇敢善战的精锐之师。

嘉靖三十九年（1560）二月，戚继光恢复职务，改任台金严参将。

嘉靖四十年（1561）三月，戚继光改制的 44 艘战船开始服役，建立了戚家军水师。这样，戚继光就可以实行他提出的"水陆兼司，陆战尤切"②的御倭方略。

嘉靖四十年四月中旬，大批倭寇进犯台州等地。戚继光和兵备金事唐尧臣督水陆官兵与倭寇展开激战，水陆连捷于新河、花街、上峰岭、长沙等地。战斗一个月，共擒斩倭首 1426 级，焚溺死者无算，解救被掳百姓万人以上，使倭寇"只樯不返，而贼部中之枭雄悉绝"③，史称"台州大捷"。从此"戚家军"闻名天下。九月，戚继光被破格晋升都指挥使（正二品）。

嘉靖四十一年（1562），在戚继光和其他将领打击下，浙江倭患平息。

福建抗倭　倭寇再也不敢入侵浙江，而对福建的侵扰则日渐猖獗。整个福建，

---

①（明）戚祚国等：《戚少保年谱耆编》卷一《嘉靖三十八年八月》，中华书局 2003 年版，第 30 页。

②（明）戚继光：《纪效新书（十八卷本）·纪效新书总叙》，中华书局 2001 年版，第 2 页。

③（明）戚祚国等：《戚少保年谱耆编》卷二《嘉靖四十年五月》，中华书局 2003 年版，第 66 页。

"北自福建福宁沿海，南至漳、泉，千里萧条，尽为贼窟"[①]。

宁德的横屿和福清的峰头（今福清西南新厝镇的峰头），是倭寇盘踞的老巢。福建巡抚游震得请求朝廷派浙兵援闽。明廷令戚继光领兵六千、督府中军都司戴冲霄率兵两千入闽，以副使王春泽监军。戚继光根据宁德天天告急的情况，决定迅速歼灭盘踞横屿的倭寇，然后乘胜击福清等地之倭。

横屿位于宁德东北20里的三都澳中，是一个四面环水的小岛，只有西面距离陆地较近，但涨潮一片汪洋，退潮淤泥一片，难以通行。横屿岛上有倭寇千余人，结巢筑屋，四周构设木栅作为基地，四出劫掠，附近居民也依附他们。

戚继光率部于八月初一日到达福宁州（治今福建霞浦），福建监军副使汪道昆召集文武官员商量作战方略。根据敌情和横屿的地理形势，戚继光决定趁退潮，陆兵以"负草填泥"的办法，涉渡泥滩，消灭敌人。八月初八，正值到处见海滩的低潮时分，戚家军列成鸳鸯阵战斗队形，每人负草一捆，随进随用草填泥，到达对岸与倭寇展开激战，迅速将倭寇歼灭。此战俘敌29人，斩首348级，烧溺死者无算，解救被掳男女800余人，是一次很了不起的胜利。

横屿战后，戚继光又于九月初二在牛田歼灭倭寇千余人，救出被掳男女900多人。九月十四日，在林墩歼灭倭寇4000多人，救出被掳男女2100多人。戚家军于十月初一班师回浙。

十二月，戚继光升任副总兵，分守温州、处州、福州、兴化、福宁等地。

戚继光离开福建，倭寇再次猖狂起来。于十一月二十八日占领兴化府城（今福建莆田），大肆劫掠。四十二年（1563）正月二十九日，倭寇放弃兴化，占领平海卫，企图夺船出海。

兴化府城未陷落前，明廷曾调总兵刘显援闽，陷落后又调新任总兵俞大猷和新任副总兵戚继光迅速入闽救援。俞大猷于嘉靖四十二年正月，率领招募的六千兵入闽，和刘显的兵力合起来也只有万余人，与倭寇兵力相当。一向用兵持重的俞大猷，写信给戚继光，请他迅速入闽。

嘉靖四十二年三月，明廷任命谭纶为福建巡抚。

戚继光任副总兵后，于嘉靖四十二年二月又到义乌募兵，16天内得壮士万余

---

①（明）戚继光：《上应诏陈言乞普恩赏疏》，摘自《明经世文编·戚少保文集》卷三四七。

人。三月初二，戚继光与兵备副使汪道昆率新募义乌兵赴闽，四月十三日抵福清。他给新上任的福建巡抚谭纶写信，要求他协调三支队的行动。这时俞、刘、戚三支军队共 3 万人。

倭寇得知戚继光军入闽，以 3000 余人移驻渚林的许家村（今莆田东南许厝村），据险结巢，屏障平海卫，意在守住平海这条通往海上的逃亡之路。

四月二十日，谭纶和汪道昆在渚林召集俞大猷、刘显、戚继光开会，决定戚继光为中军，正面进攻，刘、俞为左右哨，从两翼击敌。二十一日凌晨，明军开始进攻，中路戚家军势如破竹，两翼助攻也进展顺利。倭寇三面受敌，狼狈窜回许家村老巢。三路明军乘胜追击，对倭巢乘风火攻，迅速荡平了许家村倭寇。

此战歼灭倭寇 2200 多人，解救被掳男女 3000 余人。明军收复了平海卫。

平海卫大捷之后，戚继光率部又先后歼灭多股倭寇，福建恢复了暂时的宁静。七月，以平海卫大捷功，戚继光转署都督佥事（从二品），旋晋署都督同知（正二品）。

在宁静的日子里，戚继光根据谭纶的意见采取了轮戍、水陆设防、分路守御等改善福建防务的措施。

十月，戚继光被任命为总兵官，镇守福建的福、兴、漳、泉、延、建、邵武、福宁及浙江的金、温九府一州。

戚继光刚把现有兵力进行了部署，倭寇纠合 27000 余人大举入侵。十一月初七，真倭万余人包围攻打仙游四门。仙游城内兵力单薄，戚继光采取一系列措施，如派人调轮戍的浙兵回闽，派兵入城协防，派兵搅扰攻城之倭，等等，使倭寇既不能专意攻城，又不能四处劫掠。

调轮戍的士兵回闽并不顺利，直到十二月二十三日才到来。但这时戚继光的兵力对倭寇仍不占优势，于是制定了集中优势兵力依次各个击破的战斗计划。

十二月二十五日凌晨，明军乘雾突袭，迅速攻下南门，随即按照预定作战方案，分攻东、西二门外倭营。很快，东门倭营被焚毁，西门倭营被荡平。漏网的倭寇逃往北门倭营，被明军合兵打败后纷纷南逃。这次战斗，除焚毁之倭外，斩倭首 498 级，生擒通事 1 名，缴获器仗 622 件，解救被掳男女 3000 余人。

仙游之战后，戚继光率军追剿逃敌，于嘉靖四十三年（1564）二月，首破倭寇于同安县王仓坪（在今同安东南），再破倭寇于漳浦县的蔡丕岭（今漳浦西南盘陀镇汤坑），残倭逃往广东。

仙游、王仓坪、蔡丕岭等捷是明军继平海卫大捷之后取得的又一次重大胜利。之后"倭寇不敢复窥八闽"[1]，戚继光为平息福建的倭患立下了不朽的功勋。

戚继光从嘉靖三十五年至四十三年（1556—1564），率军转战浙江、福建二省，抗倭9个年头。他在战斗中大展才华，在战斗中成长。武阶由指挥佥事升至署都督同知，武职由参将升至总兵官；他练就了一支攻无不克、战无不胜的戚家军，著名于当时，流芳于后世；他的军事指挥艺术日渐成熟，策无遗算，战无不胜；消灭了多年横行无忌的倭寇，解救了千千万万被掳百姓，保卫了东南沿海锦绣河山，为保卫国家、捍卫民众，立下了不朽功勋。

嘉靖四十三年俞大猷消灭了入侵广东的倭寇，持续十几年的抗倭战争结束。在俞大猷消灭广东倭寇的过程中，招抚了与倭寇相犄角的海盗头目吴平，安置其回福建诏安。嘉靖四十四年（1565）二月，吴平复叛，戚继光督水陆兵进剿，吴平逃往广东南澳。嘉靖四十四年十月，戚继光率陆兵和俞大猷率水兵联合攻打吴平，将其歼灭殆尽。但吴平乘船逃脱。为此嘉靖四十五年（1566）正月，明廷将惠潮总兵俞大猷革职，而以福建总兵戚继光兼管惠潮二府和伸威营之事。这样戚继光所管辖的就不只是浙江、福建，还有广东的惠、潮二府和江西的南、赣二府。当年十月，广东复设总兵官，戚继光不再兼管惠、潮和伸威营之事。

北边戍蓟

南方的倭患已经平息，而北方蒙古鞑靼部仍不时袭扰，成了朝廷心腹之患。为防御北方鞑靼、土蛮和朵颜三卫进犯，隆庆元年（1567）八月，诏两广总督谭纶入京，十月又下达了调戚继光赴京的命令。

提出御虏方略　隆庆元年十一月，明廷任命戚继光为神机营副将。隆庆二年（1568）正月，他上《请兵破虏疏》。其核心内容是：要训练十万精兵，采取堂堂正正野战歼敌的积极防御战略。他着眼于整个边防，主张战，不主张守。在兵力不足的情况下，完善关塞，进行防守，是下策。即使是守，他也提出"须驻重兵以

---

① （明）戚继光：《上应诏陈言乞普恩赏疏》，摘自《明经世文编·戚少保文集》卷三四七。

当其长驱，而又乘边墙以防其出没，方为完策"①。即建立重兵集团抵挡鞑靼的长驱直入，又依托边墙（长城）防备它出没。有战，有守，二者结合起来才是防守的完好战略。

隆庆二年（1568）三月，谭纶出任蓟辽保定总督，提议调戚继光总理蓟辽保定等处事务。五月，朝廷"命继光以署都督同知总理蓟、昌、保练兵事务，该镇总、副、参、游等官凡受总督节制者，并受戚继光节制"②。

但是隆庆三年（1569）正月，朝廷下达了以戚继光任蓟镇总兵官命令。蓟镇总兵官无权节制昌平、保定总兵官，戚继光的职权被削弱了。对此谭纶提出了不同的意见，内阁大臣张居正后来在给戚继光的敕书中加上"总理"一词，所以戚继光的职务是总理兼蓟镇总兵官。这样，他不得不改变自己的御敌方略，把以战为主的上策，改为以守为主的下策。他呕心沥血，尽心尽力实现"驻重兵以当其长驱，而又乘边墙以防其出没"的御敌方略。

建立重兵集团 戚继光所谓"重兵"，是指能够与敌骑兵抗衡的车步骑营，首先是车营。车营有两种：重车营和轻车营。重车营有重车128辆，其为偏厢车，即车的一侧装有1.5丈长的偏厢，可防敌弓箭射击，敌骑冲突。每辆车有正兵队10人，主要使用火器；奇兵队10人，使用火器也使用冷兵器。一车营有佛郎机256架、鸟铳512杆、火箭15300枚，还有4辆大将军炮车和4辆火箭车。一车使用火器的人数占70%，火力强，这是敌骑难以抵挡的。

隆庆二年（1568）六月，明廷给蓟镇拨银46000余两，制造战车和火器。随即车营建立起来，开始蓟、昌二镇准备建车营7座。后来隆庆六年（1572）兵部侍郎汪道昆阅视蓟镇时额定为每路各立一车营，共10座。另，密云、遵化、三屯营各立一辎重营。

车营本身是炮兵和步兵，车营内还设有骑兵营，所以称"车步骑营"。骑兵营装备的武器有虎蹲炮60门、鸟铳432杆、快枪432支、火箭12000余枚，同样火力很强。

这样一座有屏蔽的车步骑营，使敌骑万马冲突的优势丧失殆尽，而明军的火

①（明）戚继光：《请兵破虏疏》，摘自《明经世文编·戚少保文集》卷三四七。
②《明穆宗实录》卷二十《隆庆二年五月辛亥》。

力优势得以充分发挥，明军对鞑靼的骑兵就有了绝对优势。敌如进犯，在明军火力的打击下不得不败退。而当敌人混乱败退时，车营内的骑兵就可以追杀歼灭溃逃之敌。由此可见，车步骑营是一个能守能战，先守后战，能有效地抵御鞑靼骑兵内犯时长驱直入。

修建敌台边墙 戚继光在建立车步骑营的同时，还修建边墙敌台，以实施他的"乘边墙以防其出没"的防御战略。

隆庆二年（1568）年底，戚继光上疏，请求建立空心敌台和整修边墙。他提出：骑墙构筑空心敌台，缓者百步，冲者50步或30步筑一台，类似民间的看家楼，器械、粮食、防守设备，均在其中。

隆庆三年（1569）二月，朝廷批准了建敌台的请求。戚继光拟定了筑台规则，制定了选台基、定台基、借外险、用石料等一系列方法和标准。在他亲自谋划和指导下，到万历九年（1581），蓟镇共修敌台1194座，昌镇共修254座。从此在蓟北大地边墙上巍然屹立起1400余座敌台，相互联络，如果敌人入犯，必将受到强有力的阻击。

与此同时，戚继光还对蓟镇边墙进行了增筑和改建。一是加固墙体，对过去修建的边墙薄的加厚，低的加高；二是完善附属设施，墙的两侧均建宇墙，外侧宇墙高六尺，尖砖垛口，墙下建悬眼；三是墙外削偏坡，挑濠堑，挖品坑，使敌人不得靠近墙垣；四是墙内建老营，以便支援。这一切构成完整的防御工事体系。戚继光还采取措施，加强边墙防守：分派战斗力更强的南兵常年驻守，防守组织严密，防守军械精强。

戚继光修建了前所未有的边墙敌台并严加防守，就使敌骑溃墙而入难，入后退出也难，使"乘边墙以防其出没"落到实处。

戚继光建立的车步骑营、修建的边墙敌台能不能发挥作用，关键还在人。为此戚继光同在南方一样加强军队训练。他调南兵作示范。他编写练兵条例，就是后来的《练兵实纪》。当时是一卷一本，陆续发给部队，练将的部分给将领，练兵的部分既给士兵也给将领。从这些条例看，戚继光在北方练兵与南方有三点明显不同：一是抓将领的训练，二是更强调练士兵的胆气，三是更注重合成军的训练。经过这样的训练，蓟镇边军再也不是见敌即溃的军队，而是一支善守能攻的十万大军。

戚继光还对这十万大军进行了分区防守的严密部署；建立了以明哨、暗哨、墩台为主的侦察报警完整系统,对敌人行动洞察无遗。

隆庆三年三月,以平海盗吴平功,戚继光破格晋升为右都督(正一品)。

实演实战 隆庆六年(1572)九月,明廷派遣兵部三位大臣阅视九边,其中兵部右侍郎汪道昆阅视蓟辽保定。朝廷希望通过这次阅视进一步巩固边防。戚继光则希望通过这次朝廷阅视,检验练兵效果。于是他组织了一次全镇兵马参与的实战演练,起草了《练全镇兵马实守实战条略》,对合练的事项作了具体规定。

十月,汪道昆等阅视大臣来到蓟镇。戚继光的演练开始。这次演练从二十二日报警开始,到二十八日追堵歼灭敌人结束,前后用时七天,对车步骑营各兵种均进行了演练。演练结果表明,敌人如果内犯,全镇完全能够统一意志,统一行动,各兵种均能按照应急预案行动,有效地进行抵抗,敌人进入边墙难,入后掠夺难,要想退出也难。蓟镇防御从来没有像这时这样强固。这次演习,证明戚继光对蓟镇的防御战略是正确的,落实这些措施是有效的。这使戚继光对蓟镇的防御更加有了信心。

汪道昆对这次实战演练也十分满意,他"举劾三镇文武大臣,独推练兵总兵戚继光为首"[1],朝廷因而晋升戚继光一级。

万历二年(1574)正月,以戚继光劳绩久著,升实级左都督。

万历三年(1575)正月,朵颜部酋长董狐狸和他的侄子长昂共同逼迫长秃(董狐狸弟)内犯。戚继光派兵出击,活捉了长秃。三月初一日,长昂和董狐狸等率领部众240多人到喜峰口请罪。戚继光接受了他们的请求,放还长秃。长昂等深感愧疚,对天盟誓,子子孙孙永远内附,世世代代不再进犯。俺答和土蛮在戚继光任职期间也没敢入犯蓟镇。继光在镇十六年,蓟门宴然。

万历七年(1579)九月,因整饬军备,加戚继光太子太保;十月以援辽功,又加少保。

戚继光保卫了蓟北大地,保卫了蓟镇的老百姓,使他们过上了安定的生活。孙子曾经说过:"百战百胜,非善之善者也;不战而屈人之兵,善之善者也。"[2]戚继光在北方没有像在南方那样立下那么多的战功,但他为保卫蓟镇和京畿地区人民

---

[1]《明神宗实录》卷十五《万历元年七月庚子》。

[2]《孙子·谋攻篇》。

所建立的功勋并不亚于在南方。他达到了"不战而屈人之兵"这一兵家称为"善之善者"的最高境界。

英雄晚年

迁调广东　万历十年（1582）六月，首辅张居正病逝。不久，这位改革家遭到清算。一向受张居正重视的戚继光也受到牵连，翌年二月被调往广东。

赴任途中，他于四月回到故乡蓬莱，游览山海，放舟蓬莱阁下。

秋季，他到任广州，开始整饬兵备，先是对属下标兵加以整饬，而后巡视海防。万历十二年（1584）四月，他巡视惠州、潮州等地。本想再整顿水寨和整个沿海防务，但是肺病复发，不得不在当地小金山休养。病中，他重新校雠《纪效新书》，共得 14 卷，万历十二年（1584）九月交付布政司刊刻。这部兵书既不同于原来的十八卷本《纪效新书》，也不同于《练兵实纪》，而是在这两部兵书基础上重新编纂整理的一部兵书。它最重要的贡献，是阐述了建军诸因素之间关系。他指出：人与武器的关系，人更重要；练兵与练将，"必练将为重，而练兵次之"[①]；练胆与练艺，"练胆乃练之本也"[②]；等等。这就使戚继光的建军思想成为完整系统的建军思想，达到了我国古代建军思想的顶峰。另外，他还修订了《止止堂集》，删拨其四五。

回归故里　他在病中再次上疏，请求引退。这时朝廷反张居正之风愈演愈烈，张居正家已被籍没，政治更加昏暗。兵科给事中张希皋弹劾戚继光，朝廷遂于万历十二年（1584）十一月罢免戚继光广东总兵官的职务，以右军都督金事刘凤祥代之。

万历十三年（1585）十月，戚继光回到蓬莱，父老乡亲前来迎接。

万历十四年（1586）十月，他修建家庙，延师教子，纂修案牍，捐资修建蓬莱阁。

[①]（明）戚继光：《纪效新书（十四卷本）·卷十四·练将篇》，中华书局 2001 年版，第 331 页。

[②]（明）戚继光：《纪效新书（十四卷本）·卷十一·胆气篇》，中华书局 2001 年版，第 211 页。

万历十五年（1587）七月，家庙建成，他写了一篇祭祖祝文，回顾自己戎马一生，"南北水陆大小百余战，未尝遭一劫，馘倭首殪万计，覆之水火者以数万计，土贼平者殪十余万，返我俘掳无能数计"①。向祖先报告自己"先乏子，乃出奇计②，苦心万状，今有五子一侄③，率承丞尝"④，暗示瞒着原配王夫人娶妾生子之事。后来不久，王夫人"鸷而张，先后有子皆不禄……乃携安国子之。安国既受室而殇，一品（指王夫人）解体，囊括其所蓄，辇而归诸王"⑤。

万历十五年十二月十九日（1588 年 1 月 16 日）戚继光突然病发，次日凌晨鸡三号，溘然长逝，走完了他精彩传奇的一生。

①（明）戚祚国等：《戚少保年谱耆编》卷十二《万历十五年七月》，中华书局 2003 年版，第 418 页。

② 出奇计：指瞒着原配夫人王氏娶陈、沈、杨三妾。

③ 五子一侄：五子，指祚国、安国、昌国、报国、兴国；一侄，指戚继美之子寿国。

④（明）戚祚国等：《戚少保年谱耆编》卷十二《万历十五年七月》，中华书局 2003 年版，第 419 页。

⑤（明）汪道昆：《太函集》卷五十九《孟诸戚公墓志铭》。

戚继光浙东抗倭与台州大捷

卢如平 *

明朝东南沿海的倭患十分严重，嘉靖年间倭寇最为猖獗。戚继光调任浙江后，整顿卫所，修城造船，招义乌兵，创鸳鸯阵，著《纪效新书》，练精锐之师。嘉靖四十年在台州九战九捷，史称台州大捷，扭转抗倭局势。戚继光是我国历史上杰出的军事家，是一位功垂史册而又名著江湖的民族英雄。

一、浙东倭患

倭寇对中国东南沿海的侵扰，由来已久，早在元末就有倭寇侵扰东南沿海（《元史》卷九十九）。明洪武二年（1369），"倭寇出没海中，数侵掠苏州、崇明，杀略居民，劫夺货财，沿海之地皆患之"（《明史纪事本末》卷五十五）。同年，"复寇山东，转掠温、台、明州旁海民，遂寇福建沿海郡"（《明史·日本传》）。在此后的数十年里，时有倭寇出没海上，骚扰沿海各地，北起辽东、山东，南至闽、浙、粤东，无不受到倭寇的侵扰。

查明史及方志，明洪武至正德150余年中，倭寇侵扰台州的记录有10余次。正统四年（1439）四月，倭寇犯临海桃渚所（中旧城），浙江金事陶成事先"密布钉板海沙中。倭至，舣舟跃上，钉洞足背。倭畏之，远去"（《明史·陶成传》）。五月，数千倭寇分乘40多艘战船再犯桃渚，攻破城池，大肆抢杀。一时之间，"官

* 卢如平，浙江省临海市人大一级调研员。

庚民舍，焚劫一空，驱掠少壮，发掘冢墓，束婴竿上，沃以沸汤，视其啼号，拍手笑乐。捕得孕妇，卜度男女，刳视中否为胜负饮酒。荒淫秽恶，至有不可言者"。桃渚城内外，"积骸如陵，流血成川，城野萧条，过者陨涕"[1]。

嘉靖中后期，倭寇最为猖獗。明朝廷政治黑暗、官吏贪腐，阶级矛盾激化，海匪、山贼、叛兵时有发生，海盗与倭寇的勾结合流促使倭寇队伍前所未有地壮大，地方盗贼四起也牵制了御倭的力量。海防废弛、卫所空虚，明军缺乏战斗力，不能有效抵御倭寇的进犯，倭寇劫掠的低成本、高收获进一步诱发倭寇更加疯狂，愈发肆无忌惮。但面对凶狠的倭寇，官军既无进攻之勇，又无防守之能，战场上虽然在人数上数倍、数十倍于倭寇，偶尔也曾取得局部性胜利，但仍是十战九败。

嘉靖三十四年（1555）六月，百余倭寇自上虞爵溪所登岸，深入腹地，流劫一个多月，如入无人之境。七月，流窜到南京城下时仅剩 53 人，当时南京城驻有军队 12 万人，但南京兵部尚书张时彻、侍郎陈洙等却闭门不敢出战，听任倭寇四处劫掠两昼夜。

其时，浙江东部台州、温州、宁波、绍兴、嘉兴等府，无一例外地受到倭寇的侵扰。倭寇入侵之后，在烧杀劫掠财物的同时，还大量掠夺人口，"男则导行，战则令先驱。妇人昼则缲茧，夜则聚而淫之"[2]。"每掳妇女，夜必酒色酣睡。劫掠将终，纵之以焚，烟焰烛天。"[3] 撤退时则把所劫掠的人口携往其国内，卖为奴隶。台州府则成为倭患的重灾区，辖内临海、黄岩、天台、仙居、太平（今温岭）、宁海六县经常遭到倭寇的蹂躏，倭寇一旦登陆，如入无人之境，任意烧杀劫掠。

二、初露锋芒

在倭患形势如此严峻的情况下，戚继光因在山东备倭有功而调任浙江，嘉靖三十四年（1555）七月，任浙江都司金书，司屯局事。戚继光随浙直总督胡宗宪参加抗倭，提出了不少好建议，很短的时间就赢得了胡宗宪及其幕僚徐渭（文长）

---

[1]（明）佚名:《嘉靖东南平倭通录·附录二·国朝典汇》，商务印书馆民国二十五年版，第5页。

[2]（明）朱九德:《倭变事略》，上海书店1982年版，第86页。

[3]（明）郑若:《筹海图编》，中华书局2007年版，第204页。

的赏识，嘉靖三十五年（1556）七月，经胡宗宪提议，29岁的戚继光担任宁绍台参将。

嘉靖三十五年（1556）八月，800余名倭寇进犯龙山所（今慈溪龙山镇），副总兵卢镗、副使许东望等率14000名官军迎战。两军相遇于高家楼，倭寇分三路冲过来，官军竟然一触即溃，人数众多的官军四散奔逃，几百个倭寇在后面穷追。在此关键时刻，戚继光登上高石，连发三箭，射杀三路领头的倭酋，才扭转了战争局面，官军方赶跑了倭寇，并擒获倭酋辛五郎（日本大隅岛主之弟）等数人。胡宗宪将辛五郎等倭酋解送朝廷（《明史·胡宗宪传》）。九月，前期逃跑的倭寇纠集千余人再犯龙山，浙江巡抚阮鹗亲督总兵俞大猷率官军2万余人迎击，官军倚仗兵力上的优势，击败这批倭寇，倭寇见明军势大，且战且走，官军乘胜追击，又取得缙云、桐岭二战胜利。而败逃中的倭寇却敢于在雁门岭设下埋伏，官军被胜利冲昏了头脑，一见中了敌人的埋伏，遭到前后夹击，马上惊慌失措，阵脚大乱，许多士兵根本不听号令，不敢与冲上来的倭寇伏兵交战，纷纷丢下手中的武器四散逃命，军纪根本不起作用。幸亏戚继光和台州知府谭纶各率所部拼命抵抗，从而避免官军惨败的命运，而该股倭寇得以轻松地经由乐清出海，扬帆而去。

在实践中，戚继光认识到"倭非大创尽歼，终不能杜其再至"[1]。而卫所士兵战斗力低下，客兵军纪差，要想"大创尽歼"，就要有一支能征善战的军队。于是就在这年十一月，起草了《任临观请创立兵营公移》，第一次正式向上司提出练兵的建议，提出"杀贼、练兵可以并行不悖"，但并未引起上司的重视。嘉靖三十六年（1557）二月，他再一次提出《练浙兵议》，说："十室之邑，必有忠信；堂堂全浙，岂无材勇？诚得浙士三千，亲行训练，比及三年，足堪御敌，可省客兵岁费数倍矣。"[2]浙江巡抚阮鹗极力支持："此吾志也，吾其成之。"胡宗宪开始不认可，"浙人可练，我自为之，岂俟汝耶？"[3]后抱着姑且一试的心态于这年十二月将兵备金事曹天佑所部3000名绍兴籍士兵拨给戚继光训练。

嘉靖三十七年（1558）四月，台州沿海大批新倭登陆，戚继光奉命从岑港回

---

[1]（明）戚祚国等：《戚少保年谱耆编》，中华书局2003年版，第18页。
[2]（明）戚继光：《戚少保奏议》，中华书局2001年版，第66页。
[3]（明）戚祚国等：《戚少保年谱耆编》，中华书局2003年版，第19页。

援台州，途中得悉由于台州知府谭纶率军民顽强抵抗，倭寇转犯温州，便率部向温州推进，六战六胜，倭遁海而逃，戚继光回兵岑港战场。

嘉靖三十八年（1559）四月，数千倭寇登陆台州，一股倭寇猛攻桃渚城。桃渚是从海上进入台州的咽喉之地，"庶为海门卫及府治之藩翰也"，[①] 故亦是倭寇侵扰的重点，也是台州抗倭的主要战场。戚继光接胡宗宪之令，与时任浙江海道副使谭纶自宁波冒雨带兵起程，以柿枣充饥，沿途歼灭在桑洲、涌泉、章安的小股倭寇，急行军三百里于十六日夜赶到桃渚。时桃渚军民在千户翟铨的指挥下，已坚守了七昼夜。戚继光派了数十名鸟铳手趁黑夜潜入桃渚城，加强防卫力量，大部队则埋伏于四周。次日一早，倭寇再次拼命攻城，城上突然旌旗蔽日，鸟铳齐发，四面伏军齐出，杀向倭寇，倭败退而逃，桃渚之围遂解。十九日，300余名倭寇流劫肯埠，戚继光率兵败之，余倭逃至章安，隔江放火，招南岸栅浦之寇前来接应。戚继光命令部队分三路埋伏，待栅浦诸倭登岸，即亲自击鼓组织冲锋，三战而三胜之，倭寇披靡四散，一部分奔到江边，抢船逃往南岸，船少人多，溺死了不少。另一部分逃往黄礁山，戚率兵追围黄礁山下，一鼓而全歼此股倭寇。此役处州（今丽水）义士胡元伦冲锋在前，手刃数贼，身中数创，血战不移，力竭而死。战后，戚继光脱下自己的战袍，覆盖在胡元伦的遗体上，予以厚葬。

四月二十三日，戚继光与谭纶等商议，根据敌情，由分巡佥事曹天佑带兵屯黄岩，由谭纶带兵屯海门，而戚继光则带一部再解桃渚之围。二十四日黎明，戚督兵至桃渚，连捷于桃渚、菖埠、梅岙等处，擒斩90余名倭寇，焚溺甚众，解救被掳百姓1000余人，残倭则冒雨乘夜逃往外海。

嘉靖三十八年（1559）五月一日，戚继光与谭纶会师海门卫。戚继光分析有3000余名倭寇屯巢贾子（葭芷）、栅浦，这股倭寇出海必过海门，要求海门卫守军严加防备。而守军未引起重视，及至夜半，数百倭寇趁着狂风暴雨偷袭卫城，待哨兵发现，已有30多人爬上城头。戚继光闻警，飞奔上城，手挥双剑连杀数倭，随从急呼："主帅亲自冲锋！"于是将士云集登城，谭纶也亲率卫士督战，众倭慌忙跳城逃回原巢。

戚继光判断，海门出路已堵，且连日大雨，倭寇将会经新河从金清港出海，

---

① （明）郑若：《筹海图编》，中华书局2007年版，第357页。

于是请曹天佑率部驻扎在新河城，自己与谭纶率兵预先埋伏于金清港。初九日，倭寇大部队果然乘船至新河金清港，被官军预先打在河里的木桩所阻。戚继光一声令下，鸟铳弓箭齐发，倭舍命登岸，又被赶入船中，几番拉锯战后，倭依船为险拒守，官兵施以鸟铳、火攻。此役烧毁倭寇双桅巨船32艘，焚溺一千余倭，解救被掳百姓300多人。部分倭寇登南岸逃跑，戚继光对谭纶说："贼胆落矣，宜急追之。"于是与谭纶带兵冒雨涉水追击倭寇。十二日，追到南湾，倭倚海岸高山而守，官军一番猛攻，俘贼首2人，斩首279级，部分倭寇逃到海涂，溺死不少。十五日，追到芙蓉岭，斩首10级。同日，与温处参将张铁（临海人）、兵备副使凌云翼会师。十六日，余倭劫渔舟趁夜入海，被戚继光派遣的把总任锦所率水军全歼。

五月十九日，戚继光率部会剿入侵宁海之倭，倭奔船出港，戚继光督舟师出海追击，在猫头洋、清门洋前后二战，犁沉贼舟11艘，烧毁4艘，生擒9人，斩首数百级，救出被掳百姓5060余人。余倭又登岸逃到海游，屯聚海滨民房负隅顽抗，戚继光与牛天赐等率部全歼之。是年倭患始平。

戚继光在嘉靖三十八年（1559）四月二十四日再次解桃渚之围后，进驻桃渚城，看到城池破败，立即动员军民大规模修复城墙。他以军事家的眼光发现东北角和西北角"为薮泽，蔽塞不通"，成了死角。于是用官府空基易价作为费用，在两角创造性地各修筑了一座空心敌台，使桃渚"城上有台，台上有楼，高下深广，相地宜以曲全，悬瞭城外，纤悉莫隐"[1]。空心敌台的修建，大大增强了桃渚城的防御能力。这是戚继光军事实践的一个伟大创举，是对中国古代军事建筑学的巨大发展，是军事建筑史和城防史的重大突破，为其晚年大规模建造北方长城空心敌台开启了先河。

三、创建戚家军

自嘉靖三十六年（1557）冬，戚继光接收曹天佑的3000余名绍兴兵进行训练，这批士兵经戚继光近两年的训练，军容咸整，行动敏捷，也打了一些胜仗。但由于许多士兵出身于市井，多油滑之徒，存在严重弱点，性殊狡猾，骄惰怯

---

① （明）何宠：《桃城新建敌台碑记》。

儒，畏惧与凶狠的倭寇近身作战，岑港之战暴露无遗，官军数量是倭寇的 20 倍，光是戚部亦为倭寇的 2 倍多，但久久不能取胜，戚继光等因而遭革职之处分；嘉靖三十七年温州战事时出现取伤兵兄弟和百姓首级冒充倭首现象，虽经惩治，但滥杀无辜仍有发生。戚继光感叹："顾市井余习，练竟弗成。乃知练兵犹塾师教童蒙然。性近者，稍约束便成；习远者，日守程督无益也。会稽之卒，性非与习远乎？"[1]

招募义乌兵 戚继光深刻体会，一支部队战斗力的强弱，兵员的素质起着重要的作用。他要挑选一批勇敢、剽悍、忠诚的人。嘉靖三十七年（1558），因永康人到义乌八宝山挖矿，引发了大规模械斗，双方均有几千人参加，械斗激烈，死伤惨重，最后以义乌人逐走永康、处州人而取得全胜。这一事件，让戚继光发现了优质兵源，他欣赏义乌人那种同仇敌忾、彪悍勇敢的精神，要是把这种精神引导到抗倭作战上来，"其简练训习，即一旅可当三军"[2]。于是在嘉靖三十八年（1559）八月再上《练乌伤兵议》，要求罢去所部日兵，招募义乌新兵。而义乌县令赵大河恰也同时上书，"会江阴赵公尹乌伤，欲籍为兵，上书制府，可命余为募"[3]。由于戚继光练绍兴兵已初见成效，其才华能力也已赢得胡宗宪的高度欣赏，故胡宗宪"入其议，乃罢所部日兵，假以便宜，同义乌令赵大河亟募之"。[4]九月，戚继光去义乌募兵，在赵大河的密切配合下，义乌民间领袖陈大成和矿工首领王如龙带头应募，矿徒、农民踊跃报名。戚继光经严格挑选，招募了陈大成、王如龙及金科、陈子銮、童子明等 4000 余名[5]，并报请胡宗宪批准，由素得民心、仁而有勇的义乌县令赵大河兼任这支新军的监军。是年冬，戚继光带着这支 4000 余名新兵组成的部队，进驻台州，在灵江边的武场开始了严格的训练。

整顿卫所，修城造船 嘉靖三十九年（1560）二月，明廷对浙江的海防进行了重新部署，分宁绍台区为二：设宁绍参将和台金严参将，浙江总兵下设杭嘉湖、

---

①（明）戚继光：《止止堂集》，中华书局 2001 年版，第 234 页。

②（明）戚继光：《戚少保奏议》，中华书局 2001 年版，第 67 页。

③（明）戚继光：《止止堂集》，中华书局 2001 年版，第 234 页。

④（明）戚祚国等：《戚少保年谱耆编》，中华书局 2003 年版，第 30 页。

⑤（明）戚祚国等：《戚少保年谱耆编》，中华书局 2003 年版，第 31 页。

宁绍、台金严及温处四参将的防守体制。戚继光改任台金严参将，"驻劄（扎）台州"①。戚继光上《新任台金严请任事公移》，胡宗宪批复："所据条陈数款，深为有见，且切中时弊。本官为一方大将，既肯挺身任事，则一方军务悉以委托，俱许便宜施行。"②从此，戚继光真正开始了他一生辉煌的军事历程。

台州于洪武年间设海门、松门二卫和桃渚、健跳、前所、新河、隘顽、楚门六所，但行伍空虚严重，如海门卫原设官军6528名，但戚继光点验时仅1183名，且近半老弱病残③。而台州由于长期倭患，民间涌现出一批抗倭勇士。戚继光认为台州兵仅次于义乌兵，"台兵以太守谭公之严，初集即有以摄其心。故在谭公用之而著绩"，其人性"着实鼓舞之，亦可用"。④于是戚继光在《新任台金严请任事公移》中提出，"凡可以充实行伍，激发士气者，悉听职随机转环，不必拘定常格，多方以振饬之"。戚继光招回逃亡和被强占劳役的军丁1000余人，从民间招募勇士1000余人，充实军中主力和卫所，使台州沿海卫所面貌焕然一新。在灵江创新打造各有特色的福船、海沧、苍船三种类型战船计44艘，建立水军；加高加固城池，将嘉靖三十八年（1559）在桃渚的创造运用到府城，于嘉靖四十年（1561）在台州府城又策划修建了13座空心敌台，提高了府城的防御能力。"躬案海上形势，缮亭邮，谨烽堠，稽尺籍，除戎器，具舟师，置间谍，严号令，广询谋"⑤，部署严密的防御体系。

著《纪效新书》，练精锐之师　优良的兵源还需科学的训练。戚继光著《纪效新书》（嘉靖三十九年正月初步成书），军事理论涵盖选兵、号令、战法、行营、武艺、守哨、水战和纪律、奖罚及思想感化、情感投入等内容，体现了戚继光的治军思想和管理艺术。以《纪效新书》为教材，卓有成效地训练招募的主力部队和卫所士兵。

戚继光针对倭刀特点，就地取材，以当地盛产的毛竹为枝干，发明狼筅，又

---

① （明）戚继光：《戚少保奏议》，中华书局2001年版，第26页。

② （明）戚继光：《纪效新书（十八卷本）》，中华书局2001年版，第11页。

③ （明）戚继光：《戚少保奏议》，中华书局2001年版，第70页。

④ （明）戚继光：《纪效新书（十八卷本）》，中华书局2001年版，第30页。

⑤ （明）戚祚国等：《戚少保年谱耆编》，中华书局2003年版，第39页。

制作镗钯；充分认识到火器在战争中的作用，大量装备鸟铳、佛郎机和虎蹲炮等火器，以利在接触战前先远距离杀伤敌人；根据江南水乡地形特色及倭寇单兵作战能力较强、倭刀坚利的特点，创设 12 人为团队、攻防兼宜的"鸳鸯阵"，把盾牌、狼筅、镗钯、长枪、刀棍等武器联合使用，长短互补，以及适合大兵团作战的"一头两翼一尾阵"。

戚继光根据抗倭和过去两年的练兵经验，对将领进行德、才、识、艺四方面的培养，根据其不同特点，委以相应的职务。对士兵进行耳目、手足、心以及武器、营阵的全面训练。练耳目，使士兵绝对听从指挥，令行禁止；练手足，使士兵体格健壮，行动敏捷；练心，使士兵亲附将领，士气高昂，勇敢作战；练武器，使士兵人尽其才，器尽其用，武艺精强；练营阵，使士兵协同作战，共同对敌，增强威力。

经过戚继光的精心训练，这支招募的部队和卫所士兵在武器装备、组织编制、军队纪律、思想素质、作战战术诸方面都非常突出，逐渐成为一支武艺精、战术强、守纪律、听指挥、万众一心、勇敢善战的精锐之师，人们称其为"戚家军"[1]。胡宗宪看到戚继光练兵成功，于嘉靖三十九年（1560）九月遂尽罢客兵，用以戚家军为主力的浙江兵防御倭寇。并在向朝廷上疏中对戚继光充分肯定："谋勇可当乎八面，胆气独雄于万夫。纪律严明而师行不扰，素优统御之才；恩威并著而士卒归心，屡收斩获之绩。此诚以武略而兼通文事者。故去年浙东屡捷，实彼一臣之功。……且任劳任怨，挺身干事，诚无出其右者。"要求"免其别升，专候浙直总兵员缺推用，务令久成以便责成"[2]。

四、台州大捷

嘉靖四十年（1561）四月，倭寇 2 万余人分乘数百艘船，分头进犯浙东，烽烟数十处[3]，其主力入侵台州，宁海健跳（今属三门），临海桃渚，太平新河、楚门（今属玉环）等 10 余处，警报频传。戚继光根据敌情，严密布防，主动出击。

---

① 范中义：《戚继光评传》，南京大学出版社 2006 年版，第 62 页。
②（明）戚祚国等：《戚少保年谱耆编》，中华书局 2003 年版，第 40 页。
③（明）郑若：《筹海图编》，中华书局 2007 年版，第 628 页。

宁海之战 四月十九日，16 艘倭船约 1000 名倭寇从奉化西凤登陆，当晚进至宁海一都团前，蹂躏劫掠。戚继光接报后部署好台州防守，于二十二日晨率主力 2000 余人赶赴宁海。接敌后，陈大成、杨文率兵首次摆开鸳鸯阵，仅半个时辰就杀敌数百人，余寇遁海而逃，戚家军无一阵亡。

新河之战 四月二十二日，倭寇得知戚继光去宁海方向，台州空虚，遂分三路进犯台州。其中一路前后 8 艘 700 余人，由周洋港登陆，二十四日抢劫新河所城外各地。时新河城内精壮士兵大多出征，留守者人心惶惶。当时戚继光夫人王氏正住在新河，她挺身而出，命令打开兵器库，发动妇女穿上军装，手执武器，和兵士混杂，登城守卫。倭寇远远望见城头旌旗丛密，兵员充足，不敢攻城，只包围了所城，并在四周抢掠。戚继光接报后，命令兵备佥事唐尧臣督防守于海门卫的胡守仁、张元勋、楼楠率兵驰援新河，太平、黄岩等县乡勇助战。二十六日，倭寇进逼新河城下，戚家军援军赶到，两面夹击，倭寇力不能敌，慌忙逃往城南寺前桥鲍家大院固守，下午四时左右突围，又被明军击败。戚家军乘势围攻，用鸟铳杀伤其百余人。残余倭寇乘黑夜逃往温州方向，胡守仁、张元勋等率兵追击，再次杀伤敌人。是役，消灭倭寇 500 余人，己方阵亡者姜金等三人。

花街之战 新河战斗时，戚继光已率兵到达宁海的梁王铺，得悉在桃渚东北登陆的一支 500 余名倭寇焚毁船只向内侵犯。戚继光分析，倭寇目的是进犯台州府城，而此时府城城墙因暴雨多处倒塌，为建空心敌台又拆毁 20 余处，且守城主力已调往他处，守备薄弱，于是戚继光决定驰援府城。戚家军二十二日赴宁海时仅带了三天干粮，军中已经断食，2000 余人连夜空腹越桐岩岭，驰奔 70 里，于二十七日午前先敌赶到府城。此时倭寇已突入靖江山下，潜抵花街，距城仅五里。戚继光决定，"亟须灭贼，而后会食"。将士勇气倍增，部队迅速列成战斗队形进抵花街。倭寇前队列成一字阵向戚家军逼来，戚家军先是丁邦彦指挥火器队用鸟铳轮番射敌，而后以鸳鸯阵冲杀，壮士朱珏冲锋在前，先斩领前的倭首，复连刃七贼，倭寇披靡大溃，把抢来的财物丢弃地上，分两路而逃。戚家军谁也不顾满地的金银财宝，不取首级，穷追猛打，陈大成率兵追敌到瓜陵江下（今大田港邵家渡旁）、丁邦彦率兵追杀到新桥（今称五洞桥），计生擒贼酋两人，斩首 308 级，落水死亡者数百，倭尸几致河水断流，这股倭寇被全歼。此役还解救了被掳的百姓 5000 余人，而戚家军只有哨长陈文清等三人阵亡。

回到台州府城，早已饥肠辘辘的将士吃着刚烧好的饭菜，感到非常可口，尤其是老百姓送上刚出炉的火烧饼，金黄发亮、焦香扑鼻、外松内软，特别好吃。戚继光回想起两年前援救桃渚时靠柿枣充饥，此次将士则是空腹回防，部队急需配备适用干粮，而火烧饼既好吃，又能较长时间不变质，是行军打仗的好东西，于是布置大量制作。为便于携带，要求烘烤前先用筷子在中间戳一圆孔，出炉后以绳成串，分给士兵系扎在身上，行军时可随时食用。因是戚继光的发明，故称为"继光饼"，后来人们简称为"光饼"。由于中间有洞，军民亦戏称为"肚脐饼"。从此后光饼一直成为戚家军的战时干粮。

上峰岭之战 四月二十五日，一股倭寇2000余人乘18艘帆船泊健跳所之圻头（今宁海县越溪），二十八日焚舟登岸，犯临海，五月初一进到台州府城东面的大田镇。戚继光率身边的丁邦彦、陈大成等部1500余人抵大田岭设伏，两军在大雨中对峙两日。五月初三日，倭寇见攻取台州府城难以取胜，沿山路逃往大石方向，戚继光判断其必窜犯仙居，进而劫掠处州，途中必经上峰岭，而上峰岭南是一狭长山谷，便于伏击。便迅速作了部署，以哨官赵记领所部尾随倭寇，自己率大部队沿大道直奔上峰岭，以逸待劳，每个士兵各执一松枝隐蔽坐伏，远看俨然是松林。五月初五，倭寇单列成一支长队经过上峰岭南侧，远望岭上满山青松，不见有兵，便毫无戒备。等到倭寇过半，戚继光下令攻击，顿时，戚家军抛下松枝，鸟铳齐发，列成鸳鸯阵，居高临下，勇猛冲杀下去。倭寇仓皇应战，以一字阵来冲，挡不住戚家军的勇猛冲击，大败而退到北面的山下负隅顽抗。戚家军各路掩杀，同时在北山上竖起一面白旗，高喝："被掳百姓和胁从者投奔此旗避命！"顿时有数百人奔伏。倭寇力不能敌，败逃抢登上界岭，扼险拒守，哨官娄子和率一批勇士斩关直冲，哨官吴惟忠等相继而登，众兵士蜂拥而上。倭寇四处逃命，有的被杀，坠岩而死者不少。残敌连滚带爬逃下界岭山，奔向白水洋，躲进朱家大院。戚家军乘胜追击，把朱家大院团团围住，先以鸟铳射击，后以火药焚烧，残倭或投降或被杀或烧亡。此役戚家军以1500人全歼2000余倭寇，解救被掳百姓1000余人，而仅阵亡陈四等三人。五月初六，戚家军班师回台州府，城中老小出城20里相迎，欢声雷动。是夜于城里摆酒共庆。

长沙之战 上峰岭战斗后，戚继光又督兵取得楚门、大小藤岭等战斗的胜利。胡震、楼楠等率水军在海上犁沉、焚毁敌船20余艘。五月十七日，原先宁海团前逃跑的倭寇，又聚集了3000多人，联舻数十艘，在长沙（今温岭东南长沙）登陆。他们砍竹伐木，筑垒结巢，把从象山、奉化、宁海等地劫掠的百姓髡首跣足地囚于船上，企图南攻隘顽，北袭太平，掠夺更多的财富和人口。此时，戚继光进军到新河，接报后即周密部署，水陆并进。五月二十日凌晨，戚家军由胡守仁、杨文、陈大成率领分三路迅速逼近敌巢，突然发起攻击。倭寇见戚家军突至，惊恐万状，丧失了抵抗能力，纷纷往停船处逃跑。但船只早被由张元勋、王如龙带领的戚家军奇兵焚毁，倭寇被逼入海涂，只能入海泅逃，此时恰逢风急浪高，大部分倭寇被巨浪卷走淹毙，留在海滩之倭，则被歼灭。此役倭寇基本焚溺死，戚家军擒斩56人，缴获兵器3240多件，船只11艘，夺回被倭寇抢掠的财物不可胜计，解救被掳百姓1200余人。此前，有300多名倭寇外出抢掠，得知群倭被歼，抱头大哭，遂乘夜驾掠夺的10艘渔船出海外逃。但胡震、楼楠率领的水军早在外海等候，10艘倭船全被犁沉，除倭酋健如郎、五郎等20余人被擒外，其他或被杀或溺毙。

嘉靖四十年（1561）四至五月间，戚家军连续在宁海、新河、花街、上峰岭、楚门、隘顽湾、藤岭、长沙和洋岐等水陆九次大战，均获大捷，使侵犯台州的近万倭寇遭到毁灭性的打击，使其"只橹不返，而贼部中之枭雄悉绝"[1]，并解救了被掳的万余名百姓，而戚家军累计阵亡不到20人。九战九捷，史称台州大捷。这前后一个月的战斗打出了戚家军的威风，打掉了倭寇的嚣张气焰。与此同时，浙江总兵卢镗及温处参将牛天锡也率领部队歼灭了进犯宁波、温州等地的倭寇，共斩1400余级，亦获大胜。

九月，胡宗宪上疏，称戚继光"台民共倚为长城，东浙实资其保障。功当首论"[2]，戚继光实授都指挥使。嘉靖四十一年（1562）四月，又有倭寇侵扰台、温，戚家军很轻松地于水涨（今属乐清）、温岭等处水陆七战七捷，彻底消灭倭寇。从此，戚家军的威名传遍东南各省，倭寇畏惧戚继光为"戚老虎"而不敢再犯浙江，浙江倭患遂平。

戚继光从明嘉靖三十四年（1555）七月调任浙江，到隆庆二年（1568）二月调任北疆，在东南沿海防倭平倭13年，其中防守台州（治临海）七年三个月（嘉靖

---

① （明）戚祚国等：《戚少保年谱耆编》，中华书局2003年版，第66页。
② （明）戚祚国等：《戚少保年谱耆编》，中华书局2003年版，第72页。

三十五年七月—四十二年十月）。在整个抗倭战争中，戚家军大小百余战，累计歼灭倭寇及勾结倭寇的海盗 10 余万，解救被掳百姓数不胜数。

浙直至闽粤倭患的渐次平定，乃胡宗宪、谭纶、戚继光、俞大猷、卢镗、刘显、汤克宽等文臣武将合力之功也，戚继光居首功，于隆庆三年（1569）三月晋升为右都督，并惠及其父，荫及子孙，朝廷于嘉靖四十四年（1565）在其登州蓬莱老家赐建"父子总督"坊、"母子节孝"坊。

戚继光抗倭对福建的影响

张 慧[*]

  戚继光（1528—1588），字元敬，号南塘，晚号孟诸，卒谥武毅。山东登州（今山东省蓬莱市）人，是明代的抗倭名将。明嘉靖时，东南沿海地区常年饱受倭寇之苦，戚继光曾两次入闽，战绩斐然，肃清了福建地区的倭寇，让百姓得获安宁，是福建百姓心目中的英雄人物。目前，有关戚继光在福建的研究大致可分为：从军事角度，讨论戚继光对征战或海防疆域的贡献，[①] 从史迹角度，探索戚继光在闽的事迹，[②] 或从信仰、民俗角度，探究福建当地对戚继光的崇敬和纪念，[③] 也有专著涉及此方面的研究。[④] 本文从戚继光在福建地区那段抗倭历史，探讨这位明代著名将领对福建产生的影响，敬请方家斧正。

---

  [*] 张慧，福建社会科学院历史文化研究所助理研究员。

  [①] 肖立军：《戚继光与明代火器》，摘自《文史杂志》1992 年第 6 期。龚剑锋、高文龙：《试论戚继光与义乌兵的招募和征战》，摘自《明史研究》2014 年第十四辑。万明：《明代海疆治理与危机应对——以两部〈闽海纪事〉为线索》，摘自《中央民族大学学报（哲学社会科学版）》2021 年第 3 期。

  [②] 杨秉纶、朱滨：《福州于山戚公祠》，摘自《福建论坛》1983 年第 4 期。陈支平：《戚继光在福建的史迹述略》，摘自《第十五届明史国际学术研讨会暨第五届戚继光国际学术研讨会论文集》，2013 年，第 764—769 页。

  [③] 许金顶：《倭寇之患与福建民俗》，摘自《海交史研究》1996 年第 1 期。郑镛：《戚继光闽南"化神"考》，摘自《泉州师范学院学报》2007 年第 3 期。

  [④] 朱维干：《福建史稿》，福建教育出版社 2008 年版。范中义：《戚继光大传》，海洋出版社 2015 年版。

一、两次入闽抗倭

戚继光在东南沿海抗击倭寇 10 余年，立下了不朽功勋。自嘉靖三十一年（1552）倭寇大举侵扰中国沿海地区，浙江、福建、广东等均饱受其害，而福建当地军队连连失利，难以消灭盘踞福建沿海地区的倭寇，百姓深受其苦，当时福建官员不得已请调他地军队入闽抗倭，据载，"嘉靖三十六年，郡苦倭寇，巡抚始有调广西向武州兵御之者，未几遣归"①，但是效果不佳，倭寇势力仍然强盛，严重威胁福建沿海地区的安全。在戚家军在浙江打击了当地倭寇后，浙江等地的倭寇逃窜并集中涌入福建。嘉靖三十七年（1558），倭寇攻陷福清，三十九年（1560）又占据福宁（今霞浦），随后又下福安，四十年（1561）倭寇攻宁德，至嘉靖四十一年（1562）永宁（在今晋江东南）也被倭寇占据，"北自福建福宁沿海，南至漳、泉，千里萧条，尽为贼窟"②。面对倭寇侵扰加剧，福建情况十分危急，时任福建巡抚游震得奏请朝廷，请求派兵援助福建。嘉靖四十一年八月，"倭又入寇，巡抚告急，浙江总督都御史胡宗宪遣参将戚继光，以所练义乌兵八千人自浙来援"③。这是戚继光第一次入援福建抗倭，他率领戚家军迅速歼灭盘踞横屿的倭寇，后乘胜追击，清剿了盘踞牛田的倭寇，又取得林墩大捷，十月班师回浙，④福建地区的倭患有所减轻。但嘉靖四十一年十一月，"倭复陷兴化，围福清福安诸县"⑤，倭寇再次反扑，朝廷增援部队将至，同年十二月倭寇才弃城离去。⑥因为福建抗倭战事不利，

---

① （明）林燫纂：《（万历）福州府志》卷 10《官政志二》，摘自《日本藏中国罕见地方志丛刊》，书目文献出版社 1990 年版，第 79 页。

② （明）戚继光：《上应诏陈言乞普恩赏疏》，摘自《明经世文编》卷 347《戚少保文集》，中华书局 1962 年版，第 28 页。

③ （明）林燫纂：《（万历）福州府志》卷 10《官政志二》，摘自《日本藏中国罕见地方志丛刊》，书目文献出版社 1990 年版，第 79 页。

④ 范中义：《戚继光大传》，海洋出版社 2015 年版，第 82—86 页。

⑤ （清）郝玉麟修，谢道承纂：《（乾隆）福建通志》卷 29《名宦一》，摘自《景印文渊阁四库全书》第 528 册，台湾商务印书馆 1986 年版，第 458 页。

⑥ （清）郝玉麟修，谢道承纂：《（乾隆）福建通志》卷 29《名宦一》，摘自《景印文渊阁四库全书》第 528 册，台湾商务印书馆 1986 年版，第 459 页。

朝廷免除了游震得福建巡抚一职，[①] 任命谭纶为福建巡抚并迅速接管抗倭相关事宜。嘉靖四十二年（1563）三月，谭纶接到兵备副使汪道昆呈文，言明其已经"会同副兵官戚继光选募浙兵于三月十七日入境"[②]，这是戚继光第二次率兵返闽抗倭，随后取得了平海卫大捷。

平海卫，位于福建莆田东90里，旧名南啸，据记载，"于本府立兴化卫，又于本府极东地方立平海卫，又于本府东南地方立莆禧守御千户所，隶平海卫。以今考之，兴化卫洪武元年立。是岁正月，大明取福建，二月，兴化送款。时领军指挥俞良辅及卢镇欲固地方，请立卫，从之。初置四所。十二年，增置一所，共军五千人。平海卫，洪武二十年为备倭而立"[③]。明初，因平海卫地理位置险要，被视为闽中门户，朝廷在此设置卫所镇守。嘉靖四十二年（1563）初，倭寇大举进犯平海卫北路，且当时莆田等地已被倭寇侵扰、盘踞，情况十分危急。四月，谭纶上奏："四月初八等日督募浙兵入省，监督总兵刘显、俞大猷，副总兵戚继光三大营官兵，克期进剿原袭破兴化府城大势倭寇。"[④] 戚继光等率兵，分三路对倭寇发起猛烈攻击，随后击溃来犯倭寇，据《明实录》记载："嘉靖四十二年四月，副总兵戚继光督浙兵至福建，与总兵刘显、俞大猷夹攻原犯兴化倭贼于平海卫，斩首二千二百余级，火焚、刃伤及堕崖、溺水死者无算。纵所掳男妇三千余人，复得卫所印十五颗。"[⑤] 戚继光等人重新夺回并确保了平海卫的安全，平海卫大捷是明代抗倭战争中歼敌最多的一次战役，备受倭患之苦的当地民众"乃得再见天日矣"[⑥]，这次战役的胜利极大振奋了人心。平海卫之战后，戚继光等率军全歼政和、寿宁一带的倭寇。嘉靖四十二年（1563）六月，戚继光升为都督佥事，随后又升为都

---

①《明世宗实录》，台北"中研院"历史语言研究所校勘本1962年版，第8501页。

②（明）谭纶:《谭襄敏公奏议》卷1《水陆官兵剿杀新旧倭寇捷音疏》，摘自《景印文渊阁四库全书》第429册，台湾商务印书馆1986年版，第590页。

③（明）周瑛、黄仲昭:《重刊兴化府志》卷48《兵纪一》，福建人民出版社2007年版，第1237页。

④（明）谭纶:《谭襄敏公奏议》卷2《水陆官兵剿灭重大倭寇分别殿最请行赏罚以励人心疏》，摘自《景印文渊阁四库全书》第429册，第625页。

⑤《明世宗实录》，台北"中研院"历史语言研究所校勘本1962年版，第8523页。

⑥ 石有纪修，张琴纂:《（民国）莆田县志》卷9《职官志》，摘自《中国地方志集成·福建府县志辑》第16册，上海书店2000年版，第327页。

督同知。十一月，戚继光升任总兵官，镇守福建全省及浙江金华、温州二府地方，都督水陆诸戎务。至嘉靖四十二年（1563）冬，"倭寇复至二万困仙游"，戚继光于十二月率军败之，解仙游之困，后又剿灭同安县、漳浦县、南湾等地倭寇，将福建境内最后的残余倭寇彻底肃清。谭纶大赞戚继光："鞠躬尽瘁，用兵如神。驭众而分数愈明，取胜而机事益密。批亢捣虚，彼丑畏之如虎；除凶雪耻，斯民望之如云。全师奏凯，兵不留行；一战成功，贼无噍类。岂止当今之虎臣，实为振古之名将。"①戚继光两次入闽抗倭，战绩骄人，戚继光及其军队解决了福建百姓长期的倭乱之苦，自然深得福建民众的爱戴，故被人赞称"盖自东南用兵以来，军威未有如此之震，军功未有如此之奇者"②，福建百姓将戚继光作为英雄人物一般崇敬，其声名和功绩也广为流传，带给福建地区的影响也十分深远。

二、勇义精神的传播

戚继光及戚家军抗倭屡屡大胜，让长期受倭患荼毒的福建百姓民心大振，对戚家军十分推崇，其所展现的勇义精神也在福建等地广为传播。戚继光所带兵士被称为义乌兵，也被称为浙兵，因骁勇善战，素有"而乌武勇之名甲于天下"③之说。嘉靖四十一年（1562）八月初一，戚继光率军进入福宁州（今霞浦），当时宁德早被倭寇攻陷，据载，"宁德一路，上下三百余里，三年渺绝人踪"④，倭寇三年为祸宁德地区，盘踞在位于宁德东北三都澳中的小岛——横屿，历经三年，当地民生凋敝，人踪渺绝，倭寇据岛结巢作为基地，地理上易守难攻，加之这些倭寇还与某些当地人往来勾结，可谓势大根深，难以消灭。戚继光进入福宁州（今霞浦），便决定肃清宁德地区的倭寇并迅速率领义乌兵攻打横屿，据载，"初六日渡金垂，

---

①（明）戚祚国等：《戚少保年谱耆编》卷四《嘉靖四十二年六月》，中华书局 2003 年版，第114 页。

②（明）谭纶：《谭襄敏公奏议》卷2《水陆官兵剿灭重大倭寇分别殿最请行赏罚以励人心疏》，摘自《景印文渊阁四库全书》第 429 册，第 625 页。

③（明）熊人霖纂修：《（崇祯）义乌县志》卷 16《人物传》，明崇祯刻本，杭州萧山古籍印务有限公司 2004 年版，第 14 页。

④（明）戚祚国等：《戚少保年谱耆编》卷三《嘉靖四十一年八月》，中华书局 2003 年版，第84 页。

初七日入宁德，初八日早抵章湾，师行淖卤中，把总王如龙、朱玑、秦经国奋勇先登，歼倭众千余于横屿"①。戚继光战胜盘踞宁德地区三年之久的倭寇，极大地振奋了当地军队士气和民心。随后，戚继光清剿了福安、罗源、连江、兴化等地倭寇，戚继光和义乌兵屡战屡胜，受到了各地百姓的热烈欢迎，时人称道："虽未还昔日之太平，将见宁谧有日矣。"②让常年饱受倭患的当地百姓心怀感激，更看到了安宁生活的希望。至嘉靖四十二年（1563）四月"自是福州以南诸寇悉平"③，抗倭胜利让原本涣散的人心也再度凝聚。福建沿海地区的倭寇难以消除的原因之一，便是不少中国人为利益之故，主动或被动勾结倭寇，据记载："倭寇拥众而来，动以千万计，非能自至也。由福建内地奸人接济之也。济以米水，然后敢久延；济以货物，然后敢贸易；济以向道，然后敢深入海洋之。"④倭患能够长期盘踞福建等沿海地区，这与本地人同倭寇相交、相助有很大关系，加之当时地方官军腐败无能，民众对官府和军队的信心早已大打折扣，沿海地区人心浮躁，而戚继光及义乌兵入闽便能屡败倭寇，让福建百姓终于看到了肃清倭寇的希望，自然感念戚继光之功绩，为戚继光建生祠，⑤赞颂并记述戚继光抗倭之功，也十分敬佩戚继光及义乌兵的勇义精神。嘉靖四十二年（1563），福清等地仍不时有倭寇来袭，"五月，又二百余倭住海坛，戚（继光）冒暑险往扫荡无遗"⑥。戚继光及义乌兵不畏艰险，英勇抗倭，战绩斐然，不但肃清了常年盘踞福建沿海各地的倭寇，还让以往势力强大的倭寇再难形成气候，不能再为祸闽地，让当地百姓最终获得了和平和安宁。

在闽抗倭之时，戚继光及义乌兵展现出的作战英勇、纪律严明，让福建百姓印象深刻，能做到战时"即发兵行，号令严肃，以身先之，兵皆齐一，毋敢绥

①（明）殷之辂修，朱梅纂：《（万历）福宁州志》卷16《杂事志下》，摘自《日本藏中国罕见地方志丛刊》，书目文献出版社1990年版，第412页。
②（清）饶安鼎修，林昂纂：《（乾隆）福清县志》卷20《遗编·倭难纪略》，摘自《中国地方志集成·福建府县志辑》第20册，上海书店2000年版，第510页。
③《明世宗实录》，台北"中研院"历史语言研究所校勘本1962年版，第8523页。
④（清）郝玉麟修，谢道承纂：《（乾隆）福建通志》卷74《艺文七》，摘自《景印文渊阁四库全书》第530册，台湾商务印书馆1986年版，第634页。
⑤朱维干：《福建史稿（下）》，福建教育出版社2008年版，第226页。
⑥（清）饶安鼎修，林昂纂：《（乾隆）福清县志》卷20《遗编·倭难纪略》，摘自《中国地方志集成·福建府县志辑》第20册，上海书店2000年版，第511页。

者"[1]，还颇具恤民爱民之风，有"民之耕牛蓄聚秋毫无犯，人心大悦"[2]之记载。戚继光治军唯贤任用，重用了不少闽地有能之人，如连江陈第和福清郭遇卿虽是闽地文人，但善用兵法，具有领军之才，戚继光便委任军职。又如福建沿海五寨把总傅应嘉（守小埕）、魏宗翰（守烽火门）、罗继祖（守南日）、秦经国（守浯屿）、邓铨（守铜山）皆为闽人，他们素有能力兼详悉当地情况，戚继光任人唯能，令其五人镇守要害关卡。戚继光对兵士也严格要求，据《纪效新书》所记："今后，不知学好的，若再平时用好言好语，个个说是勇猛忠义，你就说得活现，决不信你，只是临阵做出来便见高低。"[3]无疑，英勇善战是戚继光练兵最重要的标准之一。作战之时，戚继光对胆小畏战者严厉惩处，如在漳州抗倭时，"汤坑众数千人，预设伏于蔡陂。继光至，猝然蜂起，兵为小却。继光立斩退缩者数人，身自督战，贼大溃，斩首三百余级，官兵战死八十余人"[4]。戚继光及戚家军作战不畏生死，军法严明，无不体现了保国卫民的勇义精神，至今福建有关戚继光的英勇事迹和传说仍有流传，正是因为戚继光及其军队勇义精神深入人心，为福建百姓长久推崇的表现。

平息倭乱之后，谭纶奏请"留浙兵戍闽散于八郡"[5]，朝廷准许谭纶所请，很多在闽抗倭的浙兵便留在了福建，此举一方面增强了福建地方的战力，另一方面也把浙兵的尚武之风、信仰习俗带进了福建地区，其中代表义乌兵的信仰习俗——霞浦义乌城隍庙、关帝庙便是佐证之一。据记载，"东郊关帝庙后有义乌城隍殿，明嘉靖四十一年倭犯州境，浙江参将戚继光率义乌兵来援，有携带其县城隍香火

---

①（清）饶安鼎修，林昂纂：《（乾隆）福清县志》卷20《遗编·倭难纪略》，摘自《中国地方志集成·福建府县志辑》第20册，上海书店2000年版，第510页。

②（清）饶安鼎修，林昂纂：《（乾隆）福清县志》卷20《遗编·倭难纪略》，摘自《中国地方志集成·福建府县志辑》第20册，上海书店2000年版，第510页。

③（明）戚继光：《纪效新书》卷4《谕兵紧要禁令篇》，摘自《景印文渊阁四库全书》第728册，台湾商务印书馆1986年版，第524页。

④（清）李维钰、吴联薰：《（光绪）漳州府志》卷47《灾祥》，摘自《中国地方志集成·福建府县志辑》第29册，上海书店2000年版，第1134页。

⑤（明）林燫纂：《（万历）福州府志》卷10《官政志二》，摘自《日本藏中国罕见地方志丛刊》，书目文献出版社1990年版，第79页。

者，武庙为浙营所建，因附祀焉"①。这座义乌城隍庙便是为了那些抗倭阵亡兵士而建，而关帝庙则一直象征着忠义和勇敢，是为了激发将士斗志而建。这两座庙宇的修建，是义乌兵希望神明保佑自己行军平安、作战胜利的产物，亦是他们入闽抗倭时舍生取义的精神寄托所在。由于戚继光及义乌兵抗倭功绩，福建百姓也认为两座庙宇可保平安，义乌城隍庙曾被反复重建，虽现今规模不及最初，但依旧香火不断，是霞浦地区有关戚继光和义乌兵的重要历史文物古迹之一。明时，福建百姓十分感念戚继光，因此很多地区都设祠并祭祀戚继光，如仙游"崇勋祠在南街下，郑前明嘉靖间建，祀都督戚继光，有司春秋致祭"②。如宁德"功德祠在县治左，祀左都督戚继光，知县林时芳附祀"③。或如闽侯"刘戚二公祠在南屿，祀巡抚刘焘、总兵戚继光。戚公祠在井楼门外四明亭，祀明总兵戚继光。戚、俞二公祠在觉民铺，前祀戚继光，后祀都督俞大猷"④。福建地区也逐渐形成了不少祭祀并纪念戚继光的风俗和活动，其背后是民众对英雄的崇敬之情，也是福建百姓格外推崇戚继光及义乌兵所展现的勇义精神的一个侧影。

三、闽地尚武之风的兴盛

自古福建便有尚武的风气，明代福建地区因为长期抗倭斗争，尚武之风更是迅速发展。明代闽人武艺高强者众多，涌现了数位著名闽籍将领，其中泉州人俞大猷（1503—1579）便是著名的抗倭将领和军事家。俞大猷自幼习武，武艺高超。他的故乡泉州民间武艺发达，俞大猷曾随同乡李良钦和刘邦协分别学习剑技、棍法，而后借助在北方等地为官带兵之机，俞大猷习得并融会贯通了山西、河南、山东等地的武术技艺，最终创作出中国武术历史上第一部"理明法备，精妙实用"

---

① 罗汝泽修，徐友梧纂：《（民国）霞浦县志》卷 40《杂录》，摘自《中国地方志集成·福建府县志辑》第 13 册，上海书店 2000 年版，第 329 页。

②（清）王椿修，叶和侃纂：《（乾隆）仙游县志》卷 13《学校志三》，摘自《中国地方志集成·福建府县志辑》第 18 册，上海书店 2000 年版，第 166 页。

③（明）殷之辂修，朱梅纂：《（万历）福宁州志》卷 4《祀典志》，摘自《日本藏中国罕见地方志丛刊》，书目文献出版社 1992 年版，第 72 页。

④ 欧阳英修，陈衍纂：《（民国）闽侯县志》卷 18《坛庙下》，摘自《中国地方志集成·福建府县志辑》第 2 册，上海书店 2000 年版，第 528 页。

的武术技击著作——《剑经》。俞大猷还曾以闽南语编写《剑经》，以便于闽人学习，俞大猷所率军士也多为闽籍，他们学习《剑经》及操练之法，成为守卫海疆的勇猛之师。俞大猷在福建抗倭时，曾在漳州、泉州等地组织抗倭相关事宜，他亲自训练了不少乡兵，教习这些乡兵学习武技，让当地武力大增，也促进了漳州、泉州等地的民间武技的迅速提升，同时提振了当地尚武之风。

戚继光在浙、闽抗倭时期一直与俞大猷合作，二人皆是抗倭名将，戚继光还曾向俞大猷学习棍技等武艺，而且对《剑经》十分推崇，并收录于他所作的《纪效新书》之中。《纪效新书》也是戚家军训练的重要内容，对当时明代军队的训练产生了较大的影响，此书流传极广，甚至远播至日本、朝鲜等地，福建地区自然也深受此书的影响。在倭患肃清后，曾跟随戚继光、俞大猷等抗倭的兵士或返故里，或留在福建，数量众多且武力强劲的兵员留在闽地，促进了福建各地的尚武之风迅速发展。戚继光主理八闽军务时，考虑到福建海岸线曲折绵长，针对倭寇游劫不定而福建军队调遣迟滞，常应对不及的被动情况，他结合福建尚武的特点，主张组建福建民兵。福建地区因倭患甚烈，福建民间逐渐形成了以堡寨为营垒的防御模式，"民众纷纷自卫，竞筑碉堡，习技击，练乡兵。所以从壬子到癸亥，长期抗倭，对八闽人民，无异于实施严格的军事训练，尚武成为风气"①。同时，以族群为纽带，以堡寨为单位的习武自保组织在福建十分常见，据记载："自平和小坡倡勇于前，漳浦周坡奋勇于后，寡可击众，贼不敢近。埔尾、洋下诸堡，遂纠族人习技击，教一为十，教十为百。少年矫健，相为羽翼，每遇贼至，提兵一呼，扬旗授甲，云合响应。"②百姓习武成为一种常态，当遇到贼寇来犯，当地百姓能自发抗击，甚至形成整个县城守望相助、互为掎角的抗倭局面，如《长泰县志》记载："长泰人民，竞其自卫。善化里高安乡，团练千余人自守"③，甚至"孺童少妇，

① 朱维干:《福建史稿》(下册)，福建教育出版社 1985 年版，第 230 页。

②(清)陈汝咸、施锡卫:《(光绪)漳浦县志》卷 11《兵防志》，摘自《中国地方志集成·福建府县志辑》第 31 册，上海书店 2000 年版，第 106 页。

③(清)张懋建重修，赖翰颙纂:《(乾隆)长泰县志》卷 9《人物》，摘自《中国方志丛书·福建省》第 56 册，上海书店 2000 年版，第 510 页。

皆运石击贼"①，相邻地区遭掠亦"每由高安乡兵赴援，战无不胜。寇望高安赤帜，至于不战而遁"②。显然明后期的倭乱让福建形成了一种尚武自保的社会氛围，戚继光因地制宜，建议福建各县额设民兵，汰弱留强，分班训练，按时检阅。③借助地方士绅耆老与官府合作、采用保甲等形式选练的乡兵，很大程度上增强了地方的自保能力。戚继光还借助异地兵员换防福建，或驻防福建之际，让自己所部兵士与福建民间进行武艺交流，创造了福建民间接触军事武艺的机会，相传戚继光部下的藤牌兵曾向漳州地区的乡勇传授鸳鸯阵以打击倭寇，自此藤牌操传入福建沿海地区，故有记"藤牌手出在福建漳州府龙溪县，若责其本府县官用心选募，约得三千人……可以御北狄、征海寇"④，可见这种民间与军队的交流，一定程度上推动了福建地区的武艺发展，也无形中促进了福建尚武之风的兴盛。福建习武者既可参军入伍，亦可通过民间结社演武自保，形成了闽地军事、武艺人才培养的良好社会氛围和现实基础。戚继光入闽抗倭一定程度上促进了明代福建尚武之风的兴盛，让福建地区拥有了大批军事武艺人才，其中不乏有才能者远赴外省，因战力卓著而声名远播。福建民间的尚武之风至清代时仍十分有名，"闽省文风颇优，武途更盛，而漳、泉二府又在他郡之上，独有风俗强悍一节，为天下所共知"⑤。福建这种"武途更盛"兼"风俗强悍"的社会风气长久存在，与明代福建抗倭斗争有很大关系，也从一个侧面映照出戚继光等抗倭对福建当地的影响。

四、宝贵的非物质文化

福建至今仍保存着很多有关戚继光的遗迹遗存，如福州戚公祠、宁德思儿亭、宁德戚公井、莆田戚公祠、莆田戚继光井、福清戚公祠、连江戚公碑、仙游崇勋

---

① （清）张懋建重修，赖翰颙纂：《（乾隆）长泰县志》卷12《杂志》，摘自《中国方志丛书·福建省》第56册，上海书店2000年版，第832页。

② （清）张懋建重修，赖翰颙纂：《（乾隆）长泰县志》卷9《人物》，摘自《中国方志丛书·福建省》第56册，上海书店2000年版，第510页。

③ 朱维干：《福建史稿》（下册），福建教育出版社1985年版，第225页。

④ （明）郑若曾：《筹海图编》，中华书局2007年版，第896页。

⑤ （清）郝玉麟修，谢道承纂：《（乾隆）福建通志》卷首4《典谟四》，摘自《景印文渊阁四库全书》第527册，台湾商务印书馆1986年版，第204页。

祠、闽侯思儿亭、平和慈惠宫、漳浦戚继光表功碑，等等，这些遗迹遗存是戚继光抗倭斗争历史记忆的传承，也寄托着福建百姓对戚继光的崇敬和怀念之情。同时，福建还保存了很多有关戚继光的抗倭事迹、传说以及相关的非物质文化。

"霞浦沙江曳石"风俗便与戚继光抗倭的事迹有关。据（民国）《霞浦县志》所记："明嘉靖三（原文有误，应为'四'）十二年八月，倭寇扰宁，戚南塘参将援兵出安、宁两邑，殆尽，郡城几空。倭寇拟于中秋夜乘虚攻城，参将不得已以曳石计疑之，满城灯光，人声、石声隆隆腾于郊野外，倭寇至塔旺街，闻声急退。明日，戚营大兵回郡，而城以保全，故曰'太平石'。历二三百年而俗不变，后有良有司亦顺民情而不忍禁云。"① 因为倭寇众多，主力军队不在城中，戚继光巧用曳石制造声响迷惑倭寇，致使倭寇不敢犯城，全城得以保全。而"中秋夜曳石之俗，系中下流社会之壮男子及才成童者，人各集一队。选一平面石，方二三尺许，石旁夹以硬木，复以麻绳纠之使紧固。前方系以大麻绳，长数十丈，需强有力者百数十人纤之快跑。后方系麻绳只丈余，选一二扶绳护之。石上坐一健儿，为号令进止者。至小孩，则纤小石，成一小队，行止如前式"②。显然，曳石风俗是霞浦地区青壮年和儿童都乐于参与的一种风俗活动。清代李大琛《中秋夜拽石歌》便描述了霞浦中秋曳石的光景："一声幺喝千雷鸣，蓦地移山走王屋，又疑广陵生夜涛，万阵狂飙卷怒洑。摩肩鼓掌争权奇，有时欹斜断复续，纵横十里挑烟云，小石见之帖而伏。是时观者如堵墙，满城杂沓相驰逐。"③ 历时400余年的曳石活动成为霞浦地区的特色民俗，被列入宁德市级非物质文化遗产代表名录，至今也是为民喜爱的重要中秋活动之一。

福建光饼又称"东征饼""戚公饼"，据说是戚继光为了解决军队便于携带而制作的食物，《闽杂记》所记，"《榕城诗话》载：谢鼎臣《光饼歌》自注：戚南塘（继光）平倭寇时，制以备军行路食者。后人因其名继光，遂以称之。今闽中各

---

① 罗汝泽修，徐友梧纂：《（民国）霞浦县志》卷22《礼俗》，摘自《中国地方志集成·福建府县志辑》第13册，上海书店2000年版，第186页。

② 罗汝泽修，徐友梧纂：《（民国）霞浦县志》卷22《礼俗》，摘自《中国地方志集成·福建府县志辑》第13册，上海书店2000年版，第186页。

③ 罗汝泽修，徐友梧纂：《（民国）霞浦县志》卷25《艺文》，摘自《中国地方志集成·福建府县志辑》第13册，上海书店2000年版，第240页。

处皆有，大如番钱，中开一孔，可以绳贯"[1]。在戚继光第二次入闽抗倭时，因为倭寇知其威名，刻意躲避戚继光及其军队，流窜并骚扰其他地区。戚继光及将士常需要奔袭追击，为了保证军队能够快速行军，便用面粉制作圆饼，中间有一孔以绳串联，是一种方便携带的行军食物，后来这种面食被福建百姓广泛仿制并称为"光饼"，成为福建当地极具有历史意义的特色食品之一。目前福建光饼主要有建瓯光饼、福清光饼等，其中福清光饼被确定为福建省非物质文化遗产。

　　福建漳州也保存了很多与戚继光抗倭有关的文物及文化，其中漳州市平和县山格的慈惠宫极具代表性。山格慈惠宫背靠山格山（侯山），面朝九龙江西溪上游花山溪。慈惠宫创建于北宋初年，原名马溪岩，又名观音亭，是闽南地区著名的古迹之一，故而山格慈惠宫保存了很多宝贵的文物及相关活动。据考证，慈惠宫主祀的"大众爷公"便是戚继光的化神，而非以前所认为的保生大帝或其他神明，因此，慈惠宫是漳州地区唯一祭祀明代抗倭烈士的宗教活动场所。据《（康熙）漳州府志》所记，"嘉靖四十三年二月，参将戚继光大破倭寇于蔡陂"，当地百姓纪念汤坑蔡陂岭的阵亡将士曾"立忠勇祠祀之"[2]。这座忠勇祠后来虽被废止，但在平和山格马溪岩（今慈惠宫）依然保留着供奉戚继光等抗倭将士的仪式和习俗。山格慈惠宫在每年农历七月十九日都会举办庙会，俗称"大众爷生日"，活动包括"迎猪公""灵龟归庙""掷孤米""吃龟祈福""演戏酬神""大鼓凉伞踩街"等一系列民俗活动。山格慈惠宫香火兴旺并分香至台湾等地，故而每年各地的大众爷公庙也都会派人参加山格慈惠宫的大众爷公诞活动，历时400余年，四时祭祀，朝拜不息，成为漳州重要的民俗文化活动，也寄托了闽南地区民众期盼国泰民安的心愿，更饱含了福建百姓感念和崇敬明代抗倭英雄的长期情感。2007年，山格慈惠宫戚家军祭祀仪式（漳台乞龟民俗）被漳州市人民政府列入第二批非物质文化遗产名录，又于2009年被确认为第三批福建省非物质文化遗产。[3]

　　福清伡鼓被列入福建省非物质文化遗产，是福清一种古老的民间艺术表演形

---

①（清）施鸿保撰：《闽杂记》卷10，福建人民出版社1985年版，第155页。

②（清）李维钰、吴联薰：《（光绪）漳州府志》卷47《灾祥》，摘自《中国地方志集成·福建府县志辑》第29册，上海书店2000年版，第1134页。

③ 林国平、钟建华主编：《漳州民间信仰与闽南社会（下）》，中国社会出版社2016年版，第713页。

式，相传也源于戚继光抗倭事迹。据传，戚继光率军入闽抗倭，迅速击败了盘踞兴化府的倭寇，倭寇残余四处逃窜，戚继光率兵乘胜追击，有数百倭寇窜入福清城南的新厝镇，当地百姓迎合戚家军，高举旗帜，擂鼓敲锣，助威杀敌，倭寇败逃，后束手就擒。为了纪念这次胜利，福清地区便有了伡鼓舞，后经不断演化成了今日的伡鼓舞。清朝末年民国初期是新厝伡鼓舞最为盛行的时期，伡鼓传承迄今已有 400 余年。伡鼓表演时，四把彩色宝盖凉伞一字形横队领先，钹、锣依次双行纵队居中，由二人推车（直径一米左右的牛皮大鼓放在车上，称作"伡鼓"）、一名鼓手组成的伡鼓殿后压阵击节指挥。每支伡鼓队由数十名舞者组成，"四手"——伞手、锣手、钹手、鼓手，随着鼓点击打的指挥而表演由镲、锣、大鼓等几种打击乐器组成的合奏，形似古代将士出征。这种独特性的文艺表演形式，至今深受福清侨乡人民的喜爱。[1]

福建各地因戚继光抗倭而形成的非物质文化及活动十分丰富，成为福建的地方文化特色，也是宝贵的非物质文化遗产，亦让今人感受到戚继光在福建地区影响力的深远。

结语

明代倭寇长期侵害福建百姓，终于在戚继光及其所带领的军队帮助下，结束了闽地的倭患。有关戚继光抗倭的事迹和传说长久地留存于福建百姓的记忆之中，戚继光也为当地百姓歌颂和铭记。戚继光及戚家军抗倭时所展现的勇义精神振奋士气、鼓舞人心，让饱受倭患之苦的福建民众重拾了抗倭胜利的信心，激励了当时百姓的抗争精神，让他们也英勇投身到抗击倭寇的战斗之中，无形中促进了福建民间尚武之风兴盛，并且一定程度上促进了明代福建武术的发展，形成了明清时期福建地区文武兼重的社会风气。福建很多地区都有民众为戚继光立碑设祠并且按时祭祀，以纪念戚继光抗倭的功绩，至今福建地区仍保存着很多与戚继光有关的遗迹、遗址、传说等。同时，福建地区保存了不少与戚继光有关的非物质文化，成为当地宝贵的非物质文化遗产。无论是古迹文物，还是非物质文化遗产，无不说明了戚继光抗倭对福建地区的深远影响。

---

① 杨凡主编：《闽都"非遗"集萃》，福建教育出版社 2010 年版，第 34 页。

再谈戚继光在北方镇蓟的功绩

张凤林 *

　　戚继光是一位伟大的民族英雄、杰出的军事家。他在南方抗倭 12 年，打仗 80 余场，杀敌不计其数，战绩辉煌，功勋卓著。可是，他到北方镇守蓟镇，16 年打仗 8 场，杀 47 人（其中包括几场规模不大的边境摩擦）。真正由戚继光亲自指挥的战争只有 3 场，共杀 15 人，与南方战绩相比，相差悬殊。戚继光南北战绩的巨大反差，容易使人产生误解。有人就由此认为，他在南方功高盖世，在北方无所作为，以致文史界只注重他在南方的事迹，而忽视他在北方的贡献。

　　为什么戚继光在北方的战绩远不如南方？有学者解释：明朝"以文御武"，太阿之柄不假武人，他在北方没有用武之地。

　　事实果真如此吗？回答是不尽然。因为戚继光是一位杰出的军事家。他有较为明确的国家观、民族观、战争观。他深知塞外不是国外，塞外所谓"胡虏"，虽然桀骜不驯，却也不同于倭寇。所以他到北方以后，采取了与南方截然不同的战略方针，改南方对倭寇"大创尽歼"的做法，实行"以守为主，不战而屈人之兵"的方针。通过修长城、练边军，加强边防建设，遏制战乱发生。并在此基础上，化解了民族矛盾，促进了蒙汉和好，维护了中华大国的团结统一，使祖国北疆和平安定，数十年无战事。戚继光在北方为国为民所做的巨大贡献，不比南方抗倭逊色。

---

* 张凤林，中国明史学会戚继光分会顾问，河北省燕赵文化研究会戚继光专业委员会顾问。

一、明朝北方的民族关系与戚继光的"不战而屈人之兵"方略

元朝灭亡后，它的后裔不甘心失败，经常起兵犯境，蒙汉之间的矛盾此起彼伏，长城沿线的战火连绵不断。为防止蒙古铁蹄南下，明政府沿长城设立九大军事重镇（亦称九边），驻重兵防守以捍卫北方安全。

当时，北方蒙古族主要有三股势力，西蒙土默特，俗称西狄，驻牧在宣大边外的黄河河套。东蒙土蛮，又称东夷，驻牧在东北老哈河套（即辽河上游）。东、西两蒙之间是北虏兀良哈，原是朝廷三个卫所，在靖难之变中帮助燕王打天下有功，朱棣坐江山以后，撤销大宁都司，让他们南下至蓟镇徼外。

三股势力中，西狄土默特实力最强，其首领俺答彪悍好战，蒙汉之间的战火多由他带头挑起。东夷土蛮次之，经常进犯辽东。北虏兀良哈势力最弱，但因其习性无常，时服时叛，不时交通东、西两蒙，侵扰蓟镇。

为了妥善处理与蒙古族的关系，明政府曾推行一套朝贡制度，并在塞外建立"羁縻政府"，维持中央对他们的松散统治，保持北方社会相对稳定。但是到了嘉靖年间，刚愎自用的朱厚熜实行"绝贡"政策，勒令边臣关闭互市，寸铁不许出关。更激化了朝蒙之间的矛盾，致使长城沿线兵连祸结，民不聊生。到嘉靖四十五年（1566），边境战火愈演愈烈。当年三月俺答犯宣府，四月犯辽东，十月连犯固原、偏头关、大同。总兵官郭江、参将崔世荣，先后战败而死。

北方"胡虏"频繁犯境，朝野大骇。于是有人想起在南方抗倭取得巨大胜利的戚继光，希望他到北方出师北伐，血洗草原，一劳永逸地消除北方边患。陕西道御史李叔和上疏说："福浙总兵戚某，协谋练兵，所向无敌，应代蓟镇总兵之任，训练强兵，迅扫狂胡，以伸华夏挞伐之威。"[1]戚继光的好友俞大猷也鼓励他说："丈夫生世，欲与一代豪杰争品色，宜安于南；欲与千古豪杰争品色，宜在于北。"[2]希望他到北方再创奇迹，建立比历代英雄更加辉煌的战绩。

但是，通今博古的戚继光深知塞外不是国外、塞外民众不同于海外倭寇。他在《上大兵援辽议疏》中说："议照国家建都于燕，比时属夷为我藩篱，守在旧大

---

①（明）戚祚国等:《戚少保年谱耆编》，中华书局 2003 年版，第 197 页。

②（明）俞大猷:《正气堂集》卷十二《与戚南塘书》。

宁之地，去塞犹数百里，门庭内固……"①这话虽是万历七年，从唇亡齿寒的角度，强调大军援辽的重要性。但也可以看出，在他内心深处存有与世俗不同的观念。他不把塞外看成国外而看成属夷；他不把蒙古族民众视为敌人而视为朋友。他希望塞外少数民族还像先前那样，作为北方藩篱，护卫着中原安全。这在当时大汉族主义占主导地位的社会上，在汉民普遍存在"仇蒙"情绪的环境中，戚继光这种与众不同的思想，显然与大汉族主义传统观念划开了界限。

戚继光隆庆二年（1568）到京之时，张居正已经担任内阁次辅，这位救时之相致力改革创新，加强边防建设，也注重改善民族关系。他根据北方三股蒙古势力的不同表现，采取"西怀东制"的策略。对西狄俺答实施怀柔，对东夷土蛮加以遏制，对北虏兀良哈，念其多年对朝廷友善，采取安抚政策。并亲自给戚继光发信，要求蓟镇"以守为主""以虏不入为上功"。②

戚继光根据蓟镇地方的实际情况，考虑到蒙古铁蹄多年进犯的特点，十分赞同张居正的主张，把"以守为主"作为他镇守蓟镇的基本方略。当年十月他在《上练兵议疏》中明确表示："何为边势之可忧？夫蓟边天险，所贵在守。"③

戚继光的"以守为主"，当然不是被动地守，而是战守结合的守。他说："自古防寇，未有专言战而不言守者，亦未有专言守而不言战者，二事难以偏举。"④他为了实现张居正"以虏不入为上功"的要求，大力加强边防建设，时刻做好战争准备，以强大的军事实力遏制好战势力，使"虏"不敢轻举妄动。为此他提出训练重兵以当其前驱、重修长城以防其出没的庞大计划。

隆庆二年，他上《请兵破虏疏》，要求朝廷拨给他十万大军，由他训练成节制之师，使之"士气日张，而虏气日夺。然后分此十万之众，以训九边，九边之兵强矣。举此以训京营，京营之兵强矣"。并说这才是"非直强兵，亦以富国，一劳永逸之上计也"⑤。

---

① （明）戚祚国等：《戚少保年谱耆编》，中华书局 2003 年版，第 392 页。

② （明）张居正：《张居正集》卷二《答阅边郜文川言战守功伐》。

③ （明）戚继光：《戚少保奏议》，中华书局 2001 年版，第 52 页。

④ （明）戚继光：《纪效新书（十四卷本）·卷十三·守哨篇》，中华书局 2001 年版，第 304 页。

⑤ （明）戚继光：《戚少保奏议》，中华书局 2001 年版，第 35—36 页。

同年他又上书《呈修各路边墙》，决心把长城"薄者加厚，低者增高，……不过二三年间，金汤势成，不战而屈人之兵者在是矣。……"①

戚继光的这个计划，曾经遭到一些朝臣的反对，有人说他"求望太过，志意太侈"。还有人说他重修长城是好大喜功，劳民伤财。好在当朝重臣高拱、张居正等人都给他以大力支持，使他能够大展身手。经过几年艰苦卓绝的努力，他把十万边军训练成能攻善战的无敌劲旅，把蓟镇两千里长城筑成坚不可摧的钢铁防线，有效地震慑了塞外好战分子，使他们望而生畏，不敢轻举妄动。蓟镇长城战火减少，北方社会和平安定，真正做到了不用战争而使人屈服、无须挞伐而使"虏"不入。

万历二年（1574），蓟辽总督刘应节视察蓟镇，对戚继光修城练兵的成果给予很高评价。他上疏说："蓟镇不经虏患七年，仰遵庙谟，一切战守之备，亦即有次第矣。……虏大犯，曾徘徊两月而不敢进，真不战屈人之兵。……"②

二、震惊全国的"庚戌之变"与戚继光的"适成中国之大"主张

发生在嘉靖二十九年（1550）的庚戌之变，是一场震惊全国的大灾难，也是一场令人凄楚难挨的丑剧。这场灾难本来不该发生，却因嘉靖皇帝的狂妄无知，以及当事官员的腐败无能而发生了。

蒙古西部首领俺答，是蒙古族中一个较有远见的部族首领。早在"庚戌之变"之前，就希望结束长城内外的战乱局面，多次向朝廷请求和好。可是，刚愎自用的嘉靖皇帝以"胡人叵测，不可信"为由，始终不予答应。有大臣建议乘此时机改善蒙汉关系，也遭到他的严厉训斥："黠虏节年寇边，罪逆深重，边臣未能除凶报国，乃敢听信求贡诡言，……通事人役违法启衅者，处以重典。"③更有甚者，有来朝求和的使者被边境枉杀，嘉靖皇帝不但不追查责任，反而给肇事凶手记功授奖。于是朝中谈和色变，再不提蒙汉和好之事，由此朝蒙关系愈加紧张。俺答连续几次求和无果，恼羞成怒，便于嘉靖二十九年发动了庚戌之变。

---

① （明）戚祚国等：《戚少保年谱耆编》，中华书局 2003 年版，第 218 页。
② （明）戚祚国等：《戚少保年谱耆编》，中华书局 2003 年版，第 368 页。
③ （明）《明世宗实录》卷 323《嘉靖二十六年四月己酉》。

开始，俺答率数万铁蹄发往大同，大同总兵官仇鸾是奸相严嵩的干儿子，他见势不妙，急忙重金相贿，致使俺答挥师向东，数万铁蹄有如洪水猛兽，攻破古北口，踏平怀柔、密云、通州，直达东直门下。当时城内只有四五万守军，且又老弱参半。俺答若想攻城，皇宫必成焦土。只是此次俺答没有占城夺地意图，只在郊外肆虐八日而去。临行他从御厩内抓人给嘉靖皇帝带去一信，把嘉靖皇帝大骂一顿，很有以武逼和的架势。

大敌当前，国难当头，正在京师参加会试的戚继光挺身而出。他勇敢地参加京城保卫战，并被任命为总旗牌官督防九门。其间他撰写一篇《备俺答策》报到兵部，被立即刊印下发，可见其文的重要。可惜该文早已失传，内容无从查考。但是其中一个"备"字，很值得发人深思。他为什么是"备"俺答策？而不是"抗"或"灭"俺答策呢？这在当时也许未被引为注意，可是后来的事情，却能使人感到，他在其中的良苦用心。

隆庆四年（1570），也就是庚戌之变以后的20年，俺答又向朝廷请求和好，希望结束战乱、蒙汉相安无事。可隆庆皇帝不敢违背先帝遗训，百官也拿不定主意。兵部征询边防大臣的意见。戚继光上书《复兵部条议八事》，说"议封职，以臣服夷酋……施之中华礼仪之邦可也……今俺酋独雄徼外，我即咨之，能禁彼之自王乎？不如因其请而授之，不割土地，不分人民，适成中国之大"[1]。意思很明白，就是为了国土不分裂、民族不分离，希望朝廷答应俺答请求，以实现蒙汉和好。并且希望按照中华礼仪，建立羁縻政府，实现长城内外天下一统。

戚继光的这个主张，适应当时"人心思定，社会思安"的总趋势，符合蒙汉人民的共同愿望。得到首辅大臣张居正和陕西总督王崇古等有识之士的同情和支持。经过各方共同努力，隆庆五年（1571）朝廷与俺答和好，封俺答为顺义王。从此，西北大地和平安定，蒙汉人民安居乐业。

戚继光的"适成中国之大"主张，是社会发展到一定阶段的产物。它把爱国主义提升到一个新的高度。其爱国情怀不止于屈原之楚国，也不止于岳飞之南宋，而是包括长城内外的中华大国。这对于维护中华大国的团结统一，对于中华文明的传承发展，都具有十分重要的意义。

---

[1]（明）戚祚国等：《戚少保年谱耆编》，中华书局2003年版，第300页。

为了"适成中国之大"，戚继光呕心沥血加强边防建设，千方百计地防止战乱发生。但是一旦发生战事，也是从和平愿望出发，恩威并用，化干戈为玉帛。万历三年（1575）的董家口大战，就是在他这一思想影响下化敌为友的典型战例。

当年正月二十三，兀良哈首领长秃，"率众盗犯董家口，戚继光督南北官军，从榆木、董家两关出塞，追击一百五十里，标军李云生擒长秃以归，斩二级，余虏负命却遁"。战后双方在喜峰口议和，蒙方大小头目240人，从草原各地齐聚喜峰口叩关请和。他们对天盟誓："子子孙孙怀德内附，世世代代不犯太师城。"从此北虏兀良哈与朝廷和好，蓟镇长城战火停息，京东大地和平安定，数十年无战事。

因为这场战争只杀两人，有人就觉得它是一场不值一提的小战，没有足够重视。可是戚继光率领的南北官军，包括从南方调来的火器兵和北方边军，参战人数自然不少。而大军从相距30里的榆木岭、董家口两关出塞，追奔150里，战场也相当不小。

那么问题是，这么一场轰轰烈烈的大战，为什么只杀两人就和平结束？为什么只杀两人就使一个拥有十万牧民的兀良哈彻底臣服？从史书所描述的情况不难看出，它不是靠武力征服的，而是靠攻心取胜的。其中包括戚继光的"适成中国之大"思想所产生的影响。兀良哈240名大小头目，齐聚喜峰口，诚心诚意地叩关求和，就说明"适成中国之大"思想，已经在广大蒙古族人民中形成一定的凝聚力。

所以我们说，董家口大战是戚继光"适成中国之大"思想的胜利，也是他坚持"不战而屈人之兵"方针，把作战艺术运用到最佳境界，以最小的伤亡代价，取得最大战果的典范。

三、戚继光的"以德治国"理念及其对后世的影响

戚继光生于齐鲁大地，自幼受儒家思想熏陶，坚信"以德治国"理念。他说："赵普（宋朝宰相）半部论语治天下，予曰：不必半部，只节用'爱人'一节，万乘之国可治矣。"[①] 出于这个理念，他在南方"爱民如子"，对残害中国百姓的倭寇恨之入骨。因此提出"杀贼（倭寇）保民"口号。说贼是杀老百姓的，我们是杀贼

---

① （明）戚祚国等：《戚少保年谱耆编》，中华书局2003年版，第370页。

的。不把贼赶尽杀绝，就不能保护老百姓。所以他在南方杀贼如麻，被称为"戚老虎"。

戚继光到北方以后，把塞外蒙古族民众也视为中国百姓，对他们同样心存仁爱。隆庆四年他在《复兵部条议八事》中说："夷地不毛，无耕无织……以其日用，如布帛、锅铁……不能一日不资于中国。而互市之利，实群夷至愿，……盖羁縻虏情可以长久者，正市之谓也。"[1] 在充满"华贵夷贱"思想的社会，不少汉族官吏把蒙古族民众视为贱人，很少关心他们的疾苦。戚继光却对他们如此同情和关爱，确实难能可贵。

万历七年十月，东夷土蛮的"五万余骑，从敖木伦入侵辽左"，戚继光出关援辽。他"以五万余骑布十里许。驰兵转战于狗儿河，复大战于石河墩，斩首十三级，获马十五匹。虏遁支山庄巢，列阵二十余里，间得出塞。我师追奔数百里，勒石燕山而还"[2]。

从史书的描述可知，这场大战开始打得很激烈，经狗儿河、石河墩两场大战，斩首 13 人，获马 15 匹。可是后来又发生什么事情？戚继光勒石的燕山在哪里？五万大军追奔数百里追到什么地方？史书并未说清，值得进一步探讨。

经考察，戚继光勒石的燕山，不是河北省北部的燕山，而是它延伸到关外朝阳市境内的余脉。这个余脉，蒙语叫努鲁儿虎山，汉语叫燕山。山下有一条河，蒙语叫敖木伦，汉语叫大凌河。如今的大凌河上建有一座水库，名为燕山湖水库。水库旁建发电厂，名为燕山发电厂。发电厂坐落在朝阳市西郊 30 里，南距锦川 300 里。由此可以判断，当年戚继光勒石的燕山，就是燕山湖水库附近的努鲁儿虎山。五万大军也就追奔到努鲁儿虎山下的大凌河流域。

那么大凌河流域是什么人驻牧呢？据日本学者和田清考证，嘉靖初蒙古察哈尔部达赉逊汗率领本部 10 万部族东迁，就迁到东北老哈河套。并且说："这里所称河套，当然是指辽河河套。熬母林是敖木伦，即辽河上游。老母伦是老木伦，即老哈河。……"[3] 由此可见，五万大军追奔数百里的地方，正是察哈尔 10 万牧民东

---

① (明) 戚祚国等：《戚少保年谱耆编》，中华书局 2003 年版，第 301 页。

② (明) 戚祚国等：《戚少保年谱耆编》，中华书局 2003 年版，第 395 页。

③ [日] 和田清：《明代蒙古史论集》，商务印书馆 1984 年版，第 429 页。

迁的集聚地。达赉逊死后，其子图们汗继位，因图们与土蛮谐音，故汉人习惯地称其为土蛮，亦把东迁后的察哈尔部称为土蛮部。

戚继光的五万大军，经过严格训练，又装备当时最先进的火器，杀伤力极为强大，所到之处应该寸草不生。可以想象，他们追奔到土蛮牧民的聚集地，尽管年轻力壮者逃得无影无踪，老弱妇幼却不会逃得很远。戚继光若想贪名图利，让他手下大开杀戒，显赫战绩唾手可得。可是，他们在那里一人未杀。这就足以说明，戚继光对蒙古民众存有仁爱之心，绝不为功名利禄滥杀无辜。

援辽大战虽然杀人不多，朝廷却给了很高评价。说："宁前虏患，岁无虚日，而声势重大，独今次为甚。……援兵一出，虏即遁归。拒堵之功不拘斩获。"[1] 战后，朝廷给戚继光加官晋爵，太子太保加少保。

戚继光在北方的战绩远不如南方，也远不如与他同期镇守辽东的李成梁。两人同为镇守北疆的总兵官，却因镇边方略不同而后果各异。

李成梁镇辽，"以战为主"，凭借辽东铁骑，犁庭扫穴，威震绝域，官至太傅，受封宁远伯。不过，他的武功虽盛，杀人虽多，却未能臣服土蛮，非但边患未能全面平息，反使满族乘机兴起，大明帝国终被女真所灭，以致后人评说他是一代"不世之功臣，千秋之罪首"。

而戚继光镇蓟，"以守为主"，虽功勋卓著，但打仗不多，杀人很少，战绩不如李成梁，但是他以"爱人"之心，"德行天下"，使兀良哈彻底臣服，全面消除北方边患，换来北方和平安定。正如《明史·戚继光传》说："继光在镇十六年，边防修饬，蓟门宴然，继之者踵其成法，数十年得无事。"

总之，戚继光在北方的战绩不如南方，但是他为国为民所做的贡献并不比南方逊色。他在北方的功绩与南方抗倭日月同辉，彪炳史册。

---

①（明）戚祚国等：《戚少保年谱耆编》，中华书局 2003 年版，第 395 页。

戚继光对山东海防的贡献与影响

赵 红*

戚继光（1528—1588），字元敬，号南塘，晚年号孟诸，山东登州（今蓬莱）人。他一生戎马倥偬，南平倭患，北戍边陲，战功赫赫。在平倭的军旅生涯中，他足迹遍及山东、浙江、福建、广东等沿海地区，为保卫明朝海防作出了重大贡献。他的军事著作《纪效新书》《练兵实纪》，如同两颗璀璨的明珠，为我国古代军事宝库增添了光彩，对后世产生了深远的影响。在筹海的岁月中，山东海疆是他献身海防事业的起点，也是终点，在他的军事生涯中占有举足轻重的地位。目前，关于戚继光与山东海防的研究，学术界虽有探讨，但尚不全面，尚未从大历史观的视角论及戚继光的军事思想对后世山东海防的影响。

一、戚继光受命备倭山东

倭寇是 13 世纪至 16 世纪侵扰中国和朝鲜沿海的日本海盗集团，主要由日本的武士、浪人和奸商组成。作为沿海省份之一，山东在元朝末年就受到倭寇的侵扰，明朝建立后，倭寇又频频出没于山东沿海地区。为了保卫海疆安全、巩固政权，明初统治者在山东沿海建设水军，设立卫所、巡检司，建城寨、墩堡等海防工事，积极加强山东海防建设。在莱州府，至明洪武二十六年（1393），建立了"三卫、八所、七巡检、十六寨、一百四十七墩堡"[1] 的防海总汛，并根据倭寇作乱

---

* 赵红，烟台大学马克思主义学院副教授。

① （清）尤淑孝修，李元正纂：《即墨县志》，乾隆二十九年（1764）刊本，卷 4，第 3 页。

的时间和地点受制于风向变化的特点，制定了水军巡海之制作为防倭之法："卫所既设官兵，又制有数百料大船、八橹哨船、若风尖快船、高把哨船、十桨飞船凡五等。以三四五月出哨，谓之大汛；七八九月出哨，谓之小汛。盖倭船之来，视风所向，清明后风自南来，重阳后风起自北，皆不利于行故也。"① 明政府还陆续在山东沿海设置了青州左、莱州、登州、宁海、鳌山、灵山、大嵩、靖海、成山、威海、安东等 11 卫，胶州、福山等 14 千户所及沿海 20 巡检司，269 墩，134 堡。② 永乐六年（1408），明政府于蓬莱水城设置了备倭都指挥使司，节制沿海诸军，统一指挥山东沿海的抗倭斗争。明朝政府还于永乐三年（1405）、永乐七年（1409）、宣德四年（1429）分别建立了即墨营、登州营和文登营。这样，明朝前期山东海防逐步形成了在山东备倭都司节制下的由三营、十一卫、十四所构成的严密的部署体系，在保卫海疆安全方面发挥了重要作用。

然而，明朝步入嘉靖时期后，由于沿海承平日久，政治日趋腐败，明政府逐渐放松了沿海防务，山东海防逐渐废弛。具体表现为卫所空虚，战舰残破，军伍缺额，军纪败坏。当时山东沿海十一卫，按旧制每卫军额应为 5600 人，但实际上最多的青州左卫也只有 4775 人，最少的灵山卫仅有 1807 人，平均每卫 2878 人，缺额达 43%。③ 这些剩余的官兵也大多老弱无能，战斗力低下。与此同时，倭患十分严重。嘉靖三十一年（1552），倭寇开始大规模地频频入侵我国东南沿海地区，"连舰数百，蔽海而至。浙东、西，江南、北，滨海数千里，同时告警"④。沿海人民惨遭荼毒，山东海疆也受到严重的威胁。这年，倭寇入侵靖海卫，山东兵民合力击退。嘉靖三十二年（1553）三月，"倭自太仓溃围出，乃掠民舟入海，趋江北，大掠通州、如皋、海门诸州县，复焚掠盐场。有漂入青、徐界者，山东大震"⑤。及时采取有效措施构筑海防长城，已是摆在明廷面前的当务之急。

戚继光就是在这种海疆危难之际，受命于山东备倭的。嘉靖三十二年六月，

① （清）尤淑孝修，李元正纂：《即墨县志》，乾隆二十九年（1764）刊本，卷 4，第 5—6 页。
② （明）郑若曾撰，李致忠点校：《筹海图编》，中华书局 2007 年版，第 439—454 页。
③ 陈懋恒：《明代倭寇考略》，人民出版社 1957 年版，第 36 页。
④ （清）张廷玉：《明史·日本传》，中华书局 1974 年版，第 8352 页。
⑤ （明）谷应泰：《明史纪事本末》第 3 册，中华书局 1977 年版，第 850 页。

戚继光被擢升为署都指挥佥事①，驻扎登州，统领山东三营二十五卫所兵马，肩负起山东沿海的防倭重任。戚继光被委以如此重任，并非偶然。戚继光出身将门，祖辈们的军人气质和谆谆教导潜移默化地影响了他。从戚继光的五世祖戚斌开始，戚家一直世袭登州卫指挥佥事②。在任职内，戚继光的祖辈们忠于职守，颇有功绩。戚继光的父亲戚景通袭职之后，更是坚持操守，以身作则。他对戚继光管教很严，时常教导他苦读兵书，掌握军事知识。戚景通还让戚继光以"忠孝廉节"为座右铭，严格约束自己。在这样的将门教育之下，幼时的戚继光就已显示出一定的军事才能。他时常和泥筑城，削竹子为旗杆，裁色纸为旌旗，堆瓦砾为营垒，带领小伙伴们"驰骋战场"，颇有将帅味道。③稍长以后，戚继光仍旧孜孜不倦地研习兵法武备，遍读儒家经典，深明经史大义。嘉靖二十三年（1544），年仅17岁的戚继光袭职登州卫指挥佥事，④开始了军旅生涯。两年后，他被任命在登州卫管理屯田事务。在这段日子里，戚继光大刀阔斧地革除卫所积弊，操练士兵，整修战舰，积累了一定的治军经验。嘉靖二十八年（1549）十月，22岁的戚继光参加了山东乡试，中武举。第二年，蒙古土默特部首领俺答率众进犯京师，明政权受到严重威胁，戚继光被委以戍守蓟门的重任。蓟门是明廷九边重镇之一，是保卫京师的门户。在戍守蓟门的岁月里，戚继光"一年三百六十日，多是横戈马上行"，⑤积累了不少带兵经验和边防斗争经验，为保卫京师作出了重大贡献。可见，正是戚继光卓越的军事才能和精忠报国的可贵志向，将他推上了备倭山东的军事舞台。

二、戚继光的筹海举措

戚继光到任后，励精图治，多措并举，加强和巩固山东海防。

第一，熟悉山东海防地理形势，掌握倭寇活动规律。

山东海岸线漫长，设防绝非易事。鉴于此，戚继光认真勘察海防地理形势，

---

① 都指挥佥事是都指挥使司军官，为副职，正三品。
② 据范中义先生的研究，登州卫指挥佥事是卫一级的军官，为正四品，年俸288石米。
③（明）戚祚国等：《戚少保年谱耆编》卷一，中华书局2003年版，第4页。
④ 此处为虚岁。
⑤（明）戚祚国等：《戚少保年谱耆编》卷一，中华书局2003年版，第12页。

并据此作出了可行的御敌方案。他认为，山东登莱"突出海中，三面受敌，且危礁暗沙不可胜数，非谙训之至则舟且不保，何以迎敌而追击乎？故安东北，若劳山、赤山、竹篙、旱门、刘公、之罘、八角、沙门、三山诸岛，乃贼之所必泊而我之所当伺者。若白蓬头、槐子口桥、鸡鸣屿、夫人屿、金劳、石仓庙，浅滩乱矶，乃贼之所避而我之所当远者。当事诸臣，无恃其不来而有以备之，造舟选卒，练习故当，将来庙堂或修海运，以备不虞，亦有大赖焉，独御寇云乎哉"？①

当时，倭寇"随风所至"，以季节风入寇我国沿海地区，"风欸东南也，则犯淮扬，犯登莱"。②原来倭寇所乘船舰以帆船为主，船只的航行及靠岸地点与风向有很大的关系。因此，一般而言，倭寇入侵我国海疆最猖狂的时候在三、四、五月或是九、十月间。北风多时则南侵广东，东风多时则西扰福建，东北风或正东风多时便分犯浙江和江苏，东南风多时则直扑山东的登州和莱州。对此规律，戚继光及时掌握，并以之作为沿海设防的依据之一。

第二，修建海防工事，整顿水军。

随着卫所的废弛，山东沿海的防御设施严重破损，水军的战斗力消极低下。针对这种情况，戚继光一方面积极加强海岸防御工事的修建，一方面积极整顿水军，增强海上防御力量。

戚继光十分重视海防工事的修建。他要求各卫所在沿海 30 里设一驿站、10 里设一墩，③以提高海防通信能力，加强卫所间的联络。戚继光每到一卫所，都要仔细检查海防设施，对损坏的及时进行维修和扩建。嘉靖三十二年（1553）七月，登州卫的海防重地水门因受到人为破坏，被河水冲失栅栏栓木。戚继光立即与登州卫指挥使、同知等联名上呈申文，向山东都指挥使报告了这一情况。山东都指挥使下令缉捕破坏分子战二汉，责惩他赔偿所毁栓木一根，并责令百户官杭文举立

---

① 转引自刘重日：《全面评价戚继光的文韬武略》，摘自刘重日：《瀍阳集》，黄山书社 2003 年版，第 248—249 页。

②（明）郑若曾：《郑开阳杂著》，摘自《景印文渊阁四库全书》第 584 册，台湾商务印书馆 1986 年版，第 507 页。

③ 朱亚非：《从历史档案看戚继光在山东的防倭活动》，摘自《历史档案》1991 年第 4 期，第 129—130 页。

即修补水门。^①

戚继光认为,加强海防必须"水陆兼司,陆战尤切"。^②因此,他在整顿陆军的同时,也非常重视水师建设。戚继光坐镇登州水城,亲自督造战船,编练水师,将登州水师编练为五营十哨,指挥水师出海巡哨,进行海上操演。^③这大大提高了水师的战斗能力,使水城成为进可攻、退可守的海上堡垒。戚继光还身先士卒,亲率舰队巡洋。有一次在过文登营时,他赋诗云:"遥知夷岛浮天际,未敢忘危负岁华!"^④表达了自己誓除倭患、保卫海疆的决心。

第三,刷新卫所风气,提高军队战斗力。

针对当时山东沿海地区各卫所存在的种种弊端,戚继光进行了大刀阔斧的改革,取得了显著成效。

其一,整顿卫所领导机构。

当时,山东沿海有些卫所的军官或已亡故,或老弱多病,或不能胜任,严重削弱了军队的战斗力。针对这种情况,戚继光大刀阔斧地开展了卫所领导机构的整顿工作。他撤换了那些不能胜任的指挥使,提拔重用了一批将才。戚继光要求这些新任官员严于律己、服从军令,以对全军起表率作用。戚继光对千户等军官也进行了人事调整。当时,登州卫千户所的掌印正千户马纲关因患有疾病,请求辞职。戚继光同意了其要求,并精心挑选了接替他的官员。登州卫指挥使向戚继光推荐了三位候选人:一是"所事欠精"的佐二副千户李堂,一是"新袭未练"的署正千户周朝,一是"曾蒙奖励"的副千户蒋经。戚继光全面权衡后,选定了具有实际能力的蒋经,否定了资历较深的其他两人。^⑤

对卫所官员的玩忽职守现象,戚继光决不姑息。例如,当戚继光得知登州卫听事吏刘希奉"旷役律限"后,遂令登州卫指挥使司立即将其逮捕,查清事情的

---

① 辽宁省档案馆、辽宁省社会科学院历史研究所编:《明代辽东档案汇编》下册,辽沈书社1985年版,第1154页。

②(明)戚继光:《纪效新书》,人民体育出版社1988年版,第4页。

③《登州古港史》编委会编:《登州古港史》,人民交通出版社1994年版,第183—184页。

④(明)戚祚国等:《戚少保年谱耆编》,中华书局2003年版,第15页。

⑤ 辽宁省档案馆、辽宁省社会科学院历史研究所编:《明代辽东档案汇编》下册,辽沈书社1985年版,第1166页。

来龙去脉，并将审讯结果据实上报，依据情节轻重予以惩处，"具实申来，以凭参革施行，毋得迟错未便"①。

其二，严肃卫所军纪军风。

当时，卫所中一些士兵勾结地方豪强，私设赌场，聚赌成习，严重败坏了军纪军风。戚继光到任后，严令各卫迅速查办，坚决刹住不正之风。

一次，登州卫发生一起聚赌案，该卫奉命缉拿到部分犯人后，呈文上报戚继光。戚继光看了汇报后，十分恼火，认为"棍伙结党败俗，情极可恶"，必须缉捕审讯。对于那些公然无视法令、拒绝审讯的恶徒，戚继光认为是该卫"枉法曲护"的结果，严令登州卫指挥使司依法办事，"拘获人犯，逐一完足，速招解夺，转会发落"②。

在严肃军纪方面，戚继光是一视同仁的。他责惩不听军令的舅父，就是很好的明证。戚继光有位舅父在军中任职，公然仗恃长辈身份，不肯听从号令。为了严肃军纪，戚继光不顾长幼尊卑的封建观念，一方面以军官的身份将其当众惩罚，一方面又以外甥的身份当晚设宴谢罪。舅父心悦诚服，表示再也不违抗命令。这件事情在军中影响极大，"由是风声远播"，军士纷纷议论说："法不讳亲，公也；先国后己，让也；舅且不假，况在门墙为之属吏者乎！苟或不戢，只自速罪戾耳。"③事后，军中闲散怠惰的松弛风气逐渐革除，战斗军风日益增长。

其三，清理卫所钱粮。

钱粮是稳定军心的重要物质保障。但是，当时山东沿海卫所的钱粮管理十分混乱。官员擅自贪挪公款，克扣军饷俸粮，致使库藏空虚，兵无粮饷，纷纷困逃。戚继光到任后，各卫纷纷互相揭发。戚继光对这些案件进行了认真审查和严肃处理。例如，据登州卫右千户张守祖反映，前任指挥使曾私自挪用官银借与他人："嘉靖三十一年，蒙本卫将卑职收受在官贮库脚价银五两五钱六分一厘。此有本卫先存今故刘指挥拘令库吏邢子演，将库贮官银借与千百户李武臣等，各分人情使

---

① 辽宁省档案馆、辽宁省社会科学院历史研究所编：《明代辽东档案汇编》下册，辽沈书社1985年版，第1167页。

② 辽宁省档案馆、辽宁省社会科学院历史研究所编：《明代辽东档案汇编》下册，辽沈书社1985年版，第1155页。

③（明）戚祚国等：《戚少保年谱耆编》卷一，中华书局2003年版，第14页。

用，向未还补。后蒙上司按临查盘，蒙卫拘令卑职借佃赔补前银完足，查盘讫。今有李武臣等，一向未还，负累卑职，按月行利，佃赔还人。今债主一逐上门逼追，讨要无辍。"[1]他同时开列了一份相关官员欠银清单。详明情况后，戚继光以此事件为切入点，认真整治清理钱粮，令登州卫从李武臣等人的俸饷中扣还。不久，戚继光收到了登州卫指挥使司的回文，据称千户李武臣、武鉴等14人已归还了部分欠款，其余仍在归还中。

其四，惩抑地方邪恶势力。

当时，沿海卫所地方风气也十分败坏，恶豪仗势欺人、偷盗等各种丑恶现象屡见不鲜，严重影响了地方的安定和百姓的正常生活。戚继光到任后，对这些不良风气进行了整治。

戚继光严厉打击地方上的恶豪势力。在即墨地方有一恶豪，"肆蛰闾里，跋扈有年，乡人不堪其毒"，多次将其告发于官府。但官府徇私枉法，不仅不治其罪，反而庇护他。依恃官府的势力，这位恶豪猖狂作恶，乡人敢怒不敢言，受害甚苦。戚继光得知后，决定严查。恶豪闻风潜逃。戚继光密遣差役"潜捕之，获于野，海上肃然"。[2]戚继光严厉打击地方上的偷盗之风。嘉靖三十四年（1555），登州卫破获了一个盗窃集团，缉捕了王朝付等16名惯盗。戚继光命令该卫认真审理此案，"积年为盗，赃证颇情犯真切，仰登州卫招议详夺缴"[3]。经过核实查证后，查清了这些罪犯以前作案的次数、时间、地点、经过以及盗藏赃物。铁证如山，戚继光依律惩处了这些罪犯。戚继光对地方风气的整饬，安定了地方秩序，赢得了民心，为牢固海防提供了民众力量。

三、戚继光筹海举措的成效

"封侯非我意，但愿海波平。"怀着这样伟大的抱负，戚继光在山东备倭两年多的时间里，足迹遍及山东沿海，依据水陆并防的海防战略方针，积极部署了山

---

① 辽宁省档案馆、辽宁省社会科学院历史研究所编：《明代辽东档案汇编》下册，辽沈书社1985年版，第1155—1156页。

②（明）戚祚国等：《戚少保年谱耆编》，中华书局2003年版，第14页。

③ 辽宁省档案馆、辽宁省社会科学院历史研究所编：《明代辽东档案汇编》下册，辽沈书社1985年版，第1164页。

东海防。戚继光的固防举措，无论从理论上还是从实践上，都是行之有效的。

戚继光对山东海情、倭情的及时了解和掌握，为部署山东海防提供了必要的前提条件；戚继光修筑海防工事，率领水军出海巡逻，有利于增强山东海岸和海上防卫能力；戚继光对卫所领导机构的有效整顿，抓住了加强海防的关键环节，有利于提高将领的军事素质；戚继光严肃卫所军纪军风，有利于提高军队的战斗力；戚继光对钱粮案件的果断处理，有利于充实卫所库藏，保证军需供给，为加强山东海防提供必要的后勤保障；戚继光惩抑恶势，有利于安定地方秩序，赢得民心，为加强山东海防提供强大的民众力量。事实也证明，戚继光的筹海举措，使山东海防得到了巩固和加强，使山东沿海居民免受了倭寇侵扰之害。自嘉靖三十二年（1553）以后，在山东沿海，虽也有几股倭寇窜扰，但没有酿成大的危害。而在同时期，江苏、浙江、福建沿海地区则频频遭到倭寇的入侵，倭患空前严重，危害惨烈。据不完全统计，嘉靖三十一年至嘉靖三十六年，山东、直隶、浙江和福建，遭受倭寇入侵的次数分别为 3、89、61 和 14 次。[1] 对于这种鲜明的对比，明清学者提出了不同看法。有的认为："嘉靖之季，倭奴犯浙、直、闽、广，而独不及山东者，山东之人，不习于水，无人勾引之故也。"[2] 而明代谢肇淛在《五杂俎》卷四中说："初，日本之犯中国，山东宁海、成山诸卫，数被其毒。及嘉靖之乱，首犯福建以及浙、直，而蔓延于淮扬，独山东竟未尝被兵。何也？盖明起南方，大兵所聚，北地置戍犹少，故寇时蹞入，然东南犹不免焉。迨防守既密，南北少事。承平日久，士卒生长南方，风土脆弱，兼之卫所军，部众不多，兵力散涣。而瀛渤之间，风气坚悍如故，寇来获少，所失亡多。所以日夕垂涎江南、北；或比壤一日而破数县，或千里同时而残诸郡。"[3] 他们所说各有道理。实际上，山东沿海没有倭患，是多方面因素综合作用的结果。其中一个重要的原因，就是这一时期山东海防的相对坚固，这应该归功于戚继光的努力。正如御史雍公焯所荐疏说："即举措而见其多才，占议论而知其大用。海防之废弛，料理有方；营伍

---

① 范中义、仝晰纲：《明代倭寇史略》，中华书局 2004 年版，第 140 页。

② 戴裔煊：《明代嘉隆间的倭寇海盗与中国资本主义的萌芽》，中国社会科学出版社 1982 年版，第 38 页。

③ 姜宸英：《海防总论》，摘自《四库全书存目丛书》（史部第 227 册），齐鲁书社 1996 年版，第 710 页。

之凋残，提调靡坠。谋猷允济，人望久孚，用是誉溢朝端，佥曰'良将才'也。"①

总之，戚继光在山东总督备倭任上是颇有业绩的。他在山东筹备海防的经验，无疑为他后来在闽浙的筹海抗倭活动提供了宝贵的经验。

其实，戚继光对山东海防的贡献远不仅如此。万历十三年（1585），戚继光因老病复发，辞归故里。这位久经疆场的军事将领，即使在晚年也时刻不忘为国分忧。

此外，作为一位杰出的军事家，戚继光在抗倭实践中形成的治军方略，不仅丰富了中国军事武库，而且对后世产生了深远影响。以"束伍法"为例，这是戚继光在吸收前人军事理论的基础上，结合自己的抗倭经验，创制的一种组织编练军队的治军之道。戚继光认为，"营阵之法，全在编派伍什队哨之际"②，即应该把士兵按照队、哨、官、总的编制，严密地组织起来，并结合一定的战斗队形，统一指挥，才能提高军队的战斗力。在第一次鸦片战争中，山东巡抚托浑布坐镇登州布置海防时，曾采用戚继光的束伍法对驻扎山东沿海的陆军进行编制。他在道光二十二年三月十八日（1842年4月28日）"设法严防汉奸"的奏折中奏称："查东省各营调防官兵，自上年俱采用前明戚继光'束伍法'：伍各有队，队各有长，居处相习，非独编伍正兵，即跟随余丁亦能闻声相识。招募乡勇，亦先以此法为团练纲领。"③ 在此，托浑布高度评价了戚继光的束伍法。第一次鸦片战争是中国有史以来第一次遭受到西方资本主义国家从海上的大规模入侵。面对这次空前严重的海疆危机，缺乏近代战争观念的托浑布，不自觉地借助了中国传统武库中的御敌之策。这虽然是一种守旧表现，但却反映了戚继光本人及其军事思想对后世山东海防建设产生的影响。

综上所述，在备倭都司任上，戚继光采取有效措施，山东海疆筑起了相对坚固的海防线，捍卫了山东海疆的安全。即使在生命的最后岁月里，心怀爱国之情的戚继光也不忘为山东海防作出贡献。不仅如此，戚继光在筹海过程中形成的博

---

① （明）戚祚国等：《戚少保年谱耆编》，中华书局2003年版，第16页。
② （明）戚继光：《纪效新书》，人民体育出版社1988年版，第3页。
③ （清）文庆等：《筹办夷务始末》（道光朝）卷46，台北文海出版社1970年版，第23页。

蓬莱水城（笔者拍摄）

大精深的军事思想对后世山东海防产生了一定影响。历史是一面镜子，回顾和总结戚继光的这段海防军事生涯，无疑可为我们今天的海防建设、"海洋强国梦"的实现以及"海洋命运共同体"的构建提供有益借鉴。

论戚继光与邢玠的交往

邢运虎　朱亚非 *

　　明朝中后期，倭寇不断入犯我国东南沿海以及近邻朝鲜等地，给当地人民的生活带来了深重的灾难。面对倭寇的肆虐，明朝加强了对东南沿海的防御，配置了精锐的部人，培养了一批优秀的将帅。这其中，戚继光与邢玠先后指挥过国内抗倭与抗倭援朝战争，并取得胜利，基本消除了百年来猖獗的倭患。

　　戚继光（1528—1588），字元敬，号南塘、孟诸，登州人，明朝将领。戚继光出身军户，奉命戍守浙江和福建 10 多年，招募士兵组成戚家军，练兵严格，军法严厉，创立新战术，注重武艺训练，多次击败倭寇，肃清闽浙的倭乱，战绩彪炳，从参将多番转迁，升任福建总兵。后来戚继光受命镇守北方边境防范蒙古，得到首辅张居正和兵部尚书谭纶的信任，担任蓟镇总兵 14 年，重修长城，建造塔楼加强防务，官拜左都督，加封少保兼太子太保，地位显赫。著有《纪效新书》与《练兵实纪》，详细记述其行军练兵的经验与战术。

　　邢玠（1540—1612），字搢伯，一字式如，号昆田，明代青州府益都县（今山东省青州市）人。穆宗隆庆五年（1571）进士，授密云知县。神宗万历三年（1575），擢浙江道御史，巡按甘肃，后历任河南按察使金事、陕西按察使、大同巡抚等职，于边疆重镇多有建树。万历二十一年（1593），晋为南京兵部右侍郎。万历二十二年（1594），以兵部左侍郎兼金都御史，总督川贵军务，平定播州之乱。

---

　　* 邢运虎，山东师范大学历史学院硕士生；朱亚非，山东师范大学历史学院博士生导师，中国明史学会戚继光分会会长。

万历二十五年（1597），奉旨以兵部尚书，总督蓟、辽、保定视师朝鲜，至次年底将日本侵略军逐出朝鲜。论功进少保兼太子太保、荫一子锦衣卫指挥佥事。征尘未洗，旋因辽东事紧进驻辽阳，至万历三十年（1602）始卸任。著有《经略御倭奏议》《崇俭录》等。

通过整理史料可以发现，戚继光与邢玠在隆庆五年至万历三年（1575）间同在北方边疆任职，戚继光任蓟镇总兵，邢玠任密云县令。二人在此期间有过不少交集，本文主要梳理他们的交往史实，期望有益于明代军事史、地方史研究。

一、邢玠与《重刻〈纪效新书〉序》

国家图书馆藏《练兵实纪》九卷，为明代戚继光撰、万历二十五年邢玠刊本。邢玠为其撰写了《重刻〈纪效新书〉序》[①]，现摘录如下：

> 《纪效新书》者，前大将军孟诸戚公所著也，后更推演为《练兵实纪》。余令檀时，适公镇蓟。犹及与公周旋，每从公行间，睹壁垒、旗帜，无不曲中有法，退未尝三不叹服，公真有古名将风！其二书凿凿行之，非空语无事实者。而会是时，虏酋慴公军，新受款，十年之内，靡敢以一矢相加遗。公缓带凭轼，以观诸军之超距为戏，而无所见斩卤功用。是世之称戚将军者，皆盛推其功在南，而不知其功在北；皆言其善用南兵，而不知其妙在能以南法练北卒。今观《（纪效）新书》，自练伍至水兵凡十八篇，皆行之闽者也；《（练兵）实纪》自练伍以至练将凡九卷，皆行之蓟者也。……
>
> 顾闽之功可迹，而蓟之功不可迹；可迹者伐敌，不可迹者伐谋。用南以练南而南张，用南以练北而北劲；用练以战而战之功在一时，用练以不战而不战之功在百世。迄今闽、粤、浙、直之间，横海楼船之师雄于海上，渔阳上谷台堡之卒推为军锋，皆公之余烈也。……
>
> 余别公二十余年，而以属国之难，出督于兹土，巡行昔日从公周旋之地，低徊不能去。诸将士有及事公者，有不及事者，咸思起公于九京。而余则谓

---

①（明）戚继光：《练兵实纪》，明万历二十五年邢玠刻本，第1页。

能读公书，能用公法，公固在也。乃橛工为重梓二书，以授诸将士。余犹忆为令时，尝与公深言兵法，公亦壮余，掀髯为余论用兵要渺，且笑曰："将兵者，余辈事。将将者，异日公等事。"今读公书，固不无山阳之感，亦不胜钜鹿之思矣。聊次第而题之简，若夫二书之旨要，元美之序及公自序详矣，兹不具论云。

万历二十五年正月，日军再度入侵朝鲜，朝鲜紧急向明朝求援。二月，明朝再次议定援朝征日，以麻贵为总兵官，统率南北诸军。三月，以兵部侍郎邢玠为兵部尚书兼总督蓟、辽、保定等处军务兼理粮饷，经略御倭。战争刚开始的几个月，邢玠作为经略在后方筹集钱粮物资、调兵遣将，也即是文中提到的"余别公二十余年，而以属国之难，出督于兹土"。这里的"兹土"，指的就是戚继光当年驻守过的蓟镇。邢玠带领着将士们来到这里，睹物思人，想起了以前与戚继光共事的时光，于是"低徊不能去""咸思起公于九京"。邢玠认为，只要能熟读戚公的书籍，掌握戚公的兵法，戚公就仍然陪伴在他们身边。于是他下令重新刊刻二书，分发给众将士阅读。这本书的重新刊行，对明军将士起到了很大的鼓舞作用。

从序中来看，邢玠对戚继光评价甚高。当时有人指责戚继光在蓟镇碌碌无为，邢玠对此予以驳斥，认为蓟镇长久以来的安宁，正是戚继光苦心经营的结果："顾闽之功可迹，而蓟之功不可迹；可迹者伐敌，不可迹者伐谋。""用练以战而战之功在一时，用练以不战而不战之功在百世。"他还认为，现在国家拥有的最精锐部队，都受益于戚继光的练习之法。"迄今闽、粤、浙、直之间，横海楼船之师雄于海上，渔阳上谷台堡之卒推为军锋，皆公之余烈也。"

二、邢玠与戚继光在密云的共事
（一）练兵与修筑长城

"庚戌之变"以后，明朝北部边疆的防守变得愈加重要。隆庆元年（1567）八月，给事中吴时来上疏，请求将剿倭有功的谭纶、俞大猷、戚继光调往北方。隆庆二年（1568），谭纶出任蓟辽总督，戚继光以署都督同知总理蓟、昌、保定练兵事务。隆庆元年三月，又改戚继光为总兵官，镇守蓟州、永平、山海等处地方。张居正在谈及蓟镇防务时曾说："大抵蓟镇之势与他镇不同，其论功伐亦当有异。

盖此地原非边镇，切近陵寝，故在他镇以战为守，此地以守为守。在他镇以能杀贼为功，而此地以贼不入为功。"①戚继光入主蓟镇后，适应朝廷"以守为守"的方针，着手进行练兵和修筑长城两项事务，即"驻重兵以当其长驱，而又乘边墙以防其出没"②。

戚继光针对敌我军队的特点，扬长避短，组建了10余座车步骑营。车步骑营是一种特殊的作战单位，既能重点防御，也能主动出击。车营配有佛郎机、大口径火炮、鸟铳、火箭等火器，能够对敌方形成火力压制。同时每车有1.5丈的挡板，可以抵御箭矢，排成队形也可以抵御敌方骑兵的冲击。当敌方败退时，也可以快速组织骑兵队进行追击。戚继光还建立了三座辎重营，均能攻能守，负责保障后勤以及机动支援。为了保障军队的战斗力，他花了大量心血在练兵上，从精神到技术，从武器到队形，从单点防守到分区协防，形成了一整套体系。戚继光还调了几支素有训练的南兵来蓟，增强了蓟镇的军事实力。

蓟镇的长城从洪武时期就开始修建了，并在"土木堡之变""庚戌之变"以后得到了大规模的扩建。戚继光上任以后，立即着手修缮残破单薄的边墙，并创造性提出修建"空心敌台"以防范入侵。空心敌台多设于交通要冲，骑墙而立，二台相应，左右相救，连为一体。台基与边墙齐平，中层储备物资、供士兵休整，并设置箭窗便于发射火器，上层则为楼橹，四面环以垛口。这样的设计集扼险、瞭望、报警、远战、近战、补给为一体，提升了长城的综合防御能力，充实了原本单薄的防线。

密云县处于蓟镇防线的西段，被誉为"京师锁钥"，拥有古北口等多处险要关隘，同时也是蓟辽总督驻地，可谓军事重镇。隆庆至万历初年，戚继光重新规划蓟镇防区，共设三区十二路。整个密云归属西部防区，设协守西路副总兵一员，节制墙子、曹家、古北口、石塘四路。据《四镇三关志》记载，蓟镇共建边墙1474里，而墙子、曹家、古北口、石塘四路边墙共789里，占总长度一半还多。起初，西路副总兵、总督标下各建一车营，分别驻扎石匣、密云，另建一辎重营，也驻密云。后额定十二路均设车营，于是密云境内的军事活动更加频繁。

---

① （明）张居正:《张太岳先生文集》卷28，明万历四十年唐国达刻本，第1366页。

② （明）戚祚国等:《戚少保年谱耆编》卷7，清道光刻本，第525页。

　　邢玠于隆庆五年被任为密云县令，直到万历三年离任，这段时间也正是戚继光在蓟镇练兵、修墙的时期。总督府、兵备道、协守副总兵营、振武营、永胜营、辎重营等公署，也都在密云县城内。邢玠当时目睹过蓟镇雄兵的风采，他在《〈纪效新书〉序》中写的"余令檀时，适公镇蓟。犹及与公周旋，每从公行间，睹壁垒、旗帜，无不曲中有法""公缓带凭轼，以观诸军之超距为戏"等句，印证了邢玠曾跟随戚继光阅视、操练军队。蓟镇诸军的军容气势使邢玠深为叹服，而遇有空闲，戚继光也会与他交流兵法。"余犹忆为令时，尝与公深言兵法，公亦壮余，掀髯为余论用兵要渺，且笑曰：'将兵者，余辈事。将将者，异日公等事。'"由此可见，二人的交往是非常深入的，相处起来也是比较融洽的氛围。戚继光鼓励邢玠说，统领士兵，是我等将官要做的事。而统领将帅，则是以后你们要做的事。这句话果然成真，邢玠后来历任大同巡抚、川贵总督、蓟辽总督等职，不愧为"将将者"。可以说戚继光的鼓励对于邢玠的仕途进步有着关键性的影响。

　　那么邢玠有没有参与长城的修筑呢？可能性是存在的。戚继光对于蓟镇边墙的维护贯穿了他的整个任期，因此邢玠作为地方官是有机会参与修缮的。至于空心敌台，它的修建可以划分为三期，隆庆三年（1569）至隆庆六年（1572）为第一期，万历元年（1573）至万历三年（1575）为第二期，之后到万历九年（1581）为第三期。隆庆三年春至隆庆五年（1571）春，蓟镇西自石塘岭，东至山海关，共修完818座。蓟、昌二镇共修完1017座。隆庆六年四月，时任蓟辽总督的刘应节在疏中提到，密云道所辖石、古、墙、曹四路共修327座，蓟镇总共修931座。隆庆六年底至万历元年，戚继光及汪道昆先后请求在滦河以东、居庸以西继续修建敌台200座。《四镇三关志》则记载，隆庆三年至万历元年，密云道石、古、墙、曹四路共建敌台343座，蓟镇共建1093座。结合邢玠在密云的任期，他经历了第一期工程的末尾和第二期的大部分。隆庆六年四月至万历元年，密云增建了16座敌台，邢玠一定是积极参与的。至于第二期工程，则是针对滦河以东、居庸以西进行的修建，并不包括密云地区。

　　谭纶、刘应节分别于隆庆三年十二月、隆庆五年八月上疏，奏报修筑空心敌台的有功官员。谭纶提及的多为总兵、副总兵、兵备、参将、游击、提调等官职，不过刘应节在疏中提到"知县刘爱"①等人，说明后来的修建也有知县的参与。刘应节此疏上后，密云地区又增建了空心敌台10余座，此时邢玠作为新任密云县令参与其中，是理所应当的。修建敌台所需的大部分人力、物力、财力都是由军队负责，因此邢玠若是参与了修台工程，更可能是负责保障交通、保障后勤或者监督工程等。此外，刘效祖《重修密云县碑记》中记载，"会制府奉乘障之役，诸戏下营帅俱有羡材，于是邢君请以济凝度……工起万历元年十月"②。这从侧面证明，在邢玠任期内，密云确实有修筑长城的工程。值得一提的是，邢玠还参与过辽东城墙台堡的检阅。万历元年，辽东全镇修完城堡、铺城、关厢、边墙等，请求检阅工程。同年七月，阅视侍郎汪道昆在《叙录效劳官员疏》中提到，"密云县知县邢玠勘视锦义"③。也从侧面印证了邢玠应该参与过蓟镇长城的修建。

（二）密云治河

戚继光与邢玠共同参与过密云河流的治理。光绪《顺天府志》记载："（隆庆）四年修密云县旧坝、西坝……自沙峪沟至西门外名旧坝，凡六百丈有奇。至城北名西坝，凡三百五十丈有奇。自唐家庄至西河名河西西坝，凡百丈有奇。各高三丈。明中丞刘应节，都护戚继光，知县邢玠，中军张爵、徐枝，副将张臣、董一元同筑，后圮于水。"④雍正《密云县志》则记载："旧坝，县南，自沙峪沟至西门外，六百余丈。西坝，自城北至西门外，三百五十余丈。河西西坝，自唐家庄至西河口，一百余丈。高各三丈五尺。隆庆四年中丞刘应节，都护戚继光，知县邢玠，中军张爵、徐枝，副将张臣、董一元等同筑，后节年水患冲塌浸没城基。"⑤

密云县地理位置特殊，城东为潮河，城西为白河，两河自北向南流，交汇于顺义的牛栏山。如遇降雨量大的季节，两河往往泛滥成灾，淹没田庐，危及百姓的生命财产安全。余有丁的《密云疏河记》记载了此次治河的背景及过程，他写

---

①（明）杨博：《本兵疏议》卷21，明万历十四年刻本，第2077页。

②（清）万青黎、周家楣修，张之洞、缪荃孙纂：《顺天府志》卷22，清光绪十二年刻本，第714页。

③（明）汪道昆：《太函集》卷93，明万历刻本，第4212页。

④（清）万青黎、周家楣修，张之洞、缪荃孙纂：《顺天府志》卷46，清光绪十二年刻本，第1563页。

⑤（清）薛天培修，陈宏谟纂：《密云县志》卷2，清雍正元年刻本，第38页。

道:"岁甲寅大雨贯秋,诸山水灌输其中,于是两河离常流,延道尽弛,夹城而下。城受啮将弹为河者数数矣。"[1] 查阅《顺天府志》《密云县志》,都记载过密云大雨冲坏城池的事情。光绪《顺天府志》记载:"(嘉靖)三十三年秋……密云大雨,潮河北决,坏城东南隅、西北隅。"雍正《密云县志》记载:"明嘉靖三十三年潮、白二河水泛,冲塌旧城东南角、西北角。"光绪《密云县志》写道:"(嘉靖)三十三年大雨,潮河、白河决,坏城东南隅、西北隅。"[2]

隆庆四年(1570)十月,刘应节接替谭纶出任蓟辽总督,驻节密云。他考察了当地的地形,认为密云城位于潮、白二河之间,而地势较低,一旦河水溢出危及城墙,无异于将百姓弃置于鱼鳖之中。即便是不断地修复城墙,也会长期耗费民力,弊端丛生。刘应节有了治河的想法,便征求同僚顺天巡抚杨兆、蓟镇总兵戚继光的意见。他们回答道:"此其事若微,而所为关疆场者重。以干城王室备后难,虽小借民力而大裨之有永。不然夫岂不知京邑之间嗷嗷者以时诎为解。"[3] 这段话简洁凝练,指明了治河的必要性和意义。治河看起来是小事,但它关系到密云县城的安危,更关系到北京都城的安危。以捍卫王室、防患未然的目的来看,虽然短暂地借用民力,但在将来一定是大有裨益的。杨兆和戚继光目光长远,观点直击要害,这坚定了刘应节治河的决心。

《密云疏河记》记载:"当是时,令邢公受以成事,曰:是在不佞。而刘公时时属之曰:毋怠成,毋勤民,毋不坚而复溃。其又令一两以攻数十日之费。于是陈畚捐、具羹餈、祛沮洳、积土涂、缮城堡,果不匝月而成。"[4] 时任密云县令的邢玠实际负责此事,他谨记嘱托,组织民力按期施工,成功完成了任务。这次治河,是由蓟辽总督刘应节发起,顺天巡抚杨兆、蓟镇总兵戚继光给出意见,知县邢玠具体执行的。据《顺天府志》《密云县志》等记载,万历年间密云水患问题得到了缓解。这其中,戚继光和邢玠都发挥了重要的作用。

这次治河还与另一事件有着紧密联系,那就是密云通漕。早年间,运河的北

---

① (明) 沈应文、谭希思等修,张元芳纂:《顺天府志》卷6,明万历刻本,第1038页。

② (清) 丁符九、赵文粹修,张鼎华、周林纂:《密云县志》卷2,清光绪七年刻本,第78页。

③ (明) 沈应文、谭希思等修,张元芳纂:《顺天府志》卷6,明万历刻本,第1039页。

④ (明) 沈应文、谭希思等修,张元芳纂:《顺天府志》卷6,明万历刻本,第1040页。

段并不通到密云，而是只到顺义的牛栏山。再往北，因为潮、白二河并未合流，因此水量不足，不便行船。刘应节在前人建议的基础上，于隆庆六年（1572）上《改河通漕疏》，提出"通漕十利"，认为现在潮、白二河已提前在密云城下汇合，因此牛栏山至密云段水量增大，利于通漕。刘应节此疏中提到"近城东西之堤岸已成，杨家庄之河流已改"①，《明实录》中也记载"今白水徙流西城下，去潮水不二百武，前于城东北业筑三合土堤障水防城，近又疏渠，于上植坝，于下邀潮入白，合为一派，水深漕便，剥船可达密云无疑"②。与余有丁《密云疏河记》中的记载相比照，可知邢玠等人的治理使得白河与潮河提前交汇，为疏通漕运创造了条件。很快，密云加漕粮五万石。密云通漕，既舒缓了百姓陆路转运之苦，也更好地保障了戚继光所部驻军的粮食需求，巩固了北方的边防。

三、万历援朝战争中的邢玠

（一）邢玠继承弘扬了戚继光的军事思想

邢玠作为明万历年间第二阶段援朝明军统帅，在朝鲜战场上也继承和发扬了戚继光的军事理论，并取得了极好的效果。早在南方征倭的时候，戚继光就初步形成了一套练兵、治兵的思想。戍守蓟镇时期，他把这些年的理论、实践相结合，提出了更完整、更系统、更务实的治兵方案。邢玠任职边疆多年，亲历过许多战事，也有着自己对于军事的理解。以丁酉援朝为例，可以窥见二人军事理论、军事思想方面的一些共同之处。

选良将　戚继光在《练兵实纪》中专门开设"练将"篇，他认为，将领掌握着疆场的安危、三军的性命，身负巨大的责任。一名优秀的将领应当集将德、将才、将艺等于一身，首先要心术正，其次要懂兵法，最后要勇猛强健，熟悉武艺。良将和精兵相结合，才能锻造出一支常胜之师。

邢玠在丁酉援朝中也十分重视将领的挑选，他认为："大将乃三军之司命，外

---

① （明）刘效祖撰，彭勇、崔继来校注：《四镇三关志校注》卷7，中州古籍出版社2018年版，第378页。

② （明）《明神宗实录》卷3《隆庆六年七月四日》，台北"中研院"历史语言所1962年版，第68页。

夷之观瞻，所系非轻。是故其事权必重，其体统必隆，然后威行而令肃。"[1] 邢玠请调将官时，也会综合考量其智、勇、才等方面。例如他在陈述征调南兵游击陈蚕的理由时，称其"才兼智勇，识谙韬钤。谈兵则聚米画图，决胜若持左券；临阵则挥戈跃马，奋勇可遏前茅"[2]。此外，邢玠还非常重视将领和士兵的协同配合。他曾在疏中提到，"臣用兵用官，皆各有所取。如昨调川兵，用吴文杰领一营，为文杰与土兵征九丝、征腻乃，相处最久，最识土兵情形，极善驾驭。土兵虽悍，臣恃有知兵之将"[3]。又如在讨论将领陈璘的任务时，邢玠认为"今虽有陈璘，然每路征剿俱马步相兼，陈璘旧守天津，极熟于水战，或于北兵亦不甚相习。西北海道迂绕数千里，风涛叵测，如总统一大将，顾前失后，首尾亦难相应"[4]。于是，邢玠把水兵划给陈璘管理，并把西北海道一分为二，鸭绿以西属之周有德，专司防御，鸭绿以东属之陈璘，专司征剿。事实证明这样的调配非常合理，正是陈璘在露梁海战中率水兵力战取胜，为此次东征画上了一个完满的句号。

信赏罚 戚继光认为，一场战役的胜负和将士们的精神气势有直接的关系。"练气"的核心又在于"练心"，想要练心，就要倡忠义之理，以身作则，赏罚分明。赏罚必须要公正合理，这样才能鼓舞起将士们的气势。

邢玠在督师朝鲜的时候，也通过"信赏罚"来整肃士气。起初，部将杨元受命拘执沈惟敬，表现出色，邢玠在奏疏中赞赏他"勇而有断，不负密委，其功不在擒清正、行长之下"[5]。然而令邢玠没有想到的是，很快杨元失陷南原，陈愚衷弃守全州，这给刚刚开始备战的明军迎头一击。尤其杨元身为主将，竟提前潜逃，弃军士及百姓于不顾。邢玠在奏疏中明确指出："今国耻必雪，天讨方行，而使偷生丧师者得诿之于孤军寡援，使观望不前者得诿之于知难而退，将三尺无所用，六师未易整，其患愈不可言。"[6] 他不以杨元有前功而动摇，立即把二人革职拿问，这种赏罚分明，提升了军队战斗力，避免了士气的沉沦。

---

① （明）邢玠：《经略御倭奏议》卷2，国家图书馆藏明刻本，第49页。
② （明）邢玠：《经略御倭奏议》卷4，国家图书馆藏明刻本，第116页。
③ （明）邢玠：《经略御倭奏议》卷2，国家图书馆藏明刻本，第62页。
④ （明）邢玠：《经略御倭奏议》卷4，国家图书馆藏明刻本，第138页。
⑤ （明）邢玠：《经略御倭奏议》卷2，国家图书馆藏明刻本，第12页。
⑥ （明）邢玠：《经略御倭奏议》卷2，国家图书馆藏明刻本，第87页。

严军纪 戚继光一直着力于打造一支心怀国家和百姓的军队。军令如山、秋毫无犯，才能形成强大的凝聚力和战斗力。邢玠在丁酉援朝战争中也明确要求部队不许秋毫扰害，并请求皇帝颁布明旨，著为军令，以打造一支节制之师。在部署军队驻扎时，邢玠多次强调，部队勿扰民居。仅在他《议三路屯守疏》一疏中，就出现了"某营将护某州县居民耕耘""屯兵之处务令各兵起营房居住，以避风雨，且不扰居民""护鲜民农种""合派某将部兵屯防，仍各搭草房居住，不得扰害民家""各兵俱照节行禁谕行，令起草房屋居住，不得占夺民房"[1]等数处强调之语。明朝后期援军军纪严明，作战力强，这是取得最后胜利的重要因素。

（二）丁酉援朝战争中的南将与南兵

邢玠在指挥援朝抗日战争中，大量使用戚继光训练的军队，并取得积极效果。万历二十五年（1597）丁酉，日本再次大举进攻朝鲜，明朝决定再次出兵援助。邢玠在被任命为蓟辽总督之后，就立即着手调兵、调饷等事宜。在第二次援朝战争中，邢玠调集了为数众多的南兵、蓟镇兵，它们所占的比例较前一次援朝有所增加。南兵主要是浙江、福建等南方地区的步兵，蓟镇兵则包括车营兵、步骑兵等，其中也包含一些戚继光调到北方的南兵。这些部队有的是戚继光征倭时的老部队，有的则在蓟镇接受过戚继光的训练，实为戚家军在丁酉援朝中的延续。

邢玠如此重视戚继光训练出的军队，理由有四。第一，朝鲜地形多山，更适宜步兵作战。朝鲜国王在请求援助时说："小邦地形，素称不便马兵，而倭贼所畏，惟在南兵。"[2]邢玠也认为："至所调边兵皆骑兵，而朝鲜之地，利于步不利于骑，步兵惟南人可用。"[3]第二，南兵及蓟镇营兵装备有精良的火器，善于攻城，能够对日兵形成火力压制。邢玠在调兵时特意从遵化辎重营、三屯车营、建昌车营等处调拨车兵、炮兵，希望有助于战局。第三，南兵长期从事剿倭行动，熟悉敌情。朝鲜王朝司宪府掌令柳梦寅曾对国王说："辽左之兵，不闲御倭，而南兵则已熟于御

---

①（明）邢玠：《经略御倭奏议》卷4，国家图书馆藏明刻本，第140页。

②［朝鲜王朝］《朝鲜宣祖实录》卷83《宣祖二十九年十二月二十九日》，韩国国史编纂委员会，1955—1958年版，第23册，第141页。

③（明）《明神宗实录》卷310《万历二十五年五月二十四日》，台北"中研院"历史语言所1962年版，第6052页。

倭，且能于战习。此兵不可不多数请来矣。"① 第四，这些部人多秉承戚家军遗风，军纪严明，战斗力强。由此可见，调集他们入朝作战，已成为明、朝双方的共识。

在邢玠之前，原任蓟辽总督孙矿就已调拨吴惟忠所部蓟镇南兵前往朝鲜。万历二十五年五月，邢玠请求将京营参将陈寅调拨蓟辽军门标下，训领南兵将官。之后，他疏请"行浙江抚按，委道将各一员，召南兵四千。行顺天抚按，委蓟密永三道，召北兵之有武艺者各二千，共足万人，用南将总领分练"②。七月，邢玠在疏中提道："陆兵与密云先召南兵一千，此月半可抵山海，计八月中入朝鲜。"③ 之后，因情况紧急，所调宣大山西兵难以骤到，邢玠又上疏："容臣先将蓟镇马步官兵之内抽调四千……其步兵三千，查遵化右营原有兵二千七百名，于内挑选一千，遵化辎重营原有兵二千二百余名，于内挑选五百，三屯车前、车后营共有兵五千名，于内挑选一千，建昌车营原有兵二千二百余名，于内挑选五百。"④ 除调发南兵和蓟镇营兵外，邢玠还请求增募水兵。他在奏疏中说："又访得福建海澄县出贩西洋商船，其船极坚而利，其军火器械极精而锐，其人习于水战，且熟知日本之情形险易，不特可用之为兵，亦可用之为间。先年总兵戚继光曾用之御寇，卒收奇捷，宜并行福建抚臣号召其众，鼓其忠勇，必有向风趋义者。"⑤ 此后，邢玠仍然不断筹措调兵事宜，相继调陈蚕等南兵将领入朝，直至战争结束。

戚继光、邢玠两位御倭名臣，虽然一武一文，但他们都怀着爱国爱民的朴素思想，在各自的职位上尽心尽责，共同维护了海内外社会的稳定。两位名臣在蓟镇的交往，是当时有志之士的缩影。戚继光作为沙场宿将、高级军官，给了初入仕途的邢玠许多建议和点拨。叶向高评价邢玠的这段仕途："筮仕令密云，内字幽

---

① ［朝鲜王朝］《朝鲜宣祖实录》卷85《宣祖三十年二月十二日》，韩国国史编纂委员会，1955—1958年版，第23册，第163页。

② （明）《明神宗实录》卷310《万历二十五年五月二十四日》，台北"中研院"历史语言所1962年版，第6052页。

③ （明）邢玠：《经略御倭奏议》卷2，国家图书馆藏明刻本，第19页。

④ （明）邢玠：《经略御倭奏议》卷2，国家图书馆藏明刻本，第38页。

⑤ （明）邢玠：《经略御倭奏议》卷2，国家图书馆藏明刻本，第41页。

蔀，外应烦剧，创新百雉，言言翼翼，称为名令。"① 邢玠在密云取得的成绩，与戚继光的帮助与指教应该是分不开的。对于这份珍贵的情谊，邢玠也一直记在心中，以至于 20 余年后重新踏上故土时，"巡行昔日从公周旋之地，低徊不能去"。怀着对戚继光的思念之情，以及即将踏上异国的使命感，邢玠写下了《重刻〈纪效新书〉序》，并分发给将士们传阅学习。在这场援朝御倭战争中，邢玠所展现出的军事理念、治军思想，与戚继光有着许多相似之处，也在很大程度上承袭了戚继光的军事思想。而戚家军的遗珠们也奋勇争先，在邢玠的指挥下立下了赫赫战功。这两位名臣的交往，注定会成为名垂青史的一段佳话。

①（明）叶向高：《苍霞续草》卷 11，明万历刻本，第 941 页。

戚继光与谭纶交游考略

张子川 *

　　戚继光出身将门，束发从戎，征战一生，王世贞称其"三十年间，未尝一日不被坚执锐"[1]。在戎马生涯中，戚继光与谭纶相交莫逆，肝胆相照，后人将之并称为"谭戚"。谭纶（1520—1577），字子理，号二华，谭坊（今江西宜黄）人，嘉靖甲辰（1544）举进士，后出知台州，并以其谙熟兵事，调任福建巡抚，又迁抚陕西、四川、两广等地。隆庆二年（1568），以兵部左侍郎总督蓟辽。明神宗继位时，谭纶任兵部尚书。万历五年（1577）四月，卒于任上，谥"襄敏"。考诸谭纶行略，与戚继光在浙东、在瓯闽、在蓟辽皆属同僚，二人有袍泽之义，谭纶还长期担任戚继光上官，在诡谲宦海中多有举荐之功、维护之情。抗倭御虏，经略南北，二人文武调和，功勋著于四海。关于戚继光与谭纶的交游，学界目前鲜有触及，胡长春《谭纶评传》中略述戚继光与谭纶、俞大猷在龙山之战结交[2]；范中义先生亦对谭、戚二人之交谊有所论及。然戚继光与谭纶交谊之经历尚缺乏详细考述，弄清这些问题，不仅对研究谭、戚二人生平有重要意义，对了解嘉隆间边防、海防历史亦多有裨益。

---

　　* 张子川，博士，江西省社会科学院助理研究员。

　　① （明）王世贞：《弇州山人四部续稿》卷五十一《止止堂集序》，摘自《文渊阁四库全书》第 1182 册，第 671—672 页。

　　② 胡长春：《谭纶评传》，江西人民出版社 2007 年版，第 61—63 页。

一、订交浙东

谭纶其人"沉雄多大略，于书无所不窥，志闲而气愉"①，尝任职南京兵部武库清吏司，颇识兵事。嘉靖三十二年（1553）②，倭寇流犯南京，官员畏敌如虎，闭门不出，唯有谭纶"独毅然请募壮士御却之"③。谭纶募五百壮士赴新河阻截，退来犯之敌，遂有知兵之名。当时是，浙东海防大坏，倭患频发，"十室九罄，千里萧条"，手段残暴，竟"刺婴儿以衅锋，刳孕妇以染锷"④，朝廷遂选良臣镇守浙东。嘉靖三十四年（1555）七月，戚继光因在总督备倭期间"海防之废弛，料理有方；营武之凋残，提调靡坠"⑤，调任浙江都司佥书。是年八月，谭纶调任台州知府。

谭、戚二人此时虽同在浙江为官，均属总督胡宗宪麾下，但二人订交之时却并非此时。八月，谭纶到任，前任台州知府宋治正与倭寇战于大陈岛，遂直奔战场，困敌月余，援兵到来后剿灭倭寇。十月，受命清剿天台山中倭寇，后又剿灭窜犯宁海之倭。数月之间，迭传警讯，沙场周旋，靡有暇日。

戚继光与谭纶订交，当在嘉靖三十五年（1556）七月总督胡宗宪举荐其出任宁绍台参将以后。参将主要是演练水军，设立水寨，整修战船，平时备战，战时作战。谭纶、戚继光，一为知府，一为参将，分属文武，又都有防御倭寇、镇守一方之职，二者当多有配合，二人当在戚继光到任宁绍台参将之后便有接触。

最早有明确记载的戚、谭并肩作战的时间，在嘉靖三十五年九月四日。"时季秋朔有四日，中丞阮公鹗亲督参将俞公大猷暨家严，与贼战于龙山，三捷之。贼夜遁，乃督诸部兵追至缙云，复胜之。仍追至桐岭，又转战雁门岭，误中其伏。

---

① （明）张位：《谭襄敏公传》，摘自《谭襄敏公遗集》卷首，清嘉庆二十四年刻本。

② 据胡长春所考，谭纶金陵募兵退倭事有两说：一则嘉靖三十二年（1553），张位《谭襄敏公传》、欧阳祖经《谭襄敏公遗集·年谱》皆持此说，然此年未见倭犯南京之记载。一则嘉靖三十四年（1555），此年八月，倭犯南京，然考诸文献，则未见谭纶募兵退敌事。今仍从张位《谭襄敏公传》中所记。

③ （明）姜宝：《谭襄敏公传》，摘自《谭襄敏公遗集》卷首，清嘉庆二十四年刻本。

④ （明）皇甫汸：《皇甫司勋集》卷三四《青海奇功颂》，摘自《文渊阁四库全书》第1275册，第727页。

⑤ （明）戚祚国等：《戚少保年谱耆编》卷一，中华书局2003年版，第16页。

贼夹击，诸部兵皆却走，惟谭公纶与家严二军不动，贼遂不敢轻犯，然无援，亦不敢穷追，贼乃由乐清遁海而去。"①"家严"，这里指戚继光。明军会合俞大猷、戚继光、谭纶等精锐，迎击倭寇，至雁门岭中伏，诸军败走，唯有谭、戚二部不动，遂使倭寇不敢犯，戚继光与谭纶由此成就一段铁血情谊。此时，谭纶37岁，戚继光29岁，俞大猷53岁，三人交流作战经验，探讨应敌方略，志气相投。俞大猷称，"昔者倭乱初殷，公（即谭纶）慨然以戡平自任，苦无同志相资。乃于呼吸纷纭之际，遇猷及南塘戚公，上下议论，以安社稷、济苍生事业皓首相期。我二人者咸能信公，公亦能信我二人，遂定交焉"②。战后，戚继光痛感卫所之兵缺训练，无节制，不堪大任，远调客兵则糜费甚多，且纪律败坏，为祸地方，遂上疏，拟练新兵。戚继光慨陈："况十室之邑，必有忠信；堂堂全浙，岂无材勇？诚得浙士三千，亲行训练，比及三年，足堪御敌，可省客兵岁费数倍矣。"③谭纶亦有此看法，以为"（客兵）统驭非人，所在骚扰，百姓厌苦，言官建议，诏下有司训练土著之兵，以省征调之害。此诚庙谟之至计，东南地方之厚幸也"④。有鉴于此，谭纶提议招募壮士，练兵千人，"立束伍法，自裨将以下节节相制，分数既明，进止齐一，未久即成精锐"⑤。

嘉靖三十六年（1557），戚继光编练新军，谭纶先后在隘顽所、栅浦击溃倭寇。嘉靖三十七年（1558）春，为剿灭王直余部，胡宗宪发动岑港之战，戚、谭二公再次相会于战场。但因岑港地形复杂，水网密布，倭寇据险死守，明军仰攻难下，加之海边雾气弥漫，引发士兵疾疫，陷入对峙。当时，正值春汛，新倭泛海而至，侵扰台州，谭纶回防，不久戚继光驰援台州。嘉靖三十七年七月，因岑港久攻不下，戚继光、俞大猷被革职。亦在此时，戚继光遇到了谭纶。戚继光在《止止堂集·愚愚稿下》记载：

① （明）戚祚国等：《戚少保年谱耆编》卷一，中华书局2003年版，第17页。

② （明）俞大猷撰，廖渊泉、张吉昌点校：《正气堂全集》之《祭谭二华文》，福建人民出版社2007年版，第626—627页。

③ （明）戚祚国等：《戚少保年谱耆编》卷一，中华书局2003年版，第19页。

④ （明）郑若曾著，李致忠点校：《筹海图编》卷十一，中华书局2007年版，第705页。

⑤ （清）张廷玉等：《明史》卷二百二十二《谭纶传》，中华书局1974年版，第5833页。

某日，在于戍城之万寿寺山门前，遇台州郡守宜黄谭二华公，握予手，叹息久之。予曰："岳武穆起自行伍，韩淮阴用自亡旅。其功业至今何如也，而卒皆不得其终。予之受国鸷二百年矣。与韩岳二公为孰久？其功业之卑，又万非二公之比也。计其参看之祸，与二公又孰为重轻？乌有所谓叹息也哉。"傍有他客，哂而责予曰："山东人多呆气，信然乎！"[1]

谭纶长戚继光八岁，如兄长般对其多方开解。戚继光大受感动，自抒胸臆，欲比追韩信、岳飞，为国建功，以致旁客责之"山东人多呆气"，足见二人情深。

嘉靖三十七年闰七月，谭纶以"治行第一"被举荐为浙江按察司副使，兼巡视海道副使，开府宁波。海道副使，专为备倭设置，有防捕海盗之职，它"与备倭都司一起，为省级层面负责沿海海防、备倭事宜的最高职衔"[2]。谭纶由此成为戚继光的上官。谭纶到任时，岑港之战结束，俞大猷、戚继光皆驻扎宁波，三人"矢心协谋，共商时事，不以文武自异"[3]。三人所谋正是编练精兵。谭纶大力支持戚继光的练兵计划，戚继光《蓟门述》中"但称练土著，伊谁为之筹？……当日主此盟，惟有谭郡侯。转瞬蔚如云，士气横南州"[4]。谭郡侯，即谭纶。

戚家军成军后，在谭纶的领导下，在浙东战场屡建功勋。如桃渚之战，双方合力击敌，"时贼攻所城甚急，几至陷殁。总督军门檄谭纶往应之，纶至，入所城，与戚继光合攻之，俘斩颇众"[5]。海门之战，两军协力追歼，"冒雨提兵，次第督发，仍檄会副使谭公部兵取径路趋之"。新河之战，"余孽狼狈水窜南岸，宿于铁场山，将由太平走乐清。家严语谭公曰：'贼胆落矣，宜急追之。'时连雨，水涨没道，家严偕谭公亲同士卒跋涉"[6]。嘉靖三十八年（1559）冬十一月，戚继光还与谭纶一起

①（明）戚继光撰，王熹校释：《止止堂集·愚愚稿下》，中华书局2001年版，第313页。

② 宋烜：《明代浙江巡海副使、备倭都司、备倭把总设置考》，摘自《中国史研究》2016年第4期。

③（明）李杜：《浙东战功记闻》，摘自《谭襄敏公遗集》卷末，清嘉庆二十四年刻本。

④（明）戚继光撰，王熹校释：《止止堂集·横槊稿上·蓟门述》，中华书局2001年版，第27页。

⑤（明）郑若曾著，李致忠点校：《筹海图编》卷五，中华书局2007年版，第343—344页。

⑥（明）戚祚国等：《戚少保年谱耆编》卷一，中华书局2003年版，第26—28页。

驰援台州，防备自福建流窜的倭寇。倭寇闻谭、戚二公兵在，望风而遁。此月，谭纶、戚继光携童仆游天台山，宿国清寺，登桐柏宫，宿华顶峰，乘兴而来，兴尽而返。嘉靖三十九年（1560）朝廷擢谭纶为浙江布政司右参政，仍兼巡海副使，戚继光也转迁台金严参将，并于次年因台州大捷而升任都指挥使。不过，此时谭父病故，谭纶返乡丁忧。

二、救援江西

嘉靖四十年（1561）三月，谭纶回到宜黄守制，四个月后，闽、广寇兵流窜江西，又将两位东南抗倭的宿将联系在一起。这股寇兵的首脑是嘉靖三十七年作乱广东、福建等地的张琏。张琏，饶平县乌石村人（今属广东潮州），杀死族长，抗缴租税。尝刻一石玺，上书"飞龙传国之宝"，诡称泗水而得之，与郑八、萧晚等集众起义。知县林丛槐亲自招抚无效。后称帝，"改元造历，开科署王侯、丞相诸官。所居有黄屋朱城二重，聚众十万，纵掠汀、漳、延，连及宁都、连城、瑞金，攻陷云霄、镇海卫、南靖诸城"①。

寇兵当时主要活动在福建、广东，至嘉靖四十年闰五月，流窜江西，大肆劫掠。此股寇兵"九千人分寇江西，其由赣州羊角水堡入者，径抵万安，直犯太和，副使汪公一中遇害，仍延住月余，由原路大肆焚掠而去。其寇吉安之永丰者，傍石城、瑞金一带，攻据东山，突过广昌，由乐安抵永丰，与前贼合党攻永丰，又攻新淦之永市镇，延住五十余日，仍自原路饱欲而去。其自南丰入者，寇宜黄，破崇仁，复转宜黄，仍由南丰而去。六月二十七日，江西又流寇一伙五百余，由崇义寇龙泉，冲劫万安、太和、永新、庐陵等处及新淦之河，均分劫群邑，大肆剽掠"。更"有袁三者结党劫众，乘机作乱，连破广信之玉山、永丰，延住四十余日，自分水斩关而去"。江右之地"郡县瓜残，疮痍载道，官兵缩首，黎庶争遁"②。彼时谭纶在家守制，桑梓之地两度遭贼寇侵袭，无奈避祸抚州城。谭纶数次致书戚继光，期望其能够亲自率领戚家军援救江西，显示出对这位沙场战友的绝对信任。

嘉靖四十年八月，寇兵林朝曦再率万人进入抚州，分兵三处，攻略诸县。饱

---

① （清）毛奇龄：《后鉴录》卷四，摘自《续修四库全书》第432册，第233页。

② （明）戚祚国等：《戚少保年谱耆编》卷一，中华书局2003年版，第67页。

掠之后，又呈掎角之势，围困抚州，官兵连战连败，千户李琼战死沙场。一时间，金溪、南城、进贤皆有寇犯，处处闻警。正在此时，胡宗宪命戚继光率领戚家军增援江西，战前戚继光上《兵机要略》，条陈谋必胜、请监军、明调度、鼓募兵等十事。九月，戚继光升任都指挥使。十月，经过充分准备后，戚继光率军增援江西。十月九日，戚继光接到挚友谭纶书信。面对旧友，谭纶沉痛泣血，感伤万分，称乱兵"在宜黄者充斥四境。既焚我居，复及我廪，先世所遗已幻作虚空世界，不孝仅以身免。避难抚城，且逾两月，陈蔡滋味则备尝之矣"。如此肺腑之言，唯相交莫逆者方会如此自陈胸臆。谭纶对戚继光的到来信任十足，殷殷期待，信中称"忽闻暂借旌麾，西江人士欢声若雷……十三郡人士待公以更生者不啻倒悬……知公磊落奇伟，急以救民为心，必不吝此巍巍功德。故敢正命于公，万代瞻仰，在此一举。惟卷甲兼程从天而下，则数万之寇平于一旦，麟阁之功垂之千载，帷公是望也"。将江西乱情托付戚继光，表现出对戚继光领兵能力、戚家军战斗实力的完全信任。信中谭纶也毫不遮掩，将自己的担忧表达出来，他担心贼寇因为戚家军来，便四散而逃，等戚家军去后，又云聚作乱，因此谭纶建议，"乘其聚而击之，此万全之策也"[1]。戚继光领兵在外，军事行动本不容他人置喙，但谭纶却坦诚建议，实在是因二人交谊深挚，戚继光不会介怀。

十月十六日，戚继光率兵抵达信州，这时谭纶已经知道戚继光出兵，又有书信。信中对戚继光的到来极为欣喜，"节钺已入信州，喜宜人更生且有日矣"；对戚家军平定乱军，充满信心，"虽然彼乃癣疥之疾也，一入国手，当信宿奏效……残寇尚在廖坊……以明公勇略，此直囊中物耳"；并就戚家军作战，提出建议，"会当事者请公分兵二之，可分与否……但欲趋南丰，则莫如宜黄便者。从中驱出，既足保民，且寻间道邀之，亦易成功，第以神速为贵耳"[2]。戚继光亦不负谭纶期望，先后在弋阳、建昌击溃贼寇。

戚家军于嘉靖四十一年三月，回师浙江。此番援救江西，拯救了谭纶的故乡宜黄，家乡父老生活暂时安宁，两人关系也更进一层。不过此次戚家军在江西作战，正如谭纶预料，贼人望风而逃，退出江西。但因戚家军未及歼灭主力，不久

---

① （明）戚祚国等：《戚少保年谱耆编》卷一，中华书局2003年版，第73页。
② （明）戚祚国等：《戚少保年谱耆编》卷一，中华书局2003年版，第74页。

又蚁聚。朝廷随即令守制在家的谭纶夺情起复，以原职统领浙兵，同俞大猷、刘显一同进剿张琏贼兵。谭纶"衣铁衣跨骝，同猷（俞大猷）驰驱，旬日之间，攻破数巢，追剿余党。途遇骤风暴雨，斩木为栅，艾草为褥，手足胼胝，泥浊污漫，同诸士卒卧林中"[1]，并最终取胜。

三、共战闽倭

嘉靖四十二年（1563），谭纶再次夺情起用，任福建布政司右参政兼按察司副使，未及到任，又升福建巡抚，俞大猷则升任福建总兵，戚继光任副总兵。当时福建有南北两股倭寇数万余众，与闽地军力相当，谭纶称"今所恃惟戚兵与杨文兵耳，戚兵新集，必须约束一月，杨文兵已更催之。今朝廷重在南寇，必二兵相合，径趋平海"。[2]于是，俞大猷列营困敌，专待戚家军到。然而，戚家军多为新募之兵，戚继光一边行军，一边练兵。纵敌情急如星火，谭纶依然不加催促。俞大猷围而不攻，戚继光行进较缓，一时议论纷纷，唯有谭纶深知二人。俞大猷寄信戚继光，"猷与贼对垒，不肯轻战，专候公大兵至，并力收功。世人皆以猷为怯、为迂，惟谭二华及公能识猷心。贼在数日欲遁，愿公速至。人皆以为公迟，亦惟二华及猷能知公之心也"[3]。

谭、戚二人将帅同心，对彼此都有着十足的信任。四月十三日，戚继光抵达福清，立即上书谭纶，以为当时戚、俞、刘三军汇聚，协同配合、战后分功等皆是问题，最好是三营将士歃血为盟，各分一路，攻击敌营。在四月二十日的平海卫作战会议上，戚继光提出，"俞、刘二君拒贼数月，今一旦取而有之，彼何以堪？愿请身当中哨，刘、俞犄角，功赏共之，不敢颛"[4]。面对两位总兵官，戚继光只是副总兵，主动担当中路军，总会令人觉得是在抢功，但却是戚继光基于战场判断的肺腑之言。谭纶也没有半分犹疑，全面采纳了戚继光的建议："以副总兵戚

---

①（明）俞大猷撰，廖渊泉、张吉昌点校：《正气堂全集》之《祭谭二华文》，福建人民出版社 2007 年版，第 627 页。

②（明）谭纶：《谭襄敏公遗集》卷一《复游止溪》，清嘉庆二十四年刻本。

③（明）俞大猷撰，廖渊泉、张吉昌点校：《正气堂全集》之《与戚南塘书》，福建人民出版社 2007 年版，第 356 页。

④（明）戚祚国等：《戚少保年谱耆编》卷四，中华书局 2003 年版，第 110 页。

继光、统督把总胡守仁等部下官兵为中哨冲锋……仍悬赏冲锋银二万两，以鼓作士气。"①此战，大获全胜，戚家军斩首 1220 级，救回被掳男女 2000 余人，俞、刘二军亦多有斩获。至五月二十日，谭纶上《倭寇暂宁条陈善后事宜以图治安疏》，推戚继光为武将首功。

仙游之战，是戚继光与谭纶在福建抗倭时期取得的又一重大胜利。十月，因平海溃逃倭寇掠夺财物甚多，倭寇趁秋汛，伺机登陆福建，劫掠仙游。一月间，戚家军与倭寇交战 12 次，皆胜之。谭纶与戚继光商量水陆防御计划。戚继光将自己所思所想和盘托出，谭纶多有采纳。十一月初七，真倭万余在仙游四方结营围攻，城中守军不足五百。彼时戚家军尚未集中，兵力薄弱，戚继光一面骚扰牵制，一面张网以待，并调三千水兵为陆军火速增援，催促回浙轮休的戚家军赶来应敌。谭纶"亲填令票，号令俱听家严（戚继光）节制"。十二月二十五日，在戚继光的指挥下仙游之战打响，四大倭巢相继被破。随即，倭寇四散，戚继光、谭纶将帅配合，先后取得王仓坪、蔡陂岭等战役的胜利。此后，福建倭患基本靖平，"自后倭寇脱归者，始知犯华不利状，于是乎倭寇不敢复窥八闽矣"。②

福建抗倭，戚继光与谭纶心意相通，戚继光视谭纶为好上司，对其从不讳言；谭纶也视戚继光为好下属，总是反复参详其议，多加采纳。戚继光信任谭纶有容人之量，谭纶也信任戚继光统兵之才。与朝廷的奏疏中，谭纶对戚继光极尽溢美之词。仅列数则，便可知一二：

> 忠诚懋著，文武兼资，貌虽不逾中人，才则可将十万，南北将官号为节制之师，而收堂堂正正之效者，诚未见其比也。第其秩虽都督，官才副总，殊未足以展其千里之才而慰八闽之望。③

> 居官成而志气愈励，乘战胜而智虑益精，冲瘴疠之乡，冒风雪之会，劳苦不暇身，谋解仙游之困，伐漳浦之谋，全活何可数计。西贼愁闻，不啻仲

---

①（明）谭纶：《谭襄敏公奏议》卷一《飞报异常捷音疏》，万历二十八年刻本。

②（明）戚继光撰，张德言校释：《戚少保奏议》卷一《上应诏陈言乞普恩疏》，中华书局 2001 年版，第 30 页。

③（明）谭纶：《谭襄敏公奏议》卷一《倭寇暂宁条陈善后事宜以图治安疏》，万历二十八年刻本。

淹之风烈；南人不反，庶几诸葛之天威。比年虽已三见荡平，而此举实为万代瞻仰，功当首论。①

鞠躬尽瘁，用兵如神。驭众而分数愈明，处胜而机事益密。批亢捣虚，彼丑畏之如虎；除凶雪耻，斯民望之如云。全师奏凯，兵不留行；一战成功，贼无噍类。岂徒振古之骁将，实为当今之虎臣。②

精忠殉国，妙略通神。宦成而志不渝，战胜而机益密。彻桑于阴雨之先，预事而立；射隼于高墉之上，好谋而成。俘馘何啻千群，劳苦岂云万状。部中赖其保障，居然衣冠文物之故乡；海外惮其威棱久矣，礼义诗书之宿将。宜加上赏，用答元功。③

在这些奏疏中，谭纶充分肯定了戚继光对朝廷、对百姓的忠诚，即"精忠殉国""忠诚懋著"，其具体表现则是"冲瘴疬之乡，冒风雪之会，劳苦不暇身"。其次，谭纶激赏戚继光谋略过人，作战有方，"彻桑于阴雨之先，预事而立；射隼于高墉之上，好谋而成""妙略通神""处胜而机事益密"。甚至将其比之为范仲淹、诸葛亮，所谓"不啻仲淹之风烈""庶几诸葛之天威"。再次，谭纶还着重强调戚继光在抗倭战场上屡立奇功，"部中赖其保障""全师奏凯，兵不留行；一战成功，贼无噍类""谋解仙游之困，伐漳浦之谋，全活何可数计"，并极力举荐戚继光，以为要"其秩虽都督，官才副总，殊未足以展其千里之才而慰八闽之望""宜加上赏，用答元功"。正是在谭纶的举荐下，戚继光擢升福建总兵官，管辖闽中七州一府，及浙江的金华、温州二府。嘉靖四十三年（1564）四月，福建地方倭寇基本已经平定，谭纶再次提出回乡补制④，戚继光与谭纶各自东西。二人缘分不断，隆庆二年

①（明）谭纶：《谭襄敏公奏议》卷二《官兵追剿大势倭贼三战三捷地方底宁疏》，万历二十八年刻本。

②（明）谭纶：《谭襄敏公奏议》卷一《剿平倭寇叙有功人员恳乞录赏以励人心疏》，万历二十八年刻本。

③（明）谭纶：《谭襄敏公奏议》卷二《水陆官兵剿灭重大倭寇分别殿最请行赏罚以励人心疏》，万历二十八年刻本。

④ 谭父卒于嘉靖四十年（1561）二月，至嘉靖四十三年四月，已经三年多，然战事危急，谭纶两次夺情起复，仅为父守制14个月。

（1568）谭戚二公聚首蓟镇。

四、同镇蓟辽

戚继光在谭纶离任福建巡抚后，继续担任福建总兵官，与俞大猷合作取得南澳之战的胜利。彼时，戚继光虽为福建总兵官，但其尚兼管惠、潮二府，并伸威营（江西南、赣二府）。谭纶在守制结束后，先后督抚陕西、四川、两广。隆庆元年（1567），北方鞑靼不时袭扰，朝臣建议调谭纶、俞大猷、戚继光督练边兵。

十月，明廷调戚继光入京协理戎政，却只授其神机营副将。若非谭纶调任回京，极力举荐戚继光，恐怕年方四十、正当盛年的戚继光就要在京营蹉跎度日。隆庆二年三月，谭纶调任兵部左侍郎兼都察院右佥都御史，总督蓟辽、保定等处军务。谭纶抵京一月，呈奏《早定庙谟以图安攘疏》，全面谋划蓟辽防御。在此疏中，提及最多的便是戚继光与戚家军：

> 将臣与总兵官戚继光行取赴京，住扎昌平，训练三万燕赵之士，委以地方之寄，俟其三年有成，责之游兵破敌。……以神机营副将戚继光……加以总理蓟辽保定等处练兵总兵官职衔，前来总理训练之……其总兵官戚继光，仍乞给以敕印旗牌，使得便宜行事，蓟辽、昌平、保定等处总、副、参、游等官，凡受臣节制者，并受戚继光节制，戚继光仍受臣节制，凡戚继光有所施行，府州县官而下，不得阻挠，违者听臣参奏处治。如此，则阃外之权既专，将军之令自肃，积弱可振，殊效可臻，北边不足平矣。[1]

疏文中，不仅荐戚继光为蓟辽保定等处练兵总兵官，并给予其最大限度的练兵自由，"凡受臣节制者，并受戚继光节制""府州县官而下，不得阻挠"。五月，戚继光受诏总理蓟昌辽保练兵事务。明廷敕命中有"兹总督谭纶具奏以都督戚某总理练兵，已经议允。朝廷以尔素有威名，今特命尔总理蓟、昌、辽、保军务，自总兵以下，俱听尔节制，其余文武大小官员，俱不许干预阻挠"[2]。正是在谭纶的

① （明）谭纶:《谭襄敏公奏议》卷五《早定庙谟以图安攘疏》，万历二十八年刻本。
② （明）戚祚国等:《戚少保年谱耆编》卷七，中华书局 2003 年版，第 211 页。

保举之下，戚继光得以施展才华。

戚继光、谭纶两位至交好友、沙场宿将在蓟镇共事大约两年半，至隆庆四年十月，谭纶受命协理京营而分别，但他们整顿北疆防御贡献良多。总结起来，兹有两点：一是训练车营，配合步骑，系统防御。谭戚到来前，边军"苦于饥寒，疲于力作，困于诛求……素习株守，未尝勒战，马更疲瘦，不堪鞭策"[1]。面临危局，戚继光与谭纶着手打造车营，谭纶称"今日破虏之策，决非车战不可"[2]。戚继光也表明，"虏之长技在冲突，我之所短在不能用车"[3]。取胜之法正在"车步骑三者俱备，而相须为用"[4]。二是修建敌台，抵御北虏。修建敌台是戚继光在抗倭战争时积累的御敌经验，据范中义先生考证，戚继光在嘉靖三十八年（1559）解桃渚之围时所修建的两座空心敌台，是我国修建于城池之上空心台之滥觞[5]。戚继光于隆庆二年底上疏，提议在蓟镇、昌平，修建敌台三千座，三年完成。隆庆三年正月初一，谭纶上《增设重险以保万世治安疏》，内容与戚继光《请建空心敌台疏》大致相当，只是对敌台大小略有调整。修建敌台由戚继光动议，谭纶支持并主持此事，戚继光则全面落实修建事宜[6]。《汤泉大阅序》称："旧制府宜黄谭公措置边事，以宜久安为后世法，乃疏建骑墙空心台。"[7] 后谭纶、戚继光等考虑朝廷财政情况，又反复实地勘验，凡不能通马的险隘之处则不建，修建总数遂削减为一千五百座[8]。"十四路楼堞相望，居然虎豹之关；二千里声势相援，允以金汤之固"，张居正充分肯定空

---

① （明）谭纶：《谭襄敏公奏议》卷五《早定庙谟以图安攘疏》，万历二十八年刻本。

② （明）谭纶：《谭襄敏公奏议》卷三《特荐大将讲求车战共图安攘疏》，万历二十八年刻本。

③ （明）戚继光撰，张德信校释：《戚少保奏议》卷一《请兵破虏疏》，中华书局 2001 年版，第 38 页。

④ （明）戚继光撰，张德信校释：《戚少保奏议》卷三《辩请兵》，中华书局 2001 年版，第 92 页。

⑤ 范中义：《戚继光评传》，南京大学出版社 2004 年版，第 113 页。

⑥ 关于修建空心敌台，清人罗惇衍《集艺轩咏史诗抄》卷五十八《谭纶》中有"栅浦勋高三捷后，蓟门兵练四难中。敌台同筑图方略，谭戚名齐亦自雄"，足见其事，实为二人合作之成果。事亦见汪道昆《燕山勒功铭》。

⑦ （明）戚继光撰，王熹校释：《止止堂集·横槊稿上·汤泉大阅》，中华书局 2001 年版，第 64 页。

⑧《明史》卷二百十二《戚继光传》称"先建千二百座"。隆庆六年（1572），敌台修建基本完成，蓟昌二镇共建台 1206 座。

心敌台的军事作用，"筑台守险，可以远哨望，运矢石，势有建瓴之便，士无露宿之虞，以逸待劳，为不可胜，乃策之最得者。"[1]

陈第《塞外烧荒行》诗云："隆庆二载谭戚来，文武调和费心力。从前弊政顿扫除，台城兵器重修饬。迄今一十五年间，闾阎鸡犬获苏息。"[2]是对谭、戚二人配合无间、防御蓟辽的真实写照。谭纶调回京城后，戚继光威慑北疆，"边草岁绿，百谷时登，尺土寸壤皆成膏沃，因而黍稷蔽野，牛羊塞川……而且商旅日通，市廛日盛，生息日蕃，礼乐弦歌日作"[3]。

余话

戚继光与谭纶，一文一武，一生胶东，一生江右。二人却在抗倭御虏的战场上，合作无间十余载。究其原因，主要有三：一则，二人皆是忠贞爱国之人，志向相同。戚继光以"封侯非我意，但愿海波平"为志向，谭纶以"和衷任怨，共摅报国之忠；推功让能，务济公家之急"[4]为人臣第一义。抗倭前线，戚继光力战多年，只求"建旂天著象，持宪海无波"[5]。谭纶抗倭，亦只求"开八闽之太平，纾九重之南顾"[6]。在蓟镇，戚继光有"还为国步推豪俊，誓向祁连勒马回"[7]之雄心；谭纶亦有"俘馘万计，令匈奴不敢南牧"[8]之志向。二则，二人皆是久历沙场之宿将，谙熟兵法韬略，彼此敬重。雁门岭中伏时，诸军皆溃，"惟谭公纶与家严二军

---

① （明）张居正：《张太岳文集》卷二十一《答总督谭二华任事筹边》，摘自《四库全书存目丛书·集部》第 113 册，齐鲁书社 1997 年版，第 580 页。

② （明）陈第著，郭庭平点校：《一斋诗文集》之《塞外烧荒行》，福建教育出版社 2012 年版，第 23—24 页。

③ （明）戚祚国等：《戚少保年谱耆编》卷十二，中华书局 2003 年版，第 409 页。

④ （明）谭纶：《谭襄敏公奏议》卷六《分布兵马以饬春防疏》，万历二十八年刻本。

⑤ （明）戚继光撰、王熹校释：《止止堂集·横槊稿上·北海宋使君入贺，便道访刘开府于塞上，公为开府姻家，余忝乡末。获侍樽俎，诗以赠别，兼呈开府》，中华书局 2001 年版，第 37 页。

⑥ （明）谭纶：《谭襄敏公奏议》卷一《恭谢天恩疏》，万历二十八年刻本。

⑦ （明）戚继光撰、王熹校释：《止止堂集·横槊稿上·万历乙亥秋九月，同诸将再登太平南山有作》，中华书局 2001 年版，第 71 页。

⑧ （明）汪道昆：《太函集》卷七十八《平远台勒功铭》，摘自《续修四库全书》第 1347 册，上海古籍出版社 1995 年版，第 651 页。

不动，贼遂不敢轻犯"①。在练兵练将、训练车营、修建敌台等方面，二人也都观点相类，堪称知己。戚继光身为武将，却于礼乐诗书，皆有服习，知礼义，通经术；谭纶虽世代簪缨，身在儒林，却能亲冒矢石，不避刀剑，自陈"讨虏征倭，或竟日而不食，或连朝而披甲，或数月而不得卧榻，或终朝马上而待旦，或一日而走数百里之遥，或一月而涉千万里之远，任风雨霜露，身无于衣"②。三则，在宦海沉浮中二人早已是文武一体，彼此信任，互相帮助。戚继光曾击退围困江西的贼寇，解救谭纶的家乡；谭纶亦曾在福建、蓟镇多次举荐戚继光。戚继光在蓟镇修建空心敌台惹来朝中非议，时任京营把总杨承业称"敌台一事，都下万口一词，皆云无益，徒累军逃死，且砍伐树木，为后藩篱之损"③。谭纶收到戚继光报告后，即刻上疏，请朝廷派员勘验敌台之效，甚至请求朝廷另派要员督办此事，维护之意，溢于言表。

正由于二人志向相同，才学相当，又是长期共事，精诚合作，后人将二人并称"谭戚"。领军时，二人并辔齐驱，纵横沙场；闲暇之时，谭、戚亦曾把臂同游。然盛衰有时，人事易迁，谭纶返京后，二人再少见面。万历五年（1577）谭纶卒于兵部尚书任上，戚继光闻之，沉痛不已，发出"知公者某，成某者惟公"的深切感怀，祭文中回述他与谭纶交往的时光，并称"独以国士待某"④。谭纶去世后一年，戚继光登览塞北城墙，又想到谭纶，写出"流波夜逝无同调，白雪春消独少伦"⑤。斯人已同流波夜逝，宛如春来雪消，站在自己身边的人中已经少去了一位挚友，又怎能不令人伤感？

---

① （明）戚祚国等：《戚少保年谱耆编》卷一，中华书局2003年版，第17页。

② （明）谭纶：《谭襄敏公遗集》卷二《答黄仰虚》，清嘉庆二十四年刻本。

③ （明）谭纶：《谭襄敏公奏议》卷七《流言乱正摇动人心恳乞圣明遣官会勘敌台以定国是以全忠计疏》，万历二十八年刻本。

④ （明）戚继光撰，王熹校释：《止止堂集·横槊稿下·祭大司马谭公》，中华书局2001年版，第221、224页。

⑤ （明）戚继光撰，王熹校释：《止止堂集·横槊稿上·枢金大都督陈君寄予征明画〈支硎山〉卷并作，余时方登历塞垣，都督，谭司马门人也，因悼司马公》，中华书局2001年版，第85—86页。

戚继光籍贯议

汤进学 李 克 *

　　戚继光（1528—1588），字元敬，号南塘，晚号孟诸，谥武毅，是中国历史上著名的民族英雄、杰出的军事家、文学家和兵器军工专家。

　　戚继光是哪里人？其实史界早有定论，算不上一个问题。只因近年来文化的资源性为越来越多的人所认识，一些人从地方本位出发，明明挨不上边，也要争上一争，弄出许多"说法"。于是，在山东蓬莱说和安徽定远说以外，近年又出现了江西赣县说、浙江义乌说、山东济宁说，等等，误导了一些不甚了解这段历史的人。

一、从两个本不该成为问题的概念说起

　　提出戚继光籍贯所谓"不同看法"，通常基于两个概念的混淆：一个是"籍贯"，另一个是"祖籍"。其实这两个概念内涵不难辨析，本不该成为问题。

　　"籍贯"一词的定义，《汉语大词典》《辞源》《辞海》和《现代汉语字典》：祖居或个人出生的地方；《中文大辞典》：生长或寄居已满法定年限，准其入籍之地。而"祖籍"一词一般释义为：祖先、祖辈的居住地，即原籍。

　　首先需要明确，我们讨论的是戚继光的"籍贯"，而不是他的"祖籍"。据戚氏家谱记载，戚氏先祖原居河南汲县一带，元末，戚详（戚继光六世祖，时年幼）与母亲为避战乱，随舅父一家迁居安徽定远昌义乡。元至正十年（1350），有抗元义

　　* 汤进学，烟台市蓬莱区委党校干部，中国明史学会戚继光分会副秘书长；李克，中国明史学会戚继光分会顾问。

军过境，戚详归附，后随朱元璋南征北战，于洪武十四年（1381）征云南时战殁。明廷以其开国功，诏其子斌世袭登州卫指挥佥事职，入籍登州（蓬莱）。从戚斌到任始，越五世至戚继光，至今共17世，凡620余年，世居蓬莱（遗迹下文有述）。

从古到今，无论从法定的角度还是从习惯的角度，都没有把一个人的籍贯定在高曾祖以上的。戚继光的远祖确曾居住过河南卫辉府，六世祖戚详也曾"从外氏避乱"迁居定远，但是其后代终有明之世"世佥登州卫指挥事"，这却是事实。

二、蓬莱戚氏遗迹

（一）蓬莱戚氏谱系

戚继光五世祖戚斌，因父开国之功，授"明威将军"，世袭登州卫指挥佥事，"遂家于登州，隶蓬莱籍"①，经六世，至戚继光。

考成书于明代的《戚少保年谱耆编》、清顺治版《登州府志》、康熙版《蓬莱县志》、乾隆版黄县《戚氏族谱·序·附录·蓬莱戚氏先代世次谱》，得蓬莱戚氏前八世世系图如下：

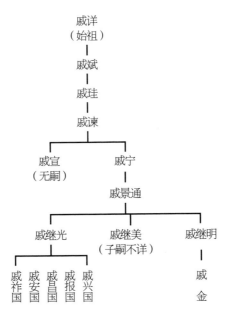

---

① 见明版《蓬莱戚氏族谱》。

（二）家族遗迹

蓬莱戚氏宗族留下的历史遗迹主要有戚氏故宅、牌坊（两座）、戚武毅公祠、戚氏墓园等，文物有明版《蓬莱戚氏族谱》（即清版《蓬莱县志》所称戚继光主修之《家乘》）、明代绘制的《戚继光画像》、明代战刀等。

1. 戚氏宅第

位于蓬莱区城区西南隅武霖社区（清末民初称"戚家村"），自戚斌始，历代戚氏族人皆聚居于此。戚宅基址占地约 4000 平方米，正门朝南，临牌坊街；侧门朝西，临府前街；宗祠位于宅第西北角，内有敕建的表功祠（崇祯帝题匾，即戚武毅公祠）；后园曾立文天祥"忠""孝"字碑，碑阴各有戚景通手书题跋；宅基现存 400 余年古银杏两株、古柏一株。

蓬莱戚氏宅第始建时间应该是在戚斌到登州上任后不久。据此推断，大约建成于洪武十四年戚详战殁后戚斌得到旨意并到登州上任，至今共存 600 余年。《戚少保年谱耆编》载："嘉靖十八年丁亥，家严（指戚继光）十二岁"，"大父孝廉府君（指戚景通）始辑（通葺）居第。居第垂二百年，久圮，不得已而营缮之"。其实，洪武十四年（1381）至嘉靖十八年（1539）共 158 年，戚祚国等的说法显然做了夸大。

2. 戚氏宗祠及戚武毅公祠

戚氏宗祠位于戚宅西北隅，坐东面西，临府前街。始建年代不详，据推断应形成于戚宅初建之后。考其基址，祠为三进院落，原有门房、过厅、二进院南北两厢、屏门、三进院南北两厢、正祠等建筑。三进院内原祀戚氏之先戚详、戚斌、戚珪、戚谏、戚宣、戚宁诸祖。二进院南厢祀戚景通；北厢祀戚继光，崇祯八年（1635）谥"武毅"（一说"武庄"[①]），更此祠名，俗称"戚公祠"，今又名"戚继光祠堂"。现存门房、过厅、表功祠、厅房共 10 间；三进院现改为后园，原有文天祥"忠""孝"碑，碑背有戚景通题跋，"文革"时毁，残石尚在。二进院内有 400 余年古银杏树一株；三进院内有 500 年古柏一株。房属皆单层硬山建筑，砖石结构，占地 595.1 平方米，建筑面积 131.38 平方米，过厅和表功祠有前廊及明柱。表功祠

---

① 民国版《山东通志》、清顺治版《登州府志》、清代及民国各版《蓬莱县志》皆言戚继光谥号"武庄"；今戚武毅公祠明廊左壁嵌有清人纪焜回石刻《谒武庄公祠》。

面阔 8.2 米，进深 6.64 米。

该祠正门前扁阴刻楹联："千秋隆祀典，百战著勋名。"横额："海上威风。"过厅前廊两明柱悬冯玉祥 1934 年书联："先哲捍宗邦，民族光荣垂万世；后生驱劲敌，愚忱惨淡继前贤。"表功祠前廊明柱楹联"拨云手指天心月，拔剑光寒倭寇胆"，乃郁达夫所书。祠前东壁镶有纪念石刻一方，为清吏纪焕回手迹。

据清康熙版《蓬莱县志》、道光版《续修蓬莱县志》、光绪版《重修蓬莱县志》、民国版《蓬莱县志》载：自该祠落成，每岁春、秋两季戚氏后人祭奠后，府、县主政官员分别致祭，已成惯例。清康熙四十六年（1707）学院赵申季、知府王霭、知县刘士冠重修，并建忠、孝碑亭二。四十九年（1710）学院黄叔琳承袭奉祀生二名。光绪六年（1880）知府贾瑚、邑人慕荣干重修。1921 年直鲁豫巡阅使吴佩孚重修，并题"吾将私淑"横匾及"雪国耻在四百年前，公不愧曰武；继兵法于十三篇后，吾曾读其书"楹联，悬于门内厅房。1953 年县人民政府重修。现为省级文物保护单位。今有戚氏后裔奉祀。

3. 戚氏牌坊

位于戚氏宅第南临的牌坊街上，为花岗岩雕坊，共两座，分别位于街的东、西两端，相距 160 米。西为"父子总督"坊，东为"母子节孝"坊；建于明嘉靖四十四年（1565），两坊形制相同，均为四柱三间五楼多脊结构，宽 8.3 米，高 9.5 米，进深 2.7 米，正间上下三坊，上坊两面有"圣旨""恩光"刻石；中、下二坊透雕"戚继光征战""八仙过海""丹凤朝阳""二龙戏珠""鱼龙闹海""麒麟丹凤""缠枝花木"等图案。侧间各有二坊，分别雕饰花木鸟兽图案。"母子节孝"坊中间两面额书："旌表赠特进荣禄大夫右都督戚宁妻一品夫人贞节阎氏""诰赠特进荣禄大夫中军都督府右都督荐举孝廉戚景通"。"父子总督"坊中间两面额书："诰赠骠骑将军护国都指挥使前总督山东备倭戚景通""镇守浙福江广郴桂总兵都督同知前总督备倭戚继光"。

两坊巍峨挺拔，气势雄伟，构图丰满，雕镂精细，是国内少见的明代大型石雕珍品。"文革"时部分透雕构件被砸毁，所幸整体无恙。1985 年修复。现为全国重点文物保护单位。

4. 戚氏墓园

位于蓬莱城东南十里芝山南麓，乃戚详及其以下历代蓬莱戚氏族人归葬之地。

《年谱》载:"先陇素产芝,因名芝山。""嘉靖二十年辛丑,家严十四岁……曾大母(继光祖母)阎太夫人卒,从祖兆,合葬芝山之阳。"明时,墓园西南不远处的位吴村曾有一处戚氏房产,供守护墓园者居住,戚继光17岁时为凑足赴京袭职的路费,才将此房产卖与他人。

戚继光墓位于墓园南部,有墓碑、石人石马等物,墓道前有石阶通往山下道路。墓为砖石结构,穹隆墓顶,分墓门、通道、前室、后室诸部分,南北长8.22米,东西宽5.4米。墓志为戚继光有通家之好的挚友、江南名士汪道昆所撰,全称《特进光禄大夫少保兼太子太保中军都督府左都督孟诸戚公墓志铭》(以下简称《孟诸戚公墓志铭》),文见蓬莱区史志办所编之《戚继光志·附录二》,墓志铭原石已失;墓志篆盖石尚在,为石英质,已裂为多方,现藏烟台市博物馆,蓬莱戚府有复制件展出。该墓早期曾被盗掘。1987年修复,呈台隆状,台高1.6米,台上正中为墓丘。墓前壁两侧各嵌碑文一方,分别记载戚继光生平及其墓修葺经过。

戚景通墓位于戚继光墓以北,亦砖石结构,分左、中、右三室。1972年在中室发现墓志铭,亦为汪道昆所作,全称《明故略武将军都指挥佥事戚公配淑人张氏王氏合葬墓志铭》,并出土铜镜一面,均藏于烟台博物馆;墓志篆盖残石藏于蓬莱阁文物科库房,蓬莱戚府有复制件展出。

戚氏墓园现为山东省文物保护单位。

5. 戚氏后人及文物

蓬莱区至今仍有戚氏后人居住。戚继光第十六世孙戚兆华,新中国成立初与母亲二人在戚氏祠堂内居住,他小时候常听母亲讲起祖先的事迹,多数已经记不清了,只记住了戚详是戚家始祖,戚继光是最重要的祖先。在他的印象中,最令他头痛的要数每年夏天看护那些晾晒的祖传之物了。

在蓬莱民间,有"六月六,晒衣书"的习俗。每年进入农历六月,母亲都要选几个艳阳高照的日子,"请"出族谱及祖宗画像,领着小兆华焚香祭拜之后,挂在明廊内晾晒。记得有两只樟木大箱,一只收藏历代先祖画像(均为立轴,有四五十幅)、几本族谱、两三张谱系图;另一只收藏旧时衣物、古代盔甲、首饰、短兵刃及其他杂物。戚兆华从很小的时候起,就受命看护这些晾晒中的祖传古董。每到这时,母亲都变得格外严厉,既不准兆华离开,也不准有不尊不重之行径,稍有差池,就要惩罚。一个正是淘气年龄的小男孩,叫他规规矩矩在院中待上三两日，也真难为他了。就这样年复一年地过去，小男孩逐渐长成了大人。后来老太太过世了，临终前再三叮嘱，要保管好这些祖传之物。

蓬莱戚氏只此一支，历来以正统自居。清光绪年间，黄县戚氏编修族谱，曾想与蓬莱戚氏联宗，被蓬莱戚氏断然拒绝[①]。因蓬莱戚氏近代势微，缺少家族活动，所以没读过几天书的戚兆华从未感受过祖先的荣耀，加之小时候"晒衣书"的痛苦经历，并不知道这些祖传之物的价值，内心除了敬畏，还有莫名的憎恶。20世纪50年代的一天，山东省博物馆有工作人员来到他家，看过这些祖传画像之后，小心翼翼地提出能否"借用"一两件。戚兆华爽快地答应了。于是他俩各挑了一幅"最破烂的"画像，连借条都没打就走了，从此杳无音信。"文革"初期，戚家这些古董名声太大，招来许多人"破四旧"，砸的砸，烧的烧，数百年来的积物毁于一旦……所幸戚兆华留了一个心眼，事先将两册明版《蓬莱戚氏族谱》和一幅明代绘制的《戚继光画像》另藏他处，得以幸免。

1985年，戚兆华将它们一齐捐献给了国家，初藏于山东省博物馆，后调往中国历史博物馆珍藏，均被定为国家一级文物。同时捐献的还有一把据称是戚继光用过的战刀，刀身近把处镌有"万历十年登州戚氏"八字铭文，现原件藏于山东省博物馆，戚府景区、登州历史博物馆有复制件展出。

（三）典籍中的戚继光籍贯

1. 戚继光自己的落款

从戚继光著述和言论中，可以确切地知道他对自己祖籍和籍贯是怎样认定的。

在现存的戚继光著作中，除了《纪效新书》(两部——18卷本和14卷本，后者是作者晚年在前者基础上形成的)和《练兵实纪》是练兵操典外，还有诗文集《止止堂集》、后人集录的《戚继光奏议》[②]，还有记录戚继光日常言行最详细的《戚少保年谱耆编》，内有一些戚继光表明自己籍贯的文字。

《止止堂集》中有"光东牟竖子""继光东海竖子也""东牟旧德有三槐""蓬莱原有野人家""余故里山东蓬莱阁下""蓬莱有佳人，佩剑游南国"等句；而《戚少

---

① 见黄县《戚氏族谱·序》。

② 据清版《登州府志》《蓬莱县志》《戚大将军孟诸公小传》载，戚继光应还有《家乘》《愚愚稿》《笺牍》诸著，惜已失传。

保年谱耆编》记录的戚继光事迹、言论，则更加清晰明白。

嘉靖三十四年（1555）七月，28 岁的戚继光奉诏赴浙，与其弟继美别于蓬莱西郊，戚继光说："吾世东牟，今七叶矣，始见常棣之华，将谓埙篪永和……"[1]

万历十三年（1585）十月，58 岁的戚继光辞去广东总兵职，回到故乡，"谓诸亲友曰：'今国家太平，北虏款塞，南交来庭，安所事武臣哉？余可归故里矣。登州故有海市，多仙人侣，余将时栖息蓬莱阁上，冀有安期、羡门，相与逍遥物外，以乐太平之盛时。'"回到故里时的喜悦之情溢于言表。

万历十四年（1586）正月，59 岁的戚继光作《留别亭记》，述曰："余食封东牟，祖先所留俱在。比授阃钺，凡东海波及，皆父母之邦，幸赖先职之泽在，人免于辜鳖而别……"东牟即登州（蓬莱）；"祖先所留俱在"，言之凿凿，以登州（蓬莱）为籍之意显而易见！

万历十五年（1587），戚继光 60 岁，或许已经预感到大限将至，"春三月，游览山川，赋《东海奇松歌》，刻石纪之"。诗文如下：

> 蓬莱畔，奇尔松，苍鳞黛鬣身虬龙；风雨时时吟不歇，炎天凄切寒无冬。问之何代谁植此？精神命脉羌如彼。初不避山林，原不竞朝市。久随冷淡缘，静任盈虚理。寿已千龄外，恍然一瞬里。松有闻尘嚣，两耳具纷纭；松有见转眼，荣瘁亦堪叹；松若有心情，能忘利与名。人非松，松非人，古来那具千年身。龙争与虎斗，转盼即成陈。松兮人兮奈尔何，摇笔且放奇松歌。

细揣诗意，不难领会其中的隐喻之意。"东海"隐喻东牟，"奇松"不就是他自己吗？他在用文学的手法总结自己跌宕起伏的一生，充满感慨、自信、欣慰和豪迈之情。

就在这一年的七月，由他主持在蓬莱世居之第兴建的家庙孝思祠落成，"奉安诸祖考妣神主于内"，还作了一篇长长的《祝文》，总结一生。他在《祝文》中写道："呜呼，渺孙不肖，仰赖列祖考妣积骘，二百余禩施而不有，幸延今日者。伏念我祖从高皇帝，迅扫胡元混一区宇，再造中夏，功勋摘自诰命，藏之内府，从

---

[1]（明）戚祚国等：《戚少保年谱耆编》卷一，中华书局 2003 年版。

征云南战殁，以功授登州卫世袭佥指挥使司事……"强调自二世祖斌"以功授登州卫世袭佥指挥使司事"以下，"二百余禩施而不有，幸延今日者"。在人生的最后关头，再次重申蓬莱戚氏在登州（蓬莱）入籍定居，世为蓬莱人①。四个月后，他离开了人世。

现存的戚继光手书石刻，落款有多种，如"定远戚继光""东牟戚继光""戚继光""纠纠鄙人"等，确实也有几方署的是"定远戚继光"，例如蓟县长城《空心敌台鼎建碑》、北京密云县《游龙潭寺》诗碑、安徽休宁齐云山石刻等。有人将这些现象引为"戚继光是定远人"的证据。但是笔者认为，引此为据的人忽略了两个问题，一是戚继光根据什么自称"定远戚继光"？二是戚继光为什么有时落款"东牟戚继光"，有时又落款"定远戚继光"？

第一个问题：他根据什么自称"定远戚继光"？

答案很简单：因他确切知道的最早祖先戚祥，曾在安徽定远居住过，并从那里发迹。

然而事实上，戚氏远祖的原居地在今河南汲县一带，元末时年幼的戚祥才和母亲"从外氏避乱"，迁居安徽定远。戚祥在定远只居住了不到20年（根据他军旅生涯时间前推得出），即使算上他从征的30年，到他的儿子戚斌赴登州上任，戚祥家人在定远居住的时间也不会超过50年。而从洪武十四年（1381）戚斌到任并入籍登州，经五世至戚继光到袭职的年龄（出现署名），整整过了150余年时间。这期间，蓬莱戚氏与安徽定远早就断绝了联系。换句话说，戚继光自称"定远戚继光"，其实用的是六世祖的籍贯，这于情于理都是说不通的。问题是，他为什么一再自署"定远戚继光"呢？

第二个问题：他为何有多种落款，且多署"定远戚继光"？

研究过戚继光生平的人都有一种共同的感觉：他是一个"识实务"的人，善于营造适合自己才智发挥的环境，从不拘泥于古法，没有多少条条框框，只要能达成目的，他会灵活施用各种手法。明代官场盛行以明太祖家乡人为荣的风气，戚继光这样一个识时务的人，又确实有"始祖从太祖征战""有开国功"这段真实的历史，在各种场合自诩是明太祖朱元璋的同乡、是开国臣子的后代、他没有忘

---

① 以上诸事及诗句皆见《戚少保年谱耆编·卷十二》，诗句又见《止止堂集》。

记祖宗，完全是情理之中的事。至于那个"定远"，对他来说只是一个概念，他从未去过，直到晚年 58 岁时，万历十三年从广东卸任回蓬莱故里的途中，才顺路去定远寻访六世祖戚详的遗迹。那是他一生中唯一一次到达安徽定远，是他逝世前两年的事。

戚继光并不糊涂，他很清楚自己的先祖 150 年以前就入籍登州了，之所以有时也署"东牟戚继光"，或者是对自认籍贯的一种自然流露，或者明知自己会名昭史册，身后必然有人说道，给后人留下一点线索，不至于因以往有太多的"定远戚继光"署名而误导后人。

2. 明人的观点

戚继光的籍贯，与他同时代人的认定是有说服力的，因为他们的认定建立在当时法理和当时社会习惯的基础之上，对今人的认知有重大参考价值。

汪道昆的说法　汪道昆，字伯玉，号太函，又号南溟，亦作南明，安徽歙县人；擅长古文辞，工诗词，诗文理论宗前、后七子，世称"后五子"之一，颇受时人见重，与王世贞并称"南北两司马"。明嘉靖二十六年（1547）进士，官至兵部左侍郎。戚继光首次率师援闽，汪为福建监军，与之初识即一见如故，引为知己。戚继光曾以一古铁锚铸宝剑三，解其一与之分佩（另二剑，一赠王世贞，一自佩），再聚于二次援闽，三聚于蓟州汤泉大阅，"宝剑三合"，后世传为佳话。

作为戚继光一生的挚友，两人共事 25 年，戚继光每有大功，汪多为之记，"先后累数万言"[①]。他与戚继光原配王氏、妾陈氏和沈氏及杨氏熟识，深知戚继光族事、家事，戚继光和父亲戚景通的墓志铭都出自他手。他在《孟诸戚公墓志铭》中写道："戚之先，起定远。"认为定远只是戚继光的祖籍。戚继光的籍贯应该从"既冠，奉孝廉将军命，上勋府，袭世官，待次司马门"中寻得。既然是袭世职，必然早已在其世家居官之地登州（今蓬莱）入籍，他的籍贯，不言可知。

董承诏的说法　武进人，万历三十五年（1607）进士，天启中官至浙江左布政使，是稍晚于戚继光，于其身后不久研究戚继光军事思想的代表性学者，所著《重订批点类辑练兵诸书》辑录了戚继光《纪效新书》《练兵实纪》《储练通论》《哨

---

① 详见汪道昆《太函集·特进光禄大夫少保兼太子太保中军都督府左都督孟诸戚公墓志铭》。

守条约》四书，荟萃其说，删除繁复，编为 16 类，卷末附汪道昆《孟诸戚公墓志铭》及董承诏《戚大将军孟诸公小传》。

史界有云：时近则迹真。董承诏研究戚继光，是在戚继光身后数十年，影响公正评价的现实功利性已经消失，他的观点应当比较客观。他在《戚大将军孟诸公小传》中写道："公讳继光，字符敬，初号南塘。先世定远人。高皇帝初，百户详从西略地以战殁，子斌受职，有开国功。斌生珪，珪生谏，谏生宣，世金登州卫指挥事……"可见，董承诏也认为，定远是戚继光"先世"的居地，是祖籍，而斌、珪、谏、宣历代"世金登州卫指挥事"，则足以说明戚继光的籍贯。

戚继光子嗣的说法 戚继光去世后，他的四个儿子（祚国、昌国、报国、兴国）共同编纂了《戚少保年谱耆编》。这部编年史所载戚继光生平事迹、蓬莱戚氏前六世事迹最详，是后世研究戚继光的基本资料之一。

此书在述及谱主籍贯时写道："戚之先为卫之大夫，封邑于河东（明时卫辉府，治今河南汲县），食采于戚，百代有显者未敢远引……家严讳继光，字元敬，号南塘，晚号孟诸，世家东牟，官卫尉，而为东海氏焉。考自始祖详，当元末时，从外氏避乱濠梁，居定远之昌义乡。会韩山童倡乱，徐寿辉等兵起，我太祖略地至定远，遂首先归附，选充小旗，勤力三十年，始除应天卫中所百户，后征云南阵没，上念开国功，授子斌明威将军，世金登州卫指挥事。"不仅明确记述了蓬莱戚氏先祖居处，而且说"家严……世家东牟……而为东海氏焉"，说得算是明明白白。

书中对戚继光籍贯的表述还有一些，举例如下：

万历十一年（1583）——"家严五十六岁"，"家严归里，放舟蓬莱阁下……"

万历十三年（1585）——"家严五十八岁。冬十月，始归蓬莱，还居故里……"

万历十四年（1586）——"家严五十九岁。冬十月，立家庙以祀蒸尝……捐助修蓬莱阁……"

万历十五年（1587）——"家严六十岁。秋七月，孝思祠成，奉安诸祖考姚神主于内……"

请注意这些表述中的用词："归里""归蓬莱，还居故里""立家庙""孝思祠成，奉安诸祖考姚神主于内"。等等。不论表述的事件内容还是语气，都认定蓬莱是"故里"，是理所当然应该以家庙的形式"以祀蒸尝"的地方，戚继光子嗣这种习惯性地对族籍的认识不言可知。

3. 相关典籍和辞书

《明史·戚继光传》 成书于清中期的《明史·戚继光传》："戚继光，字元敬，世登州卫指挥佥事。"

《蓬莱戚氏族谱》 "戚氏之先代，江南定远人也，世袭登州卫指挥，遂家于登州，隶蓬莱籍。"

旧版《蓬莱县志》 在清康熙、道光、光绪版及民国版《蓬莱县志》涉及"武备""艺文""人物"诸编，蓬莱地方官员历来把戚继光视为"乡官""乡贤"，如御史宋应昌《重修蓬莱阁记》："乡官戚总戎输资百余缗。"例子很多，举不胜举。

近代和现代辞书 近代出版的辞书，对戚继光籍贯说法是不一致的，但仍以"蓬莱人"居多：1915 年版《辞源》记为"定远人"；1936 年版《辞海》记为"蓬莱人（一说定远人）"；1921 年版《中国人名大辞典》记为"定远人"；1968 年台湾版《中文大辞典》记为"蓬莱人（一说定远人）"。

20 世纪 70 年代末以来出版的辞书，则一概记为"蓬莱人"。例如：1979 年版《辞源》《辞海》均记为"蓬莱人"，修正了以前版本的提法，显然是经过考证后做出的修正。

四、他说之辩

1. 关于安徽定远说

根据史料，定远只是戚继光六世祖戚详曾经生活的地方，甚至算不上戚详的籍贯，因为是戚详小时候与母亲"随外氏避乱濠梁，居定远"的，居定远的时间满算也不会超过 20 年，若论戚详的籍贯，说是在"卫辉府"（明时建制，治河南汲县）还差不多。

现在安徽定远戚氏并非戚继光的直系，大约是在戚继光称病回到故里后不久，他唯一的侄子戚金（戚继光二弟戚继明之子）从江南吴淞总兵任上称病辞官，"回籍定远"。戚金有三子：元功、元辅、元弼，世为定远派[①]。

---

① 见清道光十九年版《续修蓬莱县志·选举》和黄县《戚氏族谱·附录·蓬莱戚氏先代世次谱》。

2. 关于河南汲县说

《年谱》载："戚之先为卫之大夫，封邑于河东（明时卫辉府，治今河南汲县），食采于戚，百代有显者未敢远引。"据此，说"戚继光的远祖'籍河南汲县'"是对的，但是如果说"戚继光籍贯是河南汲县"，那就不通了，因为祖籍是祖籍，籍贯是籍贯，不能混淆。

3. 关于山东济宁说

戚继光生于山东济宁鲁桥镇（当时戚景通在那里任漕运官员），六岁时随"大母张氏"（戚景通原配）回蓬莱定居。有人据此说戚继光是济宁人，此说法也站不住脚。历史上，从法理两方面说，出生地都没有作为独立的籍贯依据存在过。只有出生地与家庭定居时间达到法定年限时才可能作为确定籍贯的根据之一，而各朝各代对此规定不同，一般以当事人成长至法定成人年龄时为准。戚继光六岁时就离开了济宁，说他的籍贯是济宁，难以成立。

除了上述几种说法外，还有江西赣县说、浙江义乌说、莱芜说、居官地说等，这些说法更是没有任何史料依据，或仅仅因当地有戚氏宗祠，或因有戚姓人居住，或因戚继光当年在当地活动过。这样的理由上不了台面，学界也不关注，故本文也不做辨析。

多少年来，蓬莱作为戚继光的故乡，戚继光事迹在当地早已妇孺皆知，政府和人民对这位民族英雄和杰出的军事家充满敬仰之情，在保护他的遗迹遗存、研究他的生平和思想、以他的精神教育下一代等各个方面都付出了长期努力。面对上面提到的戚继光籍贯的不同说明，笔者以为，应该对历史负责，对后人负责，而不是急功近利，误导世人。

戚继光精神

戚继光精神的几点认识

朱亚非 *

戚继光（1528—1588），字元敬，号南塘，山东蓬莱人。明朝抗倭名将，杰出的军事家、军事理论家、诗人、民族英雄。

戚继光在东南沿海抗击倭寇 10 余年，扫平了多年为虐沿海的倭患，确保了沿海人民的生命财产安全；后又在北方抗击蒙古部族内犯 10 余年，保卫了北部疆域的安全，促进了蒙汉民族的和平发展，他写下了 18 卷本《纪效新书》和 14 卷本《练兵实纪》等著名兵书，极大地丰富了中国传统的军事理论并加以亲身实践。他还写下《止止堂集》及在各个不同历史时期呈报朝廷的奏疏和建议，留下了众多的豪迈诗篇。

同时，戚继光又是一位杰出的兵器创新专家，他创造性地将各种长短兵器相互配合，发明了各种火攻武器；建造出各种类型的战船、战车，使明军水陆装备优于敌人；他富有创造性地在长城上修建空心敌台，进可攻退可守，是极具特色的军事工程。

戚继光作为中国历史上著名的民族英雄，他的成长经历和英雄事迹给予后人许多难得的启迪与教益。戚继光精神在保家爱国、开拓创新、清正廉洁、爱兵恤民、团结协作、顾全大局等方面体现得淋漓尽致。

* 朱亚非，山东外事职业大学外事研究院院长，山东师范大学特聘教授、博士生导师，山东省文史馆员，中国明史学会戚继光分会会长。

英勇无畏、保家卫国的将领

戚继光作为一个民族英雄登上历史舞台，是与那样一个时代分不开的，北部边防烽火连绵，蒙古部落不断入犯，东南沿海倭患又起，无数百姓生灵涂炭，国家多灾多难，遍地腥风血雨，激励了无数的中华男儿热血沸腾，为保卫自己的家园与外来入侵之敌浴血奋斗。戚继光自幼就受到父辈们忠于朝廷、保家卫国的教育，在其身上流淌着的是一个武将家庭世代相传的以保卫国家安宁和人民安居乐业为己任的热血。

16岁那年，他就毅然投身军旅，走上保家卫国的第一线。作为一个军人，面对南北外患，他深知自己身上责任重大，"一年三百六十日，多是横戈马上行"。他驰骋疆场数十年，无论是在辽阔千里的东南沿海抗倭前线，还是在绵延万里的长城御蒙阵地，无论是作为一个中下级军官，还是作为一个统兵数十万的总督，他始终把平定外患、让民众安居乐业，当作一个军人的使命。在长达数十年的抗倭和御蒙战争中，他从不计较个人荣辱得失，从不向朝廷讨价还价，始终满怀爱国主义的激情，教育部下将士时刻要把驱逐外虏、保卫家园铭记在心中。正是这种外敌不断入侵的时代，造就了像戚继光这样具有民族气节的英雄人物，始终把国家、民族和百姓的利益放在首位，在国家和民族面临危亡关头，挺身而出，抗击外患。戚继光这种爱国主义精神，是永远值得我们学习的。

与时俱进、勇于创新的楷模

面对外患，仅有保家卫国的热情是远远不够的。抵御和反击外敌入侵不仅要有巨大的勇气，而且要有足够的智慧。戚继光不仅是一个英勇无畏的将领，还是一个足智多谋的军事理论家、兵器创新大师。他不仅熟读《孙子兵法》，深谙我国古代军事理论，而且根据战场情况，将中国古代军事理论不断发展创新。他能因时制宜、因地制宜地制订出适应作战和防守的作战方案并将其付诸实践，均取得巨大的成效。在将领选拔使用、军队组织训练、各兵种配合作战、战役攻守方略等方面，都有一系列独到创新。在抗倭战场上，他创建"鸳鸯阵"，将各种兵器发挥到极致；他把各种水军战舰合理组合，建成适应不同水面作战的水师；在蓟门防御中，他设置"空心台"，创建"火炮营"，都是军事史上的创新。在战略战术方面，戚继光提出的对敌"算定而后战""攻守兼备，制人而不制于人""有能战之势，期固守之安""齐勇、快速、灵活用兵""以五当一，集兵歼敌""以奇制胜，突袭作战""大创尽歼与伐敌所长""多兵种协同作战"等，都达到了那个时代最高的军事理论水平。他率军在抗倭战场上取得的台州大捷、平海卫大捷等一系列胜利，正是其军事理论和战场实践相结合的完美体现。

戚继光的著名军事理论著作《纪效新书》《练兵实纪》都是在烽火连天的战场上完成的，是中国古代军事理论文库中的一笔宝贵财富，不仅为后代中国军事家广泛采用，而且传播到海外，深受赞誉，时至今日仍熠熠生辉。

清正廉洁、艰苦朴素的典范

戚继光一生为人正直，清正廉洁。他要求别人做到的，自己一定做到，他军纪严格，但赏罚分明，自己亲属犯了错，也不加庇护，按律惩处。他在山东、浙江任上，都曾严惩贪官，深受士兵好评。在长期的军队生活中，他与士兵同吃同住，共享胜利的欢乐，也共担失利的痛苦。冲锋在前，撤退在后，处事公正，爱憎分明，以自己的表率在官兵中树立了崇高的威望。戚家军作战之所以无往而不胜，让倭寇闻风丧胆，这与戚继光在军队中高超的指挥能力与崇高的个人威望是分不开的。

戚继光还是一个艰苦朴素的楷模。他从小就受到父辈艰苦朴素的教育，多年来始终保持这种作风。他长期担任总兵以上高官，最高升至武官一品，得到皇帝的褒奖并赐予牌坊，但他并不置家产，去世时，家境贫寒，"四提将印，佩玉三十余年，野无成田，囊无宿镪，惟集书数千卷而已"①。两袖清风、廉洁奉公、无私报国，显示出叱咤风云的一代名将的高贵品质。

爱兵恤民、人民爱戴的英雄

爱兵恤民，以民为重，这是戚继光军旅生涯中贯彻始终的一项原则。他在山东登州初任军官时，处理一些军队和地方案件时，就能详察明断、秉公办事，体

---

① 董承诏：《戚大将军孟诸公小传》，摘自《重订批点类辑练兵诸书》。

察民间疾苦。成为军队高级将领和统帅以后，他更成为爱兵恤民的模范。他在军队中提倡"练心"，重视对士兵进行爱国和爱民教育。要求士兵时刻想到百姓的厚望与期待，要为民而杀贼，来报效百姓，给民众创造出一个和平安宁的环境。他关心士兵疾苦，真心爱护士兵，"饮食与之通，疾病与之恤，患难与之共，甘苦与之同"①，爱护士兵甚于爱护自己。因此，他率领的戚家军能够纪律严明、作战勇敢，与百姓有鱼水之情，战场上能无往而不胜。作为一军统帅，戚继光在战场上也能想百姓之所想，急百姓之所急，他爱惜百姓一草一木，要求士兵体谅百姓疾苦，做到"冻死不拆屋，饿死不掳掠"。他多次率兵痛击倭寇，救出数万被倭寇掳掠去的百姓及夺回无数百姓的财产；他率领的戚家军军纪严明，对民产秋毫无犯，因此受到各地百姓真心拥戴。戚继光所到之处，都留下了长传不衰的佳话，至今遍布河北、山东、浙江、福建、广东等地。有关戚继光的祠堂、碑刻，历经几百年风雨仍被保护得完好无损；有关戚继光的传说、故事，几百年来一直流传至今；有关戚继光的节俗、民俗、戏曲、舞蹈、武术等活动，沿袭至今。这充分表明了戚继光是人民心中真正的英雄，是爱兵恤民的典范。

团结协作、顾全大局的榜样

戚继光一生中转战南北各地，无论是在抗倭战场上，还是在镇守北疆的岗位上，他都能服从命令听指挥、严于律己、顾全大局，与同僚相处融洽，与友军相得益彰，得到了朝廷高官和友军将领以及地方官绅的高度评价。他走上戍边岗位不久，在领导卫所士兵轮戍守边的岁月中，就因出色的成绩得到了兵科给事中王德完、兵部主事计士元、山东都指挥使王德等官员的高度评价与推荐。在浙江、福建抗倭战场上，他先后得到了唐荆川、胡宗宪、俞大猷、汪道昆等上级与同僚的支持与配合，在蓟门镇守练兵的岗位上，他得到了张居正、谭纶等上级的支持，与同级官员王一鹗等配合默契，与下级将领胡守仁、李超相处融洽，并得到他们的全力配合。在抗倭前线，他与地方官合作愉快，每当取得胜利，在向朝廷汇报的时候，多次将胜利的荣誉让给友军，并不忘为地方官员请功。因此获得上级、

---

① （明）戚继光：《练兵实纪》。

友军和地方官员的一致赞誉，为顺利完成使命奠定了良好的基础。

应对复杂环境的政治智慧

纵观戚继光转战南北的 40 年，也是朝廷政局波谲云诡、风云变幻、政治严酷恶劣的年代。皇帝崇道怠政，内阁纷争不断，党争日益加剧，宦官专权擅政。文官敢言者遭迫害，武将有功者被忌妒。戚继光长期在抗倭和御虏的战场上掌握重兵，在一生中虽然小有挫折，但总体上平安，能够在解任后安度晚年，也从一个角度说明了他既有卓越的军事才华，也有高度的政治智慧。他始终以保家卫国为理想信念，并在战场上身体力行，既没有卷入统治阶层内部的派系斗争，也没有为升迁而刻意巴结迎合高官，保持了一个正人君子的高尚情操，从而能在严酷复杂、诡谲多变的政治环境中长期屹立而不倒，既保护了自己，也有了充分施展才干、造福于国家和民众的机会，其处事能力所展现出的政治智慧，也是值得后人思考和探讨的。

戚继光的历史地位和文化价值

叶玉杰 *

戚继光一生战功卓著，建立了不朽功勋，创造了人生非凡成就，对后世产生了深远影响。他东南抗倭 12 年，对待外来侵略者，提出并实践了"大创尽歼"的战争指导思想，平息了危害东南沿海的百年倭患。北方御虏的 16 年里，他提出并贯彻了"强军备战""不战而屈人之兵"的战略思想，稳定了自明朝开国以来就很严峻的北方边界形势，为民族融合和万历中兴做出了突出贡献。戚继光在他大半生军事实践中，总结和完善的一整套军事理论，以及所形成的英雄文化，是我们中华民族的宝贵财富。

为了能够更好地了解戚继光的历史地位和文化价值以及社会影响，本文归纳出如下几个方面。

一、中国古代爱国将领、伟大的民族英雄

戚继光是抗击大规模外来侵略、保护人民群众生命财产安全并取得伟大成就的著名将领。与戚继光同时期的大文豪王世贞在他为戚继光《纪效新书》写的序言中，引用时任福建巡抚汪道昆的话说："戚将军起裨校，屡迁至大都督，佩两印，跨制三道，大小可数十百战，所杀虏万计，称东南名将无偶戚将军者。"[①] 戚继光和

---

* 叶玉杰，中国明史学会戚继光分会常务副会长，蓬莱戚继光研究会常务副会长兼秘书长。
① （明）王世贞：《弇州山人四部稿》卷六五《文部·序》，摘自张德信等编《戚继光研究资料粹编》，黄海出版社 2016 年版，第 760 页。

他带领的戚家军以国为家，把百姓当父母，在他战斗过的地方，百姓把他当作守护神来供奉，东南沿海及北方蓟镇一线为他修建的纪念场所遍布城乡，几百年来香火不断，是继关羽之后第二个被民间神化了的英雄人物。2002年，时任福建省省长的习近平在为《福州古厝》一书撰写的序言中写道："当我们来到戚公祠，似乎可以感受到它正气宇轩昂地向我们介绍戚将军带领着戚家军杀得倭寇丢盔弃甲的战史。"①戚继光善于打歼灭战，以最小代价获取最大胜利，创造了冷兵器时期少有的敌我伤亡比奇迹，中国明史学会戚继光分会顾问宋耀武先生根据《戚继光年谱》等资料统计，戚家军东南抗倭的战损比约为1：152。②戚继光对国家、对民族的贡献，《明史》给予了充分肯定："继光更历南北，并著声。在南方战功特盛，北则专主守。所著《纪效新书》《练兵实纪》，谈兵者遵用焉。"③

古代神话中，英雄是自然界天人合一的代表。现实之中的英雄，则是人类永恒价值的代表者和实现者，代表着一个民族的文化基因和精神符号。在中华五千年历史上，英雄辈出，灿若星辰，这些英雄代表着中华民族不屈不挠的精神，是中华民族的脊梁。戚继光在抵御外来侵略斗争中做出了突出贡献，经受住了历史的考验，是社会进步的推动者和优秀民族文化的代表者，是当之无愧的民族英雄。抗日战争时期，国民政府教育部训令全国各级学校加强抗日教育，各民间出版机构纷纷推出以弘扬民族精神为主旨的教材，有的将历史上民族英雄的事迹编入教材，"戚继光平寇"的故事也进入了中小学的教材。2013年12月30日，习近平总书记在十八届中央政治局第十二次集体学习的讲话中指出："像戚继光抗倭、冯子材抗法、鸦片战争、甲午海战、抗日战争、抗美援朝战争这些历史，都要深入挖掘其中的爱国主义精神，创作更好更多的精品力作，以长中国人志气，引导我国人民树立和坚持正确的历史观、民族观、国家观、文化观，增强做中国人的骨气和底气。"④

---

① 曾意丹：《福州古厝》，福建人民出版社2002年版，第1页。

② 宋耀武：《戚继光精神与军事思想》附录《戚继光东南沿海抗倭战损表》，黄海数字出版社2019年版，第327页。

③（清）张廷玉：《明史》卷二百一二，中华书局2013年版，第5615页。

④ 习近平：《建设社会主义文化强国，着力提高国家文化软实力》，摘自《人民日报》2014年1月1日。

二、中国古代武装力量建设的代表人物，杰出的军事家

中国历史上出现过不少军事家，但是像戚继光这样以军事理论和军事实践相结合，并取得了伟大成就，对后世产生深远影响的少之又少。他长于练兵，善于带兵，创建了闻名于世、所向披靡的戚家军，发明了著名阵法鸳鸯阵。《明史》记载："继光至浙时，见卫所军不习战，而金华、义乌俗称彪悍，请召募三千人，教以击刺法，长短兵迭用，由是继光一军特精。又以南方多薮泽，不利驰逐，乃因地形制阵法，审步伐便利，一切战舰、火器、兵械，精求而更置之。'戚家军'名闻天下。"①《明神宗实录》记载："戚继光血战歼倭，勋垂闽浙，壮猷御虏，望著幽燕。"②戚继光年谱记载："三十年间，先后南北水陆大小百战，未尝遭一劫。"③

2014 年 4 月 28 日，习近平视察新疆维吾尔自治区喀什市乃则尔巴格派出所时，借用戚家军鼓励民警和全军将士，他说："看到你们的长警棍，我不由想起明代时戚继光训练怎么打倭寇，他就地取材，把毛竹削尖，很长，五人或七人一组，先用毛竹竿挡住倭寇，使他们近不了身，盾牌兵再上去击杀，非常有效。我们也要有好的兵法和有效的武器。"④《明史》记载："继光为将号令严，赏罚信，士无敢不用命。"⑤纵观古今中外，戚继光是世界军事史上少有的没有打过败仗的常胜将军。

戚继光结合自己的军事实践，写下了三部兵书，十八卷本《纪效新书》《练兵实纪》和十四卷本《纪效新书》。《四库全书·兵家类》收录我国兵书 20 部，戚继光独撰两部。明朝以来戚继光这三套兵书经过多次刊印，"每当外敌入侵、国难当头之际或战争频繁之秋，人们就想起戚继光的军事著作，力求从中寻求治军之方、用兵之术，以抵御外敌。"⑥有专家统计，现存的明刊本和抄本有 20 多种，清代则有40 多个刊本，民国年间也有十六七种，历史上朝鲜、日本皆有刊本。戚继光的军事理论丰富了我国兵学宝库，完善了我国古代兵学体系。

---

① （清）张廷玉：《明史》卷二百一二，中华书局 2013 年版，第 5611 页。

② （明）《明神宗实录》卷二百五十八《万历二十一年三月乙亥》。

③ （明）戚祚国等：《戚继光年谱耆编》，中华书局 2003 年版，第 418 页。

④ 朱亚非主编：《戚继光志》，海洋出版社 2020 年版，总序第 4 页。

⑤ （清）张廷玉：《明史》卷二百一二，中华书局 2013 年版，第 5613 页。

⑥ 高扬文等：《纪效新书·总序》（十八卷本），新华书局 2001 年版，第 18 页。

明嘉靖年间，巡抚汪道昆在为戚继光《止止堂集》所作的序中，称戚继光为文武俱足之全才，是诸葛亮、孙武、司马穰苴三人以下第一人。清人浙江布政使沈兆沄在《兵武闻见录·序》中说："世称孙、吴、司马三书为最精，嗣是代有著述，如《三略》《素书》《李靖问对》《太白阴经》《虎钤经》，指不胜屈。惟戚继光《纪效新书》《练兵实纪》，士大夫尤奉为圭臬。"①明万历三十四年（1606）刑部员外郎郭应响，在所著《补释戚少保南北兵法要略》一书序言中总结道："自古利于水者未必利于陆，利于步者未必利于骑，至少保而水陆步骑勿施不宜，奇正虚实，变化莫测。在浙有《纪效新书》，在蓟有《练兵实纪》，治兵家奉为指南，为金针，五纪于兹矣。"②

清咸丰年间江苏巡抚许乃钊说："至前明倭寇侵扰海疆，于是海防之设特重于东南。当时备倭多名将，而以著述传者胡公宗宪外，惟戚公继光《纪效新书》而已。""戚公时官参将，练兵皆所身亲……语语可谓《孙》《吴》注脚，而不袭韬钤一字，至其说理精微处，自与《阳明语录》并传，盖非躬行心得者不能体质深而言之切也。"③北洋时期《中西兵略指掌》编辑陈龙昌说："中国谈兵家无虑百数，惟《孙子》十三篇，戚氏《纪效新书》至今通行，称为切实。但《孙子》论多玄空微妙，非上智不能领取。"④

戚继光继承和发展了以孙武、吴起、司马穰苴为代表的古代兵家的兵学理论，填补了《孙子兵法》在军队建设和军事训练方面的不足。毛泽东曾经说过："部队不要搞那些花花绿绿的东西，不要搞那些花样。戚继光在他著的《兵事要略》中早就讲到，不要搞那些只是好看的，要搞实际战斗能用的东西。"⑤中国军事科学院研究员范中义先生认为："在军事理论上，孙武在谋略方面为奠基人，戚继光多是继承；在治军方面，戚继光则使其成为系统完整的理论，又非前人能比。随着科

① 范中义：《戚继光研究·出版感言》第一期，黄海数字出版社 2013 年版，第 13 页。
② （明）郭应响：《补释戚少保南北兵法要略·序》，摘自《戚继光研究资料粹编》，黄海数字出版社 2016 年版，第 791 页。
③ 高扬文等：《纪效新书·附录》（十八卷本），新华书局 2001 年版，第 369 页。
④ 范中义：《戚继光研究·出版感言》第一期，黄海数字出版社 2013 年版，第 13 页。
⑤ 中共中央文献研究室、中国人民解放军军事科学院编：《建国以来毛泽东军事文稿》（下），中央文献出版社 2010 年版，第 290 页。

学技术的进步，武器装备越来越复杂、先进，练兵的战略地位越来越突出，没有一支训练有素的军队，虽孙武为将，其高明的谋略也不能得到实施。"①因此，戚继光武装力量建设的学说和孙子的军事谋略思想一样，被历代兵家所推崇，对后世产生了重大影响。戚继光则成为孙子之后少有的既有军事专著传世，又有指挥实战经历，并通过二者的结合而成为著名的军事家和军事理论家。范中义先生认为："军事无非是两大部分，即武装力量的建设和武装力量的使用。戚继光的军事思想主要是武装力量建设的学说，而孙子则主要是武装力量使用的学说。二者的结合才构成完整的中国古代兵学。正如把儒学称作孔孟之学一样，把中国古代兵学称作孙戚之学也不为过。"②笔者赞同范中义先生的观点，如果把孙子称为兵学中的圣人，就应当把戚子称作亚圣，亦可把中国古代兵法称作"孙戚兵法"。

三、著名兵器专家、军事工程专家

戚继光结合实战改进了狼筅、夹刀棍、镋钯等冷兵器。与时俱进，紧跟军事科技进步的步伐，改进和发明了火铳、子母铳、佛郎机、六合铳、虎蹲炮、无敌大将军炮、偏厢车、集群火箭车，攻击敌舰的飞天喷筒、埋火药桶，因地制宜建造了石炮、钢轮发火地雷自动引爆装置等一大批先进武器。其中在组建的车营中配置的偏厢车，被视为现代装甲部队的雏形。他创制艨艟战船，极具实战价值，水师编队大中小舰船配合，能更有效地提高战斗力。这些武器装备和设施增强了戚家军的战斗力，对当时及后世军工科学研究和军事科技进步做出了积极贡献。

他在北方主持整修了东自山海关，西至慕田峪亓连口 2000 多里的长城，修建了山海关入海口的老龙头，发明了便于屯兵和戍卫的长城空心台，前后共主持修筑了空心敌台 1400 余座，由此大大增强了长城防御功能，是当时最完整、最宏大、最有效的国防工程。对防御外敌入侵，做出了重要贡献。为了检验长城的防御功能和练兵成果，他组织并指挥了由马、步、炮、车多兵种组成的 16 万人参加的汤泉大阅兵，首开古代大兵团对抗军事演习之先河。16 年来，戚继光精心打造的蓟镇一线的防御工程，达到了不战而屈人之兵的战略目的。明人郭应响在《补

---

① 范中义：《戚继光评传·前言》，解放军出版社 2014 年版，第 4 页。
② 范中义：《戚继光研究·出版感言》第一期，黄海数字出版社 2013 年版，第 12 页。

释戚少保南北兵法要略·序》中指出：北方边境"二十年不用车，是二十年无虏犯，百战百胜何如不战而屈人之兵哉"①。《明史》记载："继光在镇十六年，边备修饬，蓟门宴然。继之者，踵其成法，数十年得无事。"②

四、中国历史上海军兵种建设的推动者

《戚继光年谱》记载："嘉靖四十年（1561）三月，戚继光创授新制所造战船44只，各以工竣。分布松、海二门卫两关。"③戚继光督造的战船主要的船型为福船、海沧、苍船三种，他根据各种船型的特点配置了各种远近、大小、冷热等数十种不同用途的武器，其中"福船高大如城，可容百余人，吃水一丈一二尺，惟利大洋……"④1986年湖北武汉交通科技大学应中国人民军事博物馆之邀，对戚继光的抗倭大福船进行了复原研究："以'吃水一丈一二尺'为据，取吃水为三点五米，得大福船主要尺寸，总长40米，型深4.3米，型宽3米。"⑤大福船主舰炮，配置戚继光改制的二号无敌神飞炮一门，重1500斤，射程远，火力大，"每铳一发一二百子，击宽二十余丈，大子可以洞堵，艨艟巨舰，一击而粉"⑥。而两舷配备大佛郎机炮六门，其他炮位还配置了无敌神飞炮、碗口铳、喷筒、鸟嘴铳、烟罐、火箭等多种近距离火器，形成了强大的火力覆盖网，这是大航海以来火器配置最先进的战船之一。同时，戚继光对战船进行了混合编组，以福船两只、海沧一只、苍船两只主力战船为一哨，左右两哨为一营，使其水师发挥整体威力，出海作战时又根据敌情制定了各种战术编队。

戚家军水师成军不久，倭寇大举进犯浙江台州沿海，戚继光亲自排兵布阵"督发水师扶候外洋"，性能和装备先进的战舰编队"振旅扬帆，出薄海外"。《戚继

---

①（明）郭应响：《补释戚少保南北兵法要略·序》，摘自《戚继光研究资料粹编》，黄海数字出版社2016年版，第791页。

②（清）张廷玉：《明史》卷二百一二，中华书局2013年版，第5615页。

③（明）戚祚国等：《戚继光年谱耆编》，中华书局2003年版，第42页。

④（明）戚继光：《纪效新书》（十四卷本），中华书局2001年版，第346页。

⑤席龙飞：《戚继光抗倭及其战船》，摘自《戚继光研究论集》，华文出版社2001年版，第164页。

⑥（明）戚继光：《纪效新书》（十四卷本），中华书局2001年版，第273页。

光年谱》记载：台州战役经过一个多月的奋战，取得陆战七捷、水战五捷，水陆共擒斩倭贼七百一十有七，焚溺倭贼三千余徒。戚家军水师共击沉、犁沉、焚毁、俘获倭船三十余艘。台州海战是我国历史上有记载的第一次抵御海上外敌侵略并取得胜利的重要战例。从水师规模、人员配置、火器装备、战术编队、辉煌战绩等方面看，均可以认定为，戚家军水师是我国历史上最早的较为成熟的常设舟师部队，是海军兵种的雏形。中国海洋学会原会长席龙飞先生认为："戚继光被推上抗倭海战的指挥岗位并且屡战屡胜，堪称奇迹。他在长期的海战生涯中，不断进行实践和创造，更不断地总结海战经验，这是前无古人的。《纪效新书》治水兵篇或舟师篇，具有实践性、创造性和学术性。……是当时论述舟师海战的宝典。"[1] 中国人民解放军海军指挥学院研究员张铁牛先生 1987 年在蓬莱举办的第一届戚继光学术研讨会上，提交的《戚继光与水师》论文结束语中说："戚继光全面地、具体地、卓有成效地领导了水师的建设和作战，并在名著《纪效新书》中辟专篇总结了他治水师的经验，这在我国古代海军史上是不多见的，戚继光不愧是一位卓越的水师将领。"[2] 嘉靖四十年冬成书的，由郑若曾主编的《筹海图编》一书中，多处引用了戚继光《纪效新书》中的内容，包括《治水兵篇》中的内容，其中提出了"海军"的概念，这应该是古代舟师向近代海军转化的一个节点。一个兵种的形成不但要有先进的军事科技和军事实践，更要有一整套军事理论做支撑，而戚继光《治水兵篇》《舟师篇》则是海军历史上较早的、较为系统的军事著作，为以后的海军建设提供了理论依据。在此以前，以商贸和外交为目的的郑和下西洋的船队，以及历史上各种战争中出现的水军，无非是陆军加战船的临时性舟师，由于没有海军建设理论的支撑，还算不上常设海军兵种。因此可以认为，戚继光推进了中国历史上陆军加战船的水师向海军兵种的演化，是中国历史上海军兵种建设的推动者。

---

① 席龙飞：《戚继光的海战实践与理论概括》，摘自《戚继光研究：戚继光学术研讨会论文集》，中国文史出版社 2009 年版，第 29 页。

② 张铁牛：《戚继光与水师》，摘自《戚继光研究论集》，知识出版社 1999 年版，第 128 页。

五、优秀的军事教育家

戚继光根据自己的军事实践编撰的《练兵实纪》《纪效新书》等兵书，实际上是戚继光建军、练兵、练将的军事教材。嘉靖三十八年（1559），时任宁绍台参将的戚继光上《练兵议》，受命义乌募兵4000余人，他亲自为教官，以《纪效新书》为教材，经过严格的强化训练，把普通百姓训练成有纪律、听指挥、技术精、战术强、卫国保民、勇敢不怕死的士兵；把军人培养成卫国保民、爱卒恶敌、谙韬略、习武艺、能驾驭战争的良将，从而打造出一支名闻天下的"戚家军"。

隆庆二年（1568），戚继光受命北上，被任命为"总理蓟、昌、辽、保定练兵事务，节制四镇，与总督同"①。同年，上《请兵破虏疏》，著《辩请兵》，上《练兵条议疏》，提出了"请兵十万，练成节制之师，问罪虏庭，一伸中国之威，为国家一劳永逸之计也"②的建议，尽管戚继光的设想没能如愿，但他在主持蓟镇一镇的练兵中，提出了练兵先练将。《练兵实纪》收录的卷九《练将》26条，就是戚继光撰写的培养军事干部的教材。《练将》一篇明确了《选将》《储将》《任将》《练将》《管将》的标准和要求，并对军事将领的培养、选拔、任用、管理等环节做了系统的规定。戚继光向来就不是纸上谈兵，为了贯彻他的练将思想，隆庆四年（1570）六月，戚继光召集辖区内30多名将领，进行了七天的培训，其间，戚继光以《练将》为教材，亲自"登坛口授"，对将德、将才、将识、将艺等为将要求，进行了详细的讲解，并冒着酷暑，带领将官们对有关兵器和战术进行了实地演练。为了更广泛地培养军事人才，他多次上疏，在蓟镇请建了三所武学（军事院校），培养了大量的军事人才，并使自己的军事理论和军事思想得以实践和传播。

明末政治腐败，军纪不整，史料记载，崇祯三年，礼部尚书李腾芳向崇祯帝疏荐戚继光兵书《登坛口授》一书，建议朝廷以戚继光之法整顿军队。崇祯御览后回旨："戚继光屡建军功，著书必有确见，一篇留览，其余不妨续进。卿留心边计，具见忠悃。知道了。该部知道，钦此，钦遵。"李腾芳接旨后又向崇祯"续进

---

① （明）戚祚国等：《戚继光年谱耆编》，中华书局2003年版，第211页。
② （明）戚继光：《戚少保奏议》，中华书局2001年版，第49页。

戚继光《台墩》《烽堠》《尖哨》《战器》《火器》等书，仰祈圣览"[①]。曾国藩对戚继光推崇备至，他在组建湘军时上奏："戚继光练金华兵三千人，遂以荡平倭寇。臣书生愚见，以为今日论兵，正宜法此。""并略仿戚元敬氏成法，束武练击。"在李鸿章办团练之初，曾国藩写信对他讲："闻足下所带之勇，精悍而有纪律，务望更加训练，束以戚氏之法。"[②] 后来淮军也是仿湘军，按"戚氏之法"训练的。湘军和淮军这两支部队在中国近代军事史上留下了可圈可点的一笔。抗日战争时期，八路军军政杂志社还把《练兵实纪·练将》和戚继光另外一些关于练将的论述辑录在一起，定名为《戚继光治兵语录》，与《孙子》《吴子》《司马法》《尉缭子》等合编为《中国古代军事思想丛书》，在延安出版发行，供八路军干部学习和参考。

六、优秀的军旅诗人、书法家、武术大师

戚继光是中国历史上著名的儒将，除兵书以外，他的诗文著作颇丰。其中《止止堂集》收录军旅诗歌 211 首，蓬莱籍学者，原烟台教育学院教授曲树程整理注释的《戚继光诗稿》第三版，收录戚继光诗歌 243 首。其中"封侯非我意，但愿海波平""一年三百六十日，多是横戈马上行"等名句，激励着一代又一代仁人志士为国家为民族奋斗不息。《四库全书·总目提要》称戚继光的诗作"格律颇壮""近燕赵之音"。戚继光还亲自填词谱曲，创作了中国历史上著名的军歌《凯歌》，除了鼓舞所带军队士气以外，对后世军队的政治思想工作亦产生影响。

戚继光书法用笔刚毅骏爽，挥洒自如，有《送李小山归蓬莱》《部兵戍蓟》等作品留世。中国明史学会戚继光分会顾问马德成先生在《戚继光书法浅析》一文中，对戚继光的书法分析道："戚继光崇拜的是临危受命、力挽狂澜的'国士'，他的志向自然也是要做一个不负国恩、德能兼备的'国士'。'士'之修养，自然是他'修身'的基本功，而书法则为必修课，只要出仕，基本都有一笔过得去的书法功夫。值得特别提出的是，戚继光除具有超常的书法天赋外，作为一名将军，已超

---

① （清）《曾国藩全集·诗文·文·湘乡昭忠祠记》，摘自《戚继光研究》第一期，黄海数字出版社 2013 年版，第 12 页。

② （清）《曾国藩全集·诗文·湘乡昭忠祠记》，摘自《戚继光研究》第一期，黄海数字出版社 2013 年版，第 12 页。

越了'齐家'而进入'治国'的阶段,其境界已超越'求艺',而进乎'求道'阶段了。作为一个剑已磨成、身居要职、立志报国的将领,其自信、豪迈、从容、果断的特征,在书法作品中必会自然地流露出来。"①

戚继光采撷武门众家之长,编练戚家拳法训练部队。收录在《纪效新书》十八卷本中的《拳经捷要》三十二式,图文式法俱备,极具实战意义,是戚家军的必练科目,极大地丰富了中华武库,对后世的单兵军事素质训练和中华武术文化的传承和发展产生了深远影响。

戚继光从小受到良好的儒学教育,他对儒学经典的领悟和在诗文、书法等方面的造诣,奠定了他在历史上的儒将地位,是戚继光文化的重要组成部分,这对后代兵家思想的形成,以及对提高高级军事将领的素质起到了积极作用。

戚继光身上承载着中华五千年文化所蕴含的优秀品德,是中华优秀文化培养出来的杰出人物。他一生遵循"忠孝廉节"的家训,用自己短暂的一生成就了"封侯非我意,但愿海波平"的伟大志向。他拥有正确的人生观,他认为:"身为司命,义在死绥……为国为民当鞠躬尽瘁,夕死何憾。"②习近平同志在他的自述《我的文学情缘》中讲道:"记得我在宁德工作时,早上出发,傍晚才能到寿宁。那个地方都是山路,我上山时想起了戚继光的诗,'一年三百六十日,多是横戈马上行'。"戚继光爱国爱民,为官清廉,身为"四提将印"统军一方的一品大都督,虑财无数,却丝毫不沾。晚年被罢官后没有薪俸,家境贫寒,到后来家里连请医买药的钱都没有了。这位叱咤风云的一代名将,两袖清风,无私报国,实是难得。明万历年间兵部员外郎董承诏在他撰写的《戚大将军孟诸公小传》中提道:"四提将印,佩玉三十余年,野无成田,囊无宿镪,惟集书数千卷而已。公慷慨公忠,呕心任事,故随地辄效,至今功德尤在人心目间。"③这在腐败的明朝后期是不多见的。2018 年 5 月 28 日,习近平同志在两院院士大会上引用戚继光《望阙台》一诗

---

① 马德成:《戚继光书法浅析》,摘自《戚继光研究》第四期,黄海数字出版社 2014 年版,第 73 页。

②(明)戚祚国:《戚继光年谱耆编》,中华书局 2003 年版,第 12 页。

③(明)董承诏:《重订批点类辑练兵诸书》卷末,摘自朱亚非《戚继光志》,山东人民出版社 1999 年版,第 321 页。

中"繁霜尽是心头血，洒向千峰秋叶丹"的诗句赞美科技工作者，鼓励全党、全军、全国人民要像戚继光那样敢于进取、勇于奉献，学习戚继光胸怀天下、甘洒热血的爱国主义情怀。

戚继光智、信、仁、勇、严的为将风格和礼贤下士、以德服人的人格魅力，以及他忠孝廉节、爱兵恤民、英勇无畏、矢志报国的爱国主义精神，是历史沉淀下来的以爱国主义为中心的优秀文化的体现，是中华民族历史上优秀文化的集大成者，必将成为中华民族伟大复兴进程中的推动力量。

戚继光爱国主义精神及当代价值

毛振东 马红坤 *

戚继光是明朝抗倭名将、民族英雄，其爱国主义精神是中华民族精神的重要组成部分，对大学生爱国主义教育具有重要的时代价值和意义。2013 年 12 月，习近平总书记在十八届中央政治局第十二次集体学习的讲话中指出："像戚继光抗倭、冯子材抗法、鸦片战争、甲午海战、抗日战争、抗美援朝战争这些历史，都要深入挖掘其中的爱国主义精神。"[①]2018 年 6 月 13 日，习近平总书记视察蓬莱水城，听取戚继光操练水师等介绍时指出："领导干部要多读一点历史，从历史中汲取更多精神营养。"[②]

天地英雄气，千秋尚凛然。随着时代变迁，戚继光爱国主义精神历久弥新，弥足珍贵。当前，新冠疫情肆虐全球，西方新自由主义、历史虚无主义、普世价值论等错误思潮暗流涌动，对当代大学生的意识形态构成冲击和挑战。而弘扬戚继光爱国主义精神，既是贯彻落实习近平总书记关于爱国主义的重要论述和视察蓬莱重要指示精神的重要途径，也是夯实大学生主流意识形态的有效举措。因此，急需探析戚继光爱国主义精神的内涵及当代价值，用戚继光爱国主义精神来固本培元、凝心铸魂，培育大学生爱国主义精神，守牢高校意识形态阵地。

---

* 毛振东，烟台科技学院党政办副主任、讲师；马红坤，烟台科技学院校长。

① 中共中央文献研究室编：《习近平关于社会主义文化建设论述摘编》，中央文献出版社 2017 年版，第 34—35 页。

② 朱亚非主编：《戚继光志》，海洋出版社 2020 年版，总序第 4 页。

一、戚继光爱国主义精神的内涵

抗倭英雄戚继光是"上马击狂胡，下马草军书"的中华儒将之典范、抗击外虏之英杰。他少年立志——"封侯非我意，但愿海波平"，壮岁戍边——"一年三百六十日，多是横戈马上行"，南平倭患——"一片丹心风浪里，心怀击楫敢忘忧"，北守蓟镇——"还为国步推豪俊，誓向祁连勒马回"，最终都化为"繁霜尽是心头血，洒向千峰秋叶丹"的爱国主义精神。

戚继光精神是中华民族精神的重要组成部分，而戚继光爱国主义精神是戚继光精神的核心内容。目前，国内外学术界研究戚继光行略及军事思想者众，研究其精神者少，研究其爱国主义精神者更少。研究戚继光多为传记类作品，如谢承仁、宁可《戚继光》（1962），李光羽《戚继光的故事》（1991），杨军、高占国《戚继光全传》（2002），范中义《戚继光传》（2003）、《戚继光评传》（2004）、《戚继光大传》（2015），郦波《抗倭英雄戚继光》（2010）等，主要着墨于戚继光生平事迹全景式的展现，内容通俗，强调故事性、传奇性，起到普及历史文化知识的作用。中国明史学会、蓬莱市戚继光研究会等开展了多次戚继光主题学术会议，出版了数本会议论文集，如《戚继光研究论集》（2001）、《明代蓟镇文化学术研讨会论文集》（2001）、《第十五届明史国际学术研讨会暨第五届戚继光国际学术研讨会论文集》（2013）等，主要论述了戚继光行略及军事思想，包括戚继光抗倭戍边的背景、丰功伟绩、武器装备、军事思想等。

戚继光研究中涉及其爱国主义精神内涵，有不少学者都撰文提到，如范中义（2015）认为戚继光爱国主义精神表现为"安民以为志""封侯非我意，但愿海波平""身为大将，义在死绥"。[①] 宋耀武（2018）认为戚继光精神内容是矢志报国、安民爱兵、勤学好思、务实创新、自律敬业、英勇善战，矢志报国是戚继光精神的根本。[②] 王泽应、刘利乐（2019）指出，戚继光的爱国主义思想集中体现在报效

---

① 范中义：《戚继光大传》，海洋出版社 2015 年版，第 371 页。
② 宋耀武：《戚继光精神浅议》，摘自《戚继光研究》，黄海数字出版社 2018 年版，第 8 期。

祖国上，报效祖国是其爱国主义的宗旨和灵魂。[①] 冯军伟、高菁（2019）认为戚继光精神可以概括为"矢志报国、英勇无畏、文经武略、务实创新、律己修身"。[②] 宋志刚（2020）认为戚继光民族精神是"爱国、担当、奉献、创新"精神。[③] 卢岩（2021）认为戚继光民族精神是丹心报国、矢志安民、勇毅笃行、务实创新。[④] 李刚（2021）认为戚继光精神的思想内涵体现在矢志报国、保境安民、务实创新和清廉自律等方面。[⑤]

综上所述，目前国内学者对于戚继光精神的内涵界定众说纷纭，尚无定论。但对于戚继光爱国主义精神的内涵界定比较一致，绝大部分学者认为包含报国、安民两个方面的内容。

众所周知，戚继光是具有强烈爱国热忱的将领，他倾尽心力强军固防、抗倭御虏，毕生保卫国家与百姓安宁，是弘扬爱国主义精神的典型代表之一。在四十余载的戎马生涯间，戚继光抱持报国之心、安民之心，脚踏实地投身行伍、锐意改革创新武器、精练军队强兵强将，迅速扭转了明朝军队对倭战局，取得抗倭绝对胜利，有效遏制北方部族侵扰，保得蓟镇安宁十六载。从承袭世职初入行伍时立志"封侯非我意，但愿海波平"，到贬谪广东仍坚持兴利除弊强军的"一片丹心风浪里，心怀击楫敢忘忧"，戚继光终其一生践行着对国家、对百姓的忠诚，其丹心报国、矢志安民的爱国主义精神可昭日月。由此，笔者认为：戚继光爱国主义精神内涵就是丹心报国、矢志安民。

丹心报国是戚继光爱国主义精神的思想根基 戚继光以报国为己任，无论是南方抗倭，还是北方御虏，都是一片丹心报效国家。他为国忧、为国酬，从不计较个人得失，"总然用尽檐前力，应是无心为利名"。为了保家卫国，他不惜牺牲自

---

① 王泽应、刘利乐：《戚继光的报国思想及其当代价值》，摘自《社会主义核心价值观研究》2019 年第 5 期。

② 冯军伟、高菁：《新媒体时代戚继光精神融入高校思想政治教育研究》，摘自《教育现代化》2019 年第 6 期。

③ 宋志刚：《封侯非我意 但愿海波平——戚继光"爱国、担当、奉献、创新"民族精神之我见》，摘自《烟台日报》2020 年 11 月 30 日。

④ 卢岩：《戚继光民族精神要义》，摘自《烟台日报》2021 年 12 月 23 日。

⑤ 李刚：《戚继光精神的思想内涵与时代传承》，摘自《人文天下》2021 年第 7 期。

己，"身为大将，义在死绥"。晚年回到故乡，他也不忘国家安危，"遐方但愿无烽火，烟柳年年系去骢"。他甚至将五个儿子取名为祚国、安国、昌国、报国、兴国，可见其拳拳报国之心。

矢志安民是戚继光爱国主义精神的奋斗动力 戚继光以安民为志向，不为封侯，只为"海波平"。"一年三百六十日，多是横戈马上行"，为的是奋勇杀敌、保境安民。"遥知百国微茫外，未敢忘危负岁华"，为的是守土尽责、护民安邦。他以民为本，护民安解民忧，为了百姓的安危福祉，从山东到浙江、福建、广东，抗倭御虏从未间歇，最终开创了卫国保民的丰功伟绩，成为名垂青史的民族英雄。这也是时至今日东南沿海百姓依然视其为神明的根本原因。

二、戚继光爱国主义精神的当代价值

目前学术界研究戚继光爱国主义精神的当代价值的有：冯军伟、高菁（2019）认为戚继光精神对继承优良传统、弘扬优秀文化、深化思政育人皆有其现实和历史意义。王泽应、刘利乐（2019）认为戚继光实心报国重在"尽心尽责"的思想有助于新时代爱国主义精神的培育与弘扬，实事报国重在"真知而能力行"的思想对于砥砺奋进新时代的实干兴邦精神亦具有重要的启迪意义，实功报国重在"以民为志"的思想对于实现中华民族伟大复兴的中国梦具有重要意义。李刚（2021）认为戚继光精神已成为唤起国人历史记忆、强化民族自信心的精神符号，对建设海洋强国、加强新时代爱国主义教育有深远意义。张丛丛（2021）认为戚继光浓厚的爱国主义思想及求实创新的读书理念在新时代仍有生命力，具有可借鉴的现实意义[①]。彭倩、王婷、梁少帅（2021）认为戚继光爱国主义精神是解决大学生个人主义思想严重、爱国意识不足之教育现状的对症良药[②]。

综上所述，笔者认为，戚继光受命危难之间，心怀家国天下，其爱国主义精神是大学生爱国主义教育的活教材，有助于弘扬爱国主义精神、培养担当民族复兴大任的时代新人。其当代价值包括涵养爱国之情、砥砺报国之志、实践护国之

---

① 张丛丛：《抗倭名将戚继光读书思想探析》，摘自《山东图书馆学刊》2021 年第 4 期。
② 彭倩、王婷、梁少帅：《戚继光精神融入高校思想政治教育的路径探索》，摘自《国际援助》2021 年第 13 期。

行三个方面，具体如下：

（一）涵养爱国之情

爱国，是人世间最深层、最持久的情感。时间之河川流不息，每一代青年都有自己的际遇和机缘，都要在自己所处的时代条件下谋划人生、创造历史，而这其中最深沉的底色就是爱国。2018 年 5 月，习近平总书记在中国科学院第十九次院士大会上的讲话中引用了"繁霜尽是心头血，洒向千峰秋叶丹"评价一代又一代科学家深厚的爱国主义情怀。[①] 诗句源自戚继光的《望阙台》。戚继光在守卫福建时，将福清县的一座山峰命名为"望阙台"，并写下该诗，以此表明自己对祖国的赤诚之心、忠贞不渝的爱国之情。戚继光戎马一生，非常艰苦。他一边要抗击倭寇，一边要跟朝廷的官员虚与委蛇，并且远离京城，得不到来自朝廷的足够支持，很多时候也不被理解。这样的情况下，到底是什么支撑着他仍然心甘情愿地驰骋沙场？就是贯穿于他血脉之中的爱国情怀。

对于高校来说，应将戚继光爱国主义精神融入思政课教学、大学生日常思想政治教育、校园文化建设中，加强戚继光爱国主义精神教育实践，进而激励大学生的民族自信心与认同感，助推大学生品格锤炼、增强爱国意识。

大力弘扬戚继光爱国主义精神，讲好新时代下的"戚继光爱国主义精神故事"，有助于涵养大学生的爱国之情，引导大学生做爱国主义精神最坚定的信仰者、实践者、传播者，不断增强中华民族的归属感、尊严感、荣誉感。

（二）砥砺报国之志

爱国，蕴含着一个人内心深处的价值取向和价值追求。一个具有报国之志的新时代青年，必然坚持爱党、爱国、爱社会主义相统一，必然把国家富强、民族振兴、人民幸福作为不懈追求。这与戚继光"封侯非我意，但愿海波平"的报国之志相契合。

戚继光一生南征北战，初心不是加官晋爵、封妻荫子，而是为了百姓安居乐业、国家安定繁荣。戚继光在蓟镇驻守 16 年，为这个地方带来了长达 16 年的和平。得知他要被调往广东的消息，当地百姓泪眼相送，苦苦阻拦。"辕门遗爱满幽燕，不见胡尘十六年。谁把旌麾移岭表，黄童白叟哭天边。"为什么戚继光每到一

---

① 朱亚非主编：《戚继光志》，海洋出版社 2020 年版，总序第 4 页。

处，都能得到当地百姓的爱戴？就是因为他"实心爱民""以民为志"，在外族入侵之时挺身而出，以家国安危为己任，驱逐倭患，抵御外虏，救百姓于水火。

实现中华民族伟大复兴中国梦，要坚持为人民服务的根本宗旨，一切以人民群众的利益为重，始终把人民放在心上，为人民谋幸福。正如习近平总书记所讲："爱国，不能停留在口号上，而是要把自己的理想同祖国的前途、把自己的人生同民族的命运紧密联系在一起，扎根人民，奉献国家。"① 学习戚继光爱国主义精神，有助于引导新时代大学生同频共振，砥砺报国安民的远大志向；有助于大学生以戚继光为榜样，将个人名利视之若轻，只为报效祖国，"功成不必在我"，"功成必定有我"，真正做到"以民为志"。

（三）实践护国之行

爱国，要做到知行合一。唯有把炽热的爱国情感转化为爱国报国的担当行为，爱国才不是一句口号。因此，爱国主义精神不仅要内化于心，还要外化于行。戚继光少年立志，青年抗倭，暮年御虏，用一生时间将爱国之情转化为"一年三百六十日，多是横戈马上行"的护国之行。

新时代的爱国主义要求理性爱国、真诚报国、实干兴国，习近平总书记所强调的"空谈误国，实干兴邦"凸显了新时代爱国主义的精神要义。人生幸福是奋斗出来的，爱国主义情感和理性需要在实践奋斗中生发与彰显。戚继光通过修改兵法、改革兵制、改造兵器等提高军队战斗力，大力推动了兵学思想与武器技术的创新发展。正是他这种敢想敢干、务实创新的思想，才让他面对困难时没有退却，让他赢得了一场场辉煌的战绩！

新时代青年要弘扬戚继光爱国主义精神，就是要学习他的"真知而力行"，要对爱国主义有"真知"的认识和理解，并将其化为行动实践。要认识到自己的历史使命，自觉将个人的理想融入祖国的事业中，把自己的远大抱负、豪情壮志、奋斗目标与国家的前途命运紧密结合，发挥主观能动性，在实际行动中学知识、增本领，用切实的行动担当民族复兴大任，践行自己的报国之志，为国奉献、为国奋斗。

---

① 习近平：《在北京大学师生座谈会上的讲话》，新华社 2018 年 5 月 2 日电。http：//www.gov.cn/xinwen/2018—05/03/content_5287561.htm，《人民日报》2018 年 5 月 3 日。

戚继光的斗争精神概述

刘玉焕 *

　　敢于斗争是中华民族精神的基本内涵之一，历经数千年磨难探索，历经一代代中华儿女前仆后继，熔铸成不畏艰险、不怕牺牲、敢打硬拼、敢于胜利的斗争精神。作为古代著名的军事家，戚继光带领戚家军继承和发扬斗争精神，依靠坚定的斗争意识、顽强的斗争意志、过硬的斗争本领、高超的斗争艺术，实现敢于斗争与善于斗争的完美统一，成就百战百胜佳话。

一、坚定的斗争意识

　　斗争意识是敢于斗争的前提，没有意识便没有行动，更无所谓精神。戚继光的斗争意识，源自将门世家的传承，成熟于南征北战的斗争实践。

　　（一）从尚武家族中传承斗争基因。戚家从其六世祖戚详开始步入军旅、南征北战，世袭武将的代代传承、长年累月血与火的征战，铁血性格、斗争基因已经深深融入戚家人的血脉中。四世祖戚珪精通武艺，倜傥有侠节；曾祖父戚谏力大过人，独自与猛虎搏斗；父亲戚景通武艺高超、刚直不阿，先后任江南漕运把总、山东总督备倭、大宁都司掌印、神机营副将等职；戚继光从小耳濡目染军旅生活，小时候就"融泥作基，剖竹为杆，裁色楮为旌旗，聚瓦砾为阵垒，陈列阶启"①。世袭任职后，不随波逐流，积极整治军屯，与以往陋习和不良风气作斗争；备倭山

---

　　* 刘玉焕，烟台市蓬莱区机关工委书记。
　　①（明）戚祚国等：《戚少保年谱耆编》，清光绪丙寅年刻板，第9页。

东时，整饬营伍，严惩腐败，打击恶霸；南方抗倭时，"大创尽歼"抗击倭寇。他就是为战斗而生、因战斗而成长，正是在与各种势力的角逐中，在横戈马上的战斗中，保家卫国的斗争意识不断成熟、深化，由浅显的认知上升到理性的行动。

（二）从自我革新中汲取斗争力量。戚继光成功之处在于不仅善于通过斗争改造客观世界，更善于改造自己的主观世界，"眼虽外视，时时须反照腔子里"[①]，随时检视反思、提升自我。"攻尔过者，尔师也。属下人能陈尔过，即不师之以礼，然必师之以心。"[②]"有不二之心、纯忠之行者，我则师其德；长于兵机而短于德行者，我则师其术；某将竟致败坏，属之自取，我则鉴而戒之；某将忠廉智勇，无愧于己，而无妄得祸，我师其行"[③]，注重汲取他人意见，学习他人长处。他在一个扇面上写下自警自励的话，"制暴怒，戒多言，时饮食，节财用""怀廉正，律己职""勤劳任事"[④]等，他从日常小事做起，从货财、色欲、口体、势利、责任等方面时时处处警醒自己，自律修身，尽忠报国。这种不断自我净化、自我反思、自我完善的品质，决定了他的思想、见识和能力始终立于时代潮头。

（三）从大势大局中坚定斗争信心。从当时朝政看，政治腐败、文官当权，武将要争取地位、带兵打仗，必须与各种势力斗争协调，争取支持。戚继光深刻认识到，不斗争就意味着妥协，妥协就难以实现"封侯非我意，但愿海波平"的理想。从军队情况看，"卫所军不习战"，面对日益猖獗的倭寇侵扰，明军十战九败。很重要的一点，就在于当时明军普遍缺乏斗争意识，不愿战，不敢战。两战龙山所和岑港几场战役让他意识到，一支没有斗争意识、缺乏血性的军队注定失败，也坚定了他改革军制、练兵强军的决心。他从招募新兵入手，从义乌的农民、矿工中挑选勇敢善战之人，从根本上改变军队的来源结构，保障军队的纯洁性。之后，通过严束伍、正心术，对这支军队进行革命性重塑，激活他们内心深处勇于斗争的潜意识，树立忠诚报国的价值观；通过创立鸳鸯阵、教号令，对这支军队进行战略性重组，使敢于斗争、敢打必胜成为戚家军的灵魂。

---

① （明）戚继光撰，王熹校释：《止止堂集》，中华书局2001年版，第243页。
② （明）戚继光撰，王熹校释：《止止堂集》，中华书局2001年版，第243页。
③ （明）戚继光撰，邱心田校释：《练兵实纪》，中华书局2001年版，第182页。
④ （明）戚继光撰，王熹校释：《止止堂集》，中华书局2001年版，第244页。

二、顽强的斗争意志

戚继光对军队进行精神重塑、组织重构、斗志重振、纪律重整等一系列革命性建设后，戚家军拥有了先进的组织架构、科学化的管理模式和职业化的训练体系，再通过一场场战斗形成实战化的能力，锤炼出钢铁般的斗争意志，也让戚家军真正拥有了精神特质——不畏凶恶强敌、敢打硬拼不怕死的血性，不惧风餐露宿、勇往无前向前冲的气节，不负责任使命、南征北战讲奉献的担当，实现了召之即来、来之能战、战之必胜。

（一）**特别能吃苦**。首先是训练刻苦。戚继光主张"练为战"，强调日常训练要一丝不苟、从严从实，哪怕伤筋动骨也在所不惜。他认为战术训练一定要从实战出发，而且平时要更严格、标准更高。比如练手力时，"凡平时各兵所用器械，轻重分两，当重于交锋时所用之器"[1]；练足力"凡平时各兵须学趋跑，一气跑得一里，不气喘才好"[2]；练身力时"人必重甲，荷以重物，勉强加之，庶临阵身轻，进退自速"。[3]不仅练，还要考。每年春、夏、秋、冬，以正月、四月、七月、十月的初二这天为规定考选日期，比量武艺。凡武艺精通的都能得到提拔和奖赏，武艺生疏的要受处分。这种训、练、考一体化、常态化的比武赛马机制，有效激发了戚家军练兵比武的积极性，大大增强了戚家军的战斗力。其次是战斗辛苦。无论是浙江还是福建，戚家军防守区域十分辽阔，而可用兵力严重不足，为了第一时间救援各地，戚家军只能用最短时间、最快速度调动。从历史资料看，戚家军经常夜间行军、拂晓突袭，无惧风雨，不顾疲劳。长沙之战中，为解救被劫掠百姓，戚家军冒雨从铁场奔赴长沙；林墩之战中，为追击牛田漏网之敌，急行军70多里奔赴江口驻扎，后绕道迂回囊山寺再到兴化府城。靠着严明的军纪保障，迅速进入战斗角色，敢于面对一切强敌，敢于打一切硬仗，这就是意志力。

（二）**特别能战斗**。戚家军是在复杂严峻的抗倭斗争中诞生、发展、壮大的，历经极忠诚的思想淬炼、极严格的军事训练、极残酷的战斗历练，培育出全要素、

---

[1]（明）戚继光撰，邱心田校释：《练兵实纪》，中华书局2001年版，第103页。
[2]（明）戚继光撰，邱心田校释：《练兵实纪》，中华书局2001年版，第103页。
[3]（明）戚继光撰，邱心田校释：《练兵实纪》，中华书局2001年版，第103页。

全空间、全时域的战斗力。无论是鸳鸯阵的盾牌手、狼筅手，还是车步骑营的正兵、奇兵，每位士兵、每个战位都是战斗力链条的重要环节，哪一个要素都不弱。作战空间上，戚家军具备多维度空间作战能力，能适应港湾河汊、丘陵平原、崇山峻岭以及跨海作战等不同战场环境，在南方，戚继光主张"水陆兼司"，建设训练了一支包括福船、海沧、艟乔在内的强大水师，具有较强的海上作战能力；在北方，通过建车步骑营、辎重营、烽火斥候，使军队具有大兵团投送能力、远程火力打击能力、快速预警传递能力、长距离保障支援能力。花街之战，是戚家军战斗力的最好体现。嘉靖四十年四月，倭寇偷袭新河，戚继光令把总楼楠和胡守仁带队昼夜行军，星驰150里，准时到达战场击溃倭寇，创造古代行军史上的奇迹；之后又以大无畏精神，空腹奔袭70里，以寡敌众、以饥抵饱，速战速决歼灭花街之敌，开创中国巷战史上的奇迹。

（三）**特别能奉献**。斗争意味着奉献。戚家军主力部队大部分是浙江人，嘉靖四十一年七月第一次援闽，冒着盛夏酷暑转战千里，与倭寇交战数十场，时常"士卒露立，疲劳不堪""草蔬野处"，连续作战加上水土不服，半数生病。八月中秋临近，士兵思念故乡，朝廷的封赏尚未下达，福建倭寇没有扫除，戚继光口授《凯歌》："万人一心兮，太山可撼，惟忠与义兮，气冲斗牛……"一曲慷慨激昂的军歌激发有效的战斗意志。嘉靖四十二年三月再次援闽，到十一月戚继光升任福建总兵官后，戚家军镇守福建全省。即使后来两班轮换，每班也需要半年以上。靠着无私的奉献精神、坚忍的意志品质，戚继光带领戚家军克服困难、抵制诱惑、排除干扰，取得一次次胜利。"一年三百六十日，多是横戈马上行"，就是戚家军奉献精神最好的写照。

三、过硬的斗争本领

戚继光认为，作为将领，必须德才识艺兼备，为全才之将。他本身"才猷出众，骑射兼人"，其能力本领在诸多文章里多有论述，笔者重点从四个方面阐述：

（一）**思想工作本领**。戚继光擅长说服教育、做思想工作，并且注重刚性与柔性相结合、言传与身教相结合、自发与自觉相结合。他根据士兵的知识文化水平，注重用通俗易懂、朴实无华的白话讲明深刻的大道理。他经常向士兵讲明当兵打仗、保国卫民的道理，"你在家哪个不是耕种的百姓？你肯思量在家种田时办纳的苦楚艰难,即当思量今日食粮容易。又不用你耕种担作,养了一年,不过望你一二阵杀胜。你不肯杀贼,保障他,养你何用?"①他鼓励引导士兵练习武艺:"学则便熟,不学便生,学的便会杀贼,保得自己性命,立得功,不学便被贼杀。你们知道这个缘故,岂肯不学?"②把练武艺与自己的性命密切联系,从思想上激发士兵练武艺的积极性和主动性,明白上阵杀敌的意义所在和责任所在。他注重结合天理、道义、责任来强化思想教育工作,通过融入日常、潜移默化的教育引导,在将士内心引发思考,再结合练兵杀敌、保家卫国的战斗实践,引导将士逐渐培养、形成和提升崇高的人生价值观和责任感。他教育将领正心术:"不以死生患难易其念,坚持积久。久则大,大则通,通则化幽,可以感动天地,转移鬼神。"③他注重利用战前的关键节点,做好将士的思想动员,给将士讲明道理,鼓舞士气,从思想上树立起勇敢善战、敢打硬拼的坚定信念。抢滩横屿岛前,他用激将法对诸把总讲:"如果没有彻底消灭敌人的决心和胆量,就不要渡此泥滩,我不忍心让你们白白送死。"众将领激奋地说:"不远千里而来,现已同敌人对垒,难道还能怯懦吗?"这种打破常规、融入经常、触动内心的思想引导和教思彖养工作,把握住了将士的心理,入情入理、情理交融,平淡中透露着智慧、蕴含着哲理,更接地气、更有力量,使戚家军形成了上下一致的价值观念和精神追求,"练心则气壮",补足精神之钙,自当无往而不胜。

(二)组织管理本领。在戚继光诸多的能力本领中,组织管理能力是特别突出的一个方面。

对人的管理 他一方面注重以上率下、善抓关键少数,"练兵之要在练将",他注重将领的培养、选拔、任用和管理,提出了读书学习、培养培训、自我修养、实践锻炼、从严管理"五位一体"的练将方法。另一方面注重制度建设、强化纪律约束。在南方,将最缺乏组织性、最没有文化觉悟的农民和矿工训练成所向披靡的军队,最能反映他的管理能力。他制定了行军、作战、驻扎、野营、队列、阵法等一系列的号令制度和纪律要求,要求"人人知我之令",并通过严格赏

---

① (明)戚继光撰,邱心田校释:《练兵实纪》,中华书局2001年版,第66页。
② (明)戚继光撰,邱心田校释:《练兵实纪》,中华书局2001年版,第142页。
③ (明)戚继光撰,邱心田校释:《练兵实纪》,中华书局2001年版,第156页。

罚，建立起一整套科学规范的制度体系。同时，还将艺术融入管理训练当中，通过《凯歌》《传烽歌》等丰富士兵的文化生活，既实现了寓教于乐的目的，又促进了军队团结，增强了凝聚力和向心力。

对组织体系的管理 戚继光认为"分数者，治兵之纲也；束伍者，分数之目也——一切法只在伍法中变化"[①]，他通过合理有效的编伍，建立富有战斗力和机动力的组织体系，练就"节制之师"。鸳鸯阵是抗击倭寇务实管用的战斗队形，根据战场形势变化，可以变换成大小三才阵和两仪阵。一头两翼一尾阵，头、尾、翼不是固定的，在实战中，谁打头阵，谁当策应，根据敌情随时转换。车步骑营中，兵种之间的协同、车骑人之间的配合、火器轮番施放的层次、骑兵出击时间的把握，体现出高度的组织管理和统筹协调能力，做到了各个作战要素无缝链接、作战单元自主协同。可以说，戚家军的组织体系建设和成效充分反映了戚继光的系统思维和整体思维，"譬如竹之有节，节节而制之，故竹虽虚，抽数丈之笋而直立不屈。故军士虽众，统百万之夫如一人"[②]，这就是戚家军的体系化战斗能力。

对重点工程管理 戚继光主持修筑了当时重大的军事工程——建敌台、筑边墙。仅隆庆三年（1569）就建造敌台 472 座，三期工程共修筑 1400 多座，增筑边墙 2000 多里。为保证施工进度和质量，他采取典型示范、严格赏罚等方式，将整个工程分区、分片、分段包干，各司其职，所用砖石统一规格、统一编号，"物勒其名"、卡实责任；为控制成本，采取朝廷拨款、军兵承修的方式，就地取材加工、充分借助地势，并通过拨付物料银、赏银相结合的方式，既解决了人力资源和工作积极性问题，更大大降低了建设成本。每座敌台的建筑成本仅是民间的 1/10。能够看出，戚继光具有杰出的工程建设、施工管理和成本控制本领。

（三）改革创新本领。戚继光是创新的大师、求实的典范，他的创新动力根源在于矢志报国的情怀，一切目的都是为了报效国家，都是为了增强战斗力，所以说创新精神是戚继光的前瞻思维、忧患意识、担当作风和务实精神的最集中反映。他提出的"旧可用者更新之，不堪者改设之，原未有者创造之"思路，引领了当

---

① （明）戚继光撰，范中义校释：《纪效新书》卷一《束伍篇第一》，中华书局 2001 年版，第 1 页。

② （明）戚继光撰，邱心田校释：《练兵实纪》，中华书局 2001 年版，第 191 页。

时军事创新改良的潮流。他打破卫所世兵制弊端，注重从战略制胜力和战斗力标准出发，实行择优录用的募兵制度，开创了新的选兵用兵标准；改革军队编制，编练鸳鸯阵，这种以模块化组织编制、强有力纪律保障来增强战斗力的思想在当时是一种创新，放到现在，对我们的组织体系建设也很有借鉴意义。他创新改进武器，组织研制、发明的新型器械有数十种，促进了明朝军队从冷兵器向热兵器的过渡。他修筑完善长城，创新空心敌台、悬眼、尖砖垛口等，体现了创新思维在实践中的运用。

（四）狠抓落实本领。戚继光强调身体力行抓落实，"苟不能身体力行，著实做去，即百部亦何益"？[1]他注重知行合一，知而行之，反映到具体工作中，就是身体力行。"寻当巡行境内，每到一城，先将城池形势、边墙看过，详问四方险易，建置始末，保障缘由。"[2]此时的他，就深知"没有调查就没有发言权"，所以新任将官要及时沉到一线、掌握军情。对制造的兵器，他要一件件亲自验视。修建敌台，他到边防线实际勘察，"遍察军情虏状"，亲历山川险夷，蓟门的地理风物、哪里修建敌台、哪里边墙待修，了如指掌。这一身体力行、沉到一线抓落实的原则也贯穿他一生的军旅生涯，推动了他的军事斗争实践和军事理论日益丰富完善。

四、高超的斗争艺术

戚继光既是伟大的军事家，更是伟大的军事艺术家，他的斗争艺术涵盖了实事求是的唯物论、对立统一的辩证法、知行合一的实践论以及整体协调的系统观。他清醒理性地研判对待复杂的政治局势，巧妙和谐地理顺处理人际关系，灵活有效地把握驾驭多变的战场态势，无论是军事战斗实践，还是士兵思想动员，或是军事斗争理论，都被他演绎成斗争艺术，上升到斗争哲学。

（一）从战略全局谋划具体策略。戚继光把准战略服务战术的斗争导向，善于以战略的眼光分析战场形势、研判敌情变化，用战术的手段来谋划战斗方案、解决具体问题。他提出"须是未战之前，件件算个全胜"的"算定战"思想，就是在尊重客观军事规律的基础上，发挥主观能动性，着眼战略全局做出具体的战术

---

①（明）戚继光撰，王熹校释：《止止堂集》，中华书局 2001 年版，第 258 页。

②（明）戚继光撰，邱心田校释：《练兵实纪》，中华书局 2001 年版，第 259 页。

安排，从战前多差广探侦察敌情、制定多种方案，到战时根据战场形势及时调整策略，都体现出他对全局的统筹把握和谋略的精妙运用。台州之战中，他着眼一战使敌人心寒胆裂、平息浙江倭患的战略目标，战前周密部署，战时结合敌情变化，不断调整作战安排，将多路出击、快速突袭、诱敌深入、回马枪、水陆合击等战术运用到极致。横屿之战中，为实现歼灭倭寇、打开福建抗倭局面的战略目标，戚继光采取争取胁从倭寇之人、制服间谍、研究掌握潮汐规律、"负草填泥"、抢滩登陆等战术，跨海作战，全歼敌人。在北方蓟镇，他从立足中华民族大团结的战略全局来筹划戍边斗争，把战略备战、战略威慑和练兵实战的具体策略紧密联系，通过组建车步骑营、修守长城、斥候预警等措施，实现不战而屈人之兵，完美体现出局部服从全局、全局统筹局部，从全局维度思考处理斗争问题。

（二）以灵活战术赢得战略主动。从《纪效新书》和日常练兵能够看出，戚继光非常强调"营阵之制"，但这是建立在原则性与灵活性相统一的斗争策略基础上的。一方面，他主张集中优势兵力打击敌人，比如花街之战以两千人对倭寇五百人，平海卫大捷集重兵两万人合围倭寇三千人。在整个抗倭战场上，戚继光十分注重以绝对优势碾压敌人，就是以最优的斗争策略和最小的斗争代价取得最佳的斗争效果。另一方面，在特殊的战场形势下，戚继光善于随机应变，根据不同的敌人采取不同的战略战术，根据不同的敌情采用不同的战法，真正做到"攻其无备，出其不意"。林墩之战，戚家军故意进驻兴化府城，当晚宴请和拜访当地名人，迷惑敌人，午夜集合队伍、衔枚而进，拂晓进攻，在奇袭不成功且倭寇据桥死守、伤亡较大的形势下，提前从北路堵截敌人的张谏等部发起进攻，迅速改变战场不利态势，"死战以败之"。仙游之战中，戚继光运用军事智慧和斗争艺术，开展了一场以游击战为主的城市保卫战，采用围点打援、突袭骚扰、疑兵计、缓兵计、里应外合、造假大将军炮等诸多手段，迷惑倭寇，最后三路突进，各个击破，创造了中国古代军事史上一个极为成功的范例。可以说，解围仙游是戚继光军事指挥艺术的最完美体现。其他如平海卫城市攻坚战、长沙水陆联合战、南澳岛抢滩登陆战等经典战役，展现了包括战略包围、战略决战、战略追击在内的战略进攻指挥艺术、大规模阵地指挥艺术和多兵种合成协调艺术。

（三）用高超的艺术处理人际关系。戚继光的人际交往哲学，就是求同存异，在抗倭卫国的共同点下，团结一切可以团结的力量，在斗争中争取团结共赢。

对待上司 他认为"主帅上司，皆我父师长上，我从他易，他从我难"①，要以敬畏之心来看待。他选择依附比较正派的大臣，以实现报国之志。内阁重臣徐阶、张居正倚重戚继光，支持他练兵御敌，尤其是张居正经常直接同他商量蓟镇边防事宜；他与直接上司谭纶、刘应节等关系密切，为他充分施展才能提供了便利。

对待同僚 "凡僚友之事，便冥目细想，我今日就是他，他的事就是我所为，当如何而可""不是付之于人，是处必当在我，自然度量宽宏。先让一着与人，自然行之不错"②，要换位思考，大度容人。

对待文官 他主动邀请监军，主动协调沟通，主动分享功劳，任台金严参将时提议设兵备佥事监督海防，唐尧臣监军后，"两人雅以才相重，若平生欢"③；台州之战邀请赵大河监军，曾说"法立令行，力齐心一，皆大河联属之功也"。

对待士兵 强调"以诚感诚"，"如婴儿、哑子，饮食为之通，疾病为之恤，患难为之处，甘苦为之同"④。他"爱士卒甚于爱身"，对部下情同手足，不克扣粮饷，不任意役使，不泯灭功劳，每次战后，第一件事就是坐在大帐写立功人员名单，微功必录。正因如此，士兵们才在思想上认同他、命运上依靠他、军纪上服从他、感情上信赖他，愿意效力，至死不辞。能够看出，戚继光靠着自身的人格魅力和人际交往艺术将各个层面有效团结在身边，妥善处理上下左右的关系，使其"动无掣肘"，能放手行事，充分发挥军事才能，实现"但愿海波平"的理想。

"为有牺牲多壮志，敢教日月换新天"，于矛盾中成长、在斗争中前行，这是中华民族生生不息的力量所在。面对新时代，应对新变局，我们唯有不断汲取历史智慧，弘扬斗争精神，才能不负昨天的荣光，不负伟大的时代。

①（明）戚继光撰，邱心田校释：《练兵实纪》，中华书局2001年版，第167页。

②（明）戚继光撰，邱心田校释：《练兵实纪》，中华书局2001年版，第167页。

③（明）戚祚国等：《戚少保年谱耆编》卷一《嘉靖三十九年三月》，清光绪丙寅年刻板，第39页。

④（明）戚继光撰，范中义校释：《纪效新书》，中华书局2001年版，第212页。

洒向千峰秋叶丹
——戚继光爱国主义思想论略

王慧 梁雪*

戚继光，字元敬，号南塘，晚年号孟诸，山东登州（今蓬莱）人，武官世家，明代抗倭名将，是中国历史上杰出的爱国主义者。戚继光一生都在抗击外敌，立下赫赫战功，为后世留下了古代兵法精华《纪效新书》和《练兵实纪》。同时他还是一位充满激情、才华横溢的诗人，他的诗文《止止堂集》所收诗文，才思敏捷、文笔流畅，留下了"封侯非我意，但愿海波平"等千古名句，表达了一个战士保家卫国的强烈的爱国主义思想。戚继光的爱国主义精神在他的军事思想、诗歌创作中都有具体体现，并产生了深远的影响，对于当前更好地弘扬戚继光精神、推动优秀传统文化的创造性转化和创新性发展具有重要意义。

一、戚继光爱国主义思想的形成

戚继光之所以能在外敌侵扰、民族危难的时刻挺身而出，报效祖国，是同他的生长环境和从小就接受的"忠孝节义"教育分不开的。胶东人民自古就有不畏强暴、抵御外侮的光荣传统，这里的人民勤劳勇敢，豪爽正直，具有敢于斗争的坚强意志和大无畏的精神。戚继光爱国主义思想形成的主要原因，则可从内因和外因两个维度来分析。内因可以说是源于他世袭军户家族的出身，外因除了当时倭患严重的时代背景外，他还从小深受家庭教育的影响。

---

* 王慧，烟台市博物馆文博馆员；梁雪，烟台市博物馆文博馆员。

内因方面，源于世袭皇恩而产生的忠君思想。戚继光的先祖戚祥是跟随朱元璋多年的亲兵，在明洪武十四年（1381），随名将傅友德、蓝玉远征云南时不幸阵亡，因为忠勇有功，朱元璋将登州卫指挥佥事一职授给他的儿子戚斌，世袭罔替，为后辈换来了能够世袭的武职。于是，身为后辈的戚继光也随祖制从小习武，到了嘉靖二十三年（1544）继承职位，任登州卫指挥佥事，为正四品武官。戚继光因世袭皇恩，故有浓厚的忠君报主的思想，这也成为他爱国思想形成的一个强大内因。在戚继光看来，忠君和报国的思想本是一致的，戚继光的"忠"是一种对祖国、对人民的无限忠诚，贯穿在戚继光的爱国主义思想中。

外因方面，一方面是源于倭患频扰的外部环境，另一方面则是源于戚氏清廉刚正的家风。他的父亲戚景通为官清廉正直，具有刚正不阿的品格，对戚继光思想的形成产生了直接而深刻的影响。戚景通祖上世代为官，颇有名望，他不允许儿子成为一个养尊处优、贪图享受、不思进取的纨绔子弟。他按照儒家"修齐治平"的要求培养戚继光，让他从小就吃苦耐劳，以期长大成为一个身先士卒、临敌忘身、保国安民的好将领。据《戚少保年谱耆编》记载，嘉靖二十三年，戚继光的父亲身患重病，卧床不起，戚继光受命进京办理袭职手续。因家贫，父亲卖掉了一所房子为他做路费，并支撑病体亲自送儿子至郊外。临别之际，戚继光跪在地上聆听父教。戚景通拉着儿子的手，语重心长地说："吾遗若者，毋轻用之！"父亲交代，不要挥霍，那样损害的不仅是财富，更是自己忠心报国的操行和廉洁奉公的名声。这些才是父亲留给儿子最大的财富。戚继光心领神会，激动地回答："儿当求增，何敢轻用！"[1] 父亲临终前，勉励他努力做对国家有用之人、精忠报国。这些话，是掷地有声的金石之言，对少年戚继光的教育是十分深刻的。经过父亲身教言传，戚继光自少年时代起便确立了关心国家安危、打击来犯之寇的爱国雄心。戚继光的价值观很大程度上来自家庭环境的影响，戚氏家风造就了他强烈的爱国主义思想，使得他在勇武之外，逐渐磨砺出了擅长谋略和重视纪律的行事风格，成长为一代抗倭名将。

---

[1]（明）戚祚国等：《戚少保年谱耆编》，中华书局 2003 年版，第 8 页。

二、军事思想中的爱国主义精神

戚继光是一位优秀的军事家，他刻苦学习古人的思想和理论，认真总结自己的实践经验，继承创新，写出了既融会古代兵法精华，又糅进了自己创新的军事名著《纪效新书》和《练兵实纪》，形成了自己系统而完整的军事思想。他的爱国主义精神在这些著作中也有深刻体现。

戚继光军事思想中的爱国主义精神，首先体现在对官兵的思想教育方面。戚继光对官兵的政治要求是忠君爱国和保境安民，并十分注意对部队进行卫国保民教育。他经常以岳家军为榜样教育部队，要求他们学习岳家军精忠报国和"冻死不拆屋，饿死不掳掠"的精神。他提出"练心"，就是对士兵进行思想训练，即晓以大义，激以忠心，树立保国卫民的信念，使之能奋勇杀敌。为此，戚继光要求将士要"正心术""立志向""习武艺"，以"保民为职""安国保民"为念。并向士兵讲明当兵打仗、保国卫民之理，从思想上让士兵们懂得为谁而战，极大调动了士兵们爱国卫民的士气和战斗力。

他的爱国思想还体现在选拔和训练将领方面。明朝建国后重文轻武，军人地位低下，将领德才水准日益下降，选拔将领出现只重科举而轻视将才，或只重将才而轻视将德等弊端，戚继光提出新的选将标准，则要求德、才、识、艺四者兼备。所谓"将德"，就是具有报国卫民、勇于献身、宽宏大量、勤于职守、廉洁奉公、爱护士卒的品德。戚继光认为，德、才、识、艺四者相比，将德为上。任用将领，只能任用有将德的人。那些没有将德的人，即使有张良、陈平的智谋，也是靠不住的。在戚继光看来，一个将领最重要的品德，是要做到"光明正大，以实心行实事，思思念念在于忠君、卫国、敬人、强兵、爱军、恶敌"，要"视兵马为安国保民之具"，"一心从民社上起念"。[1] 这些以"忠君、卫国、保民、爱军、恶敌"为核心的道德品质，以实心行实事的思想作风体现了戚继光付诸以实践的爱国主义思想。

---

[1] 朱亚非：《练兵与练将——戚继光军事理论再探讨》，摘自《山东师范大学学报（人文社会科学版·齐鲁文化研究）》2002 年第一辑，第 155 页。

三、诗歌创作中的爱国主义思想

戚继光戎马一生，身经百战，他在戎马倥偬之际，既写成了《纪效新书》《练兵实纪》等军事著作，又留下了《止止堂集》，共 200 余首优秀诗篇。他的诗歌贴近现实，内容丰富，洋溢着强烈的爱国热情。他也成为一名"将帅诗人"，当时就享有"伟负文武才如公者，一时鲜有其俪"①的赞誉。

嘉靖二十五年（1546），戚继光 18 岁，任登州卫指挥佥事。这一年，他写下《韬钤深处》：

> 小筑暂高枕，忧时旧有盟。呼樽来揖客，挥麈坐谈兵。
> 云护牙签满，星含宝剑横。封侯非我意，但愿海波平。②

诗的开头讲述了自己居安思危、担心时局的心情。接着描写了自己和客人一边喝酒、一边兴致勃勃谈论用兵的场景，充满了"浮舟沧海、立马昆仑"的昂扬斗志。最后两句更是表达了保卫祖国海疆、实现自我价值的强烈愿望，说我将用生命来成就丰功伟业，但不是为了个人的功名，而是要为了国家、为了百姓、为了脚下这片我深爱的土地！这是一个年轻人的雄心壮志和磊落襟怀，这也是一个有抱负、有理想的有志青年的完美写照。

嘉靖三十年（1551），23 岁的戚继光初露锋芒，但他仍充满爱国情怀，深感肩负责任重大。这一年，他写下《辛亥年戍边有感》：

> 结束远从征，辞家已百程。
> 欲疲东海骑，渐老朔方兵。
> 井邑财应竭，藩篱势未成。
> 每经霜露候，报国眼常明。③

---

① 朱亚非：《戚继光志》，山东人民出版社 2009 年版，第 77 页。
②（明）戚祚国等：《戚少保年谱耆编》，中华书局 2003 年版，第 9 页。
③ 曲树程：《戚继光诗稿》，黄河出版社 2007 年版，第 21 页。

诗中"每经霜露候，报国眼常明"，既表达了对时光流逝的无限惋惜，更流露出及时报国的心情，这样忧国忧民的爱国情感也是戚继光诗歌反复咏唱的主题。

27 岁至 41 岁，即嘉靖三十三年（1554）至隆庆二年（1568），是他一生中最辉煌的时期，这一时期的诗歌的爱国主义格调格外高昂，例如这首《振衣台》：

> 蓬莱有佳人，佩剑游南纪。
>
> 指顾山海间，徜徉群动里。
>
> 薄行幽径纡，乱石谁人驱？
>
> 中有千丈表，乘之临玉虚。
>
> 拂袖惊长风，浩歌空九衢。
>
> 飘摇揖王母，如闻琼珮琚。
>
> 幽人保元命，义士轻其躯。
>
> 雉飞不逾阜，鹏抟九万余。
>
> 巨翰如可挟，从此谢尘区。①

诗作是戚继光挥兵浙闽、剿灭倭寇的自我写照。他用浪漫主义的手法，借助幻想的翅膀，让想象驰骋于蓬莱与闽浙沿海，纵横于天地古今，充分抒发了他强烈的报国热忱和轻生重义的高尚情怀。

戚继光所作诗歌现存 243 首，爱国主义思想几乎贯穿全诗，是"一年三百六十日，多是横戈马上行"的行军苦旅，更是"繁霜尽是心头血，洒向千峰秋叶丹"的壮志雄心，诗人将杀敌报国的壮志豪情、大无畏的英雄气概和献身精神，以及"西北之志"未竟的感慨悲愤，都倾吐直抒在诗中，为后人留下了一笔宝贵的精神财富。

四、戚继光爱国思想影响及当代价值

戚继光作为一个抗倭战争的民族英雄，一生征战，捍卫国家，造福人民，无

---

① 曲树程：《戚继光诗稿》，黄河出版社 2007 年版，第 59 页。

论是在烽火连天的南方抗倭战场上，还是在金戈铁马的北方御虏前线，他为保卫国家所建立的丰功伟绩都是不朽的。几百年来，世世代代的人民怀念他、尊敬他，他的爱国主义精神对后世影响深远。他的一生，是家国情怀与民族精神的完美诠释。他的爱民、爱国精神已经成为中华民族爱国主义精神的一部分，弘扬这种爱国主义精神，对于激发民族凝聚力具有重要价值。

戚继光的爱国思想影响，在民俗风物方面有非常浓厚的体现。他还在世的时候，不少百姓已经为他立生祠，为他祈祷长寿平安。他去世后，在他战斗和生活过的地方，百姓为纪念这位民族英雄而自发修建了众多碑亭、雕像、祠堂、纪念馆等建筑物，留下了丰富的民间文学、艺术、传说、故事及历史遗迹。目前，在戚继光的故乡蓬莱，就有戚继光登州城练兵地蓬莱水城、明朝廷为表彰戚继光抗倭功绩而敕建的戚继光牌坊、崇祯年敕建的戚继光祠堂以及戚继光忠骨埋葬地戚继光墓等。在各地还有许多纪念性的命名活动，比如浙江椒江市区有戚继光路，浙江余姚市临山镇有戚家村，福建宁德县樟湾村以及莆田市黄石镇有戚公井。关于戚继光的风物传说也很多。比如浙江台州清明节持续的时间长，据说是来源于戚继光让士兵轮流回乡祭祖的做法；福建宁德县的八月十五火把节，据说来源于戚家军夜间行军打火把；福建福清市瑞岩山有许多景点得名于戚继光，福清特色小吃光饼据说也来源于戚家军的随身干粮。各地民众对戚继光的抗倭功绩十分认可。他们把对戚继光的追思与本地风物结合起来，形成了一种民俗现象。戚继光逐渐变成了一个符号，他被祭祀，代表着民众对于家、乡、国关系的理解和认同。在这个意义上，纪念戚继光对于增强民众的爱国意识和自豪感有重要价值。

戚继光爱国思想的时代价值，一方面体现在他给我们塑造了一个民族的英雄、国家的先锋形象。英雄戚继光，用一生的探索与实践，向我们展示如何成就崇高的德行和人格，怎样成为经国济世的人才。他给我们留下的，不止一个个海防备倭、闽浙沿海抗倭、蓟州边关戍守的光辉战绩，也不止一个个爱士卒甚于爱己、救百姓于水火以及重修长城两千里的传奇故事，更有他革故鼎新、著书立说的家风家训和赤胆忠心、矢志不渝的报国之志。在抗日战争时期，这一历史心态对于振奋民族精神、鼓励民族斗志有很大的促进作用。以福州于山戚公祠为例，在东北沦陷、华北岌岌可危的 20 世纪 30 年代，不少游览戚公祠的游人就受到爱国主义精神的激励，纷纷留下他们的感言，如"四省沦亡空前耻辱，嗟我国人何时洒雪"的对联，还有"国魂""誓雪国耻"的石刻。再如 1936 年，文学家郁达夫到此写下的《调寄满江红》：

> 三百年来，我华夏，威风久歇；有几个，如公成就，丰功伟烈。拔剑光寒倭寇胆，拔云手指天心月。到于今，遗饼纪征东，民怀切。会稽耻，终当雪；楚三户，教秦灭。愿英灵，永保金瓯无缺。台畔班师酣醉石，亭边思子悲啼血。向长空，洒泪酹千杯，蓬莱阙。[①]

郁达夫的这首词，在曲调上采用岳飞的《满江红》，本就有向岳飞致敬之意，而填词又以纪念戚继光为内容，更凸显了他当时难以平静的心情。面对亡国灭种的危难局面，他多么希望有将领能奋起，给予日军当头棒喝，他把这种殷切的希望寄托在对戚继光的追思上，同时也表达了抗日到底的决心和战胜日寇的信心。

戚继光爱国思想的时代价值，还体现在以爱国爱民为核心、以"矢志报国、保境安民、务实创新、使命担当"为基本内涵的戚继光精神。戚继光受命于危难之间，心怀家国天下，这与胶东英雄儿女在烽火岁月中抛头颅洒热血、为争取民族独立和人民解放而担当奉献的精神是一脉相承的。正是这种薪火相传的伟大精神，引领着我们走过苦难，走向辉煌。2019 年 6 月 13 日建成的戚继光纪念馆，成为胶东（烟台）党性教育基地蓬莱教学区的核心教学点，突出展示戚继光矢志报国的爱国情怀以及抗倭御虏的不朽功勋，戚继光的家国情怀，是激励党员干部立功、立德、立言的优质教材，是引导社会群众爱国、创新、敬业的生动实践，是传承爱国主义精神的重要平台。

回顾中华民族抗击外来入侵的历史，思考我们国家所处的国际环境，我们由衷感到，把戚继光留给我们的丰富历史遗产发扬光大势在必行，特别是进一步加强戚继光的爱国主义思想教育，对引导新时期广大青少年了解历史、居安思危，激发强烈的社会责任感和历史使命感具有重要意义。戚继光所具有的爱国主义思想和忧国忧民的精神，将一直激励国人前行。

---

① 郁达夫：《郁达夫诗词集》，吉林出版集团股份有限公司 2017 年版，第 142 页。

京剧《戚继光》对戚继光精神的传承

郝晓丹 赖增海 任卫强 *

2019 年 3 月，京剧《戚继光》在烟台市京剧院开始创排。这部由烟台市委宣传部指导，烟台市文化和旅游局、蓬莱区委宣传部监制的历史题材京剧力作，历经四次打磨提升，最终日臻完善走上舞台。这是一个运用戏剧艺术语言讲述戚继光故事的创举，是戚继光精神传承领域的一项重要文化成果。该剧自 2021 年开始通过保利院线在全国巡回演出，受到社会各界广泛赞誉，称其为"蹚出了一条加强戚继光研究、弘扬戚继光精神的新路"。京剧《戚继光》的创编过程，既是戚继光研究逐步深入、不断升华的过程，也是戚继光精神传承的大胆尝试，为进一步加强戚继光研究、传承戚继光精神提供了很好的借鉴。

一、京剧《戚继光》创编的现实意义

戚继光是烟台市蓬莱人。作为明代的爱国将领、民族英雄，他的英雄事迹传诵数百年而不衰，广布于祖国各地，尤其在浙江、福建、河北、天津等地具有很大的社会影响力。2018 年 5 月在全国两院院士大会上，习近平总书记曾引用戚继光的诗句"繁霜尽是心头血，洒向千峰秋叶丹"，赞扬一代代科学家以深厚的爱国情怀，呕心沥血，为中国科技事业作出了重大贡献。

近年来，全国各地在戚继光研究方面取得了丰硕成果，为我们创排京剧《戚

* 郝晓丹，烟台市文化和旅游局三级主任科员；赖增海，烟台市文化艺术中心京剧院演员；任卫强，烟台市文化艺术中心编剧。

继光》提供了坚实的支撑。作为戚继光的故乡，烟台一直非常重视戚继光研究，尤其重视戚继光精神的传承和弘扬，在戚继光事迹和精神的挖掘整理方面取得了丰硕成果，同时组织开展戚继光文化专题讲座、戚继光诗文赏析、戚继光文创作品主题展、万人齐练戚家拳等活动，把戚继光文化研究成果应用推向了一个新的高度。

时代呼唤英雄。在中华民族面临百年未有之大变局的历史时期，我们需要英雄，从英雄的身上汲取力量，从英雄的精神寻求时代价值。戚继光精神是烟台市重要的文化资源和人文宝库，作为京剧之乡，我们有责任、有能力将戚继光及其精神以京剧的形式在舞台上展现出来，这是时代赋予我们的神圣使命。2019 年 3 月在确定选题、正式立项创排京剧《戚继光》后，烟台市京剧院反复学习了习近平总书记关于文艺创作系列讲话精神和视察山东、视察烟台重要指示精神，以确立京剧《戚继光》的主题思想，为京剧《戚继光》立魂；全院上下掀起戚继光研究的高潮，反复研读戚继光研究的书籍、文章，细细梳理戚继光的生平、戚继光的英雄故事，为京剧《戚继光》赋形。京剧院以"打造一台全国叫响的京剧，打造烟台的艺术高峰"为目标，上下同心，众志成城，誓把戚继光的故事讲好、讲出彩，把戚继光的精神总结好、演出彩！

二、名家主创显担当

要打造一件不朽的艺术精品，首先要有过硬的剧本，这需要对戚继光的故事进行舞台再创造。其次需要有过硬的加工，因为只有高超的艺术才能产生高度的感染力。最后需要有过硬的演出技巧，将剧本真实完美地呈现给观众。

本着把弘扬戚继光精神和弘扬京剧艺术结合起来的目的，烟台市文化和旅游局高点定位，树立"打造一流作品，冲刺国家大奖"的目标，加强同国内京剧界有关专家学者的沟通协作，邀请国内一流的策划、编剧、导演、作曲、艺术指导、舞美设计、舞台灯光设计等中国京剧界的艺术名家加入京剧《戚继光》主创团队，为京剧《戚继光》的打造奠定了坚实基础。

京剧《戚继光》剧目由中国京剧艺术基金会理事兼副秘书长洪业女士担任总策划，她是国内资深戏剧制作人、策划人、研究员，对舞台艺术创排有着丰富的经验，对全国京剧艺术发展有着全面的了解，对地方京剧艺术的发展倾注了很多心力，曾经担任京剧《风雨同仁堂》《宰相刘罗锅》《马前泼水》《张协状元》《图兰朵》《党的女儿》、京昆剧《偶人记》等著名作品的戏剧策划及制作人。作为编剧策划团队负责人，洪业老师不辞辛苦，多方奔走联系，为京剧《戚继光》组建了目前京剧界最强的创作团队。而且在排练演出期间，她频繁来往北京、烟台、济南等数十次，时刻关注剧目发展动态，组织高层次专家对剧目进行研讨提升，并亲自在《中国戏剧》上发表宣传文章。

担任京剧《戚继光》剧目编剧的是中国著名剧作家、国家一级编剧、文华奖评委姜朝皋先生。剧本是一剧之本，一部戏成功与否，剧本起着重要作用。戚继光的一生转战东南沿海，打了无数胜仗，在短短的两个小时里如何展示他的英雄气概，这是交给编剧的一个难题。姜朝皋在创作构思剧本时下足了功夫，几易其稿，倾注了大量的心血和精力，重点从精神层面来展现戚继光这个伟大的民族英雄形象，从戚继光的品格塑造来展示他的大智、大勇、大忠以及对老百姓的大爱。姜朝皋将史诗性叙事和传奇性叙事相结合，在丰富的史料里选取"三箭射三酋"、上《练兵议》、招练义乌兵、台州大捷等具体故事情节，同时注重对戚继光精神世界和内心情感的挖掘，把抗倭战争背后那种历史文化背景、社会制约因素以及民族的苦难和辉煌历史这些丰富的意蕴融入剧目，在塑造一个奋勇抗倭、有血有肉的戚继光形象的同时，进一步表现其誓死守护海疆、爱国爱民的赤诚之志。京剧《戚继光》每次提升都要修改剧本，尽管姜朝皋身为文华奖评委、国家一级编剧，承担着很多创作任务，但他义无反顾，牺牲休息时间，连续挑灯夜战，特别是在2021年剧本修改期间，他硬是一边在医院输液，一边完成了剧本的修改。

京剧《戚继光》的导演陈霖苍是京剧言派创始人言菊朋先生的外孙。他多次来到蓬莱水城，追寻历史的脉络，畅想戚继光的一生。他对来自烟台京剧院的演员团队寄予厚望，在第一次与京剧院的同志们座谈后深有感触地说："烟台京剧院虽然是个地市级院团，但是该有的行当一样也不少，这十分难得。虽然演员们基础不是太好，但是我可以手把手地来教，我就是希望看到一部剧带火一个团。我不仅是导演，也应该是一个播种者，为院团播种下希望和未来。"他是这样说的，也是这样做的，为了追求剧目的质量，他靠在排练场上，经常忘记了吃饭和休息，一招一式手把手地教。他的严厉让"戚继光"扮演者贺青春每次排练都如履薄冰。在此后的一次座谈会上，他第一次表扬了贺青春，他说："小贺，虽然我每天都在批评你，但是今天我要告诉你，作为一个演员，你的努力让我钦佩，你的进步非常大！"坐在后排的贺青春瞬间泪流满面，在场的人无不动容。

京剧《戚继光》的作曲是被誉为"中国当代京剧作曲第一人"朱绍玉先生。朱绍玉是著名戏曲音乐家、国家级非物质文化遗产项目京剧代表性传承人，为京剧事业奉献了六十余载，创作了200多部作品，国内新编京剧剧目一大半都由他作曲完成。他创作的京剧音乐，打破京剧板式、句格、腔格，糅进民歌小调、地方戏曲、通俗歌曲、曲艺音乐等素材，具有鲜明的民族特色、地域特色、时代特色，音乐旋律既遵循京剧传统的规律和韵味，又符合现代人的审美需求，既抓住老观众又吸引青年人。在《戚继光》的作曲中，朱绍玉秉承"旧里有新"，听起来是传统的，但是又有很多新意，既让老戏迷觉得过瘾，又让年轻观众喜欢；同时在《戚继光》的音乐、唱腔中，采用嫁接、融合等方式融入了山东民歌和山东曲艺的元素，因而有一种特殊的山东味道。

京剧《戚继光》的艺术指导王蓉蓉老师是著名的京剧表演艺术家，中宣部"全国文化名家暨四个一批人才"，被文化部、中国文联授予"德艺双馨"艺术家荣誉称号，曾获"梅花奖""白玉兰奖"等荣誉。她本身担任北京京剧院一团团长，演出任务、工作任务都非常重，但是她深深地为烟台京剧人的执着和努力所打动，先后十几次来到烟台，为女主演王燕和王莎莎进行从唱腔到表演的全面辅导。每次来到烟台，王蓉蓉总是一下飞机，就一头扎进排练场，晚上与大家一起排练至深夜。在排练的同时，她还在烟台义务开展公益讲座，为全市的京剧演员讲授表演艺术。2021年，文旅部开展"名家传戏——当代戏曲名家收徒传艺"，王燕、王莎莎入选王蓉蓉老师的传艺项目，得到王蓉蓉老师的精心辅导。2021年在该项目结项后又举行收徒仪式，王蓉蓉正式收王莎莎为徒弟。王莎莎在师傅的精心培育下，技艺猛进，参加了第十二届山东省文化艺术节的闭幕式演出，赢得广泛好评。

京剧《戚继光》的舞美设计常疆，毕业于中央戏剧学院舞台美术系舞台设计专业，现任北京京剧院创作室舞台设计，中国舞台美术学会会员，2012年荣获中国舞台美术家协会舞台设计"学会奖"。在该剧中，常疆采用了长城的元素，暗喻戚继光内心的长城，表达了他坚守、进攻、打胜仗的赤子情怀。在色彩上，大胆采用了黑色，以衬托舞台的稳定与厚重，同时充分展示京剧服饰与灯光的美。

三、爬坡过坎攀高峰

2019 年 3 月至 10 月，《戚继光》的主创们先后来到烟台，深入蓬莱水城、戚继光祠堂等地采风创作，完成了剧本和音乐创作、演员选定、唱腔学习、主题曲录制等前期系列工作。2019 年 11 月 6 日京剧《戚继光》正式建组，进入舞台排练。建组会议在烟台市京剧院小剧场举行，剧组全体演职人员信心满满，一致表示要珍惜大好机遇，力排一切干扰，全身心投入排练，一定要携手创作出能够体现烟台特色、冲刺国家大奖、传承烟台文脉的京剧《戚继光》。

排练场上，导演无疑是最忙碌、最费心思的人，陈霖苍导演对艺术的执着、热爱、严谨是刻在骨子里的。建组会后，他立即带领剧组全体演职员投入紧张有序的排练中，台词要一句一句抠，剧情要一遍一遍磨，一招一式，仔细研磨传教，细微之处丝毫不让，情急之时，更是亲力亲为上台示范指导，全方位对剧目创排"修枝剪叶"。随着排练的深入，朱绍玉老师又根据演员的舞台表现和个人嗓音特点，实时巧妙设计修改唱腔，最大程度地发挥出演员的特质。为提高演员的舞台表现力，王蓉蓉老师在剧目排演期间也专程赶赴烟台，对《戚继光》中沈海平扮演者王燕的唱腔、舞台表演进行一对一精准辅导，几经点拨练习后，演员表演细节之处愈发动人。

烟台市京剧院的演员们更是展现了"戏比天大"的责任与担当，在一个多月里，舍小家，吃住都在剧场，争分夺秒，紧锣密鼓地想戏、排练、对戏，一刻也不曾放松。戚继光扮演者、烟台市京剧院青年演员贺青春作为剧目主演，唱段繁多，将每一段唱腔声情并茂地唱对、唱好，需要无数次的研究和苦练，压力可想而知，他从一早进入剧院就穿起厚底，戴上髯口，披上斗篷，吃饭、走路都不曾卸下，细心琢磨导演教授的每个细节，精益求精。2019 年 11 月 29 日，京剧《戚继光》在牟平大剧院登上舞台，成功进行了内部演出，舞台呈现令人惊喜，在认真吸取有关领导、主创团队、热心观众的意见建议后，京剧《戚继光》立即进入第二轮排练周期。

四、剧目提升下苦功

"四百年前华夏史，谁如君丰功伟烈？拔剑光寒丧敌胆，拨云手指天心月。"

伴随着铿锵有力、壮怀激烈的开场白，经过一个多月的修改完善，2020年1月9日，京剧《戚继光》在烟台大剧院正式首演，烟台市文化和旅游局特别邀请了中国戏剧家协会原党组书记、戏剧评论家王蕴明，中国艺术研究院戏曲研究所所长王馗，《中国戏剧》杂志原主编赓续华，戏剧学博士、教授、资深戏曲评论家周传家等一众戏剧专家、剧目主创团队以及中央电视台、《中国文化报》、《大众日报》等媒体代表来烟台观剧，并于1月10日组织召开区域戏曲剧目创作暨京剧《戚继光》研讨会，凝聚专家智慧，为剧目的进一步提升出谋划策。研讨会上，专家们就京剧《戚继光》整体舞台呈现予以赞扬与肯定，认为剧目主题深刻、唱腔唯美，演员舞台表现出彩，取得了阶段性成功。《中国戏剧》原主编、戏剧评论家赓续华更是盛赞京剧《戚继光》为戏剧界的一匹黑马。专家们还特别肯定了烟台市京剧院作为一个地市级院团，行当齐全，队伍好，风气正，为剧目创排打下了很好的基础。同时在台词、人物关系、情感表达等方面对剧目打磨提升提出建议，剧目转入二轮修改。

2020年10月28日，克服新冠疫情不利影响，二轮打磨后的京剧《戚继光》亮相山东梨园大戏院，拉开了2020年烟台文化和旅游（济南）推广周的大幕，剧目演出被泉城观众称赞为：全剧从头到尾都是经典，每个段落都有不容眨眼的亮点。10月30日京剧《戚继光》第二次剧目研讨会在济南召开，来自北京、省内的近20位专家、学者及剧目主创人员参加了会议。此次修改提升后的京剧《戚继光》让专家眼前一亮，直呼艺术呈现水准高、舞台效果令人侧目，青年主演抢镜，令人十分震撼。同时在剧目重点事件的架构、情节的连贯性、人物关系的塑造上又提出宝贵建议。随后烟台市京剧院制定剧目打磨提升方案，对接主创团队，京剧《戚继光》马不停蹄进入第三轮修改周期。

五、千击万磨出好戏

京剧《戚继光》自2019年登上舞台以来，在大大小小不断的演出中发现不足，在行业专家、热心观众的指导建议下对症施策，在日复一日的沉心打磨中淬炼精品，也在一次又一次的荣誉中获得肯定，赢得赞扬。

汇集国人目光，央视专题点赞 2020年京剧《戚继光》首演期间，CCTV-11戏曲频道专注戏曲热点及戏曲文化的《梨园周刊》栏目组亲往烟台，从蓬莱戚继光纪念馆到紧张有序的排练场再到万众瞩目的大舞台，栏目组对剧目的创排演出进行了为期两天的跟踪采访。4 月 3 日《梨园周刊》以"民族英雄——戚继光"为主题，在央视网、央视影音对烟台原创京剧《戚继光》进行了长达 11 分 44 秒的专题深度报道，将京剧《戚继光》台前幕后的精彩故事呈现在全国观众眼前。

展演评奖屡获殊荣，烟台创作赢口碑　自 2019 年登上舞台以来，京剧《戚继光》受到观众和专家一致好评，荣获第十二届山东文化艺术节山东文化艺术优秀剧目奖，入选第九届中国京剧艺术节线上展演参演剧目，荣获第十二届泰山文艺奖戏剧类一等奖，2022 年又入选文旅部 2022 年首届黄河流域戏曲演出季，6 月 21 日作为首场演出在济南梨园大戏院精彩亮相，通过山东省文化和旅游厅官方账号包含抖音、快手、好客山东等 13 个"云端"平台联动直播，总观看量达到了 527.64 万人次，再次展示了其雄厚实力。《中国演员》杂志刊登评论文章，赞扬京剧《戚继光》为一出生逢其时的好戏。

保利院线全国巡演，唱响"京剧码头"　2022 年 7 月，烟台原创京剧《戚继光》再次启程，正式开启保利院线全国巡演，巡演历程长达 25 天、跨越"冀、鲁、蒙、晋、豫、鄂、辽"七省八城市，行程上万公里，分别赴河北衡水保利大剧院、山东泰山大剧院、内蒙古乌兰恰特大剧院、山西大剧院、河南艺术中心大剧院、湖北武汉琴台大剧院、辽宁盛京大剧院、辽宁辽阳大剧院演出，将剧目巡演与城市推介完美结合，让全国观众充分感受"京剧码头"的独特魅力，用艺术语言讲好烟台故事。

六、几点思考

京剧《戚继光》取得了巨大成功。它实现了将历史文化与京剧舞台艺术相结合，以精品奉献人民、用明德引领风尚，是讲好中国故事、振兴烟台"京剧码头"，有效提升院团艺术创作生产能力和演员艺术水准的积极尝试，它的成功也得益于具有"烟台印记"的艺术创作生产新路径的成功探索。截至目前，京剧《戚继光》先后入选第九届中国京剧艺术节线上展演参演剧目（全国唯一的地市级剧目）、文旅部 2022 年首届黄河流域戏曲演出季（山东省共三部），并于当年 6 月 21 日作为演出季首场演出在济南梨园大戏院精彩亮相。该剧荣获第十二届山东文化艺术节优秀剧目奖，主演贺青春荣获"优秀演员奖"，荣膺第十二届泰山文艺奖戏剧类一等奖，中央电视台、《中国戏剧》《中国演员》等先后进行了宣传报道，并在保利院线全国 8 个城市巡回演出，被业内专家誉为"中国当代戏曲创作的一匹黑马"。

在内蒙古呼和浩特市乌兰恰特大剧院巡演时合影

回顾这部剧作的创排过程，其成功的经验主要有以下几个方面。

高点定位，顶层保障到位　烟台市委市政府将精品艺术创作演出定位为：学习贯彻习近平总书记关于弘扬中华优秀传统文化重要论述的落实举措，讲好烟台故事、传播烟台声音的"文化窗口"，提升市民艺术素养和城市艺术品格的重要载体，写入市委、市政府、宣传、文旅年度工作要点，构建起"主题引导、政策激励、专业引领、社会参与"的艺术创作大格局。创新实施繁荣舞台艺术"双演"机制，"我们的节日·4+N"创作演出机制，开展高水平的艺术创作和演出，弘扬主旋律。建立常态化资金保障机制，2021年全市共投入艺术创作演出保障资金4380万元，其中创作扶持激励资金800万元，省、市、县三级联合购买文化惠民服务演出配套资金480万元，剧院委托运营资金3100万元，以政府资金为杠杆，引导院团及社会资本投入，全面激发舞台艺术创演热情。重点剧目创排期间，市委宣传部主要领导靠前指导，多次观看演出，提出宝贵建议。

立意高远，剧目选题精准　选题是剧目最为关键的一环。戚继光是烟台的骄傲，是中华民族的英雄，在他身上所体现出来的爱国主义精神和一心为民的情怀，代表着中华民族共同的精神追求与价值理念，与社会主义核心价值观一脉相承，在当今时代仍然具有重要的政治意义、文化意义、现实意义。创排《戚继光》就是要用京剧的艺术形式讲好戚继光的故事，引导激励全市广大党员干部矢志不渝坚守初心，奋发有为履行使命，铭记历史砥砺前行。山东省吕剧院原院长、一级编剧刘桂成曾直言京剧《戚继光》"选题非常到位"，他表示：戚继光是载入史册的一位抗倭英雄，他又是烟台本地走出的民族英雄。本地的历史非常值得写，也应该写，结合当今国际国内形势，烟台这部剧的选题很到位。

勇于尝试，创新发展模式 京剧《戚继光》坚持"名家主创、本地主演"，通过"一部戏带活一个院团、带出一批名角"创作发展模式。创排初期就坚持高点定位，主创团队汇集业界知名专家，坚持以戏带人，手把手进行教学指导，同时剧目完全使用烟台市京剧院自己的班底，借助国内优秀的创作力量，有效提升了院团艺术创作生产活力和演员专业艺术水平。烟台市京剧院青年演员贺青春也凭此剧荣获第十二届山东文化艺术节"优秀演员"称号，王燕、王莎莎等一批青年骨干通过剧目排练演出崭露头角，迅速成长，参与省级、国家级重大节庆演出活动。以京剧《戚继光》《烟台解放》、吕剧《社区书记》等为代表的烟台优秀原创剧目，走上国家省级节会、保利院线等高层次、市场化平台，有力地提升了烟台艺术创作知名度和影响力。

戚继光军事思想

论戚继光驭将之道

李克*

戚继光论将的主体，称为"主将"。它涵盖了军中从低级到高级所有肩负统率之责的职级："主将，非大将之谓也。一队之中队长为主将，一哨之中哨长为主将。以上仿此。"①"主将无定位，但凡临时在本地方独尊者便是。"②至于将领之于军队战斗力的重大意义，他说："……不通天文，不知地利，不谙人情、物理，不可以为将。不用通天文，知地理，谙人情、物理之人，不可以为将将。将也者，战必克、守必固者也。"③

戚继光将军队战斗力分为二十分，认为节制之道、连坐之法、赏而当、罚而当、月粮得实惠、甲坚器利、营阵得法七项影响各占其二，将勇兵精又占其一，此八项共占二十分之十五，其余五分则全在将："仍有五分则在使站得脚跟定耳……所谓五分者，实心任事，至诚驭下，同甘苦，恤患难，以感召为工夫，使三军心服，恩威信于平日，必至杀之而不怨，利之而不庸，《兵法》所云'令民与上同意'，《论语》云'有勇知方'，《孟子》云'可使执梃以挞秦楚之坚甲利兵'。"④

★ 李克，中国明史学会戚继光分会顾问。

① （明）戚继光:《练兵实纪·杂集》卷二《储练通论二·原感召》，中华书局 2001 年版，第230 页。

② （明）戚继光:《练兵实纪》卷二《练胆气·信口耳》，中华书局 2001 年版，第 54 页。

③ （明）戚继光:《重订批点类辑练兵诸书》卷十二《哨守》，摘自《四库全书存目·子部》第三十三册，齐鲁书社 1995 年版，第 365 页。

④ （明）戚继光:《练兵实纪·杂集》卷二《储练通论二·原练兵》，第 246 页。

从这一表述中可见，在戚继光心目中，将领作用是影响战斗力的关键因素。

操将术，是戚继光实现将道的一个重要方面，内容包括识将、用将和练将。三者各成系统，却又浑然一体：识将是用将的基础和前提，并伴随其始终，又为练将提供标准并作为结果评判方法；用将与练将某种程度上是一体的，用将即练将，练将必用将，通过实践相互促进并验证，两者并行不悖。这些思想，来自他将领生涯的切身体悟，大约在嘉靖四十四年（1565）前后成型，隆庆四年（1570）前后撰成《练兵实纪·练将篇》条文时才建构完成。

一、识将

戚继光将术思想一个突出特点，是注重将德。戚继光识将，首重其德。

关于将德，孙子说："将者，智、信、仁、勇、严也。"[1]《三略》则主张"道、德、仁、义、礼，五者一体也"[2]。戚继光对《三略》此论作了"五者一体"[3]摘题，认为有一定参考价值，但是他真正赞成的，却是孙子主张的将领"五德"，并为之做了体系化诠释："智者，仁之辨也；信者，仁之实也；仁者，人之本也；勇者，仁之志也；严者，仁之助也。任机权之真于义理，慎机权之似于诈伪，作仁之道岂不在是哉！夫信、仁、勇、严，非智不能辨其弊。信之弊也执，仁之弊也姑息，勇之弊也暴，严之弊也刻，皆不得其当矣。故直看则智为首，横看则仁居中。苟智、信、勇、严而不重夫仁，则皆为虚器，为礼文矣。"[4]智首仁中，以智识，以仁统，这一解释既说清了孙子将德主张，又暗合阳明心学之说，充分体现了戚继光兵家识将思想的儒家底色。

戚继光认为，可用的将才必须心术正、武艺高、才具足，又忠心不二。如果一个人能专心于事业，时时刻刻心思都在公务上，就能有一份才情发挥一份作用。而怀私之人自恃多才，或谋以身进，或计较得失，趋利避害，用的都是私心，遇

---

① （北宋）《〈武经七书〉注译·孙子·始计第一》，解放军出版社1986年版，第3页。

② （北宋）《〈武经七书〉注译·三略·下略》，中华书局2001年版，第246页。

③ （明）戚继光：《止止堂集·愚愚稿上·〈武经七书〉摘题》，中华书局2001年版，第279页。

④ （明）戚继光：《止止堂集·愚愚稿上·〈大学〉经解》，中华书局2001年版，第270—271页。

事瞻顾，临变张皇，即使有张良、陈平那样的智慧，有孔明那样的用人之术，也不能使这种人成为依靠。"故曰：有将材而无将心，具将也。无将心斯无将德。"① 不重将德而只重才干，所以世上才会有骄将、逆臣。

戚继光特别看重将才是否立有志向和是否诚实，这是他辨识可用将才的重要标准。有志向且诚实者，心术必正，即使其他方面有所欠缺，亦可造就选用。关于立志，他说："为将者，凡于古之忠臣义士，今之名将丈夫，一切为国为民英雄豪杰所为事业，如某人纯心报主百死不回，某人文钱不取，某人爱士如身，某人温恭有礼，某人练兵有法，凡耳目不闻不见则已，但见之闻之，必曰：'彼亦人耳，如何能如是。吾亦人也，如何不能如是！'便奋立志气，凡于艰苦利害、死生患难都丢在一边，务要学个相似，岂有不成之理？此所谓立志也，此所谓好种子也。"② 关于诚实，他说："故用领兵之人宁过于诚实，北方所谓老实，南方所谓呆气是也。彼伶俐之徒，平日只顾身家而怠所事，明恃其才足以庇缓急；至于枹鼓之间，先看得利害分明，惟能颠倒是非，必不用命前列，我之感召不能化之，我之号令不能信之，而在我驾驭之道穷而滞矣。诚实之人，感恩而不忍负，畏威则不敢负，虽才有不逮，而疵瑕不忍遮掩，则吾耳目不眩于是非。"③

只有好的道德品质是不够的，还要具备与职业要求相称的其他方面能力。范中义先生认为，戚继光对将领的要求是"德、才、识、艺"四项。在笔者看来，此所谓"德"，即孙子所谓"五德"，是指守本自持能力；"才"是指能够综合运用各种资源，去解决实际问题、应对严峻挑战的能力；"识"是指基于天文、地理、人情、物理的了解和掌握，对实时军事态势做出正确判断的能力；"艺"指军事技能、武器装备及其综合使用的能力。德、才、识、艺四项不是简单的并列关系，而是相互关联的有机组合体："德"是根本，决定"才"最后可能达到的高度；"才"建立在"识""艺"之上，体现综合能力和灵活性，需要哲学思辨能力和运筹能力。"识""艺"是"才"的基础，识厚艺高，"才"具备的潜力就更大，从另一维度决

---

① （明）戚继光：《练兵实纪·杂集》卷一《储练通论上·储将》，中华书局 2001 年版，第 206 页。

② （明）戚继光：《练兵实纪》卷九《练将·立志向》，中华书局 2001 年版，第 159 页。

③ （明）戚继光：《练兵实纪·杂集》卷二《储练通论下·原用人》，中华书局 2001 年版，第 227—228 页。

定"才"可能达到的高度。

德是否具备？才、识、艺能力如何？都要看具体表现。将才的行为表现多种多样，绝大多数一望而知优劣，易于评判。但戚继光特别注意辨识那些能够反映"德"的行为现象，正面的如能够反映志向、真诚、正直、清廉、实干、勤勉、执着的行为，显示是否有"不二之心"，能否与士卒"共滋味""经得顿挫"等现象；反面的如能够反映偏狭、贪婪、自私、狡诈、自大、虚荣、狂妄、懈怠等现象。

戚继光特别注意辨识贪利者与诈伪者，认为"贪则不夺不厌，诈则君父可欺"[1]。贪诈之人或有一技之长，只可备权变之用，而断不可以正用（付以全责或重任）。

戚继光曾对他认可的将才品质有过一些表述。嘉靖三十三年（1554）任山东备倭都司时，巡海途中议将才："必任真任怨，以国事为家事，谋兵如谋身，明纪律，持清操，千人之敌，万人之勇……"[2] 隆庆四年（1570）任蓟昌保三镇练兵总理兼蓟镇总兵官时的表述："始终无二心，明义欲之辨，纯忠劲节，无周公不足之观者。"[3] 万历十三年（1586）在广东总兵官任上的表述："必也奉主将之命，宁使下怨而奉行惟谨，不苟取士卒之财，而与之同其甘苦，略知文字，有志向上……此所谓干实事之人也。"[4] 当然，这些表述都有特定语境，用意不同，取向各异，有的议将才，有的议任将，但将它们连贯起来，可见戚继光对可用将才的一些基本要求。

戚继光将辨识出的将才分为两类：一类德行无亏，凡有长技者皆在可取之列，或直接任用，或加以培养，视情而定；一类德行有亏但有长技，储而备之，特殊情况下可作权宜之用。

---

① （明）戚继光：《止止堂集·愚愚稿上·〈大学〉经解》，中华书局 2001 年版，第 268 页。

② （明）戚祚国等：《戚少保年谱耆编》卷一《嘉靖三十三年三月条下》，中华书局 2003 年版，第 15 页。另，《止止堂集·愚愚稿上·〈大学〉经解》作"任真任怨，以国事犹家事，谋兵如谋身，必舍而后达，轻小以求大者"，第 268 页。

③ （明）戚继光：《练兵实纪·杂集》卷一《储练通论上·储将》，中华书局 2001 年版，第 208 页。"周公不足之观"，语本《论语·泰伯篇》："子曰：'如有周公之才之美，使骄且吝，其余不足观也已。'"

④ （明）戚继光：《练兵实纪·杂集》卷二《储练通论下·原用人》，中华书局 2001 年版，第 228 页。

二、用将

对于戚继光而言，用将是将术的小宇宙，自成一套专业化体制。不仅辨识将材贯彻始终，而且用将就是练将，练以致用，及时调适岗位，使人尽其长，才尽其用，获得更好的用将效益。

1. 用将不论出身

戚继光用将不论出身，唯以才具是重。他说："无分于武弁也，无分于草莱也，无分于生儒也，遴其有志于武者，群督而理之。"① 他起用的将领，有亲自招募的义乌兵（如王如龙、陈大成、朱珏、金科、楼楠、丁茂、陈子銮、金福等），有辖区卫所制世官（如李超、胡守仁、张元勋、吴惟忠等），有由他部转入麾下的材官（如傅应嘉、丁邦彦等），还有布衣文士（如叶大正、陈文治、陈第等），但是都要经过培养锻炼和使用考察，有真实能力者才会任用。例如嘉靖四十二年（1563）九月更换福建五水寨主将和任命陆路北、中、南三路守将；四十三年（1564）正月调整五水寨主将及陆三路守将；四十四年（1565）三月再次调整；隆庆三年（1569）设蓟镇东、西两协副总兵；等等，任命之将都是他培养多年并经过使用考察的将才。

2. 将才分等而用

戚继光用将，根据才情分为大将、偏裨、小将、一技之长者四等，委以相应权责。他说："……能是数者②，纯乎纯矣，而兼以文义，雅有德量，则大将也；能是数者，优于技艺，励于鼓舞，短于文学，则偏裨也；才有余而志不足以当之，勇有余而志不足以承之，皆小将也……或既而为愚、为诈、为贪而皆有一长者，收之幕次，因其事变，偶一使之。"③ 此所谓大将、偏裨、小将，只是根据才情可付予权责大小与多寡而做出的分等表述，与军中职级并无对应关系。大将者，"功由序进，德与功乎，尤加慎而择之，务廉其人无欲焉，无所为而为善焉，功日高而

① （明）戚继光:《练兵实纪·杂集》卷一《储练通论上·储将》，中华书局 2001 年版，第 208 页。

② 具胆艺，正习讹，曾试之实境等——笔者注。

③ （明）戚继光:《练兵实纪·杂集》卷一《储练通论上·分将品》，中华书局 2001 年版，第 215 页。

心日下焉，位愈隆而志益坚焉，果为纯臣无二心焉"①，可担重任，负全责，任万千之众军旅主帅，当一面之寄；偏裨者，置主将之侧，领将职，协将事，襄其成功；小将者，可领中低级主将之职，分领职责，率众成事。此三等，是德行考察合格的将才正用。而对于德行有亏但有一技之长者，则"收之幕次"，以待"偶一使之"，所谓"为一时措事之宜，一事用人之权"②。

戚继光用将还有一个概念，叫作"将将者"，是对有统率众将之责的高阶将领的职能表述，与"将兵者"相对应。他解释道："（孙子）又曰：'将听吾计，用之必胜，留之；将不听吾计，用之必败，去之。'此'将'字，谓将将之将，非将兵之将也。"③他在著述中多次提到"将将"，但都一笔带过，不作过多阐述，原因可能是在当时以文统武体制下，一介武职不便以庙堂口吻谈论"将将"之道。有一件事可以证明——万历二十五年（1597），兵部尚书、蓟辽总督邢玠为《练兵实纪》作序，回忆早年他与戚继光相处的一件往事："余犹忆为令时，尝与公深言兵法。公亦壮余，掀髯为余论用兵要渺，且笑曰：'将兵者，余辈事。将将者，异日公等事。'"④时当隆庆末，邢玠年届三十，只是一个小小的密云知县——形势限制了戚继光"将将者"之论，甚为可惜。但是他认为将术一途责在"将将者"，所谓"率倡之机存乎上"⑤，上行下效，提纲挈领，即"将将者"之事，意思却再明白不过。

3. 用将即练将

戚继光待将之道，对大将、偏裨和小将是有所区别的。任用大将，他认为要给予充分信任，"推诚心以致之，绝疑间以重之，归其事柄，假其设施，言必行焉，计必听焉。财谷无问夫出入，总有裨于用而已矣；机宜无掣其肘腕，总为有成功而已矣；谗间无听，总为乃心王室而已矣。食之尽其材，鸣之通其意，务使展千

---

① （明）戚继光：《练兵实纪·杂集》卷一《储练通论上·练心气》，中华书局2001年版，第214页。

② （明）戚继光：《止止堂集·愚愚稿上·〈大学〉经解》，中华书局2001年版，第216页。

③ （明）戚继光：《止止堂集·愚愚稿上·〈大学〉经解》，中华书局2001年版，第271页。

④ （明）戚继光：《练兵实纪》附录《邢玠〈重刻纪效新书序〉》，中华书局2001年版，第344页。

⑤ （明）戚继光：《练兵实纪·杂集》卷一《储练通论上·正选练》，中华书局2001年版，第222页。

里之足，驰九轨之道。"① 任用偏裨和小将，则需要根据才情特点，注意发挥他们的长处，更重要的是做出针对性的配套安排，以襄其履职、成长："其有优于调度而短于冲锋者，委司策应，必佐之以强兵勇士；其有优于胆勇而短于调度者，委司前行，必付以伶便之佐，授以不移之令。"② 之所以如此，是因为偏裨、小将具有更大上升空间，随着时间推移，他们可能因才具提升而由偏裨之才进为大将之才，由小将之才进为偏裨甚至大将之才，能够应对更加严峻的挑战，能够承担更重大的责任。因此在戚继光看来，所谓"偏裨""小将"，不过是某一时间点上对特定将才的等第认定之谓，并非一成不变。

从戚继光军事实践看，他用将实际上就是在练将。他真正开始重视将领问题，是在募练义乌兵初见成效之后不久。那是嘉靖四十一年（1562），他率师初次援闽，经过林墩血战，师至牛田，戚继光欲鼓疲兵进剿在附近为乱的三千山匪，但因血战后兵气已泄，加之天寒未授衣，闽赏亦不信，麾下部伍竟然"聚哗不成节制，谕之百方，徒面从耳"③。后来虽用计达成了用兵目的，但是这一次基层军官的表现深深触动了他。让他意识到，这支队伍远未达到能够经受严酷战场考验的程度，所谓"令民与上同意"④，所谓"如身使臂，如臂使指"，都还遥远，而问题就出在将领身上。之前将注意力只集中于士卒（武艺、胆气、节制之练）是有缺陷的，兵练有成之后，将领才是影响战斗力的关键因素。从此，他开始着意将领问题。戎马倥偬之中，关注将领在军事行动中的表现，对他们的才情特点做到心中有数。及时擢用有能力的将领，任命之后注意跟进，及时"面诲"、督促和检查，鼓励他们立功。他说："但将士色货之驱，鲜能自振自立，必吾上人谆谆教导，严切察访，随过曲防，以纳于轨。"⑤ 对有才能但短处明显的将领，就创造条件让他们尽快补齐

---

① （明）戚继光：《练兵实纪·杂集》卷一《储练通论上·练心气》，中华书局 2001 年版，第 216 页。

② （明）戚继光：《练兵实纪·杂集》卷二《储练通论下·原教》，中华书局 2001 年版，第 234 页。

③ （明）戚祚国等：《戚少保年谱耆编》卷三《嘉靖四十一年九月》，中华书局 2001 年版，第 94 页。

④ （北宋）《〈武经七书〉注译·孙子·始计第一》，解放军出版社 1986 年版，第 2 页。

⑤ （明）戚继光：《练兵实纪·杂集》卷二《储练通论下·原感召》，中华书局 2001 年版，第 231 页。

短板，"然又有一等冲锋陷阵之徒，而不堪于管练统驭者；又有一等调度知方之徒，而胆力不堪领锋率众者。于此处之尽其道，而使偏于勇力者可以将兵，偏于调度者可以冲锋，是诚在我良工之心苦矣"[①]。显示了他对用将的理解，即练以致用、调适补齐本就是"用将"语中之义。以嘉靖四十四年（1565）处置朱玑事件为标志，戚继光"用将即练将"的思想理念基本成型。

4. 充分利用名色制度

戚继光用将，总是根据将才的实时才情适时擢用。南方抗倭时，他对那些在军事行动中表现突出、品德良好、勇于担当，且已经显示出较强领兵才具的人，不拘一格，超擢任用。戚继光充分利用当时的"名色任用"制度，在得到督抚支持的前提下，及时将有才能的低级军官提拔到重要岗位上来。

"名色任用"制度，是一种不拘一格任用军事人才的制度。明初，中高级将领（流官）除一部分由贵戚担任外，大多由承袭世职的卫所级军官升任，军户出身的人才没有机会成为将领。明朝中期，为适应日益严重的军事形势，开始出现名色任用制度：督抚出任时，携带几张兵部给予的制式版票（空白委任书），到任后可根据军情需要，随时任用有才能之人，不受出身和原有职级等限制。初期名色委任只有千户、把总两职，万历中期以后逐渐泛滥。经朝廷抑制，逐渐消亡。

据史料记载，戚继光超擢任用的只有"名色把总"一职，戚继光称之为"义总"。通过此举，一批批优良将才脱颖而出，进入晋升中高级武职的通道，激发了他们的主动性、创造性。据《戚少保年谱耆编》记载，嘉靖四十二年（1563）至四十四年，在不到三年的时间内，戚继光共任命（擢用和超擢用）名色把总 60

---

①（明）戚继光：《练兵实纪·杂集》卷二《储练通论下·原用人》，中华书局 2001 年版，第 228 页。

名①，其中相当比例属于超擢任用。如此大的力度，对于优化军中将领升用环境，无疑会产生重大的正面影响。

5. 其他用将注意事项

除前述诸项之外，戚继光认为任用将领还需要注意以下几点：

——任用将领，要倚重有将心者："诚实足以付一军似矣。"② "比干称戈，覆军杀将，勇也，而每付之慈祥恺悌之人何哉? 内仁而外义，则行之有本，自然之理耳。吾子能以冲锋上阵取功名的勇气为戒慎，勇往以求道理，无往不遂。"③

——凡涉及将士性命安全和钱粮事务的职务，不用贪、诈、愚之人："贪、诈、愚不可用于统众……干实事之人，临阵而不拼命率众者有之矣；奸诈伶俐之人，驱以死敌者未之有也。"④ "若夫寄一旅之众，当疆场之责，有死生利害之相加，有钱谷给散之相近，有患难艰苦之共尝，齐一行伍之耳目，感召乌合之人心，使之赴汤蹈火，从吾所愿，岂贪诈奸愚足以当之哉?"⑤

——将才"勇之过盛"，则气浮不可用。必挫抑其浮，发其真勇，然后可用。他说："凡诸营伍中有养气太勇而久未用者，不使当前行，以其积气太浮，畏心渐掩，不轻视其号令，必堕贼之计中。故兵入惟恐其不勇人皆知之，而勇之过盛亦

———

① 据《戚少保年谱耆编》记载，经戚继光擢用的将领有：（按先后排列）王如龙、傅应嘉、孙廷贤、钱助礼、乐堨、赵记、金科、叶大正、陈应潮、朱珏、方奇、暴以平、胡仲膏、陈良琮、陈计、蒋清、钱国明、扬文、陈其可、蒋伯清、孙廷贤、童子明、陈仓、刘朝、吴京、丁茂、朱九龙、陈禄、陈文登、胡世、方伯、楼大有、俞世龙、屠本道、金宗岳、金福、俞一和、施官定、张九韶、何十一、戚子明、吴良栋、朱文学、朱文达、娄国华、冯焕、金守常、吴昆、胡大受、方其、沈秉懿、张成颙、胡世、何集之、陈蚕、鲍文龙、徐全、石成绍、毛介、张迈，共60位。这些还不是全貌，据《明穆宗实录》卷十五《隆庆元年十二月辛巳朔·戊戌（十八日）条下》记载："（福建）巡抚涂泽民……又言闽中见言：水陆诸将皆先任总兵戚继光所储选，以后乞就本省升迁。"可见戚继光擢用的将领当时已遍布福建水陆各军。

②（明）戚继光：《练兵实纪·杂集》卷二《储练通论下·原用人》，中华书局2001年版，第228页。

③（明）戚继光：《止止堂集·愚愚稿上·〈大学〉经解》，中华书局2001年版，第264页。

④（明）戚继光：《练兵实纪·杂集》卷二《储练通论下·原用人》，中华书局2001年版，第228页。

⑤（明）戚继光：《练兵实纪·杂集》卷二《储练通论下·原用人》，中华书局2001年版，第227页。

不可用，则知者鲜矣。"①

——中高级军官也要通武艺，能精一二艺者更佳。若不可得，则宁用有胆者。他说："哨官以上，弓马技艺皆其末节，不足为轻重，然亦须各有一艺，然后仗此无恐，庶可当先。且平时教练，头目先知此艺之利病，庶可以示人之习向。苟不可得兼，宁用有胆而无艺者。"②

三、练将

对于储备将才的重要性，戚继光说："夫不蓄于平时，期取用于一旦，则无惑乎临时多乏才之叹。"③他最终的练将主张，是武学专业化培训与在职培养任用相结合，两者虽各成体系，却相互衔接。即经过专业化培训打好基础的将才，进入任用通道，继续在职培养，最终成为合格将领。戚继光这一思想，是经过几番曲折之后才逐渐形成的。

1. 在职将领锤炼

戚继光在南方抗倭时，战事频仍，正当用将之际，只能一边在戎马倥偬中锤炼将才，一边发现和拣选堪用者，或定向培养，或勉为任用，偏重于军事能力尽快提升，以便急用。这是受当时练将条件限制和用将形势所迫而采取的不得已之举。

他锤炼在职将领的方式主要有三：一是根据才情付以相应责权，委以任务，让他们在行动中增长才干。二是注意言传身教，凡平居处事、言谈举止、场操习练、危情处置、临敌指挥、恩威拿捏，时时处处做出表率，不时加以点拨，亲自宣讲为将之道，"但军事稍闲，必从我于讲席之下，即为诸生"④，督促众将学习兵法，并且强调要读《百将传》，注意兵法原则的实境活用。三是根据才情递进情况，及时提拔，使之才尽其用，调动将领继续上进的积极性。

---

① (明) 戚继光:《练兵实纪·杂集》卷一《储练通论上·练心气》，中华书局 2001 年版，第 218 页。

② (明) 戚继光:《练兵实纪·杂集》卷二《储练通论下·原用人》，中华书局 2001 年版，第 228 页。

③ (明) 戚继光:《练兵实纪·杂集》卷一《储练通论上》，中华书局 2001 年版，第 201 页。

④ (明) 戚继光:《止止堂集·愚愚稿上·〈大学〉经解》，中华书局 2001 年版，第 263 页。

在职培养，戚继光强调两点：一是要"因材造就"，根据将领的个人特点，做出不同的培训安排。他举例说："如一把总，平日优礼于头目而严察于兵士，凡是营之兵，犯必轻处，恩必遍及，有当治以法者必多责成头目；如一把总，平日宽爱兵卒而操切头目，凡是营之兵，犯必重处，威必全加，及有当连坐以法者必量贷之……其有优于调度而短于冲锋者……其有优于胆勇而短于调度者……是皆因材而加造就，无分智勇，尽可收功。"① 二是要行"感召之道"，明王霸义利之辨，行仁者之为，事事着力于心："夫制胜之妙如珠转圜，将何有秘？盖有不可以言喻而可以意受者，感召之道也。忠诚恻怛，实心实行，艰苦居士之先，便利居士之后。知我士情，使众由之而不觉；知敌虚实，使众蹈之而忘危。驱万人以意，而不在于威刑之宽猛；悦万人以心，而不在于财货之重轻。材有大小，各适其宜，佐之惟断惟信，无适莫方体②，谓非秘哉。"③

从实际结果看，以此法锻炼在职将领取得了较好效果，一大批优秀将领脱颖而出，适应了用将需要，提升了部队战斗力，戚继光率领这些将领圆满完成了当时面临的一个又一个严峻挑战。

除了经验，还有教训，而且教训十分深刻。嘉靖四十四年（1565）九月，由他亲自任命的福建五水寨之一的浯屿把总朱玑、协总王勃，没有听从他的叮嘱，失于防范，被倭寇偷袭得手，水寨被破，二人被擒（后来虽在一次战役中被救出，却再未出现在戚继光使用的将领名单中）。这件事对戚继光触动很大。作为一水寨主将，朱玑未能严遵将令，王勃也未尽到协助提醒之责，大敌当前，防范松懈，缺少军事将领起码的戒慎之心，这说明以往在职练将、用将在方法和标准方面都存在缺陷。借此，戚继光对将领应当具备的基本素质有了更全面的认识，后来特别注重将职戒慎操守，强调"敬箴"即是一例（参笔者另文《论戚继光的职业操守》）。

---

① （明）戚继光：《练兵实纪·杂集》卷二《储练通论下·原教》，中华书局2001年版，第233—234页。

② 无适莫方体：意为无亲疏厚薄之分，无品类身份之别，不拘一格（使用）。语本《论语·里仁》："君子之于天下也，无适也，无莫也，义之与比。"

③ （明）戚继光：《练兵实纪·杂集》卷二《储练通论下·原将秘》，中华书局2001年版，第245页。

2. 武学将才培养

戚继光于隆庆二年（1568）五月出任蓟昌保三镇练兵总理，上《定庙谟以图安攘疏》，疏中建议朝廷武科选士与武学对接。翌年加兼蓟镇总兵后，为了训练边军，又针对北方边情陆续写成一系列练兵教材，经督抚审核后于隆庆五年（1571）"通集成帙"，印发军中，即九卷本《练兵实纪》。以其中卷九《练将篇》为标志，戚继光关于合格将领应当具备的素质与评判标准体系形成。

此前稍早一件事，触动了戚继光。他隆庆元年（1567）奉诏北上后，仍留在南方任职的原麾下骁将王如龙、金科、朱珏"以夙将而事新帅，礼貌之间未免参商……三将遂尔先后下狱矣……加以三木，寇至则命之出师，寇去则收之狴犴"①。后经戚继光争取，将他们三人调至蓟镇自己麾下，金、朱二人后得有展布，而王如龙竟殒命军中，令戚继光痛惜不已。这件事让他意识到，在职培养的将才，虽然经得起战阵考验，但是缺乏社会适应能力，不知行权变通，归根结底还是个人修养火候未到，难以立足当世，终究算不得是成熟将才。这更坚定了戚继光通过武学按部就班培养，打好将才文化人格和思想基础的信念。

之后不久，戚继光又陆续就练将问题有了一些补充表述。万历初期，十五卷本《练兵实纪》刊印。书中新增的《杂集》六卷中，含有《储练通论》两卷、《将官到任宝鉴》一卷、《登坛口授》（他向众将授课时李超等人所做笔记）一卷，详尽论述了武学将才培养和在职练将，对之前的《练将篇》做了许多补充。至此，戚继光主张的武学专业化训练与在职培养任用两套独立运作体制相结合的练将思想才最终架构完成。

在戚继光著述中，对武学培养将才有三处比较完整的表述：一处在他隆庆五年所上《请设三武学疏》中，另外两处在《练兵实纪·杂集》卷一《储练通论上》文中。这三次表述都主张理论联系实践的培训方式，但对培养阶段的说法却不尽相同。结合他关于武学的其他言论，归纳起来，他设计的武学"作养"流程大致分四个阶段：

第一阶段：文化素质、思想道德和理论培养。"将本唯德"，是戚继光的一贯

---

① （明）戚祚国等：《戚少保年谱耆编》卷十《隆庆六年正月条下·取用被劾战裨辩诬疏》，中华书局 2003 年版，第 235 页。

主张。使武生接受儒学思想熏陶，明辨义利，得王道仁者之心，奠定将本，树立将心，怀忠义，正心术，明理知方。方法是在教师指导下读书。至于讲授之书，先授《大学》《中庸》《论语》《孟子》《忠经》《孝经》等儒家经典，"使知心性之源头，源洁流清，悟见鸢鱼，常活泼矣"[1]；再授以《春秋》《左传》《资治通鉴》，"以广其材"[2]。"夫如是而教养之矣则理明，理明而后识定，识定而后利害不挠，利害不挠而胆不壮者未之有也"[3]。

第二阶段：军事素质和技能培养。一是研习兵法，讲授《武经七书》《武经总要》等兵书，并结合讲授《百将传》，强调兵法原则的实境灵活应用要"出于法而不泥于法，合时措之宜也"[4]；二是练习个人武艺，最低限度是精一艺，通诸艺；三是"仍于骑射之外，如矛盾、戈铤、钩弩、炮石、火攻、车战之法，各随所长，分门析类，各令精通"[5]，学习阵法、号令、哨守、军令、赏罚、后勤运作等一应行伍之务。

第三阶段：学习杂艺，广博知识。"如阴阳星历、游说间谍、火攻水战、阵图战法、秘术奇技可裨军机者"[6]，甚至医学、巫卜等术，凡兵家可能涉及的领域知识，都应当遍及。

第四阶段：择优试用，评判优劣。前习既成，"俟其稍熟，间一试之。或令之赴边，使习知山川之势、夷虏之情。或暂随在营，使熟识旌麾金鼓之节，且教而且用之。用之不效，而复教之"[7]。即取其优秀者间一试诸军伍实境，堪用者从此进入军中在职培养任用体制，学有不通者回炉。如此，武学"作养"流程形成闭环。

---

①（明）戚继光：《练兵实纪·杂集》卷一《储练通论上·储将》，中华书局2001年版，第210页。

②（明）戚继光：《练兵实纪·杂集》卷一《储练通论上·储将》，中华书局2001年版，第210页。

③（明）戚继光：《练兵实纪》卷九《练将篇·练将胆》，中华书局2001年版，第211页。

④（明）戚祚国等：《戚少保年谱耆编》卷一《嘉靖三十九年正月条下》，中华书局2003年版，第34页。

⑤（明）戚继光：《练兵实纪·杂集》卷一《储练通论上》，中华书局2001年版，第201页。

⑥（明）戚祚国等：《戚少保年谱耆编》卷九《隆庆五年条下·请设三武学疏》，中华书局2003年版，第311页。

⑦（明）戚继光：《练兵实纪·杂集》卷一《储练通论上》，中华书局2001年版，第201页。

其与在职培养任用体系之间的衔接如下图所示：

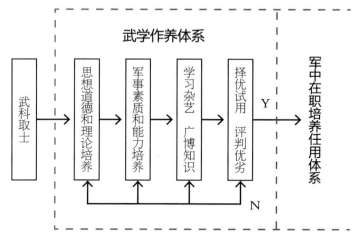

戚继光武学培养流程与将领任用体系衔接示意图

3. 小结

戚继光的练将思想，包括武学培养将才、在职培养将领两个部分，前后衔接，形成完整体系。

武学专业化培训的最大优点，是可以循序渐进，按部就班打好文化和思想基础。这是在职培养和任用无法做到的。有感于王如龙等将领后来的际遇，戚继光深知文化涵养和思想修养对于将领跻身于世和最后能走多远意味着什么。因此，他主张武学培养要循序渐进，按部就班，特别强调读书的重要性，不仅规定所读书目、研读各类书籍的先后顺序，还明确指出了用意。

戚继光讲究实际，且总是推己及人。在他看来，成熟的将领应当足以立于当世，不管这世界是严酷的还是友好的，这是最低标准，否则就谈不上发挥个人才智和实现理想。

练将为的是用将。将领是否合格，终极判断还是要看大敌当前、形势严峻时能否应对裕如。所以，戚继光认为，具有实践优势的军中在职培养任用体制才是促使将领走向成熟的最后途径。在他的练兵操典《练兵实纪》中，《练将篇》列有26项，其中一些只对在职将领才具有实际意义，例如惜官箴、勤职业、爱士卒、教士卒、明恩威、严节制、明保障等，即是证明。

戚继光武器装备发展思想及现实意义

宋耀武 *

戚继光是伟大的爱国主义者、古代杰出的军事家，他的军事著作《纪效新书》《练兵实纪》丰富了我国军事思想和军事理论的宝库，对我国甚至世界军事思想和军事理论的发展都产生了深远的影响。认真学习研究戚继光的武器装备发展思想和实践经验，对于传承戚继光文化、弘扬爱国主义精神，至今仍具有重要的现实意义。

一、以作战需求为目标

武器装备是决定战争胜负的重要因素。戚继光认为："手足便捷，系于器械轻利。……手无搏杀之方，徒驱之以刑，是鱼肉士卒也。"[1] 所以，一定要使武器装备优于敌人。

如何才能使自己的武器装备优于敌人呢？戚继光认为，兵器种类甚多，古往今来用的各不相同，但其关键"在于因敌变置"[2]。就是说，用什么兵器不能由主观来确定，而是要根据敌人特点和所用兵器的情况来决定，不能以不变应万变。倭寇是从海上来的，他的特点是双手使刀，十分强悍，而鞑靼是从陆上来的，他的

———————

 * 宋耀武，中国明史学会戚继光分会顾问、蓬莱戚继光研究会顾问。

① （明）戚继光:《纪效新书（十四卷本）·卷三·手足篇·题解》，中华书局 2001 年版，第 47 页。

② （明）戚继光:《练兵实纪·杂集》卷五《军器解》，中华书局 2001 年版，第 300 页。

特点是骑兵，速度快，善冲突。对付不同的敌人就应该用不同的武器装备。他认为："称干比戈，用众首务。"①就是要讲究"称比之术"。什么是"称比之术"？就是要了解敌人的武器，研究敌人的武器，弄清敌人武器的优劣，要使武器装备优于敌人。但优于敌人，绝不是说敌人用什么武器，我们也造什么武器，只是比他造得更好就行了，而是要懂得"异用之术"②。用今天的话来讲，就是要绕开你有我有的常规式、尾随跟进式、对称式模式，以创新的思路，坚持差异化、非常规、非对称式原则，实现武器装备的跨越式发展，从而实现"变道超车"。在这里，戚继光实际上已实现了从"有什么武器打什么仗"向"打什么仗就发展什么武器"的转变，提出了"武器装备的发展要以作战需求为目标"的思想。

武器装备是用来打仗的，强军胜战是武器装备发展的根本目标。所以仗怎么打武器装备就应该怎么发展，敌人用什么武器装备，我们就应该制造出比敌人更好、更强、更优，或者是能够克敌制胜的武器装备。当今社会，科学技术迅猛发展，现代化战争更加复杂多变，因此要增强武器装备发展的科学性、针对性、前瞻性，只有这样才能少走弯路。这就必须"以作战需求为目标"，坚持作战需求的根本牵引。首先，要加强对现代化战争、未来战争的研究，明确作战需求。针对不同的作战任务、作战对手和战场环境，根据未来打什么仗、怎样打仗、跟谁打仗等基本问题来确定武器装备发展的体系、规模和结构，确保武器装备适合部队的需求，符合未来战争需要。其次，要加强情报研究，跟踪对手的最先进武器装备。在坚持引进、仿制、改造的同时，特别要注重研发、创新。坚持"非常规""非对称""差异化"武器装备发展思路，全面审视敌我武器装备的状况，分析其优劣、强弱，避实击虚，以己之长，击敌之短。最后，要将战争研究、情报研究和武器装备设计制造融为一体，努力把现代化战争、未来战争的样子描述准，把对武器装备的需求研究透，根据作战的实际需求制定武器装备的发展规划，开发研制，设计生产。

---

①（明）戚继光：《练兵实纪·杂集》卷五《军器解》，中华书局 2001 年版，第 300 页。
②（明）戚继光：《练兵实纪·杂集》卷五《军器解》，中华书局 2001 年版，第 300 页。

二、以先进技术为参照

戚继光所处的时代是逐渐由冷兵器向火器过渡的时代，冷兵器和火器混杂使用是当时的特点。但是戚继光敏锐地看到火器在战争中将发挥巨大的作用，热兵器是未来发展的趋势。他认为："五兵之中，惟火最烈。古今水陆之战，以火成功者最多。"[①] 车营"所恃全在火器；火器若废，车何能御"[②]？"守险全恃火器。"[③] "水战，火为第一。"[④] 所以他很重视火器在军队中的配备，尽力采用火器。他的军队中所装备的火器是当时明军中比率最高的。

在戚继光的步兵营中，"兵夫二千一百六十名。内铳手一千八十名，杀手一千八十名"[⑤]，使用火器的占比已是50%，但杀手中还有216人使用火箭，所以使用火器的占比已达到60%。车兵营中使用火器的至少占到战斗人员的77.8%。当时的火器也有好多种，但鸟铳和佛郎机是世界上当时最先进的热兵器，戚继光便大量采用，而对传统火器采用的就比较少。

在戚继光所建立的水军中，火器的配备比例更高。舰船上配备的兵器主要有无敌神飞炮、大佛郎机、百子铳、鸟铳、火桶、喷筒、火箭、三飞、六合铳等。可以说，在戚继光的部队中，火器已占主导地位。火器的使用提高了部队的整体战斗力。戚继光推动了火器的使用和发展，促进了武器由冷兵器向火器的转变，表明明军使用的兵器已由冷兵器为主逐渐过渡到以火器为主的时代。这是戚继光对武器装备发展的了不起的贡献。

重用火器，而且是选用当时火器中最先进的热兵器，这说明戚继光对武器装

①（明）戚继光：《纪效新书（十四卷本）·卷三·手足篇·神器解》，中华书局2001年版，第48页。

②（明）戚继光：《练兵实纪·杂集》卷六《车步骑营阵解·车营解》，中华书局2001年版，第333页。

③（明）戚继光：《练兵条议疏》，摘自高扬文、陶琦主编《戚少保奏议》，中华书局2001年版，第51页。

④（明）戚继光：《纪效新书（十四卷本）·卷十二·舟师篇·火器总解》，中华书局2001年版，第270页。

⑤（明）戚继光：《练兵实纪·杂集》卷六《车步骑营阵解·步营解》，中华书局2001年版，第339页。

备的发展始终与当时世界上最先进的技术对标,注重学习、引进当时世界上最先进的技术,这种"以先进技术为参照"的思想具有很强的时代意义。

2013 年,在中共十八届中央政治局第九次集体学习中,习近平总书记发出了一个对历史的深刻追问:"近代以来,中国屡屡被经济总量远不如我们的国家打败,为什么?其实,不是输在经济规模上,而是输在科技落后上。"[①]

科学技术是第一生产力,对于军队来说,科学技术是核心战斗力,也是武器装备发展最活跃的因素和最强大的拉动力,科学技术的发展水平从根本上决定着武器装备的发展水平。当今社会,知识爆炸的时代,许多新科技,如核技术以及传感技术、计算机技术、人工智能技术、通信技术、控制技术、激光技术、电磁技术等飞速发展。所以,要瞄准世界先进科技,紧跟世界新军事革命发展趋势,加强吸收消化,努力缩小与世界军事强国的差距,为武器装备现代化提供强大的技术支撑。要坚持问题导向,加大基础研究和核心技术研发力度,巩固长板,补齐短板,尽快提高自主创新能力和制造工艺水平。要突出人才优先,强化人才是第一资源的理念,放开视野选人才、想方设法育人才、不拘一格用人才,努力培养造就一支规模结构合理、能力素质优良的国防科技和武器装备人才队伍,支撑武器装备现代化持续推进、健康发展。

三、以变革创新为动力

戚继光不仅有一腔爱国热情和战场指挥才干,而且锐意进取,善于接受新事物,勇于变革创新。可以说,变革创新伴随着戚继光的一生。他大胆变革军制,不用卫所制的世兵,实行募兵制。在东南沿海抗倭时,他认真地总结历史和现实的经验,从实战需要出发,科学地进行编伍,创建了威震敌胆的鸳鸯阵。在武器装备发展方面,戚继光以实际作战需要为目标,以先进技术为参照,以变革创新为动力,不断地改进、研制和发明武器装备。在南方抗倭期间,戚继光曾根据东南沿海的地形特点和倭寇的作战方式,组织人员创制了多种新型兵器。如为了对付倭寇的倭刀,他不是组织制造比倭寇更好的倭刀,而是发明创制了名为"狼筅"

---

① 《人民日报》评论员:《科技立则民族立,科技强则国家强》,人民网 2021 年 11 月 4 日。

的兵器。狼筅用大毛竹制成，长一丈五六尺，四周有枝梢，梢上安有倒钩，既为"杀倭利器"，又能"遮蔽全身"。他还组织人员创制连子铳、喷筒等新型火器，独创了艋艚船等。戚继光创制过一种炮。它是以六块木板用铁箍合成的，内里装药，水陆均可使用。陆上用它攻坚、攻城，水上用它击船。万历八年（1580），戚继光创造了地雷自动引爆装置"钢轮发火"。利用钢轮和燧石摩擦发火的原理，人马踏上这套装置可以自动引起地雷爆炸，提高了地雷发火的准确性、可靠性和杀伤力。在北方戍边时，根据鞑靼善骑射的特点，戚继光不是训练出比鞑靼更善于骑射的骑兵，而是改造和提升战车的功能，实施以车御敌的战术，并且创建了空心敌台，修建和加固了边墙，以更有杀伤力的火器来对付敌人的弓矢，以边墙、空心敌台和车步骑营来阻止鞑靼骑兵的冲突。

改革是我军发展的不竭动力，强军兴军的根本出路在改革。解放和发展生产力靠改革，解放和发展战斗力同样靠改革。武器装备的发展同样要靠变革创新，要坚持创新驱动发展。要随着形势的变化、敌情的变化而变化，要随着斗争形式的变化而变化。首先，要制定创新研发规划。以我国国防政策为指导，以世界先进科技为引领，以未来战争的需求为目标，确立创新研发方向，选准突破口。其次，要加大投入力度，打造创新研发基地，为武器装备的研发和创新提供适宜的环境和有利条件。最后，要组建创新研发队伍，加强研发创新力量，建立健全激励机制，加快研发创新步伐，大力推动军事科技创新发展，促进我国武器装备的发展由跟跑、并跑到领跑的转变。

四、以质量效益为准则

戚继光不仅是杰出的军事家，还是杰出的武器专家。他对武器装备求新、求实、求精。求新就是采用当时最先进的武器装备。求实就是讲究实用、讲究效益。明代的火器有二三百种之多，当时边防用的火器也有120种左右，但戚继光只选用实用性强的10种左右装备部队。求精就是对每件武器装备他都要求制造精良，保证质量。如鸟铳枪管要直，必须用钻钻成，铅子要圆要合口；火箭箭杆要直，翎羽要硬；等等。

到北方戍边后，他发现武器装备存在很多问题，因此提出："旧可用者更新之，

不堪者改设之。"① 更加重视对武器装备的提升和改进。"不堪者改设之。"北方用的
近身短刀等，在戚继光看来是不堪再用的，于是予以"改设"。以他在南方抗倭时
使用的冷兵器来装备北方的骑兵和步兵。比如盾牌、狼筅、长枪、镗钯等。因为
灵活的藤牌、枝叉繁茂的狼筅在敌骑兵面前照样可以起到保护长枪的作用，而敌
人马上的短刀还未砍到明军时，一丈七八尺长的长枪已经可以刺到敌人了。不过
因北方气候干燥，竹子和藤子容易脆断，根据这一情况，戚继光将竹狼筅改为铁
狼筅，将藤牌改用轻质木材制作。南方用的鸟铳要比北方的快枪好得多，他就拿
来装备部队。"旧可用者更新之。"对北方仍可使用的兵器如弓箭、大棒、线枪、快
枪等，在用材、工艺、规格、功能上进行改进和提升。北方的骑兵和陆兵都善用
大棒击打穿有盔甲的敌人。戚继光则在大棒的一端加一鸭嘴形铁枪头，使大棒既
可以用来击打，又可以用来刺杀。还有一种称作夹刀棍的，就是在大棒的一端加
上五寸长的利刃。快枪是当时北方用得最为普遍的一种火器。但它燃放复杂，不
能瞄准，性能远比鸟铳要差得多。而且造得十分粗劣，枪筒短，管壁薄，枪膛不
直，枪口不圆，铅子不合口。但是北方人习惯用它，戚继光对其进行了全面改造：
加大了枪筒的长度，以两尺为准，加上装的木柄共长 6.5 尺；枪膛要用钻钻成，必
须要膛直口圆；铅子要圆，大小要一致；用药、药线要有定数，事先准备停当。
敌远作为火器，发射铅弹；敌近则可作为冷兵器，当作大棒。一器两用，稍稍弥
补了缺陷。佛郎机是北方使用的从西方传入的另一种火器。过去子铳装药后要下
木马，然后再下铅子。戚继光将其改为不用木马，装药后直接下铅子，只是铅子
比铳口稍大一分，然后用铁制凹心送杆把铅子送入铳内。这样既省去了装木马的
时间，又使火药能直接作用于铅子，出口有力，射得更远。戚继光依据佛郎机原
理，仿制了无敌大将军炮，使子炮与炮腹紧密结合，并在子炮后面加了铁栓固定，
克服了原佛郎机子炮与炮腹间隙公差较大，造成火药气体泄漏、回火的缺点。戚
继光还将传统火炮进行改造，主要是前下二爪，后用双爪尖绊，把炮身固定住，
克服了在发射时跳跃伤人、命中率低下的缺点，因其形似虎蹲而得名。戚继光对
此炮相当重视，还写了《虎蹲炮铭》。虎蹲炮长约两尺，重 36 斤，也有 49 斤的。

---

① （明）戚继光：《议分蓟区为十二路设东西协守分统其路建制车营配以马步兵而合练之》，
摘自《戚少保奏议》，中华书局 2001 年版，第 96 页。

此炮一发百子，威力较大，比佛郎机轻，比鸟铳一可当百，在当时是很实用的一种火炮。在骑兵营中，装备这种火炮 60 门。有一种观点认为，虎蹲炮就是近现代迫击炮的前身。

武器装备的质量问题影响着战争的胜败，在很大程度上能够决定一个民族的前途命运。纵观历史，因武器装备质量问题导致军灭国亡的案例不胜枚举。甲午海战的惨败，是永远不可忘记的国耻。当今的世界，军事斗争日趋复杂，武器装备在战争中作用越显重要，在网络信息一体化发展的情况下，武器装备质量问题造成的损失越来越呈现出整体性。在信息控制，定点清除，远程打击，机器人、无人机参战的现代化战争中，武器装备质量的总体差距越来越难以用指战员的勇敢和战法来弥补。在战争制胜问题上，人是决定因素。同时也要看到，随着军事技术不断发展，装备因素的重要性在上升，人的因素、装备因素结合得越来越紧密，人与装备已经高度一体化，重视装备因素也就是重视人的因素。要坚持质量至上，把质量问题摆在关系官兵生命、关系战争胜负的高度来认识，贯彻质量就是生命、质量就是胜算的理念，努力提高武器装备建设的质量效益。

五、以体系建设为支撑

戚继光改进和创制了多种兵器和军事设施，这些武器的改进和军事设施的改善，对增强部队战斗力是有重要意义的。但军队的作战向来不是单兵独斗，而是集体行动，武器的配备也由简单到复杂。能不能把各种武器有机地结合起来，能不能建成科学、合理、实用的武器装备体系，使之产生整体效应，发挥出更大的威力，这是提高战斗力的重要一环。戚继光对军事技术的贡献，更重要的就是他使武器装备有机地结合起来，使这些军事设施系统配套，发挥出"1+1+1>3"的整体效果。戚继光在这方面是行家里手，做出了突出的贡献。

戚继光认为："所用之器必长短相杂，刺卫兼合。"[①] 远近兼授，冷热相资。"远

---

① （明）戚继光：《纪效新书（十八卷本）·卷一·束伍篇·原授器》，中华书局 2001 年版，第 44 页。

多近少者，合刃则致败；近多远少者，未接而气夺；远近不兼授，则虽众亦寡。"[①]
所以部队装备武器必须有一定的规则。这个规则就是既要有长兵器，也要有短兵
器；既要有进攻性兵器，也要有防卫性兵器；而且各种兵器的配备要科学、合理，
要有一定的比例，某一种兵器多了也不行，少了也不行，一定要使这些兵器有机
地结合起来，形成一种整体的战斗力。戚继光鸳鸯阵的武器配备就是这种"长短
相杂，刺卫兼合"原则的绝好例证。

鸳鸯阵中配备的兵器有盾牌（藤牌和长牌）、腰刀、镖枪、狼筅、长枪和锐
钯。其中镖枪、狼筅、长枪是冷兵器中的长兵器，而盾牌、腰刀和锐钯则为短兵
器，把这些兵器结合在一个鸳鸯阵中，即是"长短相杂"；牌和筅主要是抵挡敌人
的箭和刀，是防御性兵器，保护长枪的进攻。长枪主刺杀，是主要的进攻性武器，
锐钯保护长枪，防止敌人进至长枪手跟前。这样，牌、筅、枪、钯有机地结合在
一起，就是"刺卫兼合"。真正把各种兵器恰到好处地配合在一起是很难掌握的，
所以武器的科学、合理、有机配备是一种军事艺术。实践证明，戚继光鸳鸯阵这
种冷兵器的结合体，大大增强了部队的战斗力，有效地抵挡了倭寇的长刀。这是
牌、筅、枪、钯哪一种兵器单独使用都不可能具有的战斗力，这是戚继光对武器
使用配备的一大贡献。

戚继光所创建的车步骑营，把火器、冷兵器、车和马结合成一个有机的整体。
敌骑兵来攻，先以火器击敌。而且是鸟铳、快枪、火箭、佛郎机轮番打放，可以
终日不停；敌人如果不退且势众逼近，就用虎蹲炮轰击；敌人如果还不退，则再
用大将军炮和集发火箭进行猛烈打击。经过这样的轮番和层递打击，一般情况下，
敌骑就会退去。假如再不退且逼近战车，步兵则出车迎敌。步兵也是先用火器击
敌，然后以冷兵器牌、钯、棍、棒、刀等专砍打敌骑马腿，同时用喷筒、火箭等
继续惊扰敌人。敌人如果败退，骑兵则出步兵之前，继续追歼敌人。骑兵同样是
先用火器，然后用冷兵器砍杀。经过这样的战斗，敌骑没有不败的。在整个战斗
中，车起着火器屏障和步兵出车作战依托的作用。没有车，当时火器射速较慢，
是难以阻挡敌骑兵的冲突的；没有车，步兵更不敢直接迎敌。但是，只有车而没

---

①（明）戚继光：《纪效新书（十四卷本）·卷三·手足篇·授器解》，中华书局 2001 年版，
第 50 页。

有火器和步兵，车城终将被敌骑兵攻破。如果只有火器、步兵和车，在敌人败退时就无法追歼敌人。如此看来，只有把火器、冷兵器、车、马结合起来，相须为用，才能最有效地抵御敌骑兵的冲突。很显然，火器、冷兵器、车、马巧妙结合所形成的强大战斗力，是任何单一兵器、装备的集合体都无法相比的。

在水师船队的编成上，戚继光将大中小船组合，构成一支船队。其最大的好处就是可以取长补短、扬长避短。如在浙江时，他把福船二只、海沧船一只、艟乔船二只编成一哨。此外，为了及早发现敌情，戚继光还备有开浪船、网船和八桨船等。有了侦察船和作战船，作战船又有几种优于敌人的船型，就使戚继光的水军能有效地保卫海防。

可见戚继光总是把冷兵器、火器和舰船，冷兵器、火器和战车，冷兵器、火器和城池结合成一个有机整体，从而发挥出任何单一武器装备和军事设施所不可能有的威力。讲究武器装备的合理组合、有机配备是戚继光的又一重要指导思想，是现代武器装备体系建设理论的滥觞，是戚继光对军事技术的重大贡献。

以体系建设为支撑是信息化战争的一个显著特点，也是武器装备现代化的主要特征。现代化武器装备的发展，首先要通过对现代化战争的研究，牢固确立体系建设的思想，加强武器装备的体系规划和建设，搞好顶层设计，以对作战体系的贡献率为标准来决定发展什么、不发展什么，发展到什么程度、发展多少。必须把单个武器装备放到整个体系的大盘子来衡量，只有这样才能避免武器装备的盲目发展，减少资金、资源和时间的浪费。其次要不断完善和优化装备体系结构，特别是坚决破除各军兵种门户壁垒，跨越技术鸿沟，加强标准化、系列化、通用化建设，统筹推进各军兵种各类武器装备发展，确保全军武器装备互联互通，真正融为一个整体。再次要立足于本国实际，以我国的国防政策为指导，借鉴国际上武器装备发展体系建设的先进经验，找准我国武器装备体系建设的短板和弱项，大力发展那些现代化战争，特别是支撑信息网络体系建设作战的核心技术装备、对强敌对手有重大威慑作用的"杀手锏"武器，推动我军武器装备现代化跨越发展。

六、以实战演练为保证

戚继光一生求真务实。不论是治军作战还是练兵、练将还是排兵布阵，都注重实际、讲求实效。比如说练兵，戚继光强调要练"真法、真令、真营、真艺"[①]，反对"花法""虚套"，要练"真功夫"，反对耍"花架子"；练将，强调要在"实境"中锻炼并在"实境"中考察将领。排兵布阵上则是强调要对敌情"举皆洞然"，对地形要"了然如素履"。每战都要"算定"，要根据敌情、己情等不同情况来做具体部署。武器装备更是要件件优于敌人，做到"一寸长一寸强"，改进、发明的新式武器，也都要进行实战演练和验证。就像习近平总书记强调的那样："仗怎么打、兵就要怎么练，打仗需要什么就苦练什么"[②]，体现出高超的军事智慧。

戚继光说："平日所习所学的号令营艺，都是照临阵的一般，及至临阵，就以平日所习者用之，则于操一日必有一日之效，一件熟便得一件之利。"[③] "若是平日教场所操练，金鼓号令，行伍营阵，器技手艺，一一都是临阵一般，件件都是对大敌实用之物，便学一日有一日受用，学一件有一件助胆……今凡教场内行一令，举一号，立一旗，排一阵，操一技，学一艺，都是临阵时用的实事。临阵行不得的，今便不操。器械不是临阵实用的，不做与你领；不是临阵实用的舞打之法，不使你学。"[④] "凡比较武艺，务要俱照示学习实敌本事，真可对搏打者，不许仍学习花枪等法，徒支虚架，以图人前美观。"[⑤]

狼筅制成以后，戚继光组织聪明伶俐之人反复演练，反复研究，明确了狼筅的优势、弱点和作用。在反复实践和演练中，戚继光还总结出使用狼筅技击的方法：拦、拿、挑、据、架、叉、构、挂、缠、铲、镗等，并将狼筅的使用方法写进练兵条例，刻印成册，附以图形，以供将士们训练。在反复的实战演练中，戚继光所创建的鸳鸯阵，从上百种兵器中只选取了盾牌（腰刀）、狼筅、长枪、镗钯

①（明）戚继光：《纪效新书（十八卷木）·纪效新书总叙·纪效或问》，中华书局2001年版，第19页。

②（明）戚继光：《纪效新书（十八卷本）·卷八·操练营阵旗鼓篇》，中华书局2001年版，第135页。

③（明）戚继光：《纪效新书（十八卷本）·纪效新书总叙·纪效或问》，中华书局2001年版，第19页。

④（明）戚继光：《练兵实纪》卷八《练营阵·练战实》，中华书局2001年版，第142—143页。

⑤（明）戚继光：《纪效新书（十八卷本）·卷六·比较武艺赏罚篇》，中华书局2001年版，第91页。

几种。为了检验修城、建台和练兵的效果，验证车步骑营的战力，戚继光在隆庆六年（1572）十月借朝廷阅视之机，在蓟州的中心地带汤泉（今河北遵化县北）组织了16万主客兵参与的防御鞑靼骑兵入侵的演习，类似于当今红、蓝两军对抗演习，历时20余日，规模空前，成绩巨大。通过这次大检阅、大演习，充分展示了蓟镇守军士气之高昂、车步骑营战法之精湛、防守之严密，也展示出经戚继光修建的长城敌台在防御上的重要作用。

武器装备是决定战争胜负的重要因素。手巧不如家什妙，人勇也须武器好。戚继光认为："彼有精器，而无精兵以用之，是谓徒费。有精兵而无精器以助之，是谓徒强。"[1] 有一流的科学技术才能有一流的武器装备，而一流的武器装备需要一流的训练来操控。如果实战不聚焦、训练跟不上，即使武器装备再先进，同样形不成战斗力、打不了胜仗。现代化战争是立体化、一体化战争，信息化智能化武器装备构造更复杂、性能更先进，更需要"勇敢的心"和"强有力的手"来操控。因此，必须抓好武器装备的实战化训练。首先，要牢固树立练为战的观念，一切从实战出发。在实战演练中把武器装备的完好率与任务完成率有机结合起来，紧贴备战打仗改进完善考评标准，引导部队敢于在复杂战场环境和高强度对抗条件下熟练操控和摔打武器装备。其次，要坚持研、训、战紧密结合，把武器装备的研制开发工作与实战化运用对接起来，建立健全武器装备信息反馈机制，根据武器装备在实战化运用中暴露出的问题，及时加强和改进。再次，要坚持实战化、体系化、常态化运用，搞好统筹协调和配套建设。各级指挥员要带头学装、知装、用装，真正让装备活起来、动起来，在实战化运用中检验性能、发掘潜能，推动新装备成建制成体系，形成作战能力和保障能力。

---

[1]（明）戚继光：《练兵实纪·杂集》卷二《储练通论·下·原火器》，中华书局2001年版，第236页。

论戚继光的战守策略
——从戚继光佚文《守论》说起

李 克*

戚继光走的是一条注重实效的军事道路。从他留下的著述和一生军事行为看，他融会贯通古人兵法，战守实践中常有新创之举，但从不热衷于纯理论性的阐述，尤忌自己的观点陈述"夸诞以误阅者"[1]，所思所想所言所措，都在解决实际问题。绝大多数情况下，他只做不说，举凡他在南北军中的言行、著述中的言论，不是在落实战守之策，就是在争取落实战守之策的路上。因此，他在纯理论方面的言论传世不多，而尽蕴于他的兵书和军事行为浩瀚的细节之中，非细心揣摩，难得其妙。这是讨论戚继光军事思想的一个特殊之处。

近期，笔者在梳理明天启二年刊刻的《重订批点类辑练兵诸书》时，发现后14卷中有48条查不到出处，经过研究，确认是戚继光的佚文。其中一篇题作《守论》，从守的视角讨论战守关系，这为我们更准确地理解戚继光战守思想提供了新的可能。

一、从解读戚继光佚文《守论》开始

此文摘自《重订批点类辑练兵诸书》卷十二"哨守"，共652字（不含标点）。谨录于下：

---

* 李克，中国明史学会戚继光分会顾问。

① （明）戚继光：《纪效新书（十八卷本）·纪效新书总叙·纪效或问》，中华书局2001年版，第14页。

守论

善守者，不在城之有无。何也？城也者，不过用之以设险焉耳。使吾而善守也，有城固可，无城亦可。若守之不善，则虽有城亦陷而已矣。故守之难易虽在于城之有无，而其善守与否则在乎人。曰：何谓善守？曰：战是也。战守非二道，能战而后能守，未有不能战而可以言守者也。盖御敌在战。敌之来也，以攻为其志也。吾于四郊度贼来处，扎野营、修野战以待之；器械精明，士习雄猛，粮饷充备；号令严肃，赏罚明信，贼冲不动，贼饵不贪，贼走不追。贼人远来，欲战不得，欲掠不能。吾常用计以挠其逸，使饥不得食，劳不得息；多方以陷阱之，张疑以皇惑之，设伏以要截之；以饱待饥，以逸待劳，以日增月益之兵待其有限之众。彼将闻之而知惧，望之而知避矣。

巷战之法若何？曰：不难。或升屋掷瓦，或潜伏两傍门屋中，横而冲之，皆是也。然须于巷口用力。若容贼入巷，则贼先升屋，或放火，难捍御矣。街阔者，战卒不可自塞其路，每人执枪单摆，或于街左，或于街右，鱼贯而列，俱斜向前立，枪头皆向外畔，常空半边街道，待贼入而攻之。自不敢前进矣。

若水乡村镇如之何？曰：陆地以木城为野营，水乡以水兵船为野营，其以战为守一也。

敌强我弱，不胜奈何？曰：所谓守者，非徒填门守堞之谓；所谓战者，非徒戈矛击刺之谓也。填门守堞，敌易视我，我军之气先怯，乃痴拙之将一筹不展，以贼不攻为幸，毋怪攻即破焉耳；戈矛击刺，勇力相格，非己即彼，安危不保，亦痴拙之将以三军之命为侥幸，故易于取败者也。吾闻古之善战者不然。其战也，以正合，以奇胜，以分合为变，以有意而制不意，以有备而攻无备，无形者胜，有形者败。其战也，不脱乎金、木、水、火、土之五器，而五器之中各藏三战之妙。曰：何谓三战？曰：天战也，地战也，人战也。戈矛击刺，不过人战中之一端焉耳。是故不知天文，不知地利，不谙人情、物理，不可以为将。不用通天文，知地理，谙人情、物理之人，不可以为将将。将也者，战必克、守必固者也。

在戚继光已出版的兵书中，虽然记载的都是战守之措，但是关于战守关系的理论提法不多，通常是在议事前作为铺垫提及，且都十分简略。例如，"御戎之策，惟战守二端"①。"自古防寇，未有专言战而不言守者，亦未有专言守而不言战者，二事难以偏举。"②"战胜之军，未有守不固者。"③"道愈行而守愈密，则固之不以城郭。"④ 应用性的说法如："夫摆边之说，须驻重兵以当其长驱，而又乘边墙以防其出没，方为完策。"⑤"今之车营，战中之守也；沿边台垣，守中之战也。二者相需不悖。"⑥

而这一篇《守论》，从守固未必据险说起，认为战守是一回事，"御敌在战""能战而后能守"⑦，善守是因为善战，进而得出"守之难易虽在于城之有无，而其善守与否则在乎人"的结论。接下来阐述积极防御的另一个方面，运用智谋，掌握战场主动，"多方以误之"⑧，以"待敌之可胜"⑨。文章后面一段所论，已不限于"守"的范畴。在指出被动防御的危害之后，将积极防御概括为"以正合，以奇胜，以分合为变，以有意而制不意，以有备而攻无备"⑩，突出"人"的因素在"能战"中的重要作用。进而指出，"能战"不仅需要军队有高昂的士气和高超的战斗技能，更重要的是将领要能够合理运筹和指挥。认为"战"有天战、地战、人战三个层

---

① （明）戚祚国等：《戚少保年谱耆编》卷八《隆庆三年二月条下·请建空心台疏》，中华书局 2003 年版，第 240 页。

② （明）戚继光：《纪效新书（十四卷本）·卷十三·守哨篇·题解》，中华书局 2001 年版，第 304 页。

③ （明）戚继光：《练兵实纪·杂集》卷四《登坛口授》，中华书局 2001 年版，第 282 页。

④ （明）戚继光：《纪效新书（十四卷本）·卷首·自序》，中华书局 2001 年版，第 7 页。

⑤ （明）戚祚国等：《戚少保年谱耆编》卷七《隆庆二年正月条下·请兵破虏疏》，中华书局 2003 年版，第 202 页。

⑥ （明）戚祚国等：《戚少保年谱耆编》卷十《隆庆六年二月条下·议台官习艺》，中华书局 2003 年版，第 329 页。

⑦ （明）何言：《重订批点类辑练兵诸书》中的戚继光佚文，编号 12—008（38—651）《守论》。

⑧ （宋）《〈武经七书〉注释·唐李问对·卷下》第四十条，解放军出版社 1986 年版，第 589 页。

⑨ （宋）《〈武经七书〉注释·孙子·军形第四》第十六条，解放军出版社 1986 年版，第 17 页。

⑩ （明）何言：《重订批点类辑练兵诸书》中的戚继光佚文，编号 12—008（38—651）《守论》。

级，作为战斗技能的"戈矛击刺，不过人战中之一端焉耳"①，层次更高作用更强的天战、地战则有赖于将领能力的发挥，所以将领要熟知天文、地理和人情、物情；而能够使用这种将领的人，才可以为"将将"。最后得出结论："将也者，战必克、守必固者也。"②

这是一个从"守"的视角看待战与守关系的完整阐述，语意明晰，层层递进，逻辑严密，说理透彻。其丰富的思想内涵可以归纳为以下几点：第一，战和守是一回事，即"御敌以战"，体现战守一体的积极防御思想；第二，能守是以能战为前提条件的，强调的是"能战"；第三，在影响"能战"的诸多因素中，人（将士）的能动因素更为重要；第四，在影响"能战"的人（将士）的因素中，将领能力具有决定性作用；第五，将领能力取决于熟知天文、地理和洞悉人情、物情的程度，能合理运用智谋统筹指挥的，才是合格将领；第六，能倚重和使用这种合格将领的人，才能担任统制将领的"将将"。

细品这篇佚文，虽名曰《守论》，通篇讨论的却是守中之战，强调的是战胜能力。"守固"不是最终目的，"战胜"才是。联想到戚继光在南北军事生涯中总是在不断提升军队战斗力，以应对严峻形势、从根本上解决问题的一贯努力，还有他"大创尽歼""伐其所长"等思想观点，其崇尚更高更强战胜能力的倾向是十分明显的。能守只是他衡量军队战斗力的最低标准，是底线，他真正看重的其实是更高更强的"战胜"能力，这才是他战守思想的本质。这也正是他"大命所系在气"③、"练兵之要"在练心气④、"练将譬如治本"⑤等练兵核心思想的理论背景。

---

①（明）何言：《重订批点类辑练兵诸书》中的戚继光佚文，编号 12—008（38—651）《守论》。
②（明）何言：《重订批点类辑练兵诸书》中的戚继光佚文，编号 12—008（38—651）《守论》。
③（明）戚继光：《练兵实纪·杂集》卷一《储练通论上·练心气》，中华书局2001年版，第217页。
④（明）戚继光：《练兵实纪·杂集》卷一《储练通论上·练心气·题解》，中华书局2001年版，第216页。原文："此成材之将，练兵之要，故次于末。"
⑤（明）戚继光：《纪效新书（十四卷本）·卷十四·练将篇·题解》，中华书局2001年版，第331页。

二、强调"战胜"能力是戚继光战守思想的本质

1. 从戚继光军事实践看

在东南沿海，他任宁绍台参将走上抗倭第一线时，正是倭患复炽之际。身负守土之责，面对嚣张横行的倭寇，明军"兵无节制，卒鲜经练，士心不附，军令不知"[①]的孱弱状态暴露无遗，"守固"都做不到，遑论其他！于是戚继光提出练兵之议。从嘉靖三十七年（1558）二月开始，训练拨付给他的三千临观兵[②]。经过两年多训练，这支队伍"颇入彀，率军容咸整，然终怯于短刃相接"[③]。戚继光意识到，"缘兵皆市井之徒，性殊狡猾"[④]，问题出在兵源素质上，想要获得更强战斗力，必须从源头抓起。于是又上《练义乌兵议》，得到上司同意后，三十八年（1559）九月亲赴义乌，选募矿徒、农夫3000余人。经过一年多严格训练，这支队伍在嘉靖四十年（1561）五月抗击入犯台州的倭寇的战阵中经受住了考验，终于形成令戚继光满意的战斗力，从此在抗倭战场上所向披靡。后来这支队伍多次扩编，戚继光也由参将升副总兵，再升总兵，负责保卫的疆域一再扩大，以至于福建全省和包括浙、粤、赣三省一部在内的广大地区，正是依靠这支军队强大的战力，才最终清除了浙、闽倭患，尽到了守土职责。

隆庆初年他奉诏北上时，明朝正面临长城防线动辄被蒙古骑兵突破的严重局面。他提出请师十万出塞击虏的建议，欲"堂堂正正，平原旷野，青天白日之下，彼以此来，我以此往，短兵相接，使虏大势败衄"[⑤]，"使胡虏胆寒心破，一劳

---

① （明）戚祚国等：《戚少保年谱耆编》卷一《嘉靖三十六年二月》条附《练兵议》，中华书局 2003 年版，第 19 页。

② 临观兵：指浙江临山卫、观海卫之兵。

③ （明）戚祚国等：《戚少保年谱耆编》卷一《嘉靖三十八年秋八月·议练义乌兵》，中华书局 2003 年版，第 30 页。

④ （明）戚祚国等：《戚少保年谱耆编》卷一《嘉靖三十八年秋八月·议练义乌兵》，中华书局 2003 年版，第 30 页。

⑤ （明）戚祚国等：《戚少保年谱耆编》卷七《隆庆二年三月·请兵辩论》，中华书局 2003 年版，第 206 页。

永逸"①。可当时明朝已经在走下坡路，负担不了庞大的军费，庭议结果，是"当以拒守为主，贼不得入即为上功"②，让他出任蓟、昌、保三镇练兵总理，不久又加兼蓟镇总兵，实际上是将他的作为最终限定于蓟镇一域。即便如此，他也一再强调"若不堂堂一战，即多方设敌便得一胜，黠虏以为误中，非真势力不敌，必不革心敛畏"①。为此，他一直在为能够"堂堂一战"做着军事准备。他实行"驻重兵以当其长驱，而又乘边墙以防其出没"④的边防战略，举措指向都是提升边军战斗力：建立完善长城沿线的哨守体系；调战斗力更强的南兵驻守长城；为城守军配备佛郎机、鸟铳等中远射程火器；组建车营、辎重营等重兵集团，创车步骑联合战法；制定全镇遇警应援预案；全面训练边兵，整饬边务，更置武器装备；理顺军中关系，鼓舞士气；倚重并培训将领；等等。经过数年苦心经营，蓟镇边军整体战力得到很大提高，并在隆庆六年（1572）十月为迎接朝廷大员巡边而组织的全镇兵马实兵实战演习中得到验证。演习期间，适逢关外部族使者途经，目睹了蓟镇边军的严整军容和凌厉攻势。消息不胫而走，终戚继光在镇，边境宴然，甚至"继之者踵其成法，数十年得无事"⑤。戚继光正是以强大的战力威慑，达到了守固的最高境界——"不战而屈人之兵"，遗数十年北边宁谧之惠。

2. 从戚继光军事思想看

戚继光一向遵循传统兵家"先为不可胜，以待敌之可胜"⑥信条，凡事不论战守，先使自己立于不败之地，在此基础上寻求战胜和歼灭敌人，或致敌人胆寒不敢来犯。

---

①（明）戚祚国等：《戚少保年谱耆编》卷七《隆庆二年三月·请兵辩论》，中华书局2003年版，第206页。

②（明）张居正：《张太岳集》卷三十《答总兵戚南塘授击土蛮之策》。

①（明）戚祚国等：《戚少保年谱耆编》卷十《隆庆六年八月·条陈大阅事宜》，中华书局2003年版，第337页。

④（明）戚祚国等：《戚少保年谱耆编》卷七《隆庆二年正月·请兵破虏四事疏》，中华书局2003年版，第202页。

⑤（清）张廷玉：《明史·戚继光传》，中华书局2013年版。

⑥（宋）《五经七书·孙子·军形第四》，解放军出版社1986年版，第17页。

他的鸳鸯阵"长短相杂，刺卫兼合"①，在保全自己的前提下实现战胜目的；他的车步骑营"行则为阵，止则为营；以车为正，以马为奇；进可以战，退可以守"②，也是攻守兼备而以战力取胜的阵战之法。

南方抗倭，他在建立海上巡哨、海滨墩堠瞭望和城堡防守三者一体防御体制先保己方不失的同时，还强调"倭非大创尽歼，终不能杜其再至"③。因此安排兵备、海防各道督促地方防守，自己则亲率戚家军机动野战，随敌向往，歼灭倭寇有生力量，积小胜为大胜，以期从根本上消除倭患。事实证明，这一策略是成功的，他最终运用强大的战力，达到了目标。在北方蓟镇任上，虽有长城之险可守，但他认为："欲使虏一战而心寒胆裂，须伐其所长"④，主张针对敌人长项"因敌变置"⑤，采取别样方法去克制敌人的优势。这些思想的实质，都强调的是战胜能力。将它们付诸实施——例如用中远射程火器应对敌骑擅长的弓矢，用车步骑营阵配合火器遏制敌骑大规模冲锋，都对提升针对敌人长项的战力起到了重要作用。

戚继光提升军队战斗力的另一项重要举措，是重视培养和依靠将领，发挥他们的作用。南方抗倭时，他带出了一批品格高尚、智勇双全的中层将领，像胡守仁、王如龙、陈大成、金科、朱珏、李超、傅应嘉、张元勋、金福、吴惟忠、丁邦彦等。有一个细节很能说明问题：他麾下有一水师把总名叫朱玑，嘉靖四十四年（1565）九月不慎败绩，被倭寇俘获，后来在一场战斗中救出，从此再未担任水师将领。从这一事件可见，戚继光对领兵之将的选用是十分严苛的。在北方，戚继光领边军十余万，更加倚重将领，重视对他们的教育引导和培养，经常召集一定层级的将领，讲授方略，督察戎务，释疑解惑，交流情感。这一时期，他明确提出了将领需要具备的德、才、识、艺素质标准，并建立了一整套培养将领的方

①（明）戚继光：《纪效新书（十八卷本）·卷一·束伍篇·原授器》，中华书局2001年版，第44页。

②（明）戚祚国等：《戚少保年谱耆编》卷七《隆庆二年十月》之"分蓟区为十二路；设东、西协守，分统其路；建制车营，配以马步兵而合练之"条下，中华书局2003年版，第226页。

③（明）戚祚国等：《戚少保年谱耆编》卷一《嘉靖三十六年二月·条练土兵》，中华书局2003年版，第18页。

④（明）戚祚国等：《戚少保年谱耆编》卷七《隆庆二年五月·定庙谟以图安攘疏》，中华书局2003年版，第212页。

⑤（明）戚继光：《练兵实纪·杂集》卷五《军器解》，中华书局2001年版，第300页。

法和制度。此外,他对"将将者"应当具备的素质也有了明确表述。这些练将思想和制度的形成与落实,标志着戚继光基于守而立于战的战守思想最终建构完成。

三、戚继光战守思想是在先代兵家思想基础上的进步

由于攻、守都基于战,所以中国古代早期兵家讨论"攻守"时,"战"是语中之义,不言自明。《孙子》说:"昔之善战者,先为不可胜,以待敌之可胜。不可胜在己,可胜在敌。"[①]这是从战的视角看待攻守,先确保自己无虞,再寻找战机制胜。在孙武看来,攻和守是"战"的两端,只是目标、取向和作用不同,都以一定的战斗力为基础。稍晚成书的《尉缭子》说:"将能立威,卒能节制,号令明信,攻守皆得。"[②]如果将有威望,军有节制,令行禁止,军队就会有战斗力,就能战胜守固,保卫国家。

北宋成书的《唐李问对》有较多攻守议论。它借李靖之口说:"臣按《孙子》云'不可胜者守也,可胜者攻也',谓敌未可胜则我且自守,待敌可胜则攻之尔,非以强弱为辞也。"[③]此说深得《孙子》要旨,所谓攻、守,并非根据战斗力强弱而采取的不同用兵策略。李靖最后总结道:"攻是守之机,守是攻之策,同归乎胜而已矣。"[④]攻克守固最后都要着落于依靠战力能胜,"战"依然是语中不言之义。

戚继光是一位注重实效的军事家,与前代兵家不同,他从实际出发,讲"战"而不讲"攻"。在他的五部著述[⑤]中,"攻守"一词只用了4次,而"战守"用了41次,这是耐人寻味的。他使用"攻守"一词都在叙述句中,用意多指"战斗"。与此形成对比的是,"战守"一词多用在议论句中,或指积极防御的守中之战,或指攻守对立统一关系,或指短刃相搏的战术性战斗,或指战略性进攻。不仅于此,还使用许多与"战守"相关的词语,出现频率较高的有"守固战胜""战胜

---

①(宋)《武经七书·孙子·军形第四》,解放军出版社1986年版,第17页。

②(宋)《武经七书·尉缭子》卷五《兵令下第二十四》,解放军出版社1986年版,第234页。

③(宋)《武经七书·唐李问对·卷下》第四十条,解放军出版社1986年版,第589页。

④(宋)《武经七书·唐李问对·卷下》第四十条,解放军出版社1986年版,第590页。

⑤ 五部著述:即十八卷本《纪效新书》、《练兵实纪》,十四卷本《纪效新书》、《止止堂集》和张德信所辑《戚少保奏议》。

守固""战必胜，守必固"，等等。可见他所说的"战守"，涵盖了对军队战斗力从"守固"到"战胜"的全部要求。总之，以守为主、积极防御只是他战守思想的底色，而崇尚更高更强战斗力，能在任何情势下战胜当前敌人才是他孜孜追求的目标。许乃钊在《〈练兵实纪杂集〉卷四后跋》中说："又此篇所言，不外战守两端。其言守，全在'城车相恃，先保无虞'八字；言战，则'算定战'三字尽之，而尤重在战一边。"这一提钩，点出了戚继光战守思想的精髓。

戚继光之所以讲战不讲攻，可能有三个原因：一是讲"战"更贴近练兵实际，因为他总是在为战胜当前敌人做着军事准备，讲战有利于衡量和掌握练兵形成的战斗力状态，符合他一向从实际出发的习惯；二是与他南北军事生涯一直在履行守土守边之职责有关；三是当时历史环境下人们也多讲战，"当承平久，外寇以掠为务，而弗力攻，故多讲战"[①]。

与前代兵家比较，戚继光战守思想有一个不同、两点突破。一个不同：讲"战"而不讲"攻"，讲"战守"而不讲"攻守"，更贴近实践，更注重实效和可操作性。两点突破：一是主张"能战而后能守"，能守以能战为前提条件，强调的是"能战"，既说清楚了如何"攻守一法"，也说清楚了如何"攻守两齐"；二是对"守固"视角下的"能战"做出了全面解释，指出影响战力的重要因素是人（将士）；而人的因素中将领的作用是关键，进而对"将"和"将将"提出了素质和能力要求。这样就完成了一个战守关系的思考闭环——这种对战守关系全面、系统的阐述，是前人没有做过的，将战守关系的理论认识提高到了一个新高度。

戚继光将这些战守思想付诸实践，就形成了以"练胆气"和"练将"为核心的一系列军队建设思路，随着体系化的落实举措逐步施行，军队战斗力得到快速提升，而且相当扎实，实现了他所追求的战力目标。而实践的有效性，又反过来证明了他战守思想的科学性。

---

① （明）戚继光:《纪效新书（十四卷本）·卷十三·哨守篇·题解》，中华书局2001年版，第304页。

戚继光治军关注细节

卢 岩*

　　戚继光，出身将门之家，自17岁袭职从戎至58岁罢职还乡，无论是在东南沿海抗击倭寇，还是镇守蓟州练兵戍边，经历大小战役总共近百场，屡战屡胜。戚继光的一生，是戎马驰骋的一生，更是战绩非凡的一生。戚继光百战百胜的秘诀之一——关注细节。正是因为戚继光关注细节，才能够在与丧心病狂的倭寇血战之中，在与万马奔突的鞑靼铁骑对抗之中，赢得一场又一场战役，保得大明王朝数十载海疆浪静、边塞宴然。

　　对于细节的关注，贯穿戚继光戎马生涯，无论是练兵、治军、作战，都无一例外。

一、关注军队的生活细节

（一）光饼与继光面

　　光饼亦名继光饼、征东饼、咸光饼、肚脐饼，由面粉兑水，烤制而成，是戚继光在南方抗倭时的必备军粮之一。

　　嘉靖中期，浙闽沿海倭患如火，而其地理大多潮来成海、潮去泥淖。倭寇行动迅捷，借潮行船。要想在最短时间内，以最快速度调动部队，集中绝对优势兵力迅速歼灭尚未集结的倭寇，关键在于快速。这也是戚继光重要的战术思想之一，

---

　　* 卢岩，中国明史学会戚继光分会会员、烟台市蓬莱戚继光研究会理事。

"军中之机宜贵速","攻其无备,出其不意,斯伐谋之上策"[1]。军机如电,更是不容一丝一毫延误。但不妨试想,士兵食不果腹,如何与穷凶极恶的倭寇决战?

因此,戚继光关注到这一细节,他首创光饼,并将其中间打孔,以绳穿之系于身上。如此,即便夜间奔袭也可随时充饥,且节省埋锅造饭的时间,提高隐秘度,从而有效突袭,给狡诈凶残的倭寇以致命打击,实现大创尽歼。台州大捷、夜袭杞店两场战役与椒江、临海两地流传着的《肚脐饼谣》就是最好的佐证。

"继光面",则是戚继光在北方戍守蓟镇时军队中必备粮食之一。将小麦炒熟后磨成面,再兑上些盐末,装入软袋缠背身上,饿时以水冲食。这种备粮方法被一直沿用,抗日战争、解放战争期间,八路军、游击队都用过它。因是戚继光发明的,所以又叫"继光面"。

正是有了对细节的关注,有了粮食无虞的物质保障,戚家军无论南北,来如风驰,去如火掠,使敌人难以捉摸,这也是戚家军所向披靡、屡次奇袭取胜的原因之一。

（二）扎野营立厕坑

解决了行军中吃饭的问题,戚继光又将视线投注到扎野营上。一个最平常不过的现象引起了他的关注——扎野营时的如厕问题。这似乎是一个难登大雅之堂的小细节,但这个小问题入了戚继光的心。他亲自出台野营时开厕坑的规矩:"无贼处,远在营外百步间,每一面总开大厕坑二口,营内每一旗于队后开小坑一口。凡白日登厕员役,由各营门将腰牌悬于门上,方准开门而出;回营到门,将腰牌对认明白,方许放人。夜则大小解俱于营内小厕坑,不许放一人出门。天明吹打时,遇起行则埋之,遇久住则打扫,送出营外坑内。遇贼近或对垒,昼夜皆在营内。"[2]这一细节举措可有效防止倭寇趁夜混入,在一定程度上足以影响输赢成败。

二、关注选兵、编制细节

（一）细化成分

戚继光的选兵条件可谓开军事历史之先河,归纳起来为"两用""两不用"。

---

[1]（明）戚祚国等:《戚少保年谱耆编》,中华书局 2003 年版,第 246 页。

[2]（明）戚继光:《纪效新书》（十四卷本）,中华书局 2001 年版,第 196 页。

两用:"第一可用,只是乡野老实之人。所谓乡野老实之人者,黑大粗壮辛苦,手面皮肉坚实,有土作之色是也。第二可用,乃惯战之人,曾见贼无功之人。惯战知厉害,知厉害则奸猾生,但熟知战阵,势所必用;无功必胆怯,但曾见情状,故以二项为次等。"^① 这里告诉我们,选兵之首,是乡野老实人,大老粗;次之,是惯战无功者。

两不用:戚继光认为:"第一,不可用城市油滑之人,但看面目光白、形动伶便者是也。第二,不可用奸巧之人,神色不定,见官府藐然无忌者是也。"^② 这两句不仅列出选兵时不可用的类别,也提供了甄选时的标准:脸盘白净、斯文有礼且伶俐能言的人不用,善于揣度上意且不畏惧官府的人不用。

通过"两用""两不用"的对比,我们不难发现,戚继光选兵从细节入手。他青睐于乡野村夫,"最勿使伶俐油滑,宁用乡野愚钝",因为乡野之人心眼实,不会轻易违犯法纪,对长官会绝对服从;且心机单纯容易感化,不会妄揣上司的意思而搞些投机倒把的勾当。加之他们本来生活艰难,造就糙皮厚肉,自是能吃得了苦。当兵既可以有张长期饭票,当得好还可以养家糊口,甚至获得一官半职。这对于出身寒苦的乡下人而言,是非常有吸引力的。而那些出身较好的良家子,要么身娇体弱,吃不了苦出不了力,从而缺乏战斗力;要么一门心思投机取巧,巴结上司结党营私,真刀实枪时却畏战不前甚至当逃兵,不仅如此,他们还会鼓动一大批人同犯军纪,以此来开脱自身罪责,更有甚者做杀良冒功之事。

这是戚继光首到南方抗倭几场战役下来所得的切身体会,也是他在选兵之初细微的考量。不可否认,这在当时是极有争议的。而事实证明,却也是极有见地的。从朴实憨厚的底层民众中选兵,既可以保证思想有效控制、军纪易于维持、训练能见实效,又有利于建立广泛的群众基础,从而得到百姓的认可与支持。

(二)细化填牌

士兵甫一入伍,戚继光便首先对军队进行编制,进而有效管理,《纪效新书》卷之一就是《束伍篇》。戚继光要求"把选哨,哨选旗,旗选队,队选兵",如此层层推进,将责任与权力逐层下放,牵一发而动全身。

---

① (明)戚继光:《纪效新书》(十四卷本),中华书局2001年版,第11页。
② (明)戚继光:《纪效新书》(十四卷本),中华书局2001年版,第11页。

束伍环节中最为精细之处，便是如何编伍填腰牌："填营处先给营伍无姓名队伍册一本，将队长并兵十一名俱送到牌下，将腰牌纸内照队填毕。又连人、牌送与填县分都图住居地方处，照腰牌纸内照队填毕。……又连牌送填年貌处，照腰牌纸内格空填毕。又连人送填尺寸、斤力处，照腰牌纸内格空填毕。又送至填疤记处，此用知毂官司之。凡兵身貌间所不同者，不必专在疤痕，纪其难假易辨者填于格空——四五字足矣。再送掌年貌册者，将腰牌内填过缘由备填册内。"①这样做一举多得，既可以将每名士兵的具体条件、容貌体征悉数掌握，也可以有针对性地量才适用；既能明确编制与分工，也便于管理和监督，还可以有效预防奸细混入。

（三）细化素质

选兵自然要严格士兵的素质条件，这本是无可厚非的，然而戚继光最为重视的并非体格、武艺、反应，却是主张以"胆"为主，"精神力貌兼收"。他认为"然司选者，或专取于丰伟，或专取于武艺，或专取于力大，或专取于伶俐，此不可以为准"。接下来他深入浅出地说明了"丰伟而胆不充""艺精而胆不充""伶俐而胆不充""力大而胆不充"的弊端。是以提出"盖四者不可废，而但不可必耳"，"惟素有胆气，使其再加力大、丰伟、伶俐，而复习以武艺，此谓锦上添花，又求之不可得者也"，"所奈此数者，皆选兵之一筹，而必胆为主"②。意即为：选兵要以胆气为首要条件，有了胆气，就可以通过训练使其变得力气大、体格壮、反应快，再勤习武艺，就好比锦上添花。倘若没有胆气，即使其他素质再好，也如无本之木，无益于战。

至此，选兵的标准与方法一目了然，便于理解、操作。到了清代咸丰年间，曾国藩组练湘军、李鸿章组建淮军等就是"略仿戚元敬氏成法，束伍练技"。

三、关注训练、战备细节

戚继光不仅选兵异于前人，练兵也不落窠臼，在进行手足、营阵、实战等常规项目训练上，处处从细处着眼。

---

① （明）戚继光：《纪效新书》（十四卷本），中华书局2001年版，第3页。

② （明）戚继光：《纪效新书》（十四卷本），中华书局2001年版，第12页。

（一）细化号令训练

戚继光非常重视旗鼓号令，将之视为治军练兵首要事项，他制定了扎营、行军、作战、守哨等各项指令与军中各种金鼓、号炮、旗帜、锣钹、竹筒、灯笼所代表的号令。为了能对各级将领和全体士兵作出详细说明，他将各种相关号令编印成册，命令军中将士记熟记准，并绝对服从，使得全军纪律严明、步调统一。

戚继光在《纪效新书·耳目篇》中记载了各种练号炮（升帐炮、升旗炮、肃静炮、呐喊炮、开营炮、分合炮、闭营炮、定更炮、变令炮、号炮）的不同声响，并要求军队的行动要以炮为示，"凡某号要起，先举铳一声，何也？恐人众杂于声色，忽举旗幡，未必尽见。先举一炮，声入人耳，虽深室可闻，耳先于目是也"①。因此，在实际作战中，戚继光要求将士双耳只闻金鼓之声、双眼只看旗帜方色。如果鼓声不停，即使前面是刀山火海也必须勇往直前；如果鸣金收兵，即使前面财宝遍地也要立即止步。

在训练旗鼓号令之时，戚继光又关注了另一个细节——识字与否。因为士兵大多出身低微，为了避免误差，他指令学习时必有一人讲解领学，以正视听。"给习之术，必须先以练将册给将、练卒册给卒，每队一册，每一旗择一识字人诵训讲解，全队口念心记。"②这样谨慎细微，方能铸就戚家军这样一支岿然如山、钢铁长城般的节制之师。正所谓"泰山不拒细壤，故能成其高"，戚继光能够关注毫厘细节，所以，他的成功犹如万川入海。

（二）关注战备细节

戚继光从不打无准备之仗，从南歼倭寇到北御强虏，他都殚精竭虑地做好每一项战前准备。

戚继光极为重视武器装备，"有精兵而无精器以助之，是谓徒强"。他改进原有的火器、冷兵器，并发明新型武器。狼筅，是戚继光在南方抗倭时，为了对付倭寇的长刀而发明的武器，其原型是南方百姓晒衣服用的撑椰。砍大毛竹，长一丈五六尺，四周留有枝杈，梢上安倒钩，既可防身，也可击杀倭寇。到了北方，戚继光考虑到竹子易干裂，所以竹狼筅就换成铁狼筅，能有效抗击鞑靼骑兵冲突。

---

① （明）戚继光：《纪效新书》（十四卷本），中华书局 2001 年版，第 16 页。

② （明）戚继光：《练兵实纪》，中华书局 2001 年版，第 7 页。

除此之外，戚继光还对弓箭、大棒、线枪、快枪等进行精细改进，使其更具杀伤力。

戚继光戍守蓟镇期间修缮长城、筑空心敌台，经他所修筑的边墙不仅坚固，而且新颖独创：两侧建宇墙，腹背皆可击敌；内侧建里门，登城迅捷；尖砖砌垛口，扩大射击面；墙下建悬眼，瞭望无虞。这都是前人修筑长城所不具备的攻防细节。为此戚继光特别设计烧制尖砖，筑台用料统一标准，各有型号，按号使用，既不会混淆，也易于施工。

戚继光在战备方面独具匠心，不胜微细，而且对于养战马、建辎重营、火器管理等事项都做了具体规制，体现在《纪效新书》和《练兵实纪》之中。

在南方，戚继光就制定了墩堠报警规则，他认为，"至于海中风帆，瞬息千里，此烽尤为紧要"。要求如遇倭寇登陆，白天摇旗、放铳为号，夜间起火、放铳为号，报告墩上。墩上视具体时间、天气等情况选择挂旗、放铳或烧草架。与此同时，有敌到的墩台派人抄小路直接到本卫所和陆路官处报告登陆时间、人数等。戚继光在城镇四面重要路口离城二三里处派人设伏，制定伏路条约。如此远有墩堠报警，近有伏路报告，警戒严密，使得倭寇全无突袭之机。

在北方，为使警报迅速传遍蓟州千里防线，戚继光广建烽火墩台，每台设专军五名，加强瞭望。并规定了传烽之法、各路的传播信号与暗号。为了便于守台军士记忆，又把各种敌情信号编成通俗顺口的《传烽歌》，让守军背诵记熟。更为细致的是，在鞑靼进犯严重的春、秋两防之季，每一敌台派驻士兵吃住都在边墙上，一有敌情立即抵御。但因本地军卒有家口，且筹措粮饷经常离开敌台，戚继光将边墙驻防士兵改为浙兵充任，他们不但没有家口拖累，而且善于守城，这一措施使得鞑靼无隙可乘。

（三）注重战前算定

在戚继光的军事战略思想中，"算定战"一直是一项极为重要的内容。"须是未战之前，件件算个全胜"，这不仅是对《孙子兵法》中"庙算"思想的继承，更是结合实际加以长足发展。嘉靖四十年（1561），戚家军接连取得新河、花街、上峰岭、藤岭、长沙等战斗的胜利，史称台州大捷。其中上峰岭一役中，戚继光命士兵别处砍折松枝每手执一束以匿身，成功伏击狡诈成性的倭寇。横屿岛歼敌之战，为克服涉渡泥滩、再行仰攻的不利局面，戚继光让每个士兵割取野草扎束成捆，趁退潮时机，负草填泥涉渡泥滩，消灭敌人。此战给倭寇以致命打击，直到战斗结束返回陆地，也不过三点多，潮水正好上涨。无论是执松掩身，还是负草填泥，都足以体现戚继光细致入微的战前准备和军事观察能力。

每在临战之前，戚继光都将敌我双方实力进行估算，不仅估算双方参战的人数、装备、士气，而且还将战场所处环境一并考虑在内。如前面提到的精准利用海潮涨落时间差赢得胜利的横屿之战，戚继光对每一场战役都进行了详细的"算定"，摸清敌人的行动计划，"凡贼分合、出入、多寡、向往、进兵路径，举皆洞然矣"，了解敌人动向，有的放矢地部署兵力，无论攻守，戚家军皆能立于不败之地。

戚继光事无巨细，他认为"多算固用兵之所贵矣"。仙游一战，戚继光在兵力不占优势的情况下，对每个方案中各军协同提出细致要求，做好多方面思想准备。正是有了战前的"多算"，仙游之战才能以寡击众，取得重大胜利，成为古代城市保卫战的成功范例。

在戍守蓟门期间，戚继光也对鞑靼、土蛮等进攻方式进行具体设想与模拟，汤泉大阅便可见证。其方式有两种：第一种是全力进攻某一处，第二种则是从东西线分几路进攻。但无论是哪一种进攻方式，戚继光都预设好具体的攻守方案，由此方能保得蓟门宴然十数载。

老子曰：天下难事，必作于易；天下大事，必作于细。《中庸》有云：致广大而尽精微。古英格兰有一首民谣："少了一枚铁钉，掉了一只马掌；掉了一只马掌，丢了一匹战马；丢了一匹战马，败了一场战役；败了一场战役，丢了一个国家。"历数古今中外，具有雄韬伟略的军事家很多，但真正愿意把事情做细并精益求精的人很少。戚继光便是这为数不多者中的一个。"一树一菩提，一沙一世界"，细节足以决定成败；关注细节，方可铸就辉煌。

戚家军及其军魂

焦玉娜 *

　　戚继光是中华民族伟大的民族英雄、杰出的军事家。他一手缔造的戚家军，具有匡扶正义、勇敢无畏、节制严明、军事素质过硬等鲜明特质，具有很强的战斗力，深受百姓爱戴，在明朝中后期军事舞台上大放异彩。作为戚家军的灵魂人物，戚继光通过由他亲自撰写的练兵操典——十八卷本《纪效新书》，将他特有的精神品质和能力赋予了戚家军，使得这支军队有了区别于其他军队的"灵魂"。而军事正义观、以联情结义为基础的节制与勇敢、军事技术专业化，这三者构成了戚家军军魂的核心要素，它集中体现了中国优秀的传统兵学文化，对后世影响广泛而深远。当前，中华民族复兴大业正面临外部反动势力不遗余力的打压，国际政治和军事形势日趋严峻。在此形势下，研究戚家军，正确认识戚家军特质，对于继承和发扬中华民族兵学文化传统，加快新时代人民军队建设，具有现实意义。

一、"戚家军"概念和群体

（一）"戚家军"概念

　　简言之，"戚家军"是指由戚继光亲自组织、训练、指挥，赋予了灵魂和能力，体现戚继光思想、行为特点和意志，经得住战阵考验，匡扶正义、纪律严明、勇敢善战、军事素质过硬的军队。其军事组织编制、训练操法、装备配置、战术

　　★ 焦玉娜，烟台市蓬莱区住房与城乡建设局干部。

战法等皆按照戚继光十八卷本《纪效新书》中的规定实施。

（二）戚家军群体的认定

戚家军群体大致可分为两个部分：其一，戚继光分三次从义乌选募的16000余名陆兵。这是戚家军精华部分，具有基础、核心、主干和种子部队作用，其中一部分人后来成为戚家军陆师和水师基层将领，成为执行戚家军战守制度、秉持戚家军风骨的中坚力量；其二，嘉靖四十年（1561）三月至嘉靖四十四年（1565）三月陆续接手改编的浙江、福建沿海其他水陆兵员，其中水师居多。戚家军员额最多的时期，是嘉靖四十四年三月前后，即戚继光总镇东南之时，包括在闽陆兵六支16600人、水师五寨12500人①，及在浙水师4000余，共水陆兵33100余人。

二、戚家军特质分析

（一）匡扶正义

戚家军是一支爱憎分明的正义之师，对待百姓如奉衣食父母，对待倭寇则疾恶如仇。戚家军秉持军事正义观，遂行匡扶正义，其行为就表现为真诚的爱民情怀。行军野营，所过秋毫无犯，无损百姓庄稼、林木；入宿村镇，严禁扰民、侵民；战场上，为避免被掳百姓和受倭寇胁迫者在乱军中被杀，就在阵中竖起白旗，凡投戈伏旗下者皆可免死；即使与倭寇激战，得知敌阵中有被掳百姓夹杂，就不用火攻之法，宁愿为此付出更高的生命代价。比较典型的例子如：嘉靖四十年五月的浙江长沙之战，在敌强我弱情势下仍然决定进攻，不为别的，只为能够救出被掳的百姓1200名；②嘉靖四十年十月师援江西，舟泊西安镇，饥肠辘辘的将士对周边遍布的橘林"无敢瞪视"，后来还是当地百姓深受感动，"采以馈焉"；③嘉靖四十一年（1562）在福清抗倭，血战后收兵入城，前队露立，充满感激之情的百姓

---

① （明）戚继光：《戚少保年谱耆编》卷六《嘉靖四十五年九月下·经略广事条陈勘定机宜疏》："每寨各造大小船只六十号，各用水兵二千五百人……"此疏后部覆施行。中华书局2003年版，第182页。

② （明）戚祚国等：《戚少保年谱耆编》卷二《嘉靖四十年五月》，中华书局2001年版，第64页。

③ （明）戚祚国等：《戚少保年谱耆编》卷二《嘉靖四十年五月》，中华书局2001年版，第73页。

纷纷上前,"私饷而款歇之",但是戚家军"兵不敢食,亦不敢入,皆曰:'将军毋令我扰民,虽疲馁,实所甘心也。'"① 类似的细节,在《戚少保年谱耆编》中时有提及,却常常是只言片语,毫不起眼,这恰恰反映了戚家军爱民军规执行的严格而自然,以及将士们的自觉自愿,似乎没有什么特别之处。另一方面,对于祸害百姓的倭寇,戚家军是同仇敌忾,必欲除之而后快,临阵杀敌奋不顾身,表现出凛然大义。戚家军"杀贼保民"做得如此之好,必然会得到广大百姓的衷心拥戴,戚家军所到之处,百姓扫榻相迎,"牛酒劳不绝"②。戚继光在《纪效或问》一文中写道:"经过百姓们闻说到,杀猪牛、贩酒米等待。是个店上,也要留住一日,他有生意。这方是兵民相体的光景……"③

（二）勇敢无畏

戚家军较之同时期其他部队的重要特质之一,是不论遇到多么凶恶的敌人,都敢于近身肉搏,你死我生,不论处于多么险恶的情势都敢于拼搏,力战而胜——以寡击众。如嘉靖四十二年（1563）十二月解围仙游;仰攻如嘉靖四十年五月台州上界岭之战,嘉靖四十四年九月南澳之战;狭路如嘉靖四十年四月临海花街遭遇战、嘉靖四十三年（1564）二月蔡坡岭蔗林"两鼠斗于穴";攻坚如嘉靖四十年五月白水洋朱家大院之战、嘉靖四十一年九月莆田林墩血战。其中,林墩石桥血战是一典型战例。此战,戚家军大队进击受阻于一狭窄石桥,前哨四队全部阵亡仍奋战不止,终于占领石桥,打开进攻通道。类似恃勇而胜的战例,在《戚少保年谱耆编》中还有许多,充分证明戚家军将士面对强敌时的勇敢无畏和敢于拼搏的战斗精神,因此才能够所向披靡,屡战屡胜,令倭寇闻风丧胆。戚继光在隆庆二年（1568）十月撰写的《练兵议条》中说:"臣昔在南方,倭俱巢重山迭险、密林深谷,而浙兵俯攻、仰斗无有不胜。"

（三）节制严明

史料显示,戚家军将士无论在何种场合,都严守军人规范,行为举止概不逾

---

① （明）戚祚国等:《戚少保年谱耆编》卷五《嘉靖四十一年十月》,中华书局2001年版,第97页。

② 《明史·戚继光传》。

③ （明）戚继光:《纪效新书（十八卷本）·纪效新书总叙·纪效或问》,中华书局2001年版,第28页。

矩。平日起居按鸳鸯阵队形，行立坐卧不离规范，犯令必罚。场操，第一要紧是肃静，"耳只听金鼓，眼只看旗帜，夜看高招双灯"[①]；唯号令是从，"如擂鼓该进，就是前面有水有火，若擂鼓不住，便往水里火里也要前去；如鸣金该退，就是前面有金山银山，若鸣金不止，也要依令退回"[②]。临敌，按平时营阵训练，操"节制正战"[③]，犯令必遭军法重治。嘉靖四十四年十月，闽、粤明军合击吴平于广东南澳，戚家军"闽陆兵舟过广兵橹侧，见闽兵粉墨其面，如鬼如厉，广兵鼓掌大笑，不信闽兵能一鼓破贼……"[④]。这是战前时分，戚家军陆师舟行，"粉墨其面"是战斗需要，"如鬼如厉"足见神情肃厉，说明戚家军进入了战斗状态。反观广兵，居然"鼓掌大笑"，轻浮喧哗，全无临战之态。两相比对，高下立判。隆庆三年（1569）十月，戚继光（时任三镇练兵总理兼蓟镇总兵官）从南方调来的三千南兵抵达三屯营，"陈郊外，天大雨，自朝至日昃，植立不动。边军大骇，自是始知军令"。[⑤]以上两例，足见戚家军节制之严，无怪乎史评"继光为将，号令严，赏罚信，士无敢不用命"[⑥]。

（四）军事素质过硬

作为职业军人，戚家军将士都经过系统的严格训练，具有较高的综合军事素质，这取决于平时养成。主要表现于以下四个方面：一是所有成员形成了遵守军规军令的行为习惯，无论是在平时、场操，还是战时，行为举止皆不逾军人规范。戚继光在嘉靖四十年冬季撰文中说："暑行千里，我不曾打一个兵五棍。"[⑦]证明戚家

---

①（明）戚继光：《纪效新书（十八卷本）·卷二·紧要操敌号令简明条款篇》，中华书局2001年版，第95页。

②（明）戚继光：《纪效新书（十八卷本）·卷二·紧要操敌号令简明条款篇》，中华书局2001年版，第95页。

③（明）戚继光：《纪效新书（十八卷本）·纪效新书总叙·纪效或问》，中华书局2001年版，第28页。

④（明）戚祚国等：《戚少保年谱耆编》卷五《嘉靖四十四年十月》，中华书局2001年版，第165页。

⑤《明史·戚继光传》。

⑥《明史·戚继光传》。

⑦（明）戚继光：《纪效新书（十八卷本）·卷四·喻兵紧要禁令篇》，中华书局2001年版，第82页。

军陆师成军后仅仅一年，将士们遵守军规军令已然成习。二是个人武艺精熟，无"花法""虚套"，掌握的杀敌本领是真功夫，可招招制敌。三是熟知金鼓号令，熟练掌握各种阵法、战法和兵器装备使用技能。四是将领深谙军事，善于统筹，关爱士卒，身先表率，能活用兵法，因敌措置制胜。这些表现，充分证明了戚家军将士军事综合素质很高。

从另一角度看，戚家军将士熟练掌握阵法战法、不断改进武器装备，也是军事素质过硬的重要表现。阵法战法方面：陆师鸳鸯阵长短兵器互补，攻守兼备，可充分发挥人与武器的综合效能；变阵简便且实用，适用于狭旷不同的战斗场景；一头两翼一尾阵适用于不同层级军事编制，是攻守兼备的普适战法；而行军防伏方法稳妥，正奇兵运用灵活，体现出很高的军事技战术水平。水师"斗船力不斗人力"[①]，火器与冷兵器组合形成不同距离的有效杀伤范围。武器装备方面：军中兵器——精制，连火兵随身扁担都改制成了具有杀伤力的夹刀棍；每哨配置鸟铳一队，每营配虎蹲炮数门，水师大量配备佛郎机、虎蹲炮、鸟铳等火器，一些旧有之物如火桶、火砖、喷筒等都经过改良，并新创水攻利器六合炮——这些配置和改制共同构成体制化优势，促进了战力提升。这从一个侧面证明，在当时由冷兵器向火器转变的时代，戚家军拥有极高的整体军事素质。

（五）小结

胸怀正义，必然爱民、恶敌，在战场上就能临敌作气、义无反顾，表现为勇敢。勇敢还因为同仇敌忾，有武艺傍身，有克敌阵法战法和精良武器可恃。而信任将领、接受感召，就会形成联情结义的军中氛围，将士之间情同父子，士卒之间亲如兄弟，主动配合意识必强，自觉遵守军规军令久之成习，节制功夫，水到渠成。可见这四项之间联系紧密，相互补充，相互支持，四位一体。归纳言之，军事正义观、以联情结义为基础的勇敢与节制、军事素质过硬三者有机结合，凝聚而成戚家军军魂。

---

① （明）戚继光：《纪效新书（十八卷本）·卷十八·治水兵篇》，中华书局2001年版，第345页。

三、戚继光对戚家军的赋能

深入细致的思想教育，军法军规的强制执行，两者并行，是戚继光赋能戚家军的主要方式。前者解决主动性和配合意识，后者确保落实，久之形成思维定式和行为习惯。所依据的，就是赋能操典——十八卷本《纪效新书》①。

（一）在树立正义观方面

戚家军成军伊始，戚继光就引导将士们树立军事正义观。他创作军歌，在军中传唱，比如其中之一："闽海澄清，风尘不惊。风尘不惊，谁与尔争名？我稷我社，维我干城。"②为使将士们树立当兵的初心和使命，操典《谕兵紧要禁令》（卷四）中说："兵是杀贼的东西，贼是杀百姓的东西，百姓们岂是不要你们去杀贼？设使你们果肯杀贼，守军法，不扰害他，如何不奉承你们？"③又说："你在家哪个不是耕种的百姓，你肯思量在家种田时办纳的苦楚艰难，即当思量今日食粮容易，又不用你耕种担作。养了一年，不过望你一二阵杀胜。你不肯杀贼保障他，养你何用？就是军法漏网，天也假手于人杀你。"④为了让思想教育落到实处，他制定了《紧要操敌号令简明条款》（卷二）、《临阵连坐军法》（卷三）、《谕兵紧要禁令》（卷四）、《教官兵法令禁约》（卷五）、《比较武艺赏罚规定》（卷六）、《行营野营军令禁约》（卷七）等一系列军规，作为主要训练科目，认真执行："各于长夜，每队相聚一处，识字者自读，不识字者就听本队识字之人教诵解说，务要记熟。凡操练对敌，决是字字依行。各读记之后，听本府点背，若一条不记，打一板。若各兵有犯小过该责打之事，能背一条者免打一板。"⑤在解释这些军规时，他说："凡古人驭军，曾有兵因天雨取民间一笠以遮铠即甲也者，亦斩首示众。况砍伐人树株，作

---

① 十八卷本《纪效新书》各卷是分期写成的，时间跨度由嘉靖三十六年（1557）十一月至四十年（1561）冬季。成书于四十年冬季至四十一年（1562）六月之间。

② （明）戚继光：《戚少保年谱耆编》卷五《嘉靖四十三年二月》，第136页。

③ （明）戚继光：《纪效新书（十八卷本）·卷四·谕兵紧要禁令篇》，中华书局2001年版，第84页。

④ （明）戚继光：《纪效新书（十八卷本）·卷四·谕兵紧要禁令篇》，中华书局2001年版，第84页。

⑤ （明）戚继光：《纪效新书（十八卷本）·卷二·紧要操敌号令简明条款篇第二》，中华书局2001年版，第61页。

践人田产，烧毁人房屋，奸淫作盗，割取亡兵的死头，杀被掳的男子，污被掳的妇人，甚至妄杀平民假充贼级，天理不容、王法不宥者。有犯，决以军法从事，抵命。"[①]通过耐心细致的思想教育和相关军规法令的严格执行，戚家军将士逐步树立军事正义观，积极配合相应军规，落实于行动，形成相应的军人行为规范。

（二）在提倡勇敢方面

战争是你死我活的博弈。在以冷兵器为主的明代中期，近身格斗是取胜的主要方式，敢于刺刀见红，才有胜利之机。而这主要取决于是否具有充沛的胆气，即戚继光所谓"兵之胜负者，气也"。因此，戚继光认为，治军的核心是"司气"[②]，而"练兵之要，在练将，在胆气"[③]。将领是军队的主干，是纲，纲举才能目张。而胆气之练由将领操作，所以戚继光在练兵操典中关于练胆气的内容多是要求将领。为了达成目标，他通过操典谆谆喻将，可谓细致入微：

——为将之道，所谓身先士卒者，非独临阵身先，件件苦处要当身先；所谓同滋味者，非独患难时同滋味，平处时亦要同滋味。[④]
——随查其心神志气之利害处，从宜鼓盈之而决其。[⑤]
——谕以忠义，厚恤战亡，以劝亲上死长之念。[⑥]

操典还要求将领，向士卒讲明白什么是正确的军人生死观，让大家明白"置

①（明）戚继光：《纪效新书（十八卷本）·卷四·谕兵紧要禁令篇第四》，中华书局2001年版，第82页。
②（明）戚继光：《纪效新书（十八卷本）·纪效新书总叙·纪效或问》，中华书局2001年版，第31页。
③（明）戚继光：《纪效新书（十四卷本）·卷十四·练将篇·题解》，中华书局2001年版，第331页。
④（明）戚继光：《纪效新书（十八卷本）·纪效新书总叙·纪效或问》，中华书局2001年版，第16页。
⑤（明）戚继光：《纪效新书（十八卷本）·纪效新书总叙·纪效或问》，中华书局2001年版，第35页。
⑥（明）戚继光：《纪效新书（十八卷本）·纪效新书总叙·任台金严请任事公移》，中华书局2001年版，第10页。

之死地而后生"（《孙子·九地篇》）的道理：

> ——且夫好生恶死，恒人之情也。为将之术，欲使人乐死而恶生，是拂
> 人之情矣。盖必中有生道在乎其间，众人悉之，而轻其死以求其生，非果于
> 恶生而必死也。[1]

通过这些细致的思想教育，使将领时时处处从关心、爱护士兵的角度出发，与士兵同甘苦，共患难，以诚感诚。士兵们虽识字不多，却感情朴实，于是接受感召，从内心深处尊重和爱戴将领，听从指挥，愿意赴汤蹈火，去勇敢战斗。有了这种官兵情同父子、士卒胜似兄弟，上下同心、同仇敌忾的情感基础，再加个个武艺高强、件件兵器精良，阵法战法制敌、临战措置得宜等因素相资，会让将士们更加自信，集中表现为胆壮气盛。

（三）在强化节制方面

戚家军节制严明，这同样缘自戚继光的练兵操典落实。与同时代其他军队不同，戚家军的节制功夫是从选兵编伍开始的。按照操典《束伍篇》要求，要在招募现场完成选兵编伍流程：把总挑选所属哨官，哨官挑选所属旗总，旗总挑选所属队长，队长挑选手下士兵。这样，每营队长选兵完毕，即一营成军，形成组织编制，节节而制，每一个人都有明确的军中位置和职责。再按照操典，"自此为始，凡行动立止，俱照式内鸳鸯次序前后左右，恁是如何，不许时刻错乱行立……如此选兵，选中即成行伍，即有统束。虽生兵乌合，今日入彀，今日即可钤束，即成军容"[2]。戚家军从一开始就是一个严格有序、相互制约的作战整体。而采取这种由上级挑选所属下级的做法又是富有深意的：一级所管，是自己所选信任之人，责任无可推诿，上下皆有所牵制；而一级向上一级负责，又有情意在焉——你重用我，我必效忠于你，义立而情通，为培养主动配合意识奠定了情感基础。

---

① （明）戚继光：《纪效新书（十八卷本）·纪效新书总叙·纪效或问》，中华书局 2001 年版，第 20 页。

② （明）戚继光：《纪效新书（十八卷本）·卷一·束伍篇第一》，中华书局 2001 年版，第 49 页。

　　按照操典，成军之后先教以军规军令（即十八卷本卷二至卷九内容），"凡操练对敌，决是字字依行"①。同时操赏罚要柄，信赏必罚。"凡赏罚，军中要柄。若该赏处，就是平时要害我的冤家，有功也是赏，有患难也是扶持看顾。若犯军令，就是我的亲子侄，也要依法施行。决不干预恩仇。"② 这种赏罚的公正性，使得赏一人致全军振奋，罚一人致全军戒惕，从而达到齐一人心、规范行止的目的。

　　世人都知戚继光"治军严，赏罚信，士无敢不用命"③，却很少有人了解为什么戚继光可以，而同时代其他将领未能。实际上，戚家军的严节制，是以联情结义为基础的。戚继光的操典并不是单一地强调军法号令的严肃性，而总是"行吾仁义于其中"④。要求将领行身率之道，"倡忠义之理，每身先之，以诚感诚"，遇苦当先，宽容大度。并且军务管理聚焦人心，注意识别军伍中存在的怨恨、懒惰、暴戾等现象，一经发现，就设法除之。士兵即使没有受到"千金之惠""再生之德"，也会受到感召，不断增强主动配合意识。这样，戚家军士卒与士卒之间情同手足兄弟，士卒跟长官之间情同父子，主动配合，甘愿付出，当真正遇到危险的时候就愿意为对方舍身而搏。通过这些联情操作，事事作用于心，各个衔接于节制，节制加身则顺理成章、水到渠成。这就是戚家军的节制较之同时代其他军队更严的原因所在。

（四）在强化军事技能方面

　　军事技能是军事素质一个重要方面。戚继光的练兵操典对兵、将军事技能各有不同要求。对于全体将士，在个人武艺方面，以三十二式拳法为基础，有牌、筅、枪、钯、刀、棍等应手兵器教程（卷十至卷十四），并由"比较赏罚军规"（卷六）强力督促；在军器使用方面，有金鼓旗帜、营具、伏具、火器等图示及教程（卷十五、十六），军中应用之物尽在其中；在营阵、行军、野营、临战方面，有相

---

　　①（明）戚继光：《纪效新书（十八卷本）·卷二·紧要操敌号令简明条款篇第二》，中华书局2001年版，第61页。

　　②（明）戚继光：《纪效新书（十八卷本）·卷四·谕兵紧要禁令篇》，中华书局2001年版，第80页。

　　③《明史·戚继光传》。

　　④（明）戚继光：《纪效新书（十四卷本）·卷十一·胆气篇·胆气解》，中华书局2001年版，第213页。

应号令（卷二）、军法（卷三）、禁令（卷四）、禁约（卷五、卷七）诸条款；陆城防守有《守哨篇》（卷十七）；水师攻防有《治水兵篇》（卷十八）。应当说，戚继光用于操练戚家军的操典各卷，囊括了当时那个以冷兵器为主而以火器辅之的军事时代几乎所有的军中必备技艺。

由于整个练兵过程由各级将领主持并深度参与，实际上操典各卷科目均要求将领掌握，并且融会贯通，所以对将领军事技艺的要求分散于操典各卷，而以《教官兵法令禁约》（卷五）督其责。简言之，操典对将领的基本要求，一方面要悉法令、通武艺，另一方面要熟知军中事务，善于统筹，精通兵法，在实际运用时"不泥其迹"①而能活用，学会临敌措置。

如此，兵将娴于各自职责所关的军事技能，临阵对敌就能更胜一筹。

（五）小结

作为戚家军的关键人物，戚继光以十八卷本《纪效新书》为赋能操典，从选兵编伍做起，进而练号令、武艺、营阵、器械、行军野营、哨守、水战，持赏罚要柄，逐项依次练习，使这支队伍的每一位成员逐步树立起军事正义观，激发练武积极性；发挥将领作用，通过深入细致的思想教育和军规军令强制执行，不断调适将士之间、士卒之间、人与装备之间的关系，使队伍始终保持高昂士气；在提高将士配合意识的前提下，执行操敌号令、连坐之法、法令禁令禁约，节制功夫水到渠成。经过这一系列赋能操作，再经战火淬炼，终于练出了一支富有正义感、勇敢无畏、节制严明，军事素质过硬，经得起战场考验的铁血劲旅。

---

① （明）戚继光：《纪效新书（十八卷本）·纪效新书总叙·纪效或问》，中华书局2001年版，第15页。

戚继光兵书在朝鲜半岛的影响

戚继光军事著作影响朝鲜王朝军队三百年

祁 山 刘晓东 *

明代著名爱国将领戚继光的《纪效新书》《练兵实纪》等军事著作问世后,虽说在国内有着较大影响,但只是作为兵学专著得到了一些地方官员和带兵者的欣赏,并没有进入国家层面,成为全国军队的教科书,戚继光研究专家,原中国人民解放军军事科学院战略研究部范中义研究员就提到:"戚继光的军事著作在国内从没有以国家名义下达命令让将士学习,而在朝鲜,国王亲自研读,并命令颁行全国。"① 从朝鲜宣祖时期壬辰战争爆发(1592)到朝鲜王朝的终结,这期间的历届朝鲜王室均将戚继光的军事著作作为国家军队建设的指导思想和教科书,戚继光军事思想影响了朝鲜王朝军队三百年。戚继光及其兵书对朝鲜王室影响程度之大、影响时间之长,远超同时期的中国明、清王朝。

一、平壤之战与《纪效新书》

朝鲜王朝宣祖时期开始引进戚继光的军事著作,并将其作为朝鲜王朝军队建设的教科书。

朝鲜宣祖二十五年(万历二十年,1592)四月,日本军队大举入侵朝鲜,短短两个多月的时间,朝鲜京都汉城、北部重镇平壤均被日军占领,朝鲜国土几乎全部陷落。应朝鲜宣祖国王的紧急请求,明军派出由东北地区辽兵为主组成的先

---

* 祁山,鲁东大学胶东文化研究院研究员。刘晓东,鲁东大学外国语学院副教授。

① 范中义:《戚继光评传》,南京大学出版社 2004 年版,第 393—394 页。

遣军进入朝鲜，但在收复被日军占领的平壤战斗中，明军伤亡惨重，辽兵两位游击将军和两位千总战死，入朝参战的明军统帅祖承训只好率兵"退还辽东"。①明军首战平壤失利后，万历二十一年（1593）正月，第二批抗倭援朝的明军再战平壤，并取得了收复平壤的重大胜利。宣祖国王李昖询问指挥第二次平壤之战的明军提督李如松，为什么第二次平壤之战会有不同的结局，李如松告诉他："前来北方之将，恒习防胡战法，故战不利。今来所用，乃戚将军《纪效新书》，乃御倭之法，所以全胜也。"②说第一次攻打平壤的明军，是来自中国北方的军队，他们擅长的是与胡兵（指当时中国北方的少数民族骑兵）作战的方法，不熟悉日军，所以失败了。而第二次收复平壤的明军，是当年戚继光将军依照《纪效新书》训练出来的官兵，他们熟悉与倭寇作战的方法，所以才能获得大胜。

戚继光所撰的《纪效新书》，是当年戚继光练兵、练将和抗倭实战的经验总结。参加第二次平壤之战的以浙兵为主的南兵有"统领浙兵游击将军都指挥使吴惟忠领步兵三千名""统领浙直调兵神机营左参将都指挥使骆尚志领步兵三千名""统领浙兵游击将军叶邦荣领马步兵一千五百名""统领南兵游击将军王必迪领步兵一千五百名""统领嘉湖苏松调兵游击将军戚金领步兵一千余名"等。③

吴惟忠、骆尚志、戚金、王必迪、叶邦荣等南兵将领，都是当年戚继光培养和带出来的得力干将，他们在第二次平壤之战中的亮眼表现，为戚继光的军事思想传入朝鲜半岛起到了关键性的作用。

浙兵游击将军吴惟忠曾跟随戚继光南征北战，吴惟忠对朝鲜宣祖国王说过："吾所领折江、福建兵，当初戚总兵所练，而吾其门生也。"④吴惟忠在收复平壤城的战斗中率兵攻打地势险要、易守难攻的城北牡丹峰。《明史》记载："游击吴惟忠攻迄北牡丹峰。……惟忠中炮伤胸，犹奋呼督战。"⑤《朝鲜宣祖实录》也记载，明军在

① 吴晗辑：《朝鲜李朝实录中的中国史料》（四），中华书局 1980 年版，第 1567 页。

② 吴晗辑：《朝鲜李朝实录中的中国史料》（五），中华书局 1980 年版，第 1984 页。

③ 吴晗辑：《朝鲜李朝实录中的中国史料》（四），中华书局 1980 年版，第 1654 页。

④ ［朝鲜王国］《朝鲜宣祖实录》卷 89《宣祖三十年六月》，韩国首尔探求堂 1973 年影印本，第 23 册，第 245 页。

⑤《明史·列传第一百二十六·李如松》，摘自《明史（二十四史简体字本）》，中华书局 2000 年版，第 4138 页。

收复平壤的战斗中，"南兵不顾生死，一向直前，吴惟忠之功最高"①。

浙兵左参将骆尚志也是当年戚继光的部属，骆尚志的属下浙兵千总闻愈就提到"尝与戚继光同事，其作《纪效新书》也亦同参云"。②骆尚志在收复平壤城的战斗中率兵攻打平壤城南门含球门。《朝鲜宣祖实录》记载："骆尚志从含球门攻城，持长戟负麻牌，耸身攀堞，贼投巨石，撞伤其足，尚志冒而直上。诸军鼓噪随之，贼不敢抵当。浙兵先登，拔贼帜，立天兵旗麾。"③"骆参将亦先登入城，跌伤颇重，而极力督战，故管下斩级，几至数百。"④说骆尚志在攻城时，冒着生命危险冲锋在前，虽身负重伤，仍坚持督战，并和士兵一起率先登城，杀死数百名日寇，将明军的战旗插在了平壤城头。

江浙游击将军戚金是戚继光的侄子，"少从少保戍，屡建战功"。⑤"少保"，指戚继光，戚继光官至少保左都督。戚金在收复平壤城的战斗中率兵攻打平壤城"小西门"，戚金"先诸将登高丽城，叙首功升副总兵"。⑥"高丽城"，指平壤。平壤曾是高丽时代的西京。戚金因在平壤大捷中立下头功，被升为副总兵。明朝兵部左侍郎宋应昌在《经略复国要编》中也记载：在收复平壤城战斗中，"戚（金）将军等冒险先登，功居第一"。⑦

南兵游击将军王必迪、浙兵游击将军叶邦荣，都是浙江义乌人，嘉靖三十八年（1559）加入了戚家军，之后又随戚继光北上戍边。⑧王必迪在收复平壤之战中

① 吴晗辑：《朝鲜李朝实录中的中国史料》（四），中华书局 1980 年版，第 1690 页。

② ［朝鲜王国］《朝鲜宣祖实录》卷 48《宣祖二十七年二月》，韩国首尔探求堂 1973 年影印本，第 22 册，第 215 页。

③ ［朝鲜王国］《朝鲜宣祖实录》卷 34《宣祖二十六年一月》，韩国首尔探求堂 1973 年影印本，第 21 册，第 601 页。

④ ［朝鲜王国］《朝鲜宣祖实录》卷 34《宣祖二十六年一月》，韩国首尔探求堂 1973 年影印本，第 21 册，第 607 页。

⑤ 张德信、王熹：《戚继光研究资料粹编（下）》，黄海数字出版社 2016 年版，第 1198 页。

⑥ 张德信、王熹：《戚继光研究资料粹编（下）》，黄海数字出版社 2016 年版，第 1199 页。

⑦ （明）宋应昌：《经略复国要编》卷六《与中军都督杨元书》，摘自《四库禁毁书丛刊》史部第 38 册，第 120 页。

⑧ 张敏杰著，义乌丛书编纂委员会编：《义乌文化的海外影响》，上海人民出版社 2014 年版，第 89 页。

也功勋卓著，时任朝鲜领议政（首相）的柳成龙在给王必迪的信函中就提到："老爷总统南兵，自平壤之战，异绩尤著，表表在人耳目。"①说王必迪在平壤之战中战绩尤为突出，大家都在传颂他的事迹。

戚继光带出来的浙兵将士在第二次平壤之战中的卓越表现，触动了朝鲜王室，当宣祖国王李昖得知这些浙兵将士是依照《纪效新书》训练出来的后，即通过各种渠道获得了《纪效新书》，并召见领议政柳成龙说："卿为我讲解，使可效法。"②朝鲜宣祖国王不仅急切地想了解《纪效新书》的具体内容，还指示柳成龙，要依照《纪效新书》治理朝鲜军队，由此也开启了朝鲜王朝三百年来依照戚继光军事思想治理军队的序幕。

二、《纪效新书》——宣祖王朝军队建设的教科书

朝鲜宣祖国王李昖在了解了《纪效新书》的内容及其影响之后，即开始在朝鲜军队中推行《纪效新书》，并以此来指导朝鲜的军队建设。

《朝鲜宣祖实录》记载："及上还都，命设训练都监，成龙为都提调，武宰臣赵儆为大将，兵曹判书李德馨为有司堂上，文臣辛庆晋、李弘胄为郎属，募饥民为兵……旬日得数千人，教之戚氏三手练技之法，置把总、哨官，部分演习，实如戚制。数月而成军容，上亲临习阵，此后督监军常宿卫扈从，国家赖之。"③说宣祖国王返回京都之后，即下令设立了训练都监，任命领议政柳成龙为总负责人、武宰相赵儆为训练大将、兵曹判书李德馨负责军备和后勤保障，还有多个文臣协助。这样一些高官组成的专门机构，就是为了依照戚继光的《纪效新书》训练新招募的士兵。"戚氏三手练技之法"，指《纪效新书》中记载的有关炮手、射手、杀手的训练方法。"炮手"，指持有或操作鸟铳、火炮等火器的士兵；"射手"，弓箭手；"杀手"，指持有刀枪剑戟等冷兵器的士兵。"戚制"，指《纪效新书》中提到的军队建制，"把总""哨官"，是军队中的军官。"百人为哨也，一把总下三哨以至五哨皆

---

① ［朝鲜王国］《西厓先生文集·卷之九·答王游击必迪书》，摘自《韩国文集丛刊》第52辑，韩国首尔东洋印刷株式会社1990年版，第190页。

② 吴晗辑：《朝鲜李朝实录中的中国史料》(五)，中华书局1980年版，第1984页。

③ 吴晗辑：《朝鲜李朝实录中的中国史料》(五)，中华书局1980年版，第1984—1985页。

可。"①对训练都监训练士兵的情况，宣祖国王还亲临操练现场检查指导。正是由于宣祖国王的高度重视，依照《纪效新书》训练出来的朝鲜士兵，成为国家安全所依赖的主要力量。

新成立的朝鲜都监依照戚继光的《纪效新书》训练朝鲜士兵。训练都监在给宣祖国王的上书中就明确提出："训练节目其载《纪效新书》者，至详至密，今当一切依仿为之。"②兼任训练都监都提调的柳成龙在给宣祖国王的上疏中也提到："束伍一事，为军政之大纲，而其在于《纪效新书》者，极为明备。"③"束伍"，指管理约束军队，《纪效新书》卷之一就是《束伍篇》。

宣祖王室为了较快地依照《纪效新书》训练出有战斗力的朝鲜军队，还邀请了许多抗倭援朝的浙兵将士到朝鲜各地指导训练，而受邀担任教练的明军浙兵将士，多是戚继光当年的部属，熟悉《纪效新书》中的训练内容，有的甚至还参与了《纪效新书》的编写。如前面提到的"尝与戚继光同事，其作《纪效新书》也亦同参云"的明军千总闻愈；④浙江义乌人，跟随戚继光"从戎十余载，优考数十余次"，曾被戚继光"爱之如子"的明军千总陈良玑；⑤"武艺胜人，曾从事于戚继光军中，多有所闻见之事"的明军千总叶大潮；⑥原戚继光手下"中军"、明军教练游击胡大受，⑦他们为训练朝鲜士兵做出了重要贡献，均受到宣祖国王的接见。

朝鲜宣祖时期，不仅将《纪效新书》作为军队训练的教科书，在城防设施建

①（明）戚继光撰，范中义校释：《纪效新书（十四卷本）·卷一》，中华书局 2001 年版，第 5 页。

②［朝鲜王国］《朝鲜宣祖实录》卷 43《宣祖二十六年十月》，韩国首尔探求堂 1973 年影印本，第 22 册，第 108 页。

③［朝鲜王国］柳成龙：《西厓先生文集·卷之十四·战守机宜十条并序》，摘自《韩国文集丛刊》第 52 辑，韩国首尔东洋印刷株式会社 1990 年版，第 268 页。

④［朝鲜王国］《朝鲜宣祖实录》卷 48《宣祖二十七年二月》，韩国首尔探求堂 1973 年影印本，第 22 册，第 215 页。

⑤《葛峰陈氏宗谱》，转引自杨海英、任幸芳：《朝鲜王朝军队的中国训练师》，摘自《中国史研究》2013 年第 3 期，第 196 页。

⑥［朝鲜王国］《朝鲜宣祖实录》卷 61《宣祖二十八年三月》，韩国首尔探求堂 1973 年影印本，第 22 册，第 467 页。

⑦（明）戚继光撰，王熹校释：《止止堂集》，中华书局 2001 年版，第 228 页。

设，军队武器配备上，也是依照《纪效新书》中的内容来做。

《朝鲜宣祖实录》记载，宣祖国王曾询问如何在城楼上安装火炮，以增强城防能力，领议政柳成龙回答说：“《纪效新书》有之。”①柳成龙还具体讲解了《纪效新书》的相关记载。朝鲜备边司向宣祖国王上书中也提到，“守城之法”，《纪效新书·守哨篇》，凡城制，每五十垛有一雉当中，二十五垛又有骑城铺，每垛为悬眼。其外又有羊马场，使放大炮，又其外深凿垓堑。其城制，（缜）密如此”。②宣祖国王批准了备边司的上书，要求按照戚继光《纪效新书·守哨篇》的要求进行城防建设。

朝鲜宣祖时期，领议政柳成龙上书宣祖国王《再乞练兵，且仿浙江器械，多造火炮诸具，以备后用状》，③这里说的“仿浙江器械”，就是仿照《纪效新书》中记载的各式火器的尺寸标准和制造方法进行制造。柳成龙在给宣祖国王上书《请训练军兵启》中也提到，要依照“《纪效新书》所载快枪之类”，“使精巧勤干晓解鸟铳之人为守令，专掌其事，责其成效”，④让熟悉制造鸟铳的人担任地方长官，并依次对他们考核。柳成龙的两次上书，均得到宣祖国王支持，这说明，宣祖时期朝鲜也在依照《纪效新书》制造新式武器。

三、光海君至英祖时期，依照戚继光兵书训练军队

朝鲜光海君至英祖时期，历届朝鲜王室均依照戚继光的军事著作训练军队。

朝鲜宣祖之后是光海君时期（1608—1623），朝鲜光海君国王在给训练新兵的朝鲜官员韩峤的批示中，要求朝鲜军队既要学习戚继光《纪效新书》中“炮杀之

---

① ［朝鲜王国］《朝鲜宣祖实录》卷43《宣祖二十六年十月》，韩国首尔探求堂1973年影印本，第22册，第112页。

② ［朝鲜王国］《朝鲜宣祖实录》卷82《宣祖二十九年十一月》，韩国首尔探求堂1973年影印本，第23册，第118页。

③ ［朝鲜王国］柳成龙：《西厓先生文集·卷之六》，摘自《韩国文集丛刊》第52辑，韩国首尔东洋印刷株式会社1990年版，第124页。

④ ［朝鲜王国］柳成龙：《西厓先生文集·卷之七》，摘自《韩国文集丛刊》第52辑，韩国首尔东洋印刷株式会社1990年版，第142页。

法"，也要学习戚继光《练兵实纪》中的"车骑步之法"。①《练兵实纪》，是戚继光在蓟镇练兵时编写的各种教材和条规的汇编，是《纪效新书》的姊妹篇。光海君时期在城防建设上，也是仿照戚继光的军事著作来做，如咸镜道在修筑城津山城时，"其规模大略仿戚氏《（纪效）新书》之制，就后峰最峻处，设大炮楼以临之。城之高壮坚完，甲于八路"②。"八路"，即八道，指当时的朝鲜全国。这说明无论在城建规模上，还是在城上设置"大炮楼"，城津山城都是按照戚继光《纪效新书》的要求来做的，而且成为当时朝鲜各地城防设施的样板。当时朝鲜的边防重镇，包括交通要道，"沿江巨镇，……土其郭而设重险，架廊起楼于两城之上。一仿戚帅《纪效新书》"，③也是仿照戚继光的《纪效新书》进行城防建设。这都说明，朝鲜光海君时期，仍然把戚继光的军事著作作为朝鲜军队建设的教科书。

仁祖时期（1623—1649），朝鲜王室仍然延续了宣祖时期、光海君时期的做法，把戚继光的《纪效新书》作为朝鲜军队训练的教科书。如《朝鲜仁祖实录》仁祖五年（1627）四月记载，朝鲜军队，包括地方军队，每年都要于二月、十月、岁末举行大型操练，"三次习阵"，"教练，用《练兵实纪》《兵学指南》。兵使巡行时考讲，将官不通者，决棍，连五次不通，两朔自备粮罚防，三次能通者，复其户役"④。《兵学指南》，是当时朝鲜军队依据《纪效新书》编写的士兵管理和训练的教科书。朝鲜王朝史料记载："取戚氏《（纪效）新书》，撮其操练之要，名之曰《兵学指南》。"⑤这说明，仁祖时期朝鲜军队操练的内容，就是戚继光的《练兵实纪》和依据戚继光的《纪效新书》编纂的《兵学指南》中的内容。《朝鲜仁祖实录》仁祖七年（1629）七月也记载，朝鲜军队进行大型操练，"今已五年矣……只行戚继光

① [朝鲜王国]《朝鲜王朝实录·光海君日记》卷39《光海君三年三月》，韩国首尔探求堂1973年影印本，第31册，第615页。

② [朝鲜王国]郑经世：《愚伏先生文集·卷之十五》，摘自《韩国文集丛刊》第68辑，韩国首尔东洋印刷株式会社1991年版，第275页。

③ [朝鲜王国]金德諴：《醒翁先生遗稿·卷之二》，摘自《韩国文集丛刊·续》第12辑，韩国首尔东洋印刷株式会社2006年版，第334页。

④ [朝鲜王国]《朝鲜仁祖实录》卷16《仁祖五年四月》，韩国首尔探求堂1973年影印本，第34册，第194页。

⑤ [朝鲜王国]《息庵先生遗稿·卷之八》，摘自《韩国文集丛刊》第145辑，韩国首尔东洋印刷株式会社1995年版，第245页。

法"，^①朝鲜军队大型操练"只行戚继光法"，说明士兵的平日训练，学习的也是戚继光的《纪效新书》《练兵实纪》等。

朝鲜孝宗时期（1649—1659），朝鲜把军队建设放到了首要位置，在军队治理上，继续延续前朝的一些做法，"治戎练卒……依《纪效新书》例，参以古法，不懈教阅"^②，"教之以炮、杀、射，及戚继光阵法"。^③孝宗时期，朝中官员柳元之在给孝宗国王的上书中也提到："储将才，教养成就，如《纪效新书》练将之法。"^④"今按戚家即浙江名将戚继光，在南时作《纪效新书》以御倭。"^⑤这都说明，孝宗时期，朝鲜继续将戚继光的军事思想及其著作作为朝鲜军队建设的指导思想和教科书。

朝鲜显宗时期（1659—1674），"军阵之所行用者，只是戚继光之法"。^⑥《朝鲜显宗实录》显宗五年（1664）八月还记载："兵曹判书金佐明进《纪效新书》。……佐明多印其书，分送于各营镇，又陈疏投进。上嘉其留意于戎务，优答之。"^⑦说兵曹判书金佐明刊印了许多册《纪效新书》，分发各营镇，并上书显宗国王说明原因。显宗国王非常支持金佐明的做法，还对金佐明重视军队建设给予了充分肯定。这都说明，显宗时期，朝鲜王室仍然把戚继光的军事著作作为军队建设的教科书。

朝鲜肃宗时期（1674—1720），壬辰倭乱过去一百年了，但戚继光的军事著作仍然是指导朝鲜军队建设的教科书。肃宗初年（1675—1679），金锡胄担任主管朝鲜军务的兵曹判书，即在军队中沿袭前朝传统的练兵方法，"用戚继光兵法，作假

---

① ［朝鲜王国］《朝鲜仁祖实录》卷21《仁祖七年七月》，韩国首尔探求堂1973年影印本，第34册，第337页。

② ［朝鲜王国］《南溪先生朴文纯公文正集·卷第十二》，摘自《韩国文集丛刊》第138辑，韩国首尔东洋印刷株式会社1994年版，第230页。

③ ［朝鲜王国］《朝鲜显宗实录》卷10《显宗四年十一月》，韩国首尔探求堂1973年影印本，第37册，第353页。

④ ［朝鲜王国］柳元之：《拙斋先生文集·卷之三》，摘自《韩国文集丛刊·续集》第28辑，韩国首尔东洋印刷株式会社2006年版，第33页。

⑤ ［朝鲜王国］柳元之：《拙斋先生文集·卷之十二》，摘自《韩国文集丛刊·续集》第28辑，韩国首尔东洋印刷株式会社2006年版，第180页。

⑥ 吴晗辑：《朝鲜李朝实录中的中国史料》（九），中华书局1980年版，第3908页。

⑦ 吴晗辑：《朝鲜李朝实录中的中国史料》（九），中华书局1980年版，第3915—3916页。

倭，习战斗矣"，^① 肃宗三十二年（1706）九月，肃宗国王引见大臣时说："军门常用戚继光法。"^② 肃宗三十五年（1709）九月，肃宗国王在谈到军队训练时再次提到："今遵用者，乃戚法。"^③ 肃宗朝军队"专用戚法"，一直到肃宗晚年还是如此，《朝鲜肃宗实录》肃宗四十四年（1718）六月就记载："今已百有余年，国家之所用戚继光之法。"^④ 这都说明，戚继光的军事著作仍然是肃宗时期朝鲜军队建设的教科书。

英祖时期（1724—1775），在军队治理上，仍延续前朝做法，继续将戚继光的军事著作作为军队的教科书。英祖初期，著名学者、官员韩元震在给英祖上书时就提到："今日所用者，乃明将戚继光之遗制也。"^⑤ 说朝鲜军队实行的还是明朝将领戚继光治军的制度和方法。英祖还多次请"武臣讲《兵学指南》"，^⑥ 前面提到，《兵学指南》是依据戚继光的《纪效新书》编写的朝鲜军队教科书。英祖还强调："《（兵学）指南》阵法，皆诵后其令替直"，^⑦ 说军官必须能诵读《兵学指南》，只有能诵读的才能令其担当职责。英祖时期，庄献世子李愃（1735—1762）也是戚继光军事思想及其著作的积极推介者，在代理朝政期间，极力推广宣传朝鲜依据戚继光的军事著作编写的《兵学指南》，还曾写诗《题〈兵学指南〉》，在诗歌的第一联写道："一通兵学重添注，号令形名取次明"，说战鼓擂响了，《兵学指南》再次成为朝鲜军队训练的指南，依照《兵学指南》指挥士兵训练，号令明确，方法得当。这也说明，英祖时期是在依据戚继光的《纪效新书》治理朝鲜军队，而且收到了

---

① [朝鲜王国]《朝鲜肃宗实录》卷8《肃宗五年九月》，韩国首尔探求堂1973年影印本，第38册，第422页。

② [朝鲜王国]《朝鲜肃宗实录》卷44《肃宗三十二年九月》，韩国首尔探求堂1973年影印本，第40册，第227页。

③ [朝鲜王国]《朝鲜肃宗实录》卷47《肃宗三十五年九月》，韩国首尔探求堂1973年影印本，第40册，第333页。

④ [朝鲜王国]《朝鲜肃宗实录》卷61《肃宗四十四年六月》，韩国首尔探求堂1973年影印本，第41册，第24页。

⑤ [朝鲜王国] 韩元震：《南塘先生文集拾遗·卷之二·拟上时务封事》，摘自《韩国文集丛刊》第202辑，韩国首尔东洋印刷株式会社1998年版，第336页。

⑥ [朝鲜王国]《朝鲜英祖实录》卷86《英祖三十一年十二月》，韩国首尔探求堂1973年影印本，第43册，第605页。

⑦ [朝鲜王国]《朝鲜英祖实录》卷107《英祖四十二年五月》，韩国首尔探求堂1973年影印本，第44册，第220页。

很好的效果。

四、正祖时期《兵学指南》，仿戚氏《纪效新书》

朝鲜英祖之后的正祖时期（1776—1800），正祖李祘创建了朝鲜王朝的中兴时代，是朝鲜王朝历史上很有影响的一代英主。正祖时期，戚继光的军事思想传入朝鲜半岛已经两百年了，朝鲜的国内外形势已发生很大的变化，但国王李祘依旧重视戚继光的军事思想及《纪效新书》对朝鲜军队的指导作用，曾多次亲自撰文颂扬戚继光的军事思想及其著作。

正祖李祘在《兵学通·序》中记载说："今之《兵学指南》，即戚氏御倭之法也。戚氏之御倭，盖以序胜者也。我国遵而用之，固得矣。"①说朝鲜军队实行的《兵学指南》是来自戚继光的"御倭之法"，朝鲜遵照执行，得到了很多好处。

今韩国国立民俗博物馆藏有正祖戊午年（正祖二十二年，1798）朝鲜庆尚右道刊印的《兵学指南》。《兵学指南》封面有"兵学指南全一本"字样，封底有"戚将军之武法"字样，（见下图）以强调说明朝鲜军队推行的《兵学指南》，其基本内

《兵学指南》

---

① [朝鲜王国] 李祘：《弘斋全书·卷八》，摘自《韩国文集丛刊》第262辑，韩国首尔东洋印刷株式会社2001年版，第134页。

容来自戚继光的《纪效新书》。

正祖李祘为推行戚继光的军事思想，还撰文高度赞扬戚继光："戚帅继光，明朝人也，跨制南北，历典机宜，战守伟绩，至于今焜耀史乘。……则凡我东水陆征缮，京外团练，实无不《(纪效) 新书》乎自出。""夫以戚帅之迹遍天下，智周成败，论次其试于形而运于神者，以遗后世之龟鉴。其事至重，其义至密。"① 说戚继光的丰功伟绩光耀史册，至今仍影响很大，朝鲜全国的军队，各个兵种都是按照《纪效新书》进行训练的。还说戚继光南北征战，能知晓成败的原因，所以他的著作能成为后人学习的宝典，学好戚继光的军事著作，这件事特别重要，其意义非同小可。

正祖李祘还撰文赞扬《纪效新书》说：《纪效新书》十八篇，精粗悉备，显微无间。训其法，虽阡陌襁褓之贱，可能按形而与知，穷其神。即熊罴之将，凫藻之士，尚且望洋而茫无津筏，信乎其为韬钤之尸祝。"② 说戚继光十八卷本的《纪效新书》，内容既丰富详尽，又条理清晰，军队治理的方方面面都涉及了，能够很有效地训练和管束军队，即使是在田野劳作的农夫，对行伍毫无知晓，技能很差的刚入伍的士兵，都能从《纪效新书》中得到收获。所以无论久经沙场的威武将军，还是一般的士卒，学习了《纪效新书》，都像是被阻隔在江河大洋一边的人得到了渡河的木筏，所以，我们才能如此信奉和迷信《纪效新书》。正祖李祘在《日得录》中还写道："兵书之中，如戚继光《纪效新书》……其于操练进退之节。不为无益，亦不可小觑。"③ 说戚继光《纪效新书》中有关操练的内容，对军队训练很有好处，必须引起足够的重视，不能小看这个问题。

正祖李祘还极力推崇戚继光军事著作在朝鲜城防建设上的指导作用，在《题城图全篇》一文中，正祖李祘写道："若城郭者，安民之美器，御敌之良具也。图

---

① [朝鲜王国] 李祘:《弘斋全书·卷九》，摘自《韩国文集丛刊》第262辑，韩国首尔东洋印刷株式会社2001年版，第142页。

② [朝鲜王国] 李祘:《弘斋全书·卷九》，摘自《韩国文集丛刊》第262辑，韩国首尔东洋印刷株式会社2001年版，第142页。

③ [朝鲜王国] 李祘:《弘斋全书·卷百六十四》，摘自《韩国文集丛刊》第267辑，韩国首尔东洋印刷株式会社2001年版，第206页。

则古来无传焉，惟《纪效新书·守哨篇》。"① 说建筑城墙及城防设施，是保护城内百姓、抵御外来之敌的必要措施，之前并没有具体的建筑标准及图纸，但《纪效新书·守哨篇》提到了城防建设的方方面面，并附有图片，是指导朝鲜城防规划设计的重要参考。《朝鲜正祖实录》正祖十二年（1788）四月记载，兵曹启言："守城器械，必用戚法。"② 说在城防建设的武器配备上，是按照戚继光兵书的要求去做的。正祖时期所建的当时朝鲜城防设施最完备也是最先进的水原华城，其城防设施，包括城防武器的配备，或"参互戚法"，或"俱据戚氏指南施行"，③ 也多是依照戚继光兵书上的要求建设和配置的。

正祖李祘如此高度地评价戚继光军事著作，并以此作为教科书大力推进朝鲜的军队建设，无疑是戚继光的形象及其军事思想在朝鲜半岛兴盛的又一个高峰期。《朝鲜正祖实录》正祖九年（1785）九月的记载提到："我朝军制，专用《兵学指南》，盖仿戚氏《纪效新书》。"④ 正祖朝著名文臣徐滢修在撰写的《兵学通·后序》中也提到："我朝兵制，实本戚继光之《纪效新书》……凡其进退格斗，经纬奇正，无一不返于戚氏之遗典。"⑤

由于国王李祘对戚继光军事思想高度重视，整个正祖时期，朝鲜的军队建设都将戚继光的军事著作作为行动指南。正祖朝丁巳年（1797），有官员提出，为了减轻地方财赋负担，应该在地方军队中恢复壬辰倭乱之前的亦兵亦农兵制，但正祖信赖的高官壮勇大将赵心泰向正祖李祘提出："戚氏之法，行之既久，不可偏

---

① ［朝鲜王国］李祘：《弘斋全书·卷五十五》，摘自《韩国文集丛刊》第 263 辑，韩国首尔东洋印刷株式会社 2001 年版，第 357 页。

② ［朝鲜王国］《朝鲜正祖实录》卷 25《正祖十二年四月》，韩国首尔探求堂 1973 年影印本，第 45 册，第 703 页。

③ ［朝鲜王国］成海应：《研经斋全集·外集卷四十二》，摘自《韩国文集丛刊》第 277 辑，韩国首尔东洋印刷株式会社 2001 年版，第 231 页。

④ ［朝鲜王国］《朝鲜正祖实录》卷 20《正祖九年九月》，韩国首尔探求堂 1973 年影印本，第 45 册，第 539 页。

⑤ ［朝鲜王国］《明皋全集·卷之七》，摘自《韩国文集丛刊》第 261 辑，韩国首尔东洋印刷株式会社 2001 年版，第 139 页。

废。"正祖接受了赵心泰的意见,"按其法而始行之"。^①这说明,即使到了正祖后期,朝鲜的军队建制,仍然参照的是戚继光的军事著作。

正祖时期,朝鲜半岛政局稳定,经济和文化繁荣,既为戚继光的军事著作在朝鲜半岛的传播创造了极佳的环境,也对后来的朝鲜的王室产生很大影响。

五、朝鲜王朝晚期,军队专靠戚继光兵书

朝鲜纯祖时期(1800—1834),朝鲜王室延续了正祖朝对戚继光及其军事著作的认知,纯祖李玜多次提到要依照戚继光的军事思想指导朝鲜军队建设。纯祖五年(1805),以纯祖的名义发布的《武艺别监创设记》提到,纯祖时期比正祖时期增加了武士教练的数量,"又增二十有六,合为一百九十有八",配备了198名武士教练,这些武士教练的主要职责是"教之以戚帅十八之技"。^②也就是说,纯祖时期,武士教练的训练内容仍是戚继光的兵书。对正祖朝依照戚继光的军事著作指导军队训练的做法,纯祖指出:"莫不谨遵,不敢违越。"^③在提到军队士兵训练时,纯祖还指出:"势技由微而转大,伫思戚帅用兵之神。莫不遵行,惟竭用力。"^④说朝鲜军队依照戚继光的练兵方法进行训练,战斗力得到了明显提升,所以,朝鲜军队对戚继光的练兵方法,要竭尽全力,全部落实。纯祖朝一品高官徐荣辅也赋诗提到,"如何京外军门法,只讲南塘纪效书",^⑤说当时的朝鲜军队,无论是京都驻军还是地方军队,学习的兵法、讲授的内容只有戚继光的《纪效新书》。纯祖朝著名文臣金镃在诗作中还描绘了朝鲜地方军队依照戚继光的兵法进行训练的情况,其中作者有

①[朝鲜王国]《耳溪集卷·卷三十七》,摘自《韩国文集丛刊》第242辑,韩国首尔东洋印刷株式会社2000年版,第115页。

②[朝鲜王国]李玜:《纯斋稿·卷之三·记》,摘自《韩国文集丛刊·续集》第120辑,韩国首尔东洋印刷株式会社2011年版,第43页。

③[朝鲜王国]李玜:《纯斋稿·卷之三·记》,摘自《韩国文集丛刊·续集》第120辑,韩国首尔东洋印刷株式会社2011年版,第43页。

④[朝鲜王国]李玜:《纯斋稿·卷之八·教》,摘自《韩国文集丛刊·续集》第120辑,韩国首尔东洋印刷株式会社2011年版,第117页。

⑤[朝鲜王国]徐荣辅:《竹石馆遗集》册一,摘自《韩国文集丛刊》第269辑,韩国首尔东洋印刷株式会社2001年版,第335页。

诗注："邑操时节次，皆依戚氏指南，与京军门习操仿佛。"①说朝鲜地方军队的训练内容与京城的军队是一致的，都是把戚继光的兵书作为训练的指南。这都可以看出，戚继光的军事思想仍然是朝鲜纯祖时期的军队建设指南。

朝鲜王朝末期，即宪宗时期（1834—1849）、哲宗时期（1849—1863）、高宗时期（1863—1907）、纯宗时期（1907—1910），虽说这一时期朝鲜王朝走向没落，但由于受到前朝的影响，特别是又受到日本的欺凌，所以，体现抗倭精神的戚继光军事思想在朝鲜半岛仍有着较大的影响，朝鲜王室的主要官员仍非常重视戚继光军事著作对朝鲜军队建设的指导作用。

历官朝鲜宪宗、哲宗、高宗三朝，高宗朝担任领议政的李裕元曾上书高宗国王说："夫编伍约束，莫如戚继光之《纪效新书》，而我国武事，专靠是书。惟当日讲其方略，时习其射御，为他日干城推毂之材，实是缓急之可仗。以此申饬于京营各道，令介胄之士，依日式练习各技，期有成效似好矣。"②李裕元在指出了当时朝鲜军队存在的问题后向高宗国王建议说，管束军队，没有比戚继光《纪效新书》中的管理办法更好的了，朝鲜历届王朝管理军队，靠的都是这本书。所以，现在只有学好《纪效新书》中的方法与谋略，按照其中的要求训练士兵，才能为将来打仗推荐出栋梁之材，这也是当前军队建设最紧迫的事情。李裕元还撰文提到："戚氏《纪效（新）书》起于御倭略，而为《兵学指南》。宪庙最为精通，有非诸将所可及，此天纵之圣也。"③说戚继光的《纪效新书》是抗倭实战的经验总结，朝鲜依此编纂了《兵学指南》。宪宗国王对《纪效新书》和《兵学指南》的理解最为透彻全面，是将官们难以超越的。这说明，无论是宪宗时期还是高宗时期，朝鲜王室都高度重视戚继光的军事思想及其著作。高宗朝首相李裕元还写有诗歌《戚继光》："偶傥负奇好读书，御倭有术定无虚。《纪效》一编传海左，八般遵袭百年

---

① ［朝鲜王国］《薄庭遗稿·卷之二》，摘自《韩国文集丛刊》第289辑，韩国首尔东洋印刷株式会社2002年版，第408页。

② ［朝鲜王国］《嘉梧稿略·册九》，摘自《韩国文集丛刊》第315辑，韩国首尔东洋印刷株式会社2003年版，第331页。

③ ［朝鲜王国］《嘉梧稿略·册十四》，摘自《韩国文集丛刊》第315辑，韩国首尔东洋印刷株式会社2003年版，第543页。

余。"[1]说戚继光是非常杰出之人，胸怀奇志，喜好读书，有抵御倭寇的好方法，与倭寇作战百战百胜。还说戚继光的《纪效新书》传入朝鲜半岛之后，从正祖国王在朝鲜全面推广《纪效新书》，到现在已有一百多年了。前面提到，正祖时期，戚继光的军事思想传入朝鲜半岛已经二百年了，加上这"百年余"，也是说，戚继光的军事思想影响朝鲜半岛已经三百年了。诗歌中的"百年余"，也可理解为几百年，说戚继光的《纪效新书》在朝鲜半岛传播几百年了。

戚继光及其军事著作之所以能影响朝鲜王朝三百年，其原因主要应有三点：

第一，戚继光军事著作经历了实战的检验，特别是戚继光当年训练出来的浙兵将士在平壤大捷的亮眼表现，给朝鲜半岛十几代人留下了刻骨铭心、难以忘怀的记忆；宣祖王室依照戚继光的《纪效新书》训练出来的朝鲜军队，在抗击日军入侵的战斗中做出的重要贡献，也为后来的朝鲜军队建设起到了很好的示范作用。

第二，朝鲜王室长期面临外部环境压力，需要强化军队建设，虽然在壬辰倭乱结束百年后，朝鲜王室有过戚继光军事著作是否过时的讨论，但由于戚继光的军事思想及其著作的巨大影响力，加上朝鲜半岛一直都面临着日本的威胁，所以，作为抗击倭寇宝典的《纪效新书》等继续成为朝鲜军队建设的指导思想和教科书。

第三，壬辰倭乱爆发后，中国人民倾尽国力支援朝鲜抗倭所形成的中朝（韩）友谊，朝鲜半岛人民对中国优秀文化，包括对戚继光兵法的仰慕，也是戚继光军事思想及其著作在朝鲜半岛经久不衰的重要原因。

---

[1] [朝鲜王国]《嘉梧稿略·册三》，摘自《韩国文集丛刊》第315辑，韩国首尔东洋印刷株式会社2003年版，第93页。

朝鲜宣祖朝以《纪效新书》为依托推行军制改革

任晓礼 *

万历朝鲜战争爆发之前，朝鲜王朝的军队体制为充分体现中央集权战略的"五卫体制"。然而，随着万历朝鲜战争的爆发，在与以鸟铳和长刀武装起来的训练有素的日军对阵的过程中，仅以弓矢为长技且武备松弛的朝鲜军队战斗力低下等弊端暴露无遗。虽说影响朝鲜军队战斗力的因素有很多，但究其根源，问题还是出在其军事体制上，比如说，"良人为兵"的兵役制度所引起的兵额日缩问题，"兵农合一"导致军人素质低下问题，"制胜方略"造成"将不知兵、兵不识将"的被动局面，等等。

明朝东征军中浙兵将士在平壤大捷中的亮眼表现，引起了朝鲜王室的高度关注，在确认了浙兵正是依照《纪效新书》训练而成的节制之师后，宣祖国王决心全面引进《纪效新书》用以指导军制改革。万历二十一年（1593）十月还都后，立即设立"训练都监"[①]，遵照《纪效新书》的束伍法进行编伍与训练，从而拉开了朝鲜军制改革的序幕。此后，与中央军"训练都监"相对应，在地方上设置"束伍军"，广泛开展"三手技"训练。这一系列举措，打破了延续了两百年之久的传统

＊ 任晓礼，鲁东大学蔚山船舶与海洋学院教授。

① 都监，本是朝鲜时代为应对突发的重大事件而临时设置的官衙，"有事则置，无事则罢"，存续时间可长可短，随具体情况而定。训练都监于宣祖二十六年（1593）为军队体制改革而置，至高宗十九年（1882）废止，存续了近三百年，历史最为悠久。训练都监兼具军事训练机构和中央直属特种部队双重身份，它的设立，彻底改变了朝鲜的传统军制。

军制，在军队编制、兵役制度、军事指挥系统、营阵操练等方面都进行了相应的变革，对朝鲜王朝后期军队与国防建设产生了重大而深远的积极影响。

一、武装力量体制改革

万历朝鲜战争爆发之前，朝鲜王朝的军队体制为"五卫体制"：在京都汉城设置"义兴""忠佐""忠武""龙骧""虎贲"五卫，为中央军；在地方上则推行"镇管体制"，即各道兵马节度使和水军节度使所在之地为"主镇"，在内陆军事要地分设多处"巨镇"，使其统领周边郡县。然后，再将全国地方军事力量划归五卫统辖。如，汉城中部和京畿、江原、忠清、黄海道的镇管军队隶属"义兴卫"，汉城东部和庆尚道的隶属"龙骧卫"，汉城西部和平安道的隶属"虎贲卫"，汉城南部和全罗道的隶属"忠佐卫"，汉城北部和咸镜道的隶属"忠武卫"。

表面上看，朝鲜传统的五卫军制与明朝"寓兵于农、守屯结合"，由五军都督府划片管辖的卫所制度十分相似，但两者还是有本质区别的：明代的卫所军是职业军人，且军户为世袭制，其军人身份几乎是永久不变的，即便是屯田军人，也要定期操练。而朝鲜的情况则是，"五卫之法，仿府兵之制，兵寓于农更番迭休，间有城戍之役，亦许纳布雇丁。征布之法权兴于此"[1]。也就是说，朝鲜的士兵与农民是合二为一的，除了轮番上京守卫王宫以及战时隶属地方武装参与战斗外，其余时间则在家为农。宣祖国王对朝鲜与明朝两国之间军制的区别曾有过透彻的论述："我国自平时，不知养兵。中原，五丁抽一，养之有素，故与农夫异，唯事战斗，而我国贫残，不能预养，无异农夫。虽抄十万，何以当倭乎？"[2]表露出对现行"兵农合一"兵役制度既不满又无可奈何的心境。

训练都监依照十四卷本《纪效新书·编伍篇》中的编制设定，以营为建制，实行的是营兵制。万历二十二年（1594）三月二十五日，朝鲜兵曹在给宣祖国王的上书中说："训练都监练习之军，鸟铳左、右司各一哨，杀手左、右司各二哨，以

---

[1]［朝鲜王国］徐荣辅：《万机要览·财用编三》《均役》，韩国古典综合 DB（https：韩国 // db.itkc.or.kr），第 115 页。

[2]［朝鲜王国］《朝鲜宣祖实录》卷 41《宣祖二十六年八月十日》第七条，摘自韩国国史编纂委员会编《朝鲜王朝实录》第 22 册，韩国首尔探求堂 1986 年影印本，第 67 页。

此合为一营。"① 由此可知，训练都监是以杀手（持有冷兵器的士兵）和炮手为主编队成军的。同年六月，在朝鲜都城汉城（今首尔）的训练都监炮手、杀手人数合计约为八百人。② 七月，兵曹以"部将、守门将、内禁卫、兼司仆等，元数繁冗，杂乱无统"为由，启请依《法典》所定之数为准，将多余人员"送于训练都监，练习炮射等技"。这样一来，训练都监的人数大为增加，为后来的分营创造了条件。

鉴于朝鲜都城汉城当时除都监军以外只有数十名捕盗军士，备边司曾于同年十一月启请将都监军分为五营，以协防京城。训练都监接到命令后，制定了分营与操练方案：

> 训练都监启曰："备边司启请设立五营，都监军士若数多，则各占方位，可以分营，旗帜服色，亦当分类，以便练习，以壮军容，而今之见在炮手，则七哨内别哨二哨，已出屯于东、西郊，以为明年农作之计，其在城中者，只五哨，合杀手四哨、射手二哨，为十一哨。以此姑为分营，炮、杀手各一哨，在南大门内为前营，在宗学近处为后营，在东大门内为左营，在西小门内为右营，而炮手一哨、射手一哨，作为中营于南别宫近处。逐日各在其营，哨官专掌操练，而中日及习阵时，则别会于都监及西郊为当。③

按照备边司的建议，都监军一分为五，分别在南大门内等关隘要地设营，按照方位组建成前、后、左、右、中五个军营，自此"五军营"闪亮登场，是为朝鲜王朝中央军"五营制"的前身。

训练都监起初主要担当防卫京城、扈从国王的职责，后来逐步成为核心的御倭军事衙门，其职责也随之扩大到边境防备。训练都监虽是应急之作，但它的设立"开启了朝鲜军队职业化道路"，标志着朝鲜王朝"中央常备军"正式登上历史

---

①［朝鲜王国］《朝鲜宣祖实录》卷49《宣祖二十七年三月二十五日》第三条，摘自韩国国史编纂委员会编《朝鲜王朝实录》第22册，韩国首尔探求堂1986年影印本，第242页。

②［朝鲜王国］《朝鲜宣祖实录》卷52《宣祖二十七年六月二十七日》第三条，摘自韩国国史编纂委员会编《朝鲜王朝实录》第22册，韩国首尔探求堂1986年影印本，第304页。

③［朝鲜王国］《朝鲜宣祖实录》卷57《宣祖二十七年十一月十九日》第三条，摘自韩国国史编纂委员会编《朝鲜王朝实录》第22册，韩国首尔探求堂1986年影印本，第403页。

舞台。与五卫体制下的"番上兵制"最大的不同是，都监军由国家发放军饷，常年担负防卫京城和扈从国王的任务，正常情况下，地方军无须轮番上京戍卫。

与中央都监军相对应，地方上则设置束伍军，推行营兵制以提高地方军队的防御能力。自万历二十四年（1596）正月起，训练都监完全替代五卫功能，无论是中央还是地方的军事训练，都由其负责实施，通过派遣教官、印发训练教材等方式，指导地方束伍军实施炮、杀、射三手技训练。

二、军队组织编制改革

《五卫阵法》在"分数"条目下对军队各级编制做出了明确规定：

> 大将有五卫，每卫各有五部，每部各有四统，（共一百统。骑兵二统，一为战，一为驻。步兵二统，一为战，一为驻。兵少而一统人数虽不满队，四统之名不可缺。兵多而一统人数虽过队旅，四统之名不可加。五人为伍，二十五人为队，一百二十五人为旅。若欲使中卫之兵多于各卫，中部之兵多于各部，皆在一时将略。或骑兵多则骑统人数多，步兵多则步统人数多，不必均一。兵不可执一，卫部统实无定数，不可缺，不可加者，据战驻大法而言耳。）每卫各有游军五领，（大概以正军十分之三为游军。假如正军七千，则游军为三千。若以一队为统，则五卫之兵共二千五百人，而辎重仆从百执事之数不与焉，其游军则一千七十一，每卫二百一十四人，每领四十二三人。若以一旅为统，则五卫之兵共一万二千五百人，其游军则五千三百五十六人，每卫一千七十一，每领二百一十四五人。假令一队为统，则五卫之兵正、游军共三千五百七十一人，以三乘之，得一万七百一十三，以十分之，得一千七十一人，为游军，反减正游军共数得二千五百人，为正军。余例同。）大将令卫将，卫将令部将，部将令统将，统将令旅帅，旅帅令队正，队正令伍长，伍长令其卒。[1]

---

① ［韩国］国防部战史编纂委员会：《兵将说》《阵法·分数》，1983 年，第 344—345 页。

五卫体制下的朝鲜军队编制共分六级，然而这六级并不是简单的垂直排列，而是分属高低两大段：即高段由"统一部一卫"构成，一卫辖五个部，一部辖四个统，全军共五个卫，亦即一百个统；而低段则由"伍一队一旅"构成，一伍为伍人，一队有五个伍，为25人，一旅有五个队，为125人。低段三级的人数是固定不变的，而高段三级的人数则无定数，原因是高低段之间有两种接合方式：一种是以一旅为一统，另一种则是以一队为一统。如果以一旅为一统，那么全军就是12500人；如果以一队为一统，那么全军则是2500人。按照韩国学者卢永九的说法，这种弹性编制方式，是同时考虑为应对国家层面的战争而动员全国兵力组建大规模部队和为应对局部纷争而组建小规模部队两种情况而做出的安排。[1]

此外，每部四统里面，骑兵、步兵各为两统。虽然每统人数随着实际情况的变化而有所不同，但是据此可以做出推断：万历朝鲜战争爆发之前，朝鲜王朝陆军是以弓矢武装起来的、步骑参半独立编队的"步骑混合军团"。

然而，万历朝鲜战争爆发后，不管是新设立的训练都监还是束伍军，一律采用《纪效新书》所规定的"队一旗一哨一司一营"编制，将重点放在分数束伍上，从基于"多聚军卒则可以御贼"认识的大部队编制转变为"责任分明、哨队有伦"的部分演习的小部队编制。[2]都监军编伍从各级名称到编制完全照搬了《纪效新书·束伍篇》的规制，即百人为"哨"、五百人为"司"、三千人为"营"，这也正是当年戚家军的编制。

当然，上述记载是训练都监的正规编制。而训练都监设立之初的临时编制为"马军二哨，步军二十五哨"[3]。这里值得特别注意的是步军与马军的构成比，步军多达二十五哨，而马军只有二哨，说明都监军采用的是以炮手和杀手为主干的步兵体制，这与战争爆发前步骑参半的"步骑混合军团"是大相径庭的。

---

①［韩国］卢永九：《朝鲜后期兵书和战法研究》，韩国首尔大学国史学科博士论文，2002年，第16页。

②［韩国］车文燮：《朝鲜时代军制研究》，韩国首尔韩国檀国大学出版部，1977年，第160—161页。

③［朝鲜王国］徐荣辅：《万机要览·军政编二》《训练都监·军总》，韩国古典综合DB，第66页。

三、兵役制度改革

朝鲜传统的军制规定，只有良民才可入军籍，公私贱人是没有资格当兵的。据《宣祖修正实录》记载："本朝六军之法，只抄良民著籍，给保三人，试艺而授军职。其技则弓矢，其阵法则用世祖大王所定阵书法。兵农不分，无事则上番京师，有事则属镇管，出征而已。然而贱人从母之法久行，良民日缩，军额大耗。至是，尽用公、私贱人人束伍。"① 如果用一句话来概括朝鲜王朝前期的兵役制度的话，那便是"良人皆兵、兵农一致"。

在探讨朝鲜兵役制度之前，有必要先了解一下朝鲜时代的身份制度。朝鲜王朝以朱子学为核心理念，制定了严格的身份制度。国民被分为"良人"和"贱人"两大类，其中"良人"又细分为"两班""中人"和"常民"。"两班"本是朝中"文武两班"的简称，后来演变成统治阶级的代名词；"中人"是两班与良妾所生的子女，以及科举及第的常民或贱民；"常民"主要是农民，还包括少量的商人和手工业者；处于社会最底层的是"贱人"，包括奴婢（官奴和私奴）、白丁、民间艺人、巫婆、娼妓等。朝鲜王朝的兵役制度规定：凡是具有良人身份的16岁到60岁的男子，均有服兵役的义务。当然，正在学堂读书的学生、为国家做事的官吏以及为国家提供必需品的商人或手工业者可以免除兵役。

良人人军籍的制度本是可行的，可后来随着良人数量日益减少，确保军队员额遇到了挑战。《宣祖修正实录》将良人数量的减少归因于"贱人从母之法"，只是看到了问题的表象，而忽略了问题的实质。其实，造成朝鲜军队日朘月减的罪魁祸首是令人苦不堪言的王朝军役制度：一旦入了军籍，要么作为"番上正兵"，以两个月为周期，八班倒轮番上京值守，要么作为县邑地方军成员，以一个月为周期，四班倒轮番在地方上服役；不管是上京值守还是在地方服役，都要自备铠甲、武器和粮食；轮番值守和地方服役期满，还要服其他各种杂役。而若逃避兵役和徭役，那么亲族和乡邻就要受到连坐，朝鲜历史上就曾出现过为免受株连整个村子逃亡一空的恶性事件。朝鲜王朝的军役太重，压得老百姓喘不过气来，以致生

---

① ［朝鲜王国］《宣祖修正实录》卷二十八《宣祖二十七年十二月一日》第一条，摘自韩国国史编纂委员会编《朝鲜王朝实录》第25册，韩国首尔探求堂1986年影印本，第653页。

了儿子，如果不能进山为僧，就让其娶贱婢为妻，这样孙辈即可为"贱人"，就不用服兵役了；有女儿的人家则将女儿嫁给贱奴，既能得到钱财补偿，还不至于因女婿逃避军役而受牵连。如果有幸做了内需司（管理王室财政的官衙）的奴婢，那么一家人还会受到国家的特别保护，因而穷困潦倒者更是人人争当内需司的奴婢。为了免受军役之苦，朝鲜王朝竟然出现了争着抢着当贱奴的怪现象。

由于入军籍当兵需要承受超乎想象的痛苦，于是两班贵族及家道较为殷实的良人家子弟，便通过纳布等手段雇人代服或免除兵役。"良人义务制"受到巨大冲击，进而导致朝鲜王朝兵员素质每况愈下、军事力量日益减弱。

为了彻底改变这种状况，朝鲜王室果断打破身份限制，导入募兵制。据《宣祖修正实录》记载：

> 遣教士于各道，训习三手技法（炮、射、砍法），置哨军。时，京城设训练都监，募兵训练，而外方亦置哨军，或束伍军，毋论良民、公、私贱人，选壮充额，束以戚书之制，教练三手，分遣御史试阅，自是军额颇增益矣。[①]

"公贱"，即"官奴"，指没入官府的奴仆。"私贱"，即私家奴仆，指两班贵族家里的奴仆，为私人财产。上述记载说明，朝鲜的兵役制度改革是分两步走的，先是在京都汉城设训练都监，招募"丁壮勇锐"进行训练，组建朝鲜历史上前所未有的"兵农相分"的职业军队，由国家发放"料米"作为军饷。套用现在的说法，就是在首都组建中央直属部队，培养训练有素的职业军人。接着，在地方上设置"哨军"或"束伍军"，同样是不分良民与公、私贱人，一律按照《纪效新书》的办法，招募身强力壮之人以充军额，然后依《束伍篇》进行编队，教习三手技艺。由于在募兵、选兵上彻底打破了身份桎梏，朝鲜军队数量随之大增。

"募饥民为兵"打破了从前"良民从军"的传统。一方面，因遭受倭军残暴杀戮，朝鲜军队数量锐减，急需补充大量兵员以增强兵力，而在兵荒马乱之时，个体的身份难以确认，"良民从军"制度对扩充军队员额形成了阻碍。而更为重要的

①［朝鲜王国］《宣祖修正实录》卷二十八《宣祖二十七年十二月一日》第一条，摘自韩国国史编纂委员会编《朝鲜王朝实录》第 25 册，韩国首尔探求堂 1986 年影印本，第 653 页。

是，朝鲜王室此时已认准了《纪效新书》中的募兵制，希望通过采取打破身份限制等非常手段，招募身强力壮的军人，按照《纪效新书》的要求和规格严加训练，打造一支像戚家军那样所向披靡的精锐之师。总而言之，引进"募兵制"，意味着"职业军人"和"常备军"开始登上朝鲜历史舞台。

"募饥民为兵"虽说是特定条件下的救急之策，但是真要改革延续了二百年之久的"良民从军"兵役制度、打破千百年来建立起来的身份制度，还是需要相当的勇气的，因为这不仅难逃不遵祖制之嫌，更重要的是损害了特权阶层的利益。事实上，本次兵役制度改革也确实遇到了巨大的阻力与挑战。以炮手为核心的都监军兵员成分十分复杂，上有儒生、闲良、庶孽，下有公私贱人、僧侣及儿童，甚至还包括拥有各种特技的"降倭"（投降的日本人），但占大多数的还是良人和公、私贱人。"公贱"倒还好说，"私贱"那可是个人的私有财产，其主人的名字登记在册，如果表现突出被免贱，那么他的主人便可获得破格提拔的机会，或者得到免除赋税、杂役等优惠待遇，以此作为对征用个人私有财产的一种补偿。然而即便如此，当柳成龙提出"勿论公贱私贱，尽括为兵，然后可为也"时，宣祖国王还是担心日本撤军之后，如果"私贱"的主人找上门来要人，只怕是训练都监的号令也行不通。因为在其固有观念里，"既有奴主之分，其上典好为处置"①，意思是说既然已形成了奴仆和主人的关系，那么就应该遵守既定名分，好生对待私奴主。由此可见，宣祖国王作为统治集团的代表，其骨子里还是认可传统的身份制度。这也从另一个角度说明，朝鲜王朝本次"纳贱人为兵"的军役改革实属不易。

四、军事指挥体制改革

朝鲜建国之初，为了加强中央集权，特设"义兴三军府"掌管兵权，两年后又做出了"罢私兵"的决定。"私兵"，本指私人拥有的士兵，而这里所说的"私兵"，实际上指的是"私兵制"。一般意义上的"私兵制"是指由个人或者家族自主招募、训练、指挥的军事制度。而此处所言"私兵制"，是指为将者与手下士兵长期处于一种较为固定关系的军事制度。正如戚家军那样，虽然是由戚继光一手训

---

① [朝鲜王国]《朝鲜宣祖实录》卷48《宣祖二十七年二月二十七日》第一条，摘自韩国国史编纂委员会编《朝鲜王朝实录》第22册，韩国首尔探求堂1986年影印本，第229页。

练打造、亲自统率的，但却不为戚继光个人所有，而是明朝廷的军队。后来，为了防范将领拥兵自重，对现行政权构成威胁，朝鲜开始推行"公兵制"，即中央实行"五卫制"，而地方实行"镇管制"，从而构建了全国国防力量一体化框架下的区域中心防御体系。然而，"乙卯倭乱"①之后，镇管制被所谓的"制胜方略"所替代，直到万历朝鲜战争爆发。

万历朝鲜战争爆发前一年，时任左议政兼吏曹判书的柳成龙就上书《请修祖宗镇管之法》，犀利指出作为"制胜方略"核心内容的"分军之法"的问题所在：遇有外侵等紧急情况和重大事件，原属镇管的各邑军兵分属于巡边使、防御使、助防将、都元帅及兵水使，遇到警情，各邑军兵分别到事先指定的场所集合待命，等待朝廷下派的巡边使、助防将等前来指挥。这期间如果将领不能及时赶到，而敌军先锋逼近，那么必然造成军心动摇。而军队一旦溃散，便再难聚合。此时即便上派将领赶到，已无可用之兵。意思是说，一个地方的武装力量被切割成相互独立的几大块，分属不同的将领，其战斗力被大大削弱；且将领与士兵平时处于分离状态，指挥作战的将帅由中央军事机构临时紧急调派，并不负责日常的士兵训练，这样就造成了"兵不识将、将不识兵"的被动局面。对此，柳成龙痛叹道："卒然遇变，将出于朝，兵出于野，纷然无制，如驱群羊以当矢石之场，不败何待？"②万历二十年（1592）战争爆发不久，柳成龙所担心之事便成为现实：朝鲜王室接到倭军来犯急报，所属列邑守令皆领其军，汇聚大邱（今韩国大邱广域市）以待京将前来指挥作战，可等了几天，仍不见京将身影，而倭军却步步逼近，又适逢大雨，粮草不继，结果众军自乱阵脚，乘夜四散而逃。等到巡边使李镒自京城赶来，却不见一兵一卒，只好辗转至尚州（今韩国庆尚北道尚州市），奔走呼号数日，只召集到数百赤手空拳的流民，自然难免惨败的结局。③

训练都监引入《纪效新书》营兵制和束伍法，在确立大将—中军—别将—千总—把总—哨官—士兵的完整指挥体系的同时，明确了将官和士兵之间相对固定

---

① 朝鲜明宗十年（1555）五月十一日，70 余艘倭船入侵全罗道南部的灵岩、康津、珍岛和济州岛等地，朝鲜史称"乙卯倭乱"。以此为契机，朝鲜备边司一变而为常设机构。

② [朝鲜王国]柳成龙：《惩毖录》卷十五《军门誊录·移京畿黄海道军务文》，韩国数码藏书阁，第 4 页。

③ [朝鲜王国]柳成龙：《惩毖录》卷一，韩国数码藏书阁，第 14 页。

的领属关系。万历二十二年（1594）四月，训练都监提出，"搜访将来可堪统兵者，为训练部曲之任"，建立"平日自练其兵，临战自用其军""所养即所用，所用皆所养"的新型官兵关系，得到了宣祖国王的盛赞。因为只有这样，才能实现戚继光所追求的"兵知将意，将识士情"的理想状态。这样的官兵关系，一方面要求各级将领要亲自操练士兵，关心爱护士兵，与他们血肉相连、患难与共；另一方面要求士兵无条件服从长官的命令，在思想意识上树立亲上死长之义。而实际上，训练大将作为最高指挥官，不仅拥有对都监军的指挥权，而且兼有从中军（从二品）到哨官（从九品）等各级将官的任命权。指挥权与人事权同时在握，训练大将的政治影响力也随之大幅增强。训练大将既是国王的心腹，也是掌权势力的权力基础，不仅对建立与强化王权有着重大影响，而且对掌权势力的政治秩序安定也发挥着重要作用。

地方"束伍军"一律采用属于私兵制性质的"营将制"，其最高单位为"营"，以营为中心开展训练和防御，而营的最高长官为"营将"。营将平时负责操练，战时带兵打仗，这样就避免了传统体制下临战换将的弊端。传统的镇管体制下，巨镇守令拥有军事指挥权，但是守令多为文官出身，缺乏军事常识，因而临战更换指挥官的情况屡见不鲜，结果造成"将不知兵、兵不识将"的尴尬局面。营将是由朝廷任命的专职指挥官，原则上堂上武臣才有资格担任，这就确保了营将的专业素养和能力。营将一般任期为两年，也就意味着这一期间，营将常驻镇营之中，平时主抓军队训练，与士兵同甘共苦，战时亲率营兵披挂上阵。唯有如此，士兵方能从令如流。

通过组建束伍军，将地方武装的指挥权从地方守令那里移交到营将手中，这就理顺了地方武装力量的领导指挥关系，体现了"平日自练其兵，临战自用其军"的统兵原则，将军事训练与实战有机地结合起来，避免了之前传统体制下临时选派指挥官的弊端。

以设立训练都监为契机，朝鲜王朝推行了一系列军事体制改革。在武装力量体制方面，改五卫体制为戚家军当年的营兵制，创设训练都监，由国家发给粮饷，开启了中央常备军职业化道路，地方上则设置束伍军，开展炮、杀、射三手技训练；在军队组织编制方面，抛弃五卫体制下的"伍—队—旅"和"统—部—卫"两段六级编制，导入《纪效新书》所定"队—旗—哨—司—营"编制；在兵役制度方面，取缔从前的"良人义务制"，引进《纪效新书》中的"募兵制"，打破身份桎梏，良民与公私贱人，凡是符合条件要求的，均可为兵；在军事指挥体制方面，舍弃"制胜方略"的"分军之法"，引入《纪效新书》的"营将制"，在构建由大将—中军—别将—千总—把总—哨官—士兵的完整指挥体系的同时，确立了将官和士兵之间相对固定的领属关系，改变了之前"兵不识将、将不识兵"的被动局面。

仔细梳理后不难发现，这些改革不是孤立的，而是互相关联、相辅相成的。无论是中央军的性质由"番上兵"向"常备军"的转变，还是国家武装力量从以骑兵为主向以步兵为主的转换；无论是从"良民从军"到"募贱人为兵"的兵役制度改革，还是从"公兵制"到"私兵制"的新指挥体系确立，都与《纪效新书》的相关制度要求和内化其中的军事思想相契合，其目的就在于通过一系列军事制度改革，为全面引进《纪效新书》创造条件，以便有效地运用其理论和方法，练兵练将、提高军队战斗力。总之，这些改革都是朝鲜王朝依《纪效新书》练兵强军的配套措施。

《纪效新书》：朝鲜正祖朝"兵家之玉律"

刘晓东 *

朝鲜正祖李祘，字亨运，号弘斋，是朝鲜王朝历史上很有影响的一代英主，正祖时期（1776—1800），朝鲜半岛经济、文化空前繁荣，被称为"朝鲜的文艺复兴时代"或"朝鲜中兴时代"。①正祖李祘有《弘斋全书》传世，是朝鲜王朝唯一留下个人文集的国王。正祖李祘不仅多次撰文称颂戚继光及其著作，在指导编纂朝鲜军队建设的《兵学指南》《兵学通》）时"专用戚法"②，"无一不返于戚氏之遗典"③，在指导编纂士兵训练的《武艺诸谱》，也依照"戚氏《纪效新书》"④；戚继光的《纪效新书》，是正祖朝"兵家时之玉律"⑤，军人训练"莫不以《纪效新书》为归"⑥；朝鲜的

　＊　刘晓东，鲁东大学外国语学院副教授。

　①　中国实学研究会、韩国实学学会、日本东亚实学研究会编著：《影响东亚的 99 位实学思想家》，中国财富出版社 2015 年版，第 158 页。

　②　[朝鲜王国] 李祘：《弘斋全书·卷百七十六》，摘自《韩国文集丛刊》第 267 辑，韩国首尔东洋印刷株式会社 2001 年版，第 426 页。

　③　[朝鲜王国] 徐滢修：《明皋全集·卷之七》，摘自《韩国文集丛刊》第 261 辑，韩国首尔东洋印刷株式会社 2001 年版，第 139 页。

　④　[朝鲜王国] 李德懋：《青庄馆全书·卷之二十四》，摘自《韩国文集丛刊》第 257 辑，韩国首尔东洋印刷株式会社 2000 年版，第 359 页。

　⑤　[朝鲜王国] 丁若镛：《与犹堂全书·第五集·政法集第二十三卷》，摘自《韩国文集丛刊》第 285 辑，韩国首尔东洋印刷株式会社 2002 年版，第 495 页。

　⑥　[朝鲜王国] 金羲淳：《山木轩集·卷之十八·应制录〈兵学通〉序》，摘自《韩国文集丛刊·续》第 104 辑，韩国首尔东洋印刷株式会社 2010 年版，第 410 页。

城防建设，也"惟《纪效新书·守哨篇》"①，新建的华城城防建设"俱据戚氏指南施行"②，多是参照了戚继光的《纪效新书》。

一、正祖时期《兵学指南》，"专用戚法"

李祘担任朝鲜国王不久，为了加强朝鲜军队，指导朝鲜军队日常训练，依照戚继光的《纪效新书》修订了《兵学指南》，并借新修订的《兵学指南》推行之际，李祘为《兵学指南》写序，其中记载：

> 戚帅继光，明朝人也，跨制南北，历典机宜，战守伟绩，至于今焜耀史乘。而其所撰《纪效新书》十八篇，精粗悉备，显微无间。训其法，虽阡陌襁褓之贱，可能按形而与知，穷其神。即熊罴之将，凫藻之士，尚且望洋而茫无津筏，信乎其为韬钤之尸祝。而我东之《兵学指南》，又节约《(纪效)新书》之编也。为卷者五，为目者九，提要以便省检，疏义以决旨归，门分类搜，立之学官。则凡我东水陆征缮，京外团练，实无不《(纪效)新书》乎自出。……夫以戚帅之迹遍天下，智周成败，论次其试于形而运于神者，以遗后世之龟鉴。其事至重，其义至密，……予以是勖将兵之臣，仍书卷首，为《兵学指南》序。③

"《纪效新书》十八篇"，指十八卷本《纪效新书》，成书于嘉靖三十九年（1560），戚继光还有十四卷本的《纪效新书》，成书于万历十二年（1584），是戚继光在广东任总兵官时，将在镇守蓟镇时撰写《练兵实纪》的有关内容纳入其中。

"襁褓"，原意指衣服粗重宽大，穿着不合身，也不合时，多比喻不晓事。"阡陌襁褓"，这里指没读过书的乡村百姓。"凫藻之士"，原意指战士如凫得水藻一样

---

① ［朝鲜王国］李祘:《弘斋全书·卷五十五》，摘自《韩国文集丛刊》第 263 辑，韩国首尔东洋印刷株式会社 2001 年版，第 357 页。

② ［朝鲜王国］成海应:《研经斋全集·外集卷四十二》，摘自《韩国文集丛刊》第 277 辑，韩国首尔东洋印刷株式会社 2001 年版，第 231 页。

③ ［朝鲜王国］李祘:《弘斋全书·卷九》，摘自《韩国文集丛刊》第 262 辑，韩国首尔东洋印刷株式会社 2001 年版，第 142 页。

喜悦，这里泛指士兵。"韬钤"，中国古代兵书《六韬》《玉钤篇》的并称，后泛指兵书。"尸祝"，指古代祭祀时的主祭人，也指祭祀、崇拜。"征缮"，原意是收赋税，整治武备，这里指军队的整顿。

正祖李祘撰文说，我们依据《纪效新书》编写了《兵学指南》，以指导朝鲜军队的建设和士兵训练，"水陆征缮，京外团练，实无不《（纪效）新书》乎自出"，无论是朝鲜陆军还是水师，无论是守卫京都的军队，还是地方乡勇，都要按照《纪效新书》的要求整顿和训练。正祖李祘还进一步强调说，因为戚继光"迹遍天下，智周成败"，征战南北，身经百战，能得知战场上成败的原因，所以他的著作"以遗后世之龟鉴"，成为后来人学习的军事经典。学习戚继光的军事著作，"其事至重，其义至密"，特别重要，意义非同一般，为了"勖将兵之臣"，勉励朝鲜将士学好戚继光的军事著作，所以他为《兵学指南》写序。

正祖时期依据戚继光的军事著作修订《兵学指南》的情况，李祘在《日得录》一文中也提到：

> 《兵学指南》，专用戚法。盖壬辰之乱，无论天兵、我师，皆未谙御倭之法，及李提督平壤之捷，然后始知戚法之利于御倭。乃以千金购其书，权设训局，选三手兵授其法，盖其时大惩创于岛夷。若以为朝暮且至，故为之备如此也。自是之后，外营八路，遂皆谨遵其法。部、司、哨、旗所立者，御倭之制也。榼木、炮石所习者，御倭之技也。[①]

"壬辰之乱"，指明朝万历二十年（1592），日本军队大举入侵朝鲜，因当年是"壬辰"年，故也称"壬辰倭乱"。"我师"，这里指朝鲜军队。"李提督"，指"壬辰倭乱"爆发之后，受朝鲜宣祖国王李昖之邀，入朝参战的明军领兵提督、防海御倭总兵官李如松。入朝参战的明军在收复被日军占领的平壤之战中，首战失利，明军第二次再战，一举收复平壤。"李提督平壤之捷然后，始知戚法之利于御倭"，这里指《朝鲜宣祖实录》中的记载："初平壤之复也，上诣都督李如松，问天兵前

---

① ［朝鲜王国］李祘：《弘斋全书·卷百七十六》，摘自《韩国文集丛刊》第267集，韩国首尔东洋印刷株式会社2001年版，第426页。

后胜败之异。都督曰:'前来北方之将,恒习防胡战法,故战不利。今来所用,乃戚将军《纪效新书》,乃御倭之法,所以全胜也。'上请见上戚书,都督秘之不出,密令译官购得于都督麾下人。……募饥民为兵……旬日得数千人,教之戚氏三手练技之法,置把总、哨官,部分演习,实如戚制。数月而成军容,上亲临习阵,此后督监军常宿卫扈从,国家赖之。"①说收复平壤之后,朝鲜宣祖国王李昖向明军都督李如松询问第二次平壤之战胜败的原因,李如松告诉他,第一次攻打平壤的,是来自北方的辽兵,他们用的是对付"防胡战法",即对付中国塞外的蒙古等骑兵的作战方法,所以失利了。而第二次攻打平壤城的,是当年戚继光将军依照《纪效新书》训练出来的军队,用的是对付倭寇的办法,"所以全胜也"。宣祖国王得知这一信息后,立即派人购买了戚继光的《纪效新书》,并成立了训练都监,依照《纪效新书》组建和训练朝鲜新军,训练出来的朝鲜军队,成为保卫国家和朝鲜王室所依赖的主要力量。"训局",指当时由领议政(首相)领衔的训练都监。"三手兵",指炮手、射手、杀手。炮手指使用火炮、鸟铳(火绳枪)等新式火器的士兵;射手指持弓矢的士兵;杀手指持刀剑等冷兵器的士兵。"岛夷",这里指侵朝日军。"外营八路",指朝鲜京畿地区之外的地方军队。朝鲜当时全国分八路,"路",相当于省级地方政权。"部、司、哨、旗",系朝鲜依照《纪效新书·束伍篇》设立的军队编制。"檑木",城防用的圆木,在敌人攻城时将其从城上推下打击敌人。

李祘在《日得录》中强调了"《兵学指南》,专用戚法"的原因,这就是"戚法"得到了在朝鲜实战的检验,不仅是依照《纪效新书》训练出来的明军取得了当年平壤之捷的胜利,而且朝鲜宣祖朝时期,新组建的训练都监依照《纪效新书》"选三手兵授其法,盖其时大惩创于岛夷",训练出来的朝鲜新军,也曾经重创侵朝日军。正因如此,朝鲜在制定加强军队建设的《兵学指南》时,要依照《纪效新书》,"专用戚法"。

在谈到修订《兵学指南》的原因时,正祖李祘在撰写的《兵学通·序》中也记载:

> 今之《兵学指南》,即戚氏御倭之法也。戚氏之御倭,盖以序胜者也,我

① 吴晗辑:《朝鲜李朝实录中的中国史料》(五),中华书局1980年版,第1984页。

国遵而用之，固得矣。第营各异例，操各异式，视指南，多出入异同，而通习者鲜。故平时操练，每患失序，尚何以待敌乎？予慨然于是，岁丙申，命元戎汇编之，寻委一二武臣，重加栉洗，凡中外营阃，场操、城操、水操之式，无不备载。又为阵图，附其下，名之曰《兵学通》。通之为言，该也明也。①

以上记载说，因为前朝制定的《兵学指南》，各地的朝鲜军队在指导士兵训练时，有着不同的解读，"操各异式"，"多出入异同"，这样训练出来的朝鲜军队，在面对强敌入侵时，难以统一调度指挥。正祖李祘在丙申年（1776）即位后，命令武臣重新编写，"凡中外营阃，场操、城操、水操之式，无不备载"。"中外营阃"，指朝鲜驻防在京畿地区的军队和驻防在京都之外的地方军队。意思说，无论是京畿地区的军队，还是地方军队，无论什么兵种，包括水兵的操练方式，都记载得非常具体，并附以操练的"阵图"。新修订的《兵学指南》又名《兵学通》。正祖李祘即位当年，就着手依照《纪效新书》修订前朝的《兵学指南》，由此可见，其对戚继光军事思想及其著作的重视程度。

下图系今韩国韩国学中央研究院藏书阁收藏的正祖九年（1785）夏《兵学通》木版本，图中可见上述引用的文字："今之《兵学指南》，即戚氏御倭之法也。戚氏之御倭，盖以序胜者也。我国遵而用之，固得矣。第营各异例，操各异式，视指南，多出入异同，而通习者鲜。故平时操练，每患失序，尚何以待敌乎？予慨然于是，岁丙申，命元（戎汇编之）"。图中文字是正祖李祘手书。

《兵学通》木版

---

①［朝鲜王国］李祘《弘斋全书·卷八》，摘自《韩国文集丛刊》第262辑，韩国首尔东洋印刷株式会社2001年版，第134页。

正祖时期修订《兵学指南》(《兵学通》) 时,"壬辰倭乱"已过去将近二百年了,正祖李祘重提壬辰倭乱中的平壤之捷和戚继光《纪效新书》的影响,并依据戚继光兵书指导朝鲜军队建设,说明戚继光军事思想及其著作在朝鲜半岛有着巨大而深远的影响。

二、《纪效新书》,正祖朝"兵家之玉律"

为了指导朝鲜士兵的训练,正祖李祘还指示对前朝的《武艺诸谱》进行了修订,在指导修订《武艺诸谱》时,李祘撰文指示:"戚继光《纪效新书》、茅元仪《武备志》,俱为此书之表准。故撰戚少保、茅总兵小传,次于兵技总叙之下。"[1]说《武艺诸谱》一书记载的训练标准主要来自戚继光《纪效新书》和茅元仪《武备志》,所以《武艺诸谱》一书,也将戚继光、茅元仪的小传收录其中。"戚少保",即戚继光,因万历七年(1579)加封"少保",故名。"茅总兵",即茅元仪,明末将领,撰有《武备志》240卷,被后人称为"军事学的百科全书"。这也说明,正祖时期在修订《武艺诸谱》时,戚继光的《纪效新书》仍然是重要的参考书目。

正祖李祘提到的在修订《武艺诸谱》时增加"戚少保、茅总兵小传"一事,当时具体负责修订《武艺诸谱》的内阁检书官李德懋在《武艺图谱通志·凡例》中也记载:

> 韩峤《武艺诸谱》六技一卷,并前后增,总二十四技,赐名《武艺图谱通志》。
> 戚氏《纪效新书》,茅氏《武备志》,俱为是编之表准。……又撰戚、茅小传,摘自卷首。俾人人知其事实。[2]

记载说,宣祖朝壬辰倭乱之后,训练都监官员韩峤奉宣祖国王李昖之命编纂

---

① [朝鲜王国] 李祘:《弘斋全书·卷五十九》,摘自《韩国文集丛刊》第 263 辑,韩国首尔东洋印刷株式会社 2001 年版,第 427 页。

② [朝鲜王国] 李德懋:《青庄馆全书·卷之二十四》,摘自《韩国文集丛刊》第 257 辑,韩国首尔东洋印刷株式会社 2000 年版,第 359 页。

了《武艺诸谱》，后经不断修订，共有练兵技法"二十四技"，正祖国王赐名《武艺图谱通志》。因戚继光的《纪效新书》和茅元仪的《武备志》是修订《武艺诸谱》的依据，"俱为是编之表准"，所以将"戚、茅小传，摘自卷首"，使学习《武艺图谱通志》的将士了解戚继光、茅元仪的生平。

宣祖朝官员韩峤编纂的《武艺诸谱》，依据的主要版本就是戚继光的《纪效新书》，这在正祖李祘撰写的《武艺图谱通志五卷总谱·一卷刊本》中就提到："《武艺诸谱》所载棍棒、藤牌、狼筅、长枪、镋钯、双手刀六技，本出于戚氏《（纪效）新书》，而宣庙朝命训局郎韩峤，遍质东征将士撰成者也。"①"东征将士"，指壬辰倭乱之后抗倭援朝的明军将士，这里主要指前面提到的当年戚继光的部属。《武艺诸谱》修订时，增加了一些晚于戚继光的明末将领茅元仪的《武备志》中的内容，但基本内容还是来自戚继光的《纪效新书》，是在《纪效新书》基础上的扩展，丝毫不影响戚继光军事思想在朝鲜半岛的传播，因为在正祖李祘的心目中，戚继光的高大形象一直都是他学习的榜样。这也说明，朝鲜正祖时期，戚继光的《纪效新书》等军事著作，仍然是朝鲜军队训练的教科书。

正祖李祘还对推行戚继光之法的当朝官员大加褒奖，如正祖朝官员赵心泰（1740—1799）任统辖京畿驻地军队和王宫卫队的壮勇大将时，在所辖军队中推行"戚氏之法……按其法而始行之"，"上叹赏不已"②。赵心泰的做法得到正祖李祘的高度赞赏。赵心泰去世后，李昑也给予了极高的评价，说赵心泰"历数前古，罕与为比"，"屹如干城，倚而为重"③。赞扬赵心泰对国家和民族的贡献，说在他之前的人很少有达到这个程度的，他像屹立的山峰一样捍卫着国家，所以，国家特别倚重他。赵心泰去世第二年，即正祖二十四年（1780），正祖李昑也去世，也就是说，"戚氏之法"在整个正祖时期都得以在朝鲜军队中实施。

除赞扬本朝官员外，正祖李祘对前朝推行戚继光军事著作的官员也大加赞扬。

①［朝鲜王国］李祘：《弘斋全书·卷百八十》，摘自《韩国文集丛刊》第267辑，韩国首尔东洋印刷株式会社2001年版，第504页。

②［朝鲜王国］洪良浩：《耳溪集卷·卷三十七》，摘自《韩国文集丛刊》第242辑，韩国首尔东洋印刷株式会社2000年版，第115页。

③［朝鲜王国］《朝鲜正祖实录》卷52《正祖二十三年九月》，韩国首尔探求堂1973年影印本，第47册，第209页。

李祘于庚申年（1800）去世，在他去世的这一年，他在《翼靖公奏稿军旅类叙》一文中写道：

> 显庙朝兵曹判书金佐明，进《纪效新书》《练兵实纪》等书，使精抄军习行之。
>
> 肃庙朝兵曹判书金锡胄，建请就训局。……仿戚氏南军之制，置五司二十五哨，中司五哨。[①]

记载中提到的"金佐明"，朝鲜显宗朝重臣，"官至辅国兼兵曹判书，久掌中权兼总守御，大为显庙所倚重"[②]。"辅国"，指辅国大夫，正一品。《朝鲜显宗实录》显宗五年（1664）八月记载："兵曹判书金佐明进《纪效新书》。《纪效新书》者，皇朝名将戚继光之所著也。……癸巳之后，首设训局，军兵习其技艺，且依其之教练；仍以其书颁布于国中。屡经变乱，罕有传习，至是（金）佐明多印其书（指《纪效新书》），分送于各营镇，又陈疏投进。上嘉其留意于戎务，优答之。"[③] "癸巳"，这里指宣祖朝癸巳年（1593），即壬辰倭乱第二年，朝鲜成立训练都监，依照戚继光《纪效新书》训练朝鲜士兵，到了显宗时期（1659—1674），"罕有传习"，所以担任主管朝鲜军务的兵曹判书金佐明在显宗国王的支持下，在朝鲜军队推行《纪效新书》，以《纪效新书》指导朝鲜军队建设。

记载中提到的"金锡胄"，系金佐明之子，官至肃宗朝右议政（副首相），任职主管朝鲜军务的兵曹判书时，大力提倡用《纪效新书》指导朝鲜军队的训练，说戚继光所著《纪效新书》"备载战阵方略卒伍教练之制，此又挽近言兵者之所取以为宗师者也"，所以要"印出数百本，将与《（兵学）指南》并布诸中外。俾我国

①［朝鲜王国］李祘:《弘斋全书·卷十三》，摘自《韩国文集丛刊》第262辑，韩国首尔东洋印刷株式会社2001年版，第216页。

②［朝鲜王国］赵显期:《一峯先生文集·卷之七》，摘自《韩国文集丛刊·续》第42辑，韩国首尔东洋印刷株式会社2007年版，第125页。

③吴晗辑:《朝鲜李朝实录中的中国史料》（九），中华书局1980年版，第3915—3916页。

中弁鞯之饶于武略者，得资其讲习焉"。① 金锡胄称颂戚继光是兵家宗师，并和他父亲金佐明一样，让朝鲜军队学习戚继光的《纪效新书》。

正祖李祘赞扬赵心泰，还有前朝的金佐明、金锡胄，就是号召朝鲜军队要向他们学习，要在军队中推行戚继光的《纪效新书》。正祖时期，朝鲜推行戚氏之法治理军队的情况，还可以从其他一些记载中得到答案。

朝鲜王朝著名哲学家、文学家丁若镛（1762—1836），是朝鲜半岛历史上汉字出现以来留下作品最多的著名学者，留有500多部著作，结集有《与犹堂全书》。正祖朝时，历官承政院副承旨、京畿道暗行御史、兵曹参议（正三品）等职，是正祖李祘非常欣赏的官员。丁若镛在多篇文章中谈到戚继光及其军事著作对当时朝鲜军队的影响，在《牧民心书》卷八《练卒·兵典》中记载："戚继光《纪效之（新）书》，今为兵家之玉律。今所行《兵学指南》，其撮要者也。……不效此法，即十个五双，不可统领。"② 说戚继光的《纪效新书》是当时朝鲜军队庄严而不可变更的法令，朝鲜军队中实行的《兵学指南》，就是摘取了《纪效新书》中的要点而制定的，如果朝鲜军队"不效此法"，即不按照《纪效新书》的要求管束士兵，即使是10个士兵，也"不可统领"，管理不了。由此可见戚继光的《纪效新书》在当时朝鲜军队中的作用和影响。丁若镛在《寄两儿》一文中还记载："关防考、城池考、军制考、镇堡考、器械考、将帅考、教练考，戚继光《纪效新书》，茅元仪《武备志》，其有涉于吾东者，及《武艺图谱》《兵将图说》之类，不可不采其要而入之。"③ 这也说明，当时朝鲜军队建设的方方面面，从关防、城防，到军制、器械，从将帅的考察到教练的考核，无不依照的是戚继光《纪效新书》等中国的军事著作。丁若镛在正祖朝担任过兵曹参议，即兵部的副职，又深受正祖李祘信任，他对戚继光《纪效新书》等军事著作的看法，也是在宣传和执行正祖李祘依照戚继光军事思想治军的方略，同时又影响了李祘，促使李祘更加坚定地在朝鲜军队中

---

① ［朝鲜王国］金锡胄：《息庵先生遗稿·卷之八》，摘自《韩国文集丛刊》第145辑，韩国首尔东洋印刷株式会社1995年版，第245页。

② ［朝鲜王国］丁若镛：《与犹堂全书·第五集·政法集第二十三卷》，摘自《韩国文集丛刊》第285辑，韩国首尔东洋印刷株式会社2002年版，第495页。

③ ［朝鲜王国］丁若镛：《与犹堂全书·第一集·诗文集第二十一卷》，摘自《韩国文集丛刊》第281辑，韩国首尔东洋印刷株式会社2002年版，第456页。

推行《纪效新书》等军事著作。

除丁若镛外，受正祖李祘信任的官员金羲淳也撰文提到过戚继光的《纪效新书》在当时的影响。金羲淳（1757—1821），正祖朝官至承政院都承旨，"都承旨"，朝鲜承政院首席官员，类似今天的秘书长。金羲淳在《兵学通·序》中记载说："我东之《兵学指南》出。此特约其旨而仿《（纪效）新书》为篇者也。是书也，纲而分之，目而张之，首尾贯缀，门径简密。凡水陆征缮之要，京外团练之制，莫不以《（纪效）新书》为归。"[①] "我东"，我们东国，指朝鲜。这里说，当时朝鲜修订《兵学指南》，是仿照《纪效新书》制定的，无论是提纲，还是具体内容，通篇连贯，简洁明了，无论是朝鲜的水师还是陆军，包括京城之外的地方团练，都是以《纪效新书》中的要求作为管理和训练的目标。这也说明，正祖时期，朝鲜军队将《纪效新书》作为教科书和指导军队建设的指南。

三、朝鲜城防建设，"惟《纪效新书·守哨篇》"

正祖时期，依照戚继光的军事著作建设城防设施，制造和配备城防器械的情况也有记载。

在朝鲜城防建设上，正祖李祘撰文明确提出要参照戚继光的《纪效新书·守哨篇》：

> 若城郭者，安民之美器，御敌之良具也。图则古来无传焉，惟《纪效新书·守哨篇》，始有城制，即雉制也，悬眼制也，垛口砖制也，重门大楼制也，瓮城券门制也，骑城铺也，牛马墙也。[②]

记载说，建好城墙及城防设施，是保护城内百姓、抵御入侵之敌所必需的，但《纪效新书》之前并没有建筑的标准及参照的图纸，《纪效新书·守哨篇》提到

---

① ［朝鲜王国］金羲淳：《山木轩集·卷之十八·应制录〈兵学通〉序》，摘自《韩国文集丛刊·续》第104辑，韩国首尔东洋印刷株式会社2010年版，第410页。

② ［朝鲜王国］李祘：《弘斋全书·卷五十五》，摘自《韩国文集丛刊》第263辑，韩国首尔东洋印刷株式会社2001年版，第357页。

了城防建设的具体标准和要求，并附有图片，是指导朝鲜城防规划设计的重要参考。记载还提到了建设"雉制也，悬眼制也，垛口砖制也，重门大楼制也，瓮城券门制也，骑城铺也，牛马墙也"等，都可以从《纪效新书·守哨篇》中找到建筑的标准要求及参照的图纸。

记载中提到的"雉"，指突出于城墙外的战台。"悬眼"，城墙上用于瞭望敌情和射击的墙孔。"垛口"，城墙上呈凹凸形的短墙。"重门大楼"，指建在城门之上的楼阁，可登高瞭望城外敌情，同时装备新式火炮，攻击来犯之敌，当时亦称炮楼。"瓮城券门"，指城门外月城的拱门，主要是保护城门。"骑城铺"，建在城墙战台上的棚子。"牛马墙"，建在城外濠岸上的防御土墙或砖石墙，供夜间避难之人、牛马之类躲避。凡上述记载提到的，《纪效新书·守哨篇》都有建筑的标准要求及参照的图纸，如"凡雉，出城身外，大者三丈，次者二丈，次者一丈五尺。直出三丈者，横长五丈；直出二丈者，横长三丈；直出一丈者，横长一丈五尺。比城原身高三长者，加高三尺；二长者，加高二尺。……"①附图略。

正祖李祘的记载可以说明，一是李祘熟读了《纪效新书·守哨篇》相关内容，并对其有着较深入的探讨。二是正祖时期，朝鲜的城防建设依据的是戚继光在《纪效新书·守哨篇》中记载的建设样式及尺寸标准。

《朝鲜正祖实录》正祖十二年（1788）四月还记载，兵曹启言："守城器械，必用戚法。"②"戚法"，这里指的是戚继光《纪效新书》提到的守城的设施、兵器。如《纪效新书·束伍篇》记载："每一垛或鸟铳或快枪一门，少则二垛一门。每五垛，（佛）郎机一位，该（佛）郎机利而准，更发易，一位必九子（铳），少则十垛一位。每城门下大将军（炮）一位或二位，一位三子（铳）；名城每门二位；贼所必败之处，亦须一位。"③"佛郎机"，指当时的一种西式火炮，嘉靖年间由葡萄牙传入中国，戚家军依照样式做了仿制改进；"子铳"，这里指的鸟铳，即火绳枪；"大将军

---

①（明）戚继光撰，范中义校释：《纪效新书（十四卷本）·守哨篇》，中华书局 2001 年版，第 308 页。

②［朝鲜王国］《朝鲜正祖实录》卷 25《正祖十二年四月》，韩国首尔探求堂 1973 年影印本，第 45 册，第 703 页。

③（明）戚继光撰，范中义校释：《纪效新书（十四卷本）·束伍篇》，中华书局 2001 年版，第 315 页。

炮", 即无敌神飞炮, 当时的新式火器, 《纪效新书》均记载有制造、使用方法, 并附图。所以说, 正祖时兵曹提出的"守城器械, 必用戚法", 就是按照《纪效新书》的要求去做。

正祖朝中枢府知事(正二品)俞彦基也在朝鲜军队中推动依照戚继光的《纪效新书》加强城防建设, 他在《守城录序》中写道: "余尝见兵书, 曰守城莫如据险。峙粮积薪刍, 设矩为疑兵, 此外贴旗扬灰。戚继光之语也。斯皆守城之要, 故聊记于左, 以备临时仿用。"① 中枢府是代表朝鲜国王主管全国军队的军事机构, 知事是中枢府的主要官员之一。俞彦基提到的"兵书", 即戚继光的《纪效新书》, "戚继光之语也", 指来自戚继光《纪效新书》中的一些相关记载。

正祖朝官员、实学派代表人物之一的洪大容(1731—1783), 在提到城防建设时写道: "羊马墙, 戚将军之遗制而守城之不可废者也。城外五步之地, 筑墙如城制, 而高取丈余, 长限三十步, 两端还属于城。墙内二步立柱横梁, 盖以瓦砖, 多穿炮穴。两瓮之间, 设三暗门, 一在羊马之内, 二在羊马之外。高广仅容骑马出入, 门扇穿炮穴数孔, 敌至则坚闭放炮。敌怠可击, 则出骑突击。在羊马之内者, 以备军卒之出入。羊马墙若被毁破, 势不可支, 则收舍器械, 闪入急闭。从孔放炮。"② "羊马墙", 即《纪效新书·守哨篇》中提到的"牛马墙"。洪大容提到的"戚将军之遗制"和羊马墙的建设内容, 指的就是戚继光在《纪效新书·守哨篇》中的记载, 其中不仅有建设各种城防设施的具体标准、图示, 还有使用这些设施的方法和要求等。③ 从洪大容的记载可以看出, 当时的朝鲜是在仿照戚继光的《纪效新书》进行城防建设。

正祖时期新建的华城, 其城防设施, 包括城防武器的配备, 也是参照戚继光的军事著作实施的。"华城", 也称水原华城, 位于今韩国首尔之南的京畿道首府水原市, 于正祖十八年(1794)开建, 正祖二十年(1796)竣工。华城建有当时朝鲜

---

① [朝鲜王国] 俞彦基:《善养亭文集卷之四·守城录序》, 摘自《韩国文集丛刊·续集》第4辑, 韩国首尔东洋印刷株式会社 2005 年版, 第 432 页。

② [朝鲜王国] 洪大容:《湛轩书内集·卷四·补遗·林下经纶》, 摘自《韩国文集丛刊》第248辑, 韩国首尔韩国民族文化推进会, 东洋印刷株式会社 2000 年版, 第 84 页。

③ (明) 戚继光撰, 范中义校释:《纪效新书(十四卷本)·守哨篇》, 中华书局 2001 年版, 第 313、314 页。

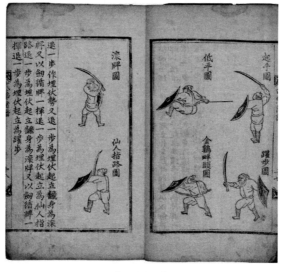

《武艺诸谱》

最完备的城防设施，成为朝鲜都城汉城（今首尔）南边的安全屏障。朝鲜正祖朝官员、著名学者成海应写有《华城军制》，介绍了华城城防军队的编制、兵器配备，及使用的各种旗子、战鼓等，说华城军队的建制"参互戚法"，按照戚继光"编伍法"来确定军队编制；华城军队使用的各色军旗，或"专尚戚法"，或"今从戚法"，或"并据戚氏之法"；华城守军使用的"炮、鼓、金、铎、喇、角，即号令之用"，均"俱据戚氏指南施行"；华城军队的城防器械，包括长短兵器、新式火器和冷兵器的配置及临战时相互配合，也参照"戚法"；华城军队推行的阵法，是"戚氏四奇之营"。①华城也是当时朝鲜经济繁荣、文化昌盛、科技进步的标志，但在城防军队建设上，仍崇尚"戚法"，参照两百多年前成书的《纪效新书》来做，这也再次充分说明，戚继光的军事著作在朝鲜半岛有着深远的影响。华城于1997年12月被联合国教科文组织认定为世界文化遗产，戚继光军事著作在华城建设中的影响也应成为今天中韩文化交流的亮点。

今韩国水原华城博物馆收藏有当年华城练兵时使用的《武艺诸谱》（见上图），

---

① ［朝鲜王国］成海应：《研经斋全集·外集卷四十二》，摘自《韩国文集丛刊》第277辑，韩国首尔东洋印刷株式会社2001年版，第231页。

其中士兵练兵图均来自戚继光的《纪效新书》。上图中士兵练武的“起手图、低平图、跃步图、金鸡畔头图、滚牌图、仙人指路图”等，十八卷本《纪效新书》卷之十一《藤牌总说篇》、十四卷本《纪效新书》卷之四《手足篇第四》均有，并附有详细的文字说明。这也可佐证成海应在《华城军制》中的记载。

正祖时期，朝鲜半岛政局稳定，经济和文化繁荣，既为戚继光的军事著作在朝鲜半岛的传播创造了极佳的环境，也对后来的朝鲜王室产生了很大影响，如正祖之后的纯祖时期，在朝鲜军队建设中，仍以《纪效新书》作为教科书，对正祖时期的做法“莫不谨遵，不敢违越”[①]，在军队的操练中“只讲南塘纪效书”[②]，意思是讲授的内容只有戚继光的《纪效新书》(戚继光，号南塘)。这说明，在正祖李祘之后的朝鲜半岛，戚继光的军事著作仍有着重要影响。

---

①［朝鲜王国］李玜:《纯斋稿・卷之三・记》，摘自《韩国文集丛刊・续集》第120辑，韩国首尔东洋印刷株式会社2011年版，第43页。

②［朝鲜王国］徐荣辅:《竹石馆遗集》册一，摘自《韩国文集丛刊》第269辑，韩国首尔东洋印刷株式会社2001年版，第335页。

朝鲜王朝依据"戚制"治理朝鲜军队
——以《朝鲜宣祖实录》记载为例

任婷婷 *

戚继光的《纪效新书》在朝鲜宣祖朝壬辰战争期间（1592—1598）传入了朝鲜半岛，记录朝鲜历史的《朝鲜王朝实录·宣祖实录》记载了宣祖朝依照《纪效新书》实施军制改革和指导军队训练的有关情况。《朝鲜王朝实录》以其真实性和可信度而闻名于世，因而也留下了戚继光及其军事思想影响半岛的可信的史料。

一、置把总、哨官，实如戚制

朝鲜宣祖朝依照戚继光的《纪效新书》实施军制改革的情况，《朝鲜修正宣祖实录》宣祖二十七年二月记载：

> 上还都，命设训练都监，成龙为都提调，武宰臣赵儆为大将，兵曹判书李德馨为有司堂上，文臣辛庆晋、李弘胄为郎属，募饥民为兵，应者颇集……旬日得数千人，教之戚氏三手练技之法，置把总、哨官，部分演习，实如戚制，数月而成军容。上亲临习阵，此后督监军，常宿卫扈从，国家赖之。①

---

* 任婷婷，鲁东大学文学院图书管理员。

① [朝鲜王国]《宣祖修正实录》卷 28《宣祖二十七年二月一日》，韩国首尔探求堂 1973 年国编影印本，第 25 册，第 646 页。

"都提调"，朝鲜王朝时期在六曹衙门或军营设置的正一品官职，相当于现今的总顾问。"兵曹判书"，其职责如同明朝的兵部尚书。"戚氏三手"，指戚家军中持鸟铳等新式火器的炮手、持弓矢的射手、持刀枪剑戟等冷兵器的杀手。"把总、哨官"，戚家军中设置的军官。《纪效新书·束伍篇》记载："百人为哨也，一把总下，三哨以至五哨皆可。"① 也就是说，"哨官"管辖一百人左右，"把总"管辖三百至五百人。"戚制"，指戚继光在《纪效新书》中记载的戚家军的军队编制。

上述记载说明，宣祖国王李昖回到京都汉城后，下旨设立了训练都监，由领议政（首相）柳成龙为都提调，担任训练都监的总顾问，武宰相赵儆为大将，具体负责士兵的训练事宜，兵曹判书李德馨为有司堂上，具体训练都监的日常工作和后勤保障，还配备了文臣作为训练都监的幕僚。训练都监招募穷苦的青壮年百姓当兵，吃不上饭的百姓应征的人很多，不长时间就招募了数千新兵。训练都监依照戚家军的编制设置了把总、哨官等军官，并依照戚继光训练戚家军的方法训练招募的新兵，几个月的时间，就形成了战斗力。宣祖国王李昖还亲临训练现场，监督指导新兵的训练。这些经过训练的新兵，也成为国王的护卫和抵御外敌入侵的生力军，是朝鲜国家安全所依赖的主要武装力量。

朝鲜壬辰战争之前的军队，战时为兵，闲时为农，有战事则临时抽调，平时轮流驻防和务农。这样的军队，没有战斗力，在侵朝日军面前，一战即溃。平壤大捷之后，朝鲜依照《纪效新书·束伍篇·原选兵》中招募选拔新兵的办法，设立训练都监，"募饥民为兵"。训练都监的设立，"其目的就在于通过一系列军事制度改革，为全面引进《纪效新书》创造条件，以便有效地运用其理论和方法，练兵练将、提高军队战斗力"②。

宣祖时期，朝鲜各道（省）的地方军队，也依照戚继光《纪效新书》的记载实施军制改革，建立专职的地方军队。

《朝鲜宣祖实录》宣祖二十七年（1594）十月记载，朝鲜备边司就黄海道军士

① （明）戚继光撰，范中义校释：《纪效新书（十四卷本）·卷一·束伍篇》，中华书局2001年版，第5页。

② 任晓礼、刘晓东：《戚继光军事思想对万历朝鲜战争的影响》，山东大学出版社2023年版，第69页。

训练方案启奏宣祖国王：

> 闻黄海前兵使赵仁得之言，在本道时，抄择精勇之兵，其数满于四千。此军则缓急可以足用，而其中炮手成才者，亦数百云。……赵仁得已抄精兵四千名，各以所在一处及邻近之军，分为队伍，一依《纪效新书》，使队长统一队，使旗总统三队，使哨将统三旗，平时依法操练，考其成才，分等启闻，其队长旗总已上，皆以可堪统众者差定，成册上送，旗队总以下军人，亦依《纪效新书》腰牌之规，令各自佩持，使相识别，而不相混乱，何如？且《纪效新书·束伍篇》付卷，今已印出二件，为先下送，而《纪效新书·束伍解》一款，则臣等颇为翻译，务令易晓，并为誊书下送，使之依仿行之。此意监司处，请并下书。答曰：“依启。”①

“备边司”，当时朝鲜总领中央和地方军务的正一品衙门，也称“备局”。“使队长统一队，使旗总统三队，使哨将统三旗”，出自戚继光的《纪效新书·束伍篇》②。

上述记载说，朝鲜黄海道前兵使赵仁得操练了4000余名精勇之兵，其中数百名炮手已训练成才，因而启请国王下令让黄海道观察使依照《纪效新书·束伍篇》“使队长统一队，使旗总统三队，使哨将统三旗”的编制进行编伍，平时依照这个编制进行操练，根据考核成绩分等上奏，凡是队长以上的军官，全部选拔有领导才能的人担任；旗、队总以下军人，要依《纪效新书》腰牌之规，佩带不同形状和颜色的腰牌，以便于识别。为了便于黄海道进行实际操作，备边司还印制了《纪效新书》中的《束伍篇》和《束伍解》准备分发到各地方军队，以指导地方军队的建制改革。宣祖国王李昖对备边司的建议完全同意。

《朝鲜宣祖实录》宣祖二十七年（1594）十二月还记载：

---

① ［朝鲜王国］《朝鲜宣祖实录》卷56《宣祖二十七年十月二十一日》，韩国首尔探求堂1973年国编影印本，第22册，第382页。

② （明）戚继光撰，范中义校释：《纪效新书（十四卷本）·卷之一·束伍篇》，中华书局2001年版，第5页。

遣教士于各道，训习三手技法（炮、射、砍法），置哨军。时，京城设训练都监，募兵训练，而外方亦置哨军，或束伍军，毋论良民、公私贱人，选壮充额，束以戚书之制，教练三手，分遣御史试阅，自是军额颇增益矣。①

"哨军"，这里依照戚家军建立的专职的军队。"外方"，指京都之外的地方。"贱人"，指从事手工及服务行业的人员。

《朝鲜宣祖实录》的上述记载都说明，朝鲜地方军队也依据"戚书之制"，即戚继光的《纪效新书》设置了专职的军队。而且地方"哨军"依据"戚书之制"学习三手技艺之后，战斗力也提升了。

宣祖时期依照戚继光的《纪效新书》实施军制改革的情况，在宣祖李昖去世的当月，《朝鲜王朝实录·昭敬大王行状》的记载中也提到：

本国兵制，略仿唐之府兵，分休立防，兵农相依，虽便于守国，而常短于御敌。王见戚继光所撰《纪效新书》，甚嘉其制，别设训练都监，命大臣一员以领之。择武弁重臣为大将，抄择丁壮勇锐，分属部伍，储养训练，颇有条理。②

"昭敬大王"，宣祖国王的谥号。"王"，这里指朝鲜宣祖国王李昖。

这说明，宣祖国王设立训练都监，是当时朝鲜军制改革的重大举措，之所以要推出这一举措，是因为宣祖国王见到了戚继光所撰的《纪效新书》记载了这样一种军队体制，并"甚嘉其制"，非常赞赏这样一种军队体制，即建立专职的国家军队。当时的朝鲜刚刚遭受了日军洗劫，经济极端困难，这就是为什么宣祖李昖要下令设立高级别的训练都监，还要由领议政担任这个机构的总顾问，这是要举全国之力，把加强军队建设、反击日军入侵作为国家的头等大事。而且实践也

① ［朝鲜王国］《宣祖修正实录》卷28《宣祖二十七年十二月》，韩国首尔探求堂1973年国编影印本，第25册，第653页。

② ［朝鲜王国］《朝鲜王朝实录·光海君日记》卷1《光海君元年二月二十一日》，韩国首尔探求堂1973年国编影印本，第31册，第273页。

证明，依照戚继光的《纪效新书》实施的军制改革，及依照改革后的军制实施的"分属部伍，储养训练，颇有条理"，收到了很好的成效。对宣祖时期军制改革的意义，有学者指出，朝鲜军制改革"打破了延续了二百年之久的传统军制，在军队编制、兵役制度、军事指挥系统、营阵操练等诸多方面都进行了相应的变革，对朝鲜王朝后期军队与国防建设产生了重大而深远的积极影响"①。

二、如《纪效新书》所言，依法操练

朝鲜宣祖时期在士兵训练和军队操练方面，依照的也是戚继光的《纪效新书》，这在《朝鲜宣祖实录》中也多有记载。

《朝鲜宣祖实录》宣祖二十六年（1593）八月记载：

> 以训练都监事目，传曰："练习火炮，固当为之，然火药未敷，不必偏习火炮，如骑射、步射，或踊跃击刺，或追逐超走，皆可为之，惟在教之者，诚心尽力；而习之者，日日不息，时加赏格，以激劝之而已。昔戚继光之教士，其法非一，而囊沙悬于足，使之习走，渐加其重，以为常，故临战趫捷无比，即其一也。盖人性，各有所长，训练士卒，宜多方以教之。"②

上述记载说，宣祖国王就训练都监上报的事项下达指示说，军队组织士兵练习火炮（主要指鸟铳）虽然很重要，但由于朝鲜火药缺乏，所以不必让士兵都去学习火炮技术，其他的如骑兵、步兵的射箭，所有士兵都要学习，跳跃击刺、快走快跑，也都要练习。要让教官们诚心诚意，尽心尽力去教，士兵们毫不懈怠地去学，对教得好的教官和学得好的士兵要给予奖励，以起到激励的作用。当年戚继光训练士兵时，用的也是多种方法，包括在腿上绑上沙袋，练习走步，还逐渐加大沙袋的重量，作为经常的练习内容。这样就可以做到在战时矫健敏捷。每一

---

① 任晓礼、刘晓东：《戚继光军事思想对万历朝鲜战争的影响》，山东大学出版社 2023 年版，第 58 页。

② ［朝鲜王国］《朝鲜宣祖实录》卷 41《宣祖二十六年八月二十二日》，韩国首尔探求堂 1973 年国编影印本，第 22 册，第 78 页。

个士兵都各有所长，所以，训练时要采取多种方法，因人而异。

上述记载说明，宣祖国王李昖高度重视依照戚继光的练兵方法训练士兵，而宣祖李昖说的戚继光的练兵方法，主要指戚继光的《纪效新书》的记载，在《朝鲜宣祖实录》宣祖二十七年（1594）四月的记载中就提到：

> 传于政院曰："近观兵曹，勤于训练，深嘉。为国尽职，非人所及。第练兵虽勤，简兵当精。今以冗杂无勇者，择之不精，苟充行伍，只习安坐放丸试铇（剑），恐非所谓练兵之道也。古人练兵，唯务精而不务多。……古人又教士，足囊以沙，渐渐加之。戚继光曰：'兵须学跑'，《（纪效）新书》有练足、练身之法。教兵，盖多术矣。今之教兵，或似未尽。予意大加简阅，汰其身残、力弱、体钝、足重、年多之人，只取精壮，又必习跑、习步。且前日所教，毒火、毒矢之法，若曰无用则已，不然，不可不传习，而其后似无所闻。此意言于训练都监。"①

《朝鲜宣祖实录》宣祖二十七年（1594）四月的记载中还提到：

> 予尝以教人急走事传教矣，《纪效新书》亦有之。古人亦有荷沙而走者，此乃习其血气之强也。②

"政院"，指"承政院"，朝鲜王朝时期国王的秘书机构。

上述两条记载的内容，同前面的记载一样，宣祖国王李昖都是在强调要重视士兵的"练足、练身"训练，而这些训练内容和方法，"《纪效新书》亦有之"，戚继光的《纪效新书》都有记载。宣祖国王提到的"汰其身残、力弱、体钝、足重、

---

① [朝鲜王国]《朝鲜宣祖实录》卷50《宣祖二十七年四月十日》，韩国首尔探求堂1973年国编影印本，第22册，第250页。

② [朝鲜王国]《朝鲜宣祖实录》卷50《宣祖二十七年四月二十四日》，韩国首尔探求堂1973年国编影印本，第22册，第250页。

年多之人，只取精壮"，也是来自戚继光在《纪效新书·束伍篇·原选兵》①中的相关记载。

宣祖时期，朝鲜还将《纪效新书》列于科举考试内容，有力地推动了戚继光的《纪效新书》在朝鲜的普及，及在朝鲜军队训练中的指导作用。《朝鲜宣祖实录》宣祖二十七年（1594）二月记载：

> 兵曹判书李德馨启曰："……今此各样武艺，用剑用枪之法，能中《纪效新书》规式者，别为论赏，并试于科举，以变沉痼难改之习，恐不无利益。"
> 答曰："……试于科举，此亦予所欲为之意。启辞，并依启。"②

上述记载说，朝鲜兵曹判书李德馨给宣祖国王上书中提到："从现在开始，军队各式武艺训练，特别是剑、枪类训练项目，对于能达到《纪效新书》要求标准的，要给予奖励，并将《纪效新书》中的相关内容纳入科举考试，以改变不重视武学的积久难改的陋习，这样做对国家没有坏处，只有益处。"宣祖国王指示说："将《纪效新书》纳入科举考试的建议，也是我所想的事情，同意你的提议，按照你的提议执行吧。"

宣祖时期，"依托《纪效新书》而建立起来的这种有效的考核奖惩制度，有助于调动官兵军事技能训练的积极性、提升单兵的战斗技能，进而增强全军的战斗力"③。

宣祖时期，朝鲜军队依照《纪效新书》进行操练的情况，《朝鲜宣祖实录》宣祖二十八年（1595）十一月也记载：

> 柳成龙启曰："……江边有城子处，预为申饬，如《纪效新书》所言，每

---

① （明）戚继光撰，范中义校释：《纪效新书（十四卷本）·卷一·束伍篇》，中华书局 2001年版，第 6—7 页。

② ［朝鲜王国］《朝鲜宣祖实录》卷 48《宣祖二十七年二月十一日》，韩国首尔探求堂 1973 年国编影印本，第 22 册，第 220 页。

③ 任晓礼、刘晓东：《戚继光军事思想对万历朝鲜战争的影响》，山东大学出版社 2023 年版，第 109 页。

五垜为一伍，五十垜为一队，队各有将，垜各有预定之军。平时，依法操练，临急，如行熟路。众力合一。又必静暇不挠，城中寂无人声，然后可无偾败之患。此等事，虽系将帅所自为，而亦不可不为申饬也。……"上答曰："当依所启。"①

柳成龙，时任朝鲜领议政。

上述记载说，领议政柳成龙提出朝鲜城防士兵要依照《纪效新书》"依法操练"，这不仅是"将帅所自为"，朝廷也应高度重视，"不可不为申饬也"，要下文给各衙门、各军种，告诫各地、各军的长官都要重视起来。柳成龙的提议，得到了宣祖国王的支持。

对如何依照《纪效新书》进行训练，主管朝鲜训练新兵的训练都监再次向宣祖国王李昖提出建议，《朝鲜宣祖实录》宣祖二十九年（1596）十二月记载：

训练都监启曰："炮、杀等事传教矣。……杀手技艺，五器相资，临阵各有所用，而今者都监之名杀手者，不曾备得《纪效新书》之制，炮多杀少，不成真套，重以论议嗤笑，使人专无兴心。始事累年，无模如此，诚可寒心。至于剑技，则炮手、射手，亦必兼习而后，可以防御到近之贼。各军一体，皆习剑事。前此亦为启下公事，今依上教，各别劝奖为当。炮手又须兼习各样大炮。《纪效新书·比较篇》内，亦似以佛郎、虎蹲、神飞等炮试放，岂专习鸟铳而已哉？"②

朝鲜训练都监的上疏说，当时朝鲜军队没有按照《纪效新书》所定的比例配置士兵，"炮多杀少"，炮手多，而杀手少。出现这种情况，是因为时人对杀手训练持嘲讽态度，认为士兵学习"剑技"等冷兵器过时了，所以士兵恐人"论议嗤

---

① [朝鲜王国]《朝鲜宣祖实录》卷69《宣祖二十八年十一月二十二日》，韩国首尔探求堂1973年国编影印本，第22册，第601页。

② [朝鲜王国]《朝鲜宣祖实录》卷74《宣祖二十九年十二月八日》，韩国首尔探求堂1973年国编影印本，第23册，第127页。

笑""专无兴心"，没兴趣学习。故此，训练都监提出，朝鲜军队中不仅要有足够的"杀手"数量，而且炮手、射手也必须掌握"杀手"技艺。对学习"剑技"一事，训练都监已下发通知，并依照国王的要求，"各别劝奖为当"，采取了奖惩措施，以资鼓励。训练都监还以《纪效新书·比较篇》记载的炮手试放佛郎机、虎蹲炮等为例，主张"炮手"除了学习鸟铳外，还应学习其他火炮的施放技能。

朝鲜宣祖后期，随着北方后金不断对朝鲜的侵扰，朝鲜对炮手的需求也日益增加，由于炮手数量不足，有时只能以杀手充当炮手调派北部边防以救急。为此，训练都监提出让炮手学习剑法，而让杀手和弓射手兼习放炮。《朝鲜宣祖实录》宣祖三十三年（1600）七月记载：

> 训练都监启曰："《（纪效）新书》所谓：'炮手、杀手、枪手、藤牌、镋钯等手，合技成阵，然后随时应变，各效其能。'而近来南北方赴防，不得全司下送。炮手，则或多益于战场，而如刀、枪等手，则还为无用之物，而都监炮手，元数不敷，循环防戍，不得已以杀手充送，临阵之时，不无生疏之患。大概对敌稍远之时，炮手当用，而杀手则闲，与敌相搏之时，杀手当用，而虽炮手，不得弃炮而用剑。以此推之，则炮手亦当习剑，而杀手又可兼习放炮。况今制其北胡，莫利于炮，前后启请，必要炮手。若此不已，则连续替防，将无以继之。自今以后，都监操练枪、杀手，亦令兼习放火，炮手亦使之习剑，射手中不能射者，并令习炮，以备缓急之用。"传曰："甚当。"①

训练都监提出一兵多能的建议，得到了宣祖国王李昖的支持。这也是朝鲜在学习戚继光《纪效新书》，依照《纪效新书》训练士兵时，依照朝鲜当时的实际情况而采取的措施。"炮手亦当习剑，而杀手又可兼习放炮"，也是戚继光在《纪效新书》中提出的"远近兼授""长短相救"的军事思想，《纪效新书·手足篇第三》中

---

① ［朝鲜王国］《朝鲜宣祖实录》卷127《宣祖三十三年七月二十四日》，韩国首尔探求堂1973年国编影印本，第24册，第103页。

"长器短用解"①,《纪效新书·手足篇第四》中"短器长用解"②,就是讲的一兵多能,长、短器相互配合。

三、请唐教师以教之,盖其法,《纪效新书》也

朝鲜宣祖时期,训练都监还聘请了熟悉《纪效新书》的抗倭援朝将士训练朝鲜士兵,并且收到了很大的成效。

《朝鲜宣祖实录》宣祖二十六年（1593）十月记载

> 训练都监提调启曰:"训练节目,其载《纪效新书》者,至详至密,今当一切依仿为之,但其文字及器械名物,有难晓处。趁此天兵未还之前,令聪敏之人,多般辨质,洞然无疑,然后可以训习。此意前已启达,今朝使郎厅李自海,往质于骆参将留营之人骆尚忠称云者。尚忠,乃参将亲属。又有宋侍郎所送金文盛七人,同在一处,见自海,言以侍郎之命,将就刘总兵之营,训练我国之军。……况今则南方之人,多聚于此,其间谙练军事,识虑广博者何限? 必须待之以恩,使之倾倒所有,传授于我,则其为后日之利,庸有既乎? 且质疑时,事知译官一人,与自海同为往来,质正疑处如何? 且金文盛最晓阵法,人物亦甚温藉云。亦令接待堂上,亲去问其来由,使之训诲为当。故敢启。"传曰:"此意至当,依此启辞为之。"③

"骆参将",指入朝参战的明军浙兵参将骆尚志,"骆尚志,浙江绍兴府余姚县人,也是当年戚继光的部属","是戚继光培养和带出来的得力干将"。④骆尚志不仅

---

① (明) 戚继光撰,范中义校释:《纪效新书 (十四卷本)·卷五·手足篇第三》,中华书局2001年版,第48页。

② (明) 戚继光撰,范中义校释:《纪效新书 (十四卷本)·卷五·手足篇第四》,中华书局2001年版,第75页。

③ [朝鲜]《朝鲜宣祖实录》卷43《宣祖二十六年十月六日》,韩国首尔探求堂1973年国编影印本,第22册,第108页。

④ 刘晓东、祁山:《戚继光军事思想接受史研究——以朝鲜王朝为例》,社会科学文献出版社2023年版,第8页。

在收复平壤的战斗中勇立首功，而且还协助朝鲜军队依照《纪效新书》训练士兵。"宋侍郎"，明朝兵部侍郎宋应昌，是当时经略朝鲜军务的总负责人，曾建议朝鲜将士兵放到浙兵里边，与浙兵"三同"，一起操练，一起参战。"刘总兵"，入朝参战的明军总兵刘綖，其父广东总兵刘显曾与戚继光在福建沿海携手抗倭，所以，刘綖也非常熟悉戚继光的事迹和军事思想。"金文盛"，宋应昌派来协助训练新兵的首席教官，应是浙兵的专职教官，熟悉戚继光军事思想及《纪效新书》。

上述记载，是训练都监向宣祖国王建议，既然我们要依照《纪效新书》训练朝鲜士兵，"今当一切依仿为之"，但《纪效新书》中，有的"文字及器械名物，有难晓处"，应该"趁此天兵未还之前"，趁着抗倭援朝的明军没有回国之前，派我们的官员到明军那里学习质询，"多般辨质"，其中还具体提到明军将领骆尚志。宣祖国王对训练都监的提议高度赞同，"此意至当"，并批示照此而行。

宣祖国王李昖对协助朝鲜练兵的明军教官高度重视，并礼遇有加，《朝鲜宣祖实录》记载，李昖曾多次亲自接见、慰问明军教官。如"万历二十三年（1595）二月二十六日和二十九日、三月六日和八日，一连接见了四批明军教官。如此密集的高规格接见安排，显示了朝鲜方面对练兵一事的高度重视"。[1]

《朝鲜宣祖实录》记载了多位明军教官依照《纪效新书》指导朝鲜军队训练的情况。

《朝鲜宣祖实录》宣祖二十六年（1593）十月记载："邵千总聚炮手，教阵法，亲走行伍间，东西指挥，极其劳苦。放炮变阵，一依《纪效新书》之法。"[2] "邵千总"，指明军千总邵应忠。记载说，明军千总邵应忠指导朝鲜军队"依《纪效新书》之法"，向朝鲜军队传授"放炮变阵"的阵法。

《朝鲜宣祖实录》宣祖二十八年（1595）三月记载："京城造火箭、火器之人，则陈千总亲丁吴天明、吴守仁。"[3] "陈千总"，指明军千总陈良玑。《葛峰陈氏宗谱》

---

① 任晓礼、刘晓东：《戚继光军事思想对万历朝鲜战争的影响》，山东大学出版社 2023 年版，第 89 页。

② ［朝鲜王国］《朝鲜宣祖实录》卷 46《宣祖二十六年十二月二十四日》，韩国首尔探求堂1973 年国编影印本，第 22 册，第 195 页。

③ ［朝鲜王国］《朝鲜宣祖实录》卷 61《宣祖二十八年三月二十三日》，韩国首尔探求堂 1973年国编影印本，第 22 册，第 467 页。

记载，陈良玑曾是戚继光将士，跟随戚继光"十余载"，"戚公爱之如子，恒侍帷幄"。① 陈良玑指导朝鲜军队训练的情况，《朝鲜宣祖实录》多次提到，如《朝鲜宣祖实录》宣祖二十八年三月记载："陈千总揭帖，辞意恳至……陈公所言，其为我国致勤之意至矣。以佩服遵守，毋负盛教之意。"② 宣祖二十八年六月记载："陈良玑诚心教练……不可不慰。"③ "（陈良玑）前后帖谕，意甚勤恳。教师之言，固不得不从，依其言施行。"④ 宣祖三十年（1597）七月记载：陈良玑一行"所习之法"，"盖乃骆家军中之法"⑤。"骆家军中之法"，即前面提到的浙兵参将骆尚志依照《纪效新书》训练浙兵的方法。这说明，陈良玑一行也是依照《纪效新书》指导朝鲜军队训练，并且得到了朝鲜方面的认可和赞赏。

《朝鲜宣祖实录》还提到了另一位明军千总，《朝鲜宣祖实录》宣祖二十七年（1594）五月记载："郎厅韩峤，闻千总（教师唐人）在时，将《纪效新书》专意学习，顷令专掌撰出翻译之事。"⑥ "闻千总"，指明军千总闻愈。闻愈也是当年戚继光的部属，朝鲜王朝史料就记载："千总闻喻（愈），自戚继光在时，从事于行阵间，熟谙火炮制度。"⑦《朝鲜宣祖实录》也记载说："（闻愈）尝与戚继光同事，其作《纪效新书》也亦同参云。"⑧ 都说明闻愈曾是戚继光信任的部属，而且还参与了《纪效

---

① 《葛峰陈氏宗谱》，转引自杨海英、任幸芳《朝鲜王朝军队的中国训练师》，摘自《中国史研究》2013 年第 3 期，第 196 页。

② ［朝鲜王国］《朝鲜宣祖实录》卷 61《宣祖二十八年三月十一日》，韩国首尔探求堂 1973 年国编影印本，第 22 册，第 461 页。

③ ［朝鲜王国］《朝鲜宣祖实录》卷 64《宣祖二十八年六月二十一日》，韩国首尔探求堂 1973 年国编影印本，第 22 册，第 515 页。

④ ［朝鲜王国］《朝鲜宣祖实录》卷 64《宣祖二十八年六月二十九日》，韩国首尔探求堂 1973 年国编影印本，第 22 册，第 519 页。

⑤ ［朝鲜王国］《朝鲜宣祖实录》卷 90《宣祖三十年七月五日》，韩国首尔探求堂 1973 年国编影印本，第 23 册，第 261 页。

⑥ ［朝鲜王国］《朝鲜宣祖实录》卷 51《宣祖二十七年五月》，韩国首尔探求堂 1973 年国编影印本，第 22 册，第 272 页。

⑦ ［朝鲜王国］李德馨：《汉阴先生文稿·卷之八》，摘自韩国民族文化推进会编《韩国文集丛刊》第 65 辑，韩国首尔东洋印刷株式会社 1991 年版，第 391 页。

⑧ ［朝鲜王国］《朝鲜宣祖实录》卷 48《宣祖二十七年二月四日》，韩国首尔探求堂 1973 年国编影印本，第 22 册，第 215 页。

新书》的编写。闻愈指导朝鲜军队训练，也得到朝鲜方面的赞赏，《朝鲜宣祖实录》宣祖二十七年七月就记载："闻愈乃有职将官，而人物与技艺皆可观。"①说闻愈作为在职的明军将领，无论是人品，还是传授技艺的能力，都是值得肯定的。

当时抗倭援朝的明军将士依照《纪效新书》训练朝鲜士兵的情况，《朝鲜宣祖实录》宣祖二十八年（1595）九月还记载：

> 升平二百年，军政不修，虽有骑、步、正、甲之兵，而铃辖未整，条理紊乱，茫不知坐作、击刺、旗麾、金鼓之为何事。小有边警，则驱田亩荷锄之人而战之，无惑乎以国予敌也。变乱之后，自上闷其不教而弃之，募聚精壮，设局教训，以柳成龙、（李）德馨主之，又请唐教师以教之，盖其法，中朝名将戚继光所著《纪效新书》也。锐意操练，三摘自今……五技既熟，羸弱成勇，井井焉，堂堂焉，束伍分明，哨队有伦，庶可有施于缓急，而必不至如前日之望风奔溃也。②

《朝鲜宣祖实录》上述记载，交代了明军教官协助朝鲜训练士兵的背景和训练的效果：朝鲜王朝由于长期处于和平环境，"升平二百年"，虽说有骑兵、步兵、正兵、甲兵等多个兵种，但由于士兵缺少训练，以致"铃辖未整，条理紊乱"，军队管理没有章法，所以连军队中最基本的"坐作、击刺、旗麾、金鼓""为何事"都不了解。这样的军队，无法抵御入侵之敌。壬辰倭乱爆发后，面对日军来犯，"自上闷其不教而弃之"，只能眼见着丢失了大量的国土。正是在这样的情况下，朝鲜成立了训练都监，并由领议政柳成龙和兵曹判书李德馨负责军队训练事宜，他们"请唐教师以教之"，从中国军队中聘请教官进行训练。明军教官的训练内容和教材，"盖其法，中朝名将戚继光所著《纪效新书》也"，是中国名将戚继光所著的《纪效新书》。明军教官"锐意操练，三摘自今"，经过用心专一的三年训练，朝鲜

① [朝鲜王国]《朝鲜宣祖实录》卷53《宣祖二十七年七月八日》，韩国首尔探求堂1973年国编影印本，第22册，第309页。
② [朝鲜王国]《朝鲜宣祖实录》卷67《宣祖二十八年九月十日》，韩国首尔探求堂1973年国编影印本，第22册，第553页。

士兵掌握了多项技能，"羸弱成勇"，由弱变强，没有战斗力的新兵练成了英勇的战士。军队军纪严正，日常管理有序，整齐而有气魄，这样的军队，在遭遇强大外敌入侵之时，"必不至如前日之望风奔溃也"，再也不会像从前遇到日军那样不堪一击，一战即溃了。

记载说明，经过明军教官的三年训练，朝鲜军队的战斗力得到极大的提升。

朝鲜壬辰战争结束之后，大批抗倭援朝的明军回国，应朝鲜方面的请求，有部分明军留在朝鲜，以防日军再次入侵。朝鲜方面也希望留守的明军继续协助朝鲜依照《纪效新书》训练朝鲜士兵，《朝鲜宣祖实录》的记载也提到了这方面的情况，如《朝鲜宣祖实录》宣祖三十一年（1598）七月记载：

> 训练都监启曰："……近日天将中许游击，自谓得妙于诸技，洞晓《纪效新书》之法，故自都监抄出杀手中最为精习者十二人，名为教师队，使加设主簿韩峤领之，就正于游击阵中，颇有所学。艺成之后，当以此辈为教师，编教中外军人，则其法庶可流行于我国，不至湮废，而所谓以一教十，以十教百者在此矣。"传曰："依启。此意甚善。予亦当亲试其才论赏。但十二人似少矣。"①

"天将"，指明军将领。"许游击"，指明军游击将军许国威。"许国威，福建晋江人，明万历年间任都指挥佥事"，"许国威'洞晓《纪效新书》之法'，也应是当年戚家军成员"②。

《朝鲜宣祖实录》的上述记载提到，训练都监在给宣祖国王的上疏中说，明军游击将军许国威自己说，他掌握各种兵器技艺，熟悉《纪效新书》。所以，训练都监准备挑选"精习者十二人""名为教师队"，让训练都监的"主簿韩峤领之"，到许国威带领的明军中去学习。这12个人"艺成之后"，就作为朝鲜士兵的教练，

---

① ［朝鲜王国］《朝鲜宣祖实录》卷102《宣祖三十一年七月二十五日》，韩国首尔探求堂1973年国编影印本，第23册，第474页。

② 刘晓东、祁山：《戚继光军事思想接受史研究——以朝鲜王朝为例》，社会科学文献出版社2023年版，第89页。

"编教中外军人"，负责训练京都及京都之外的士兵，这样就可以把明军训练士兵的方法留在朝鲜，"不至湮废"，不至于因为明军回国，使得这些好的训练方法在朝鲜失传。这12个人，"以一教十，以十教百"，就会让众多朝鲜士兵学会明军所掌握的各种技艺。宣祖国王对训练都监的提议深表赞同，而且还要对这12个人学习情况进行考察，"试其才论赏"，同时指示"十二人似少矣"，应增加到许国威军队中学习的人数。

当时朝鲜之所以要选派教官到许国威军队中学习，因为许国威"洞晓《纪效新书》之法"。许国威在朝鲜传授"《纪效新书》之法"一事，朝鲜王朝史料也多有记载，如《凌虚关漫稿》记载："宣庙欲试戚法，……峤问其妙谛于许游击。"① 说宣祖国王要在军队中试行戚继光的练兵方法，便派训练都监的官员韩峤去请教明军游击将军许国威，询问戚继光练兵方法的奥妙。

宣祖时期，朝鲜能在较短的时间内训练出有战斗力的朝鲜军队，"得益于抗倭援朝的明军将领，特别是浙兵将领对《纪效新书》的传播；得益于朝鲜王室邀请了许多抗倭援朝的浙兵将士到朝鲜各地指导训练"。② 受邀担任朝鲜教练的明军教官，多是戚继光当年的部属，他们熟悉《纪效新书》中的内容，有的甚至还参与了当年《纪效新书》的编写，他们为戚继光军事思想及《纪效新书》在朝鲜半岛的传播，起到了很大的推动作用。

---

① [朝鲜王国]《凌虚关漫稿·卷之七》，摘自韩国民族文化推进会编《韩国文集丛刊》第251辑，韩国首尔东洋印刷株式会社2000年版，第130页。

② 刘晓东、祁山：《戚继光军事思想接受史研究——以朝鲜王朝为例》，社会科学文献出版社2023年版，第61页。

朝鲜王朝官员咏戚继光汉诗浅析

任晓慧 *

以万历朝鲜战争为契机，戚继光的《纪效新书》及其军事思想传至朝鲜，被朝鲜奉为圭臬，"八般遵袭"了三百年，对朝鲜王朝军队和国防建设产生了极其重大的影响，其程度之深，甚至超过了同时期在国内的影响。

随着《纪效新书》作为朝鲜军队建设教科书的地位日趋巩固，戚继光的生平事迹也逐渐被介绍到朝鲜，成为朝鲜家喻户晓的人物，其抗倭英雄事迹和崇高的人格魅力，也成了朝鲜文人骚客歌咏的对象。朝鲜王朝后期的官员，留下了多首歌咏戚继光的汉诗。这些汉诗的作者均为具有强烈民族意识的文人，虽然多数没有亲历万历朝鲜战争，但他们对这段刻骨铭心的历史是耳熟能详的，对戚继光的《纪效新书》在万历朝鲜战争期间及战后所发挥的重要作用有着深刻的认识。他们一旦置身于特定的情景之中，意识深处的记忆就会被唤醒，创作灵感瞬间被点燃，进而以饱蘸崇敬的笔触，谱写出动人的英雄赞歌。

由于诗作者多是极具影响力的文臣或代表性诗人，因而，这些诗作甚至比历史典籍的受众面更广、穿透力更强。他们对戚继光及其军事著作的赞颂，进一步扩大和加深了戚继光在朝鲜半岛的影响。本文从中选取较有代表性的五位诗人的诗作作为考查对象，欲拨开厚重的历史尘埃，用"戚继光在朝鲜半岛的影响"这样一根主线将其串连到一起，以便揭示蕴含其中的歌颂戚继光人格魅力及其军事

---

* 任晓慧，中共烟台市莱山区委党校副教授。

著作《纪效新书》的共同主题，进而从一个侧面展现戚继光及其军事思想在朝鲜半岛的深远影响。

一、金时敏与《大报坛亲祭，谨用先君子甲申韵》

大报坛亲祭，谨用先君子甲申韵

画像杨经理，兵书戚继光。

中原久胡玺，下国此皇觞。

义渐王春晦，恩难万历忘。

崇坛岁一祭，我后缵宁王。^①

金时敏（1681—1747），字士修，号东圃，安东（今庆尚北道安东市）人，朝鲜后期文臣、学者。有志于"为己之学"的金时敏，52岁始以荫补出仕，此后历任司饔院主簿、社稷署令、宗庙署令、狼川县监、仪宾都事、珍山郡守等职。金时敏对宋明理学颇有研究，特别是古体诗创作独具匠心，"喜为诗，自少发语多惊人。晚与李槎川，并峙对垒，为一时宗盟"^②。有《东圃集》传世。

而此诗应为金时敏担任宗庙署令时随同肃宗大王在大报坛举行国祭时，依其父当年所作诗韵创作而成。

"大报坛"，意为"大报恩之坛"，是朝鲜肃宗朝为报答明朝开国皇帝明太祖、万历朝鲜战争时向朝鲜派出援军的明神宗以及明朝末代皇帝明思宗（崇祯）的恩德，于康熙四十三年（1704）在昌德宫后苑修建的祭坛。"亲祭"，指国王亲自主持祭祀。"先君子"，是对已故父亲的称呼。"甲申"，此处应指1704年，是年为崇祯皇帝自缢殉国60周年。当年大报坛落成之时，金时敏的父亲金盛后即以此为题留下过诗作。

---

①〔朝鲜王国〕金时敏：《东圃集》卷五，摘自韩国民族文化推进会编《韩国文集丛刊（续）》第62辑，韩国首尔东洋印刷株式会社2008年版，第420页。

②〔朝鲜王国〕金元行：《渼湖集》卷十三《〈东圃集〉跋》，摘自韩国民族文化推进会编《韩国文集丛刊》第220辑，韩国首尔东洋印刷株式会社1998年版，第266页。

首联"画像杨经理，兵书戚继光"，用"画像"和"兵书"两个意象高度概括了朝鲜"丁酉再乱"时援朝明军主帅杨镐和我国抗倭民族英雄戚继光为朝鲜建立的伟大功绩。"杨经理"指杨镐。万历二十五年（1597），日本占领朝鲜进而进犯中原的贼心不死，再次大举入侵朝鲜，朝鲜史称"丁酉再乱"。杨镐被明神宗任命为右佥都御史以经略朝鲜军务，"杨经理"之称源于此。杨镐进入朝鲜后，积极组织反击，瓦解日军对汉城的围攻。为了缅怀杨镐功绩，朝鲜王朝于万历三十二年（1604）七月，决定配享杨镐于宣武祠，并令使臣设法求得杨镐画像，以便奉安于宣武祠。当时杨镐被罢官，闲居河南商丘老家，因而朝鲜使臣数次燕京之行都没能完成使命。直到万历三十七年（光海君一年，1609），领议政李德馨出使燕京时，偶遇当年杨镐标下参军黄应阳，在其鼎力相助下，终于得到了杨镐画像，也总算实现了宣祖国王的遗愿。"画像杨经理"指的便是此事。而"兵书"，指戚继光的军事著作《纪效新书》和《练兵实纪》。

首联的意思是说，杨镐在万历朝鲜战争中为朝鲜立下了赫赫战功，以至于宣祖命使臣远赴中原摹画其肖像悬挂于宣武祠；而说到御倭之兵书，则当首推戚继光的《纪效新书》。

颔联"中原久胡玺，下国此皇觞"，以对比的手法，突出了当时中原大地与朝鲜半岛完全不同的情势。"中原"，这里指中国。"胡玺"，胡人称帝，这里暗指大清政权。中原为清所占已经很长时间了，作为番邦国的朝鲜却仍在祭奠自缢殉国的崇祯皇帝。

颈联"义渐王春晦，恩难万历忘"，以春意渐浓的自然顺理来反衬朝鲜君民难以抑制的悲愤心情，抒发了对万历皇帝和大明恩惠难以忘怀的感激之情。"皇觞"，皇帝为国而死。"万历"，这里指万历皇帝朱翊钧。

尾联"崇坛岁一祭，我后缵宁王"，先是铺叙了每年朝鲜大王都会来拜祭崇祯皇帝这一事实，接着表达了朝鲜的子子孙孙必将继承武宁王徐达的意志，将反清复明大业进行到底的决心。"崇坛"，指大报坛。"宁王"，指武宁王徐达。

此诗以"大报坛亲祭"为题，通过"朝鲜国王亲祭大报坛"这一事件，阐明了即使在大明亡国已近百年之时，朝鲜王朝仍在坚守"尊明排清义理"，依然铭记着大明当年的"再造之恩"这样一个主题。首联"画像杨经理，兵书戚继光"看似有游离主题之嫌，但实际上是"下国此皇觞"的前提。在诗人看来，如果没有杨镐及其所部的英勇善战，没有戚继光的《纪效新书》及其军事思想对朝鲜军制改革和军队建设所发挥的重大作用，明皇的"再造之恩"只能是空中楼阁，因此，杨镐和戚继光为朝鲜王朝所建立的伟大功绩必将彪炳史册。

万历朝鲜战争期间，宣祖国王将《纪效新书》作为军队建设的教科书，大大提高了朝鲜军队的战斗力。战争结束后，朝鲜王朝仍然非常重视《纪效新书》和《练兵实纪》在军队建设中的指导作用，金时敏所处的英祖朝，不仅把在《纪效新书》基础上修订而成的《兵学指南》作为士兵训练的主要教材，还参照《纪效新书》的城建标准进行城防建设。[①]戚继光的《纪效新书》对朝鲜王朝的军制改革和军队建设起到了至关重要的作用。

二、徐荣辅与《杂咏》

杂咏

南则岛夷北接胡，平时备豫理无殊。

如何京外军门法，只讲南塘纪效书。[②]

徐荣辅（1759—1816），字景在，号竹石，达城（今韩国大邱广域市达城郡）人，朝鲜后期文臣、学者。朝鲜正祖十三年（1789）文科状元，第二年便以圣节兼谢恩使书状官出使中国，回国后擢升为奎章阁直阁，此后历任承旨、大司谏、黄海道观察使、京畿道观察使、大司宪、知中枢府事、奎章阁提学、水原府留守等要职。著作有《竹石文集》《枫岳记》《交抄考》《御射古风帖》等传世。

首句"南则岛夷北接胡"，简明地概括了朝鲜所处的不利的地理位置：南边与日本隔海相望，北边与胡地相接。岛夷，指倭寇，含有鄙视意。胡，中国对北方游牧民族的称呼，此处当指女真族。第二句"平时备豫理无殊"承上启下，强调

---

①［朝鲜王国］《英祖实录》卷一一四《英祖四十六年闰五月二十六日》第二条，摘自韩国国史编纂委员会编《朝鲜王朝实录》第44册，韩国首尔探求堂1986年影印本，第356页。

②［朝鲜王国］徐荣辅：《竹石馆遗集》册一，摘自韩国民族文化推进会编《韩国文集丛刊》第269辑，韩国首尔东洋印刷株式会社2001年版，第335页。

了做好军备的重要性：既然地理位置如此不利，要想保全国土，只能平时扎扎实实做好防备工作了。第三、四句"如何京外军门法，只讲南塘纪效书"交代了作者面对这样的情势，明白了一个道理：那就是朝鲜地方军队必须一门心思讲授学习戚继光的《纪效新书》。军门，借指军队。南塘，戚继光，其字为南塘。

诗作者没有直白地强调学习戚继光《纪效新书》的重要性，而是巧用"如何"一词，给人感觉是诗人经过了一番深思熟虑终于悟出一个深刻的道理，通过自己的感悟来感染读者，显得自然而真实，更容易引起读者的共鸣；此外，诗人并没有用华丽的辞藻赞美戚继光的《纪效新书》多么伟大、多么了不起，而只是道出朝鲜地方军队一门心思讲授学习《纪效新书》这么一个事实，却让我们认识到了戚继光的《纪效新书》对朝鲜国家和民族的重要意义，收到了"此时无声胜有声"的效果。这两点都是作者的高明之处。

正祖时期，徐荣辅任朝鲜宁边府使时，就非常重视地方的军队建设，"以边门宜尚武，日劝射技，赏罚以奖勉。未几射艺蔚兴，甲于道内。按戚南塘旧法，新造火药数千斤，限以万捣，火起捣者之掌上。而手不知燃，然后方许储库。及西贼起，宁边城守出药试之，若新发于砧云"[①]。说当时宁边府军队的"射技"，是全道（省）最好的。"宁边府"，属朝鲜平安道（今属朝鲜平安北道宁边郡）。还说徐荣辅依照当年戚继光制造火药的办法，制造了"火药数千斤"，可以长期安全保存。这也说明，徐荣辅在正祖时就学习了戚继光的军事著作，并指导地方的军队建设。纯祖时期，徐荣辅长期担任王室要职，且知识渊博，对当时朝鲜的国情了如指掌，且编纂过《万机要览·军政篇》。徐荣辅还担任过朝鲜主管军事的兵曹判书，通晓军事，对朝鲜王朝南与日本隔海相望、北与中国满族陆地接壤，处于两头受制的局面也有清醒的认识，所以，才在《杂咏》诗中提出朝鲜处在不安境地，必须有备无患，用戚继光的《纪效新书》来强化朝鲜的军队建设，这也反映出戚继光的军事思想在当时的朝鲜半岛仍有很大的影响力。

作为《万机要览》的主撰者，徐荣辅不仅对朝鲜王国的机构建制、财政与军政制度烂熟于心，而且对国家的山川地理和民风民俗也都了如指掌，因此对朝鲜

---

① [朝鲜王国] 李晚秀：《屐园遗稿·卷之十·吏曹判书竹石徐公谥状》，摘自韩国民族文化推进会编《韩国文集丛刊》第 268 辑，韩国首尔东洋印刷株式会社 2001 年，第 474 页。

王朝的时政以及所面临的问题也有着清醒的认识。在他看来，朝鲜半岛南与倭国隔海相望、北与胡地接壤，处于两头受攻、很不安全的境地。而实际上，朝鲜自建国以来，多次受到北方女真族的侵扰。在这种情况下，只有彻底做好日常军备工作，就像朝鲜地方军队通常所做的那样，坚持不懈地依据戚继光的《纪效新书》加强训练，才能有备无患、守牢国土。应该说，徐荣辅不仅知识渊博，而且通晓军事，具备深邃的战略眼光。这也从一个侧面反映出戚继光的《纪效新书》及其所蕴含的军事思想对万历朝鲜战争之后的朝鲜王朝所具有的极其重要的意义。

三、洪直弼与《达川战场》

达川战场

屹山高漠漠，达野浩茫茫。

地势无夷险，人才有短长。

韩侯传活法，戚帅秘奇方。

将军能舍命，宗国奈天亡。

（韩侯活法，即背水阵。戚继光奇效新书，乃御倭之方也。）[1]

洪直弼（1776—1852），字伯应、伯临，号梅山，南阳人，朝鲜后期著名学者。洪直弼天资颖异，对理学有深入研究，被后学尊为儒宗。他认为自己所处的时代是末世，因而隐居不出仕，常踏访历史遗迹，以犀利的笔触，对历史人物或事件进行评价，有《梅山集》传世。

此诗为古战场抒怀之作。首联"屹山高漠漠，达野浩茫茫"为对仗句，以两个叠字词"漠漠"和"茫茫"描绘出作者眼前高山之苍茫、山野之广袤，烘托出一种达川古战场特有的空旷苍凉的氛围。"屹山"，主屹山。"达野"，指达川原野。

颔联"地势无夷险，人才有短长"，由眼前起伏不平的地势联想到人的才能，用一个对比句点出主题："人才有短长。"对于战争胜负来说，地势上没有平坦与险

---

① [朝鲜王国]洪直弼:《梅山集》卷一，摘自韩国民族文化推进会编《韩国文集丛刊》第295辑，韩国首尔东洋印刷株式会社2002年版，第62页。

要之别，但对于决定战争胜败的人来说，那可是有高下之分的。

颈联"韩侯传活法，戚帅秘奇方"，以一个"活"字和一个"奇"字，高度赞扬了韩信和戚继光这两位彪炳史册的军事奇才。"活法"，指"背水阵法"。"奇方"指《纪效新书》中的抗倭妙法鸳鸯阵。

尾联"将军能舍命，宗国奈天亡"是诗人由衷的感叹：将军虽能为国捐躯，但天要亡国又能奈何？达川发源于韩国忠清北道报恩郡的俗离山，向北绕过弹琴台流入南汉江。

万历二十年（1592）四月，日军兵分三路由南向北推进，势如破竹，所向披靡。紧急关头，汉城判尹申砬（1546—1592）临危受命任都巡边使，率数百名将领与禁军驰奔京畿门户忠州，与集结于此的忠清道各地官兵 8000 余人会合。然而，刚愎自用的申砬全然不采纳诸部将鸟岭设伏的建议，固执己见地在忠州城西北四公里处的弹琴台背靠汉江布下背水阵，计划以精骑冲击来犯日军。可是，以弓箭为主武器的朝鲜骑兵，根本抵挡不住日军密集的鸟铳射击，溃败四散，几至全军覆没。申砬虽一马当先，两次杀入敌阵，但都未能挽救败势，最后投江自尽。

同样是处于劣势，同样是背水阵法，韩信因势利导大获全胜，而申砬却盲目自信、死搬硬套，结果招致大败，不仅自己丢了性命，连累了忠州满城百姓，还亲手折断了朝鲜王朝最后一根希望的稻草。虽然朝鲜王室赞赏其忠勇，追封为领议政，追赠谥号"忠壮"，但是在诗人看来，韩信所传背水阵法毕竟年代久远，如果不能因地制宜灵活运用的话是难以奏效的，申砬能为国捐躯固然令人敬佩，但是招致城破家亡的败局只能望天长叹了。"作者望天长叹，也是在感叹当时的朝鲜没有韩信、戚继光这样的人才，同时也说明，壬辰倭乱过去二百五十多年了，朝鲜人民仍对戚继光的《纪效新书》在抗倭战争中所发挥的重要作用怀有深深的敬意。"[①]

诗人脚踏达川古战场，望着远处苍茫的山峦、广袤的山野，脑海中映出 200 余年前在日军势如破竹的猛烈攻击下，朝鲜将士横尸遍野、血流成河的悲惨场景。他实在是不愿用冷酷的笔触去描绘那场战争的惨烈，因为那无异于自揭伤疤，让

---

① 刘晓东、祁山：《戚继光军事思想接受史研究——以朝鲜王朝为例》，社会科学文献出版社 2023 年版，第 300 页。

读者去舔舐从记忆深处渗出的脓水。诗人痛定思痛，笔锋一转，将一份惨痛而深刻的感悟定格在纸面上："地势无夷险，人才有短长。"正是基于这样的认识，诗人在诗后自注中顺理成章地得出"戚继光奇效新书，乃御倭之方"的结论。这里值得注意的是，《纪效新书》在这里被写成了"奇效新书"，虽说"纪"和"奇"在韩语里的发音一样，容易混淆，但是作为朝鲜"儒宗"的洪直弼不可能犯如此低级的错误，那只能是作者有意为之，因为在他看来，能够屡屡打得骄横妄为的倭寇溃不成军、狼狈逃窜，戚继光的战略战术不能不谓之"神奇"，戚继光不仅发明了狼筅、藤牌等新奇的武器，而且还因地制宜创立了鸳鸯阵法，在抵御倭寇方面收到了奇效。何况《纪效新书》也在万历朝鲜战争期间传入朝鲜，成为朝鲜官兵反击日军入侵的法宝。因此，这句诗外之语，包含着作者对《纪效新书》及其折射出的军事思想的高度评价。

四、赵冕镐与《试射西北别付料军官》

试射西北别付料军官

越翌日己亥，展礼东庙后，试射西北别付料军官，仍观各营武才：

> 至尊起敬美髯公，东庙仪文南庙同。
>
> 一部春秋何地读，千年犹自赖英风。
>
> 两厢旗脚掣云光，西北军官试射场。
>
> 日暮训营呈别技，倭枪倭钏御倭方。

（倭技出戚继光《纪效新书》中）①

赵冕镐（1803—1887），字明叟、藻卿，号玉垂、怡堂等，林川（今韩国忠清南道扶余郡）人，朝鲜王朝晚期官员、诗人、书法家。宪宗三年（1837）进士及第，历官三登县令、淳昌郡守、平壤庶尹、户曹参判、知义禁府使等职。赵冕镐擅长诗词，尤以梅花诗著称，留下了多部诗集；同时他也是朝鲜半岛历代文人中

---

① ［朝鲜王国］赵冕镐：《玉垂集》卷十六，摘自《韩国文集丛刊（续）》第125辑，韩国首尔东洋印刷株式会社2011年版，第473页。

词作最丰的词作家，著作有《玉垂集》《礼石记》传世。其中《礼石记》被认为是反映朝鲜后期爱石文化的代表作。

此诗应为赵冕镐随同国王参观西北军官射箭演练时所作。诗题较长，交代了观看试射的时间、地点和对象。东庙，东关王庙的简称，坐落在今首尔特别市钟路区崇仁洞 238 番地 1 号，是供奉蜀汉名将关羽的祠堂。万历朝鲜战争期间，明军浙兵将领将戚继光崇尚的关公文化带到朝鲜，并在朝鲜半岛修建了多处关王庙。"东庙始建于万历二十七年（1599），竣工于万历二十九年（1601），是韩国现存 14 处关王庙中规模最大的，占地约 9300 平方米。"① "试射"，意指主持考试射箭。"别付料军官"，朝鲜总戎厅龙虎营所属武官，主要是从咸镜道、平安道选拔出来的，所得俸禄来自非正常经费，故得其名。"武才"，军事才干。

首联"至尊起敬美髯公，东庙仪文南庙同"，是对关公武神形象的赞美和东庙仪礼的提示，同时暗中交代了选择东庙作为试射场地的原因：因为这里是供奉武圣关羽的地方，有着严格的仪礼规定，彰显着神圣的忠武精神，笼罩着威严肃穆的气氛。因此，在这里举行射箭比赛，对参加试射的武臣和将官来说，本身就是一种激励与鞭策。美髯公，对关羽的美称。南庙，亦称南关王庙，为援朝明军游击将军陈寅于万历二十六年（1598）春所建，位于今首尔特别市龙山区桃洞南大门外。

颔联"一部春秋何地读，千年犹自赖英风"，作者先抛出一个话题，那就是一部《春秋》的看点在何处？然后自问自答地告诉我们"千年历史写的全是英雄气概"，体现了作者浓厚的英雄史观。受时代的局限，站在维护王朝千秋大业的出发点上，诗作者有这样的认识也是情有可原的。

颈联"两厢旗脚掣云光，西北军官试射场"，描写了朝鲜西北方面军官宏大的试射场面：两旁的战旗随风飘扬，旗尾间闪动着耀眼的日光。旗脚，犹旗尾。掣，极快地闪过。云光，云层罅缝中漏出的日光。

尾联"日暮训营呈别技，倭枪倭钏御倭方"叙述了一场引人入胜、令人难忘的特技表演，那就是日落时分训练营表演的用倭枪、倭刀来抵御倭寇的特技。别技，新技能，指御倭技，即《纪效新书》中御倭方法。

---

① 任晓礼、刘晓东：《戚继光军事思想对万历朝鲜战争的影响》，山东大学出版社 2023 年版，第 324 页。

作者在尾联自注："倭技出戚继光《纪效新书》中"，"这说明高宗时期，朝鲜军队训练的主要教科书仍然是戚继光的《纪效新书》。朝鲜高宗国王连续几天都亲临训练现场，主持和观摩训练情况，也说明朝鲜王朝末期，即最后一个朝鲜国王，仍是十分重视戚继光的军事思想及其著作对朝鲜军队建设的指导作用"①。

此诗描写的是朝鲜国王在东关帝庙观看西北军官射箭演练的场景，在东风劲吹、战旗飘飘的东关帝庙前，来自朝鲜半岛西北地区的军官们依次披挂上场，搭箭射的，傍晚时分更是上演了一场用倭枪、倭刀来抵御倭寇的特技秀，与东关帝庙所展现出的英雄主义气概相映生辉。此外，此诗还给我们提供了非常有价值的信息，那就是万历朝鲜战争过去了近 300 年，朝鲜王室仍不忘前车之鉴，依然遵循戚继光《纪效新书》所述抵御倭寇的技法训练军队，定期设场，让来自地方的军官持弓试射并进行演练，以考察训练之效和军队的战斗力。由此可见，戚继光的《纪效新书》及其所蕴含的具体战术技法对朝鲜王朝军队建设产生了极其深远的影响。

五、李裕元与《戚继光》

戚继光

倜傥负奇好读书，御倭有术定无虚。

纪效一编传海左，八般遵袭百年余。②

李裕元（1814—1888），字景春，号橘山、墨农，庆州人，朝鲜王朝末期著名政治家、文人。朝鲜宪宗七年（1841）进士及第，哲宗朝历任义州府尹、全罗道观察使、成均馆大司成、吏曹参判、司宪府大司宪、刑曹、礼曹、工曹判书、黄海与咸镜道观察使等职，高宗亲政后更是担纲领中枢府事、领议政等要职。李裕元博学多才，传世之作有《橘山文稿》《嘉梧稿略》《林下笔记》等。

---

① 刘晓东、祁山：《戚继光军事思想接受史研究——以朝鲜王朝为例》，社会科学文献出版社 2023 年版，第 302 页。

② ［朝鲜王国］李裕元：《嘉梧稿略》册三，摘自韩国民族文化推进会编《韩国文集丛刊》第 315 辑，韩国首尔东洋印刷株式会社 2003 年版，第 93 页。

　　李裕元是一位具有民族忧患意识和历史眼光的政治家，他对朝鲜和中国历史乃至世界历史都有着深入的研究和独到的见解，常通过吟诗咏史来评价历史人物[①]，其《史赞》《史咏》《皇明史咏》等诗集均属此类。《皇明史咏》由 45 首七言绝句构成，每首诗歌咏一位明朝历史人物，涉及军事、政治、文学艺术、哲学思想等多个领域。《戚继光》一诗正是《皇明史咏》中的一首。首句主要从外貌、品行、爱好等方面称赞戚继光一表人才、胸怀奇志、雅好读书，这些都是为人称道的地方；次句赞颂戚继光抵御倭寇有秘方绝法，而且弹无虚发、百战百胜，一下子就将戚继光的光辉形象提到了民族英雄的高度；第三、四句点出以万历朝鲜战争为契机，《纪效新书》传入朝鲜，大大提升了朝鲜军队的战斗力，以至于朝鲜王朝在军队建制、练兵练将、城防建设和新式武器制造等各个方面都将之奉为圭臬，百余年来代代传承。海左，朝鲜别称。八般遵袭，客观地指出了戚继光的《纪效新书》在朝鲜军队建设各个方面的重要指导地位。

　　李裕元十分关心国防建设，在上呈国王的《武才申饬启》中，极力强调国防建设的重要性，称之为"此戒不虞而安不忘危之道也"。他指出，"夫编伍约束，莫如戚继光之《纪效新书》，而我国武事，专靠是书"，所以"惟当日讲其方略，时习其射御，为他日干城推毂之材，实是缓急之可仗"[②]。建议朝鲜继续依戚继光《纪效新书》的要求训练军队，培养军事人才，以备不虞之事。李裕元为朝鲜宪宗、哲宗、高宗三朝元老，说明戚继光的《纪效新书》在朝鲜王朝末期仍然有着很大影响。

小结

　　纵观五篇诗作，有的是诗人亲历明皇国祭时的感想；有的是诗人目睹王朝军队以《纪效新书》为指南、进行高水平操练，从而发出对《纪效新书》的由衷赞美；有的是诗人置身古战场，透过短兵相接、血流成河的战争场面，得出《纪效新书》才是御倭良方的结论；而李裕元的诗作直接以"戚继光"为题，先是赞誉

---

　　① 任晓礼、刘晓东：《戚继光军事思想对万历朝鲜战争的影响》，山东大学出版社 2023 年版，第 362 页。

　　② ［朝鲜王国］李裕元：《嘉梧稿略》册九，摘自韩国民族文化推进会编《韩国文集丛刊》第 315 辑，韩国首尔东洋印刷株式会社 2003 年版，第 331 页。

其"倜傥""负奇""好读书",但最终还是落脚到对《纪效新书》的尊崇上来。

从主题来看,歌颂《纪效新书》无疑是这些诗作的主旋律。诗人从朝鲜人的视角来审视戚继光,自然就将对朝鲜王朝军队建设有着重大意义的《纪效新书》设定为歌咏的对象。具体来说,戚继光的伟大之处在于他能够因地制宜地修筑军事设施和练兵布阵、创造性地开发和利用新式武器、通过刻苦训练打造富有战斗力的军队。这些都如实地反映在《纪效新书》之中。

从创作年代上看,五篇诗作创作跨度长达 150 年,这也有力地证明了戚继光及其《纪效新书》在朝鲜半岛的影响经久不衰的事实。

朝鲜王朝国王、高官、名人颂赞戚继光

崔菊华 *

戚继光的英雄事迹及其著作传入朝鲜半岛之后，从朝鲜的国王、一品高官，到其他官员，包括社会名流均给予了很高评价，他们颂赞戚继光的丰功伟绩，赞誉戚继光的兵书所带来的重大影响。

一、朝鲜国王：战守伟绩，至于今焜耀史乘

朝鲜宣祖国王李昖（1552—1608）在位时，戚继光的英雄事迹及其著作传入朝鲜，开启了朝鲜王朝依照戚继光军事著作指导军队改革和建设的序幕。之所以这样做，是因为他见识了戚家军旧部在朝鲜抗倭援朝的英勇表现和铁一样的军纪，所以也多次赞扬戚继光的军事思想。当他见到戚继光的《纪效新书》，即爱不释手，看不懂的地方，还让时任领议政（首相）柳成龙给他讲解，并在多种场合下，谈自己对《纪效新书》的看法。《宣祖大王行状》记载："（宣祖国王）见戚继光所撰《纪效新书》，甚嘉其制"①，赞扬《纪效新书》中提到的建立专职国家军队的体制。《朝鲜宣祖实录》宣祖二十七年（万历二十二年，1594）四月记载："传于政院曰：'近观兵曹，勤于训练，深嘉。……古人练兵，唯务精而不务多。古人又教士，足囊以沙，渐渐加之。戚继光曰：'兵须学跑。'《（纪效）新书》有练足、练身之法。

　* 崔菊华，莱阳市城厢中心初级中学教师。
　① [朝鲜王国] 李廷龟：《月沙先生集·卷之五十》，摘自韩国民族文化推进会编《韩国文集丛刊》第 70 辑，韩国首尔东洋印刷株式会社 1991 年版，第 291 页。

教兵，盖多术矣。今之教兵，或似未尽。予意大加简阅，汰其身残、力弱、体钝、足重、年多之人，只取精壮，又必习跑、习步。'"① "足囊以沙"，指在腿上绑上沙袋。"足重"，指不能走远路的。"年多"，指年长的。上述记载是宣祖国王李昖下达的指示，赞扬戚继光在《纪效新书》中记载的训练士兵基本功和身体素质的方法很多，很实用。同时还指示要按照戚继光说的"兵须学跑"，要学习《纪效新书》中的"练足、练身之法"；在训练中，要淘汰那些"身残、力弱、体钝、足重、年多之人"，只保留那些"习跑、习步"的精壮士兵。

朝鲜正祖国王李祘（1752—1800），在位 24 年，在位期间，社会安定，文化繁荣，被称为"朝鲜中兴时代""朝鲜的文艺复兴时代"。正祖李祘多次撰文赞誉戚继光及其军事著作。

正祖李祘在《兵学指南·序》中记载说："戚帅继光，明朝人也，跨制南北，历典机宜，战守伟绩，至于今焜耀史乘。而其所撰《纪效新书》十八篇，精粗悉备，显微无间。训其法，虽阡陌褴襂之贱，可能按形而与知，穷其神。即熊罴之将，凫藻之士，尚且望洋而茫无津筏，信乎其为韬铃之尸祝。""夫以戚帅之迹遍天下，智周成败，论次其试于形而运于神者，以遗后世之龟鉴。"② "阡陌褴襂"，这里指乡野中没读过书的普通百姓。"阡陌"，田间小路、田野。"褴襂"，原意指衣服粗重宽大，穿着不合身，也不合时，多比喻不晓事。"熊罴之将"，指能打仗的勇将，这里泛指武官。"凫藻之士"，原意是战士就如凫得水藻一样喜悦。这里泛指士卒。"津筏"，渡河的木筏，多比喻引导人们达到目的的门径。这里指学习和掌握兵法的途径。"韬铃"，指中国古代兵书《六韬》《玉钤篇》的并称。后泛指兵书。"尸祝"，指古代祭祀时的主祭人，也指祭祀、崇拜。这里是信奉的意思。正祖李祘赞扬说，戚继光征战南北，战功卓越，他丰功伟绩光耀史册，至今仍有着很大的影响。他最初写的十八卷本《纪效新书》，依照它训练和治理军队很有成效，即使是对行伍毫无知晓的田野农夫、技能很差的刚入伍的士兵，也能训练成才。无论是

---

① ［朝鲜王国］《朝鲜宣祖实录》卷 50《宣祖二十七年四月》，韩国首尔探求堂 1973 年影印本，第 22 册，第 250 页。

② ［朝鲜王国］李祘：《弘斋全书·卷九》，摘自韩国民族文化推进会编《韩国文集丛刊》第 262 辑，韩国首尔东洋印刷株式会社 2001 年版，第 142 页。

久经沙场的将军，还是普通的士卒，学习了《纪效新书》，就像是被阻隔在大江大洋一边的人得到了木筏，可以到达彼岸。还赞扬戚继光历经沙场，能知晓战场上成败的原因，所以他的兵书能成为后人借鉴和学习的经典。

今韩国韩国学中央研究院藏书阁收藏有正祖十一年（1787）《兵学指南》木版印刷本，其中就有正祖为《兵学指南》写的序，下图可见上述引用的部分文字："戚帅继光，明朝人也，跨制南北，历典机宜，战守伟绩，至于今焜耀史乘。而其所撰《纪效新书》十八篇，精粗悉备，显微无间。训其法，虽阡陌襁褓之贱，可能按……"文字是正祖李祘的手书（见下图）：

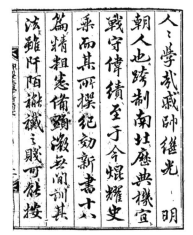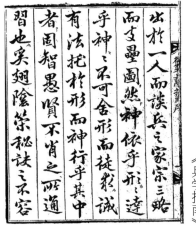

《兵学指南》

正祖李祘在《兵学通·序》中还记载说："今之《兵学指南》，即戚氏御倭之法也。戚氏之御倭，盖以序胜者也。我国遵而用之，固得矣。……凡中外营阃，场操、城操、水操之式，无不备载。又为阵图，附其下，名之曰《兵学通》。"[1]"中外营阃"，指朝鲜王室（中央）直接管辖的驻防在京畿地区的军队及驻防在京都之外的地方军队。"营阃"，这里是营房、营垒的意思。正祖李祘的意思说，朝鲜编纂的《兵学指南》（《兵学通》），是戚继光抗倭时训练士兵的方法。采用戚继光排兵布

---

①［朝鲜王国］李祘：《弘斋全书·卷八》，摘自《韩国文集丛刊》第262辑，韩国首尔东洋印刷株式会社2001年版，第134页。

阵的方法训练士兵，取得了抵御倭寇的胜利。我们朝鲜学习了这些训练士兵的方法，军队的战斗力也得到了明显提升。我们要用戚继光的《纪效新书》指导朝鲜军队的建设，无论是朝鲜王室直辖的军队，还是地方衙门管辖的地方军队、乡勇，无论什么兵种，采用什么方式进行训练，包括野战操练、守城操练、水师操练等，都要依照新编写的《兵学通》要求去做。由此可见，朝鲜正祖国王依照戚继光的军事思想强化朝鲜军队建设的决心和力度。

纯祖李玜（1790—1834），正祖李祘之子，受其父李祘的影响，李玜在行文中也多次赞誉戚继光，如在《拟本朝武艺将卒，申饬操束，别施等外诸技，仍施赏有差教》中记载："约束务尽，毋负拔宠之恩。操习必勤，实思报效之道。……势技由微而转大，仁思戚帅用兵之神。莫不遵行，惟竭用力。"[①] 李玜记载说，将军们约束管理军队，必须尽心尽力，不能辜负了朝廷提拔他们的恩宠，操练士兵必须勤劳，坚持不懈，要思虑如何报效国家。我们朝鲜的军队能够由弱小变得强大起来，依照的就是戚继光的练兵之法，学习的是戚继光的神奇战法，所以，对戚继光的军事思想及其著作，我们都要"遵行"，照着去做，而且"惟竭用力"，竭尽全力去做好。

二、朝鲜王朝一品高官：兵者宗师者也

这里提到的高官，均是朝鲜王朝正一品大员。

朝鲜壬辰战争期间（1592—1598），朝鲜领议政柳成龙（1542—1607），是当时朝鲜依照戚继光军事著作指导军队改革和建设的积极推动者和执行者，他也多次盛赞戚继光及其军事著作。《朝鲜宣祖实录》记载，宣祖二十六年（1593）十月，柳成龙上书宣祖国王说："训练节目其载《纪效新书》者，至详至密，今当一切依仿为之。"[②] 说朝鲜军队需要训练的内容，《纪效新书》都记载了，而且记载得又详细又周密，我们的军队完全照着做就可以了。宣祖二十七年（1594）十月冬柳成龙上

①［朝鲜王国］李玜：《纯斋稿·卷之八·教》，摘自《韩国文集丛刊·续集》第120辑，韩国首尔东洋印刷株式会社2011年版，第117页。

②［朝鲜王国］《朝鲜宣祖实录》卷43《宣祖二十六年十月》，韩国首尔探求堂1973年影印本，第22册，第108页。

书宣祖国王说："知束伍一事，为军政之大纲，而其在于《纪效新书》者，极为明备。有志之士，苟得是书而依仿慕效，其于行军制敌之道，思过半矣。"①说约束管理军队是军队中最紧要的事情，如何约束管理军队，《纪效新书》记载得非常明确完备，只要有了这本书，怀着仰慕的心情照着做，那么行军打仗战胜敌人的方法，就大部分掌握了。《朝鲜宣祖实录》宣祖二十八年（万历二十三年，1595）七月记载，柳成龙对宣祖国王说："戚继光阵法，大概间花迭而动静相随，专为防倭而设也。防倭则步兵胜于骑兵。"②说"戚继光阵法"主要是对付倭寇的，而朝鲜当时面临的主要敌人就是入侵的倭寇。防止倭寇入侵，使用新式火器的步兵胜过骑兵。柳成龙建议宣祖国王在朝鲜军队中推行"戚继光之法"，建立一支能抵御日军入侵的有战斗力的朝鲜军队。

朝鲜壬辰战争后期担任宣祖朝右议政（副首相）、战争结束后担任领议政的李德馨（1561—1613），在《陈时务八条启》中写道："戚继光变南兵为精锐，荡扫倭寇。……我国多有丘陵水田，真合于用步。而捍御倭贼，又莫尚于步兵也。中原南方，十年为倭窟，累用骑兵而不利。戚继光教练步兵，而后始得荡平。"③说戚继光把中国的南兵训练成了能打仗的精兵，打败了入侵的倭寇，而朝鲜的地形多丘陵水田，也适宜于步兵作战，所以，朝鲜要像戚继光那样训练步兵，只有这样才能把日军赶出朝鲜半岛。

朝鲜宣祖时期官居正一品，代表宣祖国王主管全国军队的中枢府领事郑琢（1526—1605），曾为《〈纪效新书〉节要》写序，其中记载："《纪效新书》，即戚侯继光御侮之法也。其法概本于倭，而戚以鸳鸯加之。远铳近剑，各适其宜。牌筅、枪靶、火箭、弓弩之用，迭为捍御。此戚侯妙运独智，校艺长短，以取必胜者也。前世中国苦倭患，入皇明尤甚，窟闽广，骚荆蛮，自出此法，如山压霆摧，海不

---

①［朝鲜王国］柳成龙：《西厓先生文集·卷之十四·战守机宜十条并序》，摘自《韩国文集丛刊》第 52 辑，韩国首尔东洋印刷株式会社 1990 年版，第 268 页。

②［朝鲜王国］《朝鲜宣祖实录》卷 65《宣祖二十七年七月》，韩国首尔探求堂 1973 年影印本，第 22 册，第 527 页。

③［朝鲜王国］李德馨：《汉阴先生文稿·卷之八》，摘自《韩国文集丛刊》第 65 辑，韩国首尔东洋印刷株式会社 1991 年版，第 392 页。

复杨。戚侯之法神矣，仍为教卒，乃作此书。”[①] 说《纪效新书》是当年戚继光抵御倭寇入侵中国的作战方法和经验总结，其中有他创建的鸳鸯阵法，即各种兵器配合使用，有射向远方敌人的鸟铳、火箭等，有近身与敌人厮杀的刀剑等。戚继光利用自己的聪明才智创建的鸳鸯阵，由于发挥了不同武器在不同场合的长处，所以才能在与倭寇的作战中取得压倒性胜利，确保了中国沿海的安宁。因为戚继光的作战方法太神奇了，所以，我们朝鲜编写了《〈纪效新书〉节要》，作为训练朝鲜士兵的教科书。

朝鲜仁祖时期官居正一品的高官申翊圣（1588—1644），也是王朝中期著名诗人、书法家，他曾撰文称赞戚继光说：“嘉靖间，倭躏闽、浙，千里骚然，挽用戚大将军继光，以一旅捣而覆之，若承蜩然。万历初，虏梗西北，趣召大将军以备虏，虏辄引去。终大将军在，西北不南牧焉。壬辰以后，诸将之东征者，其法大抵皆用大将军《纪效新书》，大将军固近世善用兵者也。”[②] “蜩”，蝉。“承蜩”，以竿取蝉。原意为粘蝉，把蝉黏住。意思说，嘉靖年间，倭寇蹂躏中国福建、浙江一带，千里疆域民不聊生，朝廷起用戚继光将军，戚将军率军歼灭倭寇，就像拿竹竿粘蝉一样容易；万历初年，胡兵（指当时的蒙古族骑兵）骚扰中国北方边塞，朝廷又召戚继光镇守北方，北方的胡兵闻风退兵，再也不敢南下侵扰；朝鲜壬辰期间，日本军队入侵朝鲜，入朝参战的明军将领大都采用戚将军《纪效新书》中的战法取得胜利，所以说，戚将军是这一时期善于用兵的军事家。申翊圣还撰文赞扬了戚继光的诗文：“戚少保继光，词翰彬彬，俱称名家，何尝以兜鍪让衿绅哉。”“兜鍪”，战士戴的头盔，这里借指武将。“衿绅”，穿儒服，这里借指文人。说戚继光虽是武将，却很有文学才华，其诗作可以与诗人媲美。

金锡胄（1634—1684），肃宗朝官至右议政。金锡胄曾撰文说：“自古为兵家之言者，《孙吴》尚矣。如诸葛武侯之《心书》、李卫公之《问对》，即后世之孙吴。而宋仁宗朝，尝命枢臣曾公亮等，撰《武经总要》，至皇明嘉隆间，少保戚继光亦

① [朝鲜王国] 郑琢：《药圃先生文集·卷之三》，摘自《韩国文集丛刊》第 39 辑，韩国首尔东洋印刷株式会社 1989 年版，第 481 页。

② [朝鲜王国] 申翊圣：《乐全堂集卷之五·奉送李参判显英航海朝天序》，摘自《韩国文集丛刊》第 93 辑，韩国首尔东洋印刷株式会社 1992 年版，第 222 页。

著《纪效新书》，备载战阵方略卒伍教练之制，此又挽近言兵者之所取以为宗师者也。"①金锡胄将戚继光的《纪效新书》与春秋战国时期军事家孙武、吴起的《孙吴兵法》，三国时期著名政治家、军事家诸葛亮的《孔明心书》，唐代著名军事家李靖的著名兵书《李卫公问对》，北宋时期曾公亮等官修的军事著作《武经总要》，这些中国不同时期的著名军事著作相媲美，并称赞戚继光是当时"兵者""宗师者也"。

徐荣辅（1759—1816），正祖朝文科状元，纯祖时，为辅国崇禄大夫兼吏曹判书，正一品高官。徐荣辅在《射艺诀解》中记载："审者，即《论语》'持弓矢审固'之审也。戚南塘继光释此义曰：'审者非审之于引满之前，乃审之于引满之后也。'此言甚善。盖手足身面，操弓架矢，莫不有当然之势。"②"持弓矢审固"，出自《礼记·射义》："故射者，进退周还必中礼。内志正，外体直，然后持弓矢审固，持弓矢审固，然后可以言中。此可以观德行矣。"③"持弓矢审固"，指拉弓时身体要稳固，弓要引满，瞄准时要集中精力观察箭靶。戚继光对"持弓矢审固"的释义，出自《纪效新书·手足篇·弓矢习法》："持弓矢审固。审者，详审；固者，把持坚固也。""审"，审视。"中的"，射中靶心。徐荣赞扬戚继光对《礼记》射箭技艺的解读"此言甚善"，很到位，很准确。

李裕元（1814—1888），朝鲜进士出身，历官朝鲜宪宗、哲宗、高宗三朝，高宗朝官至领议政。李裕元多次撰文赞颂戚继光，并在朝鲜推介戚继光的军事著作。李裕元在给朝鲜国王上疏的《武才申饬启》一文中说："夫编伍约束，莫如戚继光之《纪效新书》，而我国武事，专靠是书。"④李裕元说，组建和管束军队方法，没有比戚继光的《纪效新书》记载的更好的了，所以，我们朝鲜多年来治理军队，学习和依照的就是这本书。李裕元还创作有《戚继光》诗："倜傥负奇好读书，御倭

①［朝鲜王国］金锡胄：《息庵先生遗稿·卷之八》，摘自《韩国文集丛刊》第145辑，韩国首尔东洋印刷株式会社1995年版，第245页。

②［朝鲜王国］徐荣辅：《竹石馆遗集》册七《解五·外篇·射艺诀解》，《韩国文集丛刊》第269辑，韩国首尔东洋印刷株式会社2001年版，第524页。

③杨天宇译注：《礼记译注》（下），上海古籍出版社2016年版，第1012页。

④［朝鲜王国］李裕元：《嘉梧稿略·册九》，摘自《韩国文集丛刊》第315辑，韩国首尔东洋印刷株式会社2003年版，第331页。

有术定无虚。纪效一编传海左,八般遵袭百年余。"①意思是说,戚继光胸怀奇志,喜好读书,是一位杰出之人,他有抵御倭寇的好方法,与倭寇作战百战百胜。他撰写的《纪效新书》传到朝鲜之后,其中练兵、治军的方方面面都在朝鲜王朝军队中传承,从正祖国王在朝鲜军队中推行《纪效新书》,到现在传承 100 多年了。

三、朝鲜王朝其他官员:真间世名将也

除上面提到朝鲜王朝的一品高官外,许多其他官员也撰文赞誉戚继光及其军事著作。

赵宪(1544—1592),朝鲜宣祖时期官员,宣祖七年(万历二年,1574)十一月,赵宪出使中国归国后,曾向宣祖国王上疏介绍了沿途的见闻:"臣于蓟州之路,见步卒数千,荷兵粮以行,不敢恃众而掠人之物。又以骡驴驾兵车数十辆,憩于田傍,不敢取田禾一束,以秣其驴。臣奇其师行有律而问之,则曰獭虏寇边,蓟镇总兵官戚继光,令中军将倪善领畿县军三万以赴之。盖以主将威信之素著,故军畏其令,而不敢扰民也。""戚总兵只以五万军分守长城,而八倍獭贼,不敢犯塞。""臣于道路,闻其为人,秉公持正,忧国忘私。顷尝备倭于南方也,始勤募练,变弱为强。子犯军令,收而斩之曰:'尔不用命,孰肯畏我。'自是三军股栗,遂无懈玩之习,莫不以死力战。而方张之虏,乃溃而散。江南沿海之所以迄无大警者,盖缘戚公之所以严军法而振士气者。屹有名将之风,故穆宗皇帝移置蓟门,倚为锁钥。"②赵宪赞扬戚继光治军之严,军不扰民,不拿百姓一草一禾,他的儿子(应是义子或亲属)犯罪,也被斩首。而且戚继光治理的军队非常有战斗力,可以抵御数量是自己八倍的来犯之敌。还说戚继光为人"秉公持正,忧国忘私","有名将之风",是国家栋梁,国家哪里有难,就被派往哪里。赵宪在《朝天日记》中也赞誉戚继光:"忠诚甚笃,文字兼美,真间世名将也。""与岳公无异。今镇北方,善

---

① [朝鲜王国]《嘉梧稿略·册三》,摘自《韩国文集丛刊》第 315 辑,韩国首尔东洋印刷株式会社 2003 年版,第 93 页。

② [朝鲜王国] 赵宪:《重峯先生文集·卷之三》,摘自《韩国文集丛刊》第 54 辑,韩国首尔东洋印刷株式会社 1990 年版,第 184 页。

谋善御，有急必援，虏不敢近。"①"岳公"，指南宋时期著名军事家、抗金将领岳飞。赵宪称赞说，戚继光对国家非常忠诚，而且诗文也写得很好，是世间的名将。还说戚继光就同当年的抗金名将岳飞一样，在镇守大明北部边疆时，有勇有谋，敌人不敢侵犯。

朝鲜仁祖时期文臣吴翻（1592—1635），写有《寿春练军图序》，记载了当时朝鲜军队练兵的场景，其中也赞扬了戚继光及《纪效新书》："戚将军欲千万耳之为一耳，则有金鼓之声；欲千万目之为一目，则有旌旗之色。是具著于《纪效新书》，自千夫长，下至厮养，不言而喻。以千万心为一心，则其妙在于《（纪效）新书》之外。"②吴翻赞扬用《纪效新书》训练的士兵，听到的只有前进杀敌的号令，看到的只有战场上我方勇往直前的战旗；所有的士兵都听从主帅的指挥，同心合力，其利断金。用《纪效新书》训练出来的士兵，在战场上的表现，远远超出了《纪效新书》所带给我们的想象。

朝鲜仁祖朝官员申悦道（1589—1659）于仁祖六年（1628）出使中国路经登州城时记载："戚继光，嘉靖间讨平倭寇，官至总督，此其表表者也。"③"表表"，优异、突出的意思。说戚继光因在嘉靖年间讨伐平定了倭寇，因战功升为总督，在中国是一位很突出、很优异的人物。

朝鲜仁祖朝官员高用厚（1577—?）撰文赞扬戚继光："故唐室遣李世绩而遏胡锋，塞北有长城之倚。在皇朝任戚继光以备倭寇，浙东获高枕之安。用舍之间，存亡所系。"④说中国唐朝时派李世绩去遏止北方突厥的侵犯，大败突厥，李世绩犹如塞北长城一样，守卫了唐初北部边境的安全。现在中国的明朝，因为任命戚继光率军平倭，因而使得中国东南沿海浙江一带没了倭寇侵扰，老百姓可以高枕无忧、安居乐业了。朝廷用什么样的将才，关系到社稷的存亡。唐朝的李世绩、明

---

① ［朝鲜王国］赵宪：《重峯先生文集·卷之十·朝天日记》，摘自《韩国文集丛刊》第54辑，韩国首尔东洋印刷株式会社1990年版，第346页。

② ［朝鲜王国］《天波集·第四》，摘自《韩国文集丛刊》第95辑，韩国首尔东洋印刷株式会社1992年版，第97页。

③ ［韩国］林基中编：《燕行录续集》第106册，韩国首尔尚书院2008年版，第146页。

④ ［朝鲜王国］《晴沙集·卷之二·教统制使李英书》，摘自《韩国文集丛刊》第84辑，韩国首尔东洋印刷株式会社1992年版，第181页。

朝的戚继光都是捍卫国家安全，有大功于社稷和百姓的将才。

朝鲜孝宗朝官员柳元之（1598—1674）也曾撰文赞誉戚继光："戚家即浙江名将戚继光，在南时作《纪效新书》以御倭。后为北将，作《练兵实纪》并杂集，专用车战法以御虏。其用兵甚缜密有法度，所谓节制之师。"①说戚继光在中国南方御倭时写的《纪效新书》，在中国北方守护边塞写的《练兵实纪》及《练兵实纪·杂集》，都是从实战中总结出来的经典之作，戚继光用兵时考虑非常谨慎周密，而且有章法，他带领的是一支军纪严整的军队。

金羲淳（1757—1821），朝鲜正祖、纯祖朝官员，历官汉城府判尹、兵曹判书、吏曹判书等要职。金羲淳在《兵学通·序》中写道："戚帅继光《纪效新书》十八篇，按其法而究其心，则精粗备而本末具，信乎为韜衿之捷路，而欲跻兵家之堂室者，舍阶级何以哉，于是乎我东之《兵学指南》出。此特约其旨而仿《（纪效）新书》为篇者也。是书也，纲而分之，目而张之，首尾贯缀，门径简密。凡水陆征缮之要、京外团练之制，莫不以《（纪效）新书》为归。"②"韜衿"，指武士穿的衣服，这里代指武官。"征缮"，指征收赋税，整治武备。这里主要指管理体制和训练方法。金羲淳说，如果按照戚继光十八卷本《纪效新书》中的训练方法专心研究，就能具备带兵的基本技能，了解了其中的细微之处，就会知悉军队将领做事的主次，所以，学好《纪效新书》，是成长为一名合格将军的捷径，也是登上将帅庙堂，成为杰出将领的一个重要台阶。也正是因为这样，我们朝鲜才仿照《纪效新书》编写了指导军队训练的《兵学指南》。金羲淳也指出了《纪效新书》在朝鲜军队建设中的作用和影响，说无论是朝鲜王室直属的水师、陆军，还是京城之外的地方团练，其管理办法和日常训练，都是以《纪效新书》中的要求作为管理和训练的目标。

---

① [朝鲜王国] 柳元之:《拙斋先生文集·卷之十二》，摘自《韩国文集丛刊·续集》第28辑，韩国首尔东洋印刷株式会社2006年版，第180页。

② [朝鲜王国] 柳元之:《拙斋先生文集·卷之十二》，摘自《韩国文集丛刊·续集》第28辑，韩国首尔东洋印刷株式会社2006年版，第180页。

四、社会名流：古来征倭之将谁最贤？中朝戚少保

柳馨远（1622—1673），朝鲜孝宗朝进士出身，朝鲜实学派创始人，著名哲学家，后因中国改朝换代，柳馨远认为自己是明朝陪臣，不愿在清朝的附属国朝鲜朝中为官。鉴于柳馨远当时的影响，显宗王室曾多次征召柳馨远入朝为官，但都被他婉拒。柳馨远终老隐居全罗北道扶安郡愚磻山谷中。柳馨远在《磻溪随录》中有多处赞颂"戚公之法"，即戚继光的练兵、治军的方法。柳馨远记载说："戚继光曰：'兵贵精选。第一不可用市井油滑之人，第二不可用奸巧之人。第一可用，只是乡野老实之人。第二可用，乃经战之人。'戚公真知言哉。"① 说戚继光关于招募士兵的一些说法，都是一些真知灼见。柳馨远还曾撰文赞誉戚继光："中国与戎虏战，则尤不可以无车也。近世戚南塘，在南方，平盗御倭，则能以徒成功。而及其镇蓟，则造设车战，然后乃得惩虏。乂安边境，其实效，于此可见矣。……戚公之法，车营常于近便，镇城沿城为卫，使车城相依，御冲出奇，岂非万全之法乎！"② "戚南塘"，即戚继光。"镇蓟"，镇守蓟州。戚继光于隆庆三年（1569）二月被朝廷任命以总理衔兼镇守蓟州。"乂安"，安定。柳馨远的记载说，戚继光无论是在中国南方"平盗御倭"，还是在中国北方"镇蓟""惩虏"，都能取得胜利，戚继光作战御敌的方法，是值得朝鲜军队学习的"万全之法"。

丁若镛（1762—1836），朝鲜正祖朝官员，朝鲜王朝晚期著名哲学家、文学家，是朝鲜半岛出现汉字以来留下作品最多的著名学者，传世 500 多部著作，结集《与犹堂全书》。丁若镛也多次撰文提到戚继光，如在《牧民心书》中就记载："戚继光《纪效新书》，今为兵家之玉律。……不效此法，即十个五双，不可统领。"③ 说戚继光的《纪效新书》，是当时朝鲜军队的庄严而不可变更的法令。如果不按照《纪效新书》的办法来管束士兵，即使是 10 个士兵，也管理不了。

---

① ［朝鲜王国］柳馨远：《磻溪随录》第二十一卷《兵制·训练都监》，韩国首尔明文堂 1982 年版，第 396 页。

② ［朝鲜王国］柳馨远：《磻溪随录》第二十二卷《兵制后录·兵车》，韩国首尔明文堂 1982 年版，第 434 页。

③ ［朝鲜王国］丁若镛：《与犹堂全书·第五集·政法集第二十三卷》，摘自《韩国文集丛刊》第 285 辑，韩国首尔东洋印刷株式会社 2002 年版，第 495 页。

柳得恭（1749—1807），朝鲜正祖、纯祖朝官员，朝鲜王朝晚期著名诗人、史学家、实学家。柳得恭曾多次出使燕京（北京），与清朝大学士纪昀（纪晓岚）、衍圣公孔宪培、名士钱东垣等人交游。柳得恭在《云岩破倭图歌》诗序中曾写道："试问古来征倭之将谁最贤？中朝戚少保，狼筅蛮牌练十年。"①"中朝戚少保"，即中国的戚继光。戚继光因战功被授从一品的少保衔，故被称"戚少保"。"狼筅"，用竹子制作的既可防御又可进攻的冷兵器；"蛮牌"，即"藤牌"，用南方产的粗藤做的盾牌。柳得恭说，自古以来在征讨倭寇的战斗中最有才能最能打胜仗的，是中国的戚继光少保，他在中国东南沿海一带抗倭时，十多年来用"狼筅、蛮牌"等兵器训练士兵。言外之意是，训练的戚家军战无不胜，"飚发电举，屡摧大寇"，使得倭寇闻风丧胆。

申纬（1769—1847），正祖朝进士出身，纯祖朝历官承政院都承旨、吏曹参判等职，韩国文学史家把申纬与朝鲜半岛新罗时期的崔致远，高丽时期的李奎报、李齐贤，并称为朝鲜半岛古代四大诗人。纯祖乙亥（纯祖十五年，1815）二月十五日，申纬写有《二月十五日点军》七言长诗，其中赞美戚继光说："《兵学指南》悬玉尺，戚大将军如在坛。"申纬对此句注："戚南塘《纪效新书》，即为御倭而作，《兵学指南》，以此书为蓝本。"②意思是说，朝鲜军队的《兵学指南》是检验演练效果的标尺，这就如同戚继光在检阅台上检视训练一样。自注说，戚继光的《纪效新书》，是当年他在中国抗倭时所撰写的，而朝鲜军队的教科书《兵学指南》，是依据《纪效新书》撰写的。戚继光，号南塘。

金正喜（1786—1856），朝鲜王朝末期著名学者，很有影响的思想家，同时也是经学家、金石学家、书法家、画家。其书法作品，创出了世人所熟知的秋史体，绘画作品《岁寒图》，被今天韩国人认为是当时朝鲜最高水平的画作。金正喜也多次赞誉戚继光，他在与挚友的书信中就提到："昔皇明嘉靖年间，倭寇之沿海侵掠，至及内地江浙之间，大为骚扰。如戚帅诸人宿将重兵，屯戍行间，不知为几

---

①［朝鲜王国］《泠斋集·卷之五》，摘自《韩国文集丛刊》第260辑，韩国首尔东洋印刷株式会社2001年版，第85页。

②［朝鲜王国］申纬：《警修堂全稿·册二·分甘集·乙亥正月至丙子四月》，摘自《韩国文集丛刊》第291辑，韩国首尔东洋印刷株式会社2002年版，第242页。

岁。戚帅所著《纪效新书》，为御倭而作。……当此之时，我东不知有此事，至于壬辰以后，始得戚公书，略解火炮之式。"①说明朝嘉靖年间，戚继光在中国江浙沿海一带清剿倭寇，解除了倭患，他的《纪效新书》，就是为了御倭练兵而写的。还说，壬辰倭乱之前的朝鲜，并不知道还有戚继光的《纪效新书》，壬辰战争爆发以后，朝鲜才有了戚继光的书，知道了如何抗击倭寇，并且了解了其中记载的关于火炮等新式武器的使用和制造方法。

通过上述记载可以看出，朝鲜王朝时期，无论是国王，还是官居一品的高官，包括百官之首的领议政，还有在朝鲜王朝历史上很有影响的文臣、文人、诗人，都曾对戚继光及其兵书给予了很高的评价。戚继光军事思想及其兵书，也成为朝鲜王朝历史上中朝文化交流和友好往来的重要媒介。讲好戚继光及其兵书在海外影响的故事，也是传承中华优秀传统文化，传承中韩、中朝友好传统的重要内容。

---

① [朝鲜王国] 金正喜:《阮堂全集·卷三·与权彝斋（三十二）》，摘自《韩国文集丛刊》第 301 辑，韩国首尔东洋印刷株式会社 2003 年版，第 66 页。

戚继光文化遗产

戚继光主要文化遗存简述

袁晓春 *

　　戚继光是中国历史上伟大的民族英雄，他的足迹遍及东南沿海、长城内外，其文化遗产丰富而深邃。其足迹所到之处目前存世的有戚公祠、戚继光纪念馆 10 余处，塑像 50 余尊，他的军事著作《纪效新书》十八卷本、《练兵实纪》、《纪效新书》十四卷本，诗文集《止止堂集》是宝贵的文化典籍。戚继光物质文化遗产主要有"蓬莱三戚"，即烟台蓬莱区的戚继光牌坊、戚继光祠堂、戚继光墓，是全国重点文物保护单位，作为珍贵的文化遗产受到国家的保护。近年来烟台蓬莱区城市建设超过以往任何时期，先后从城区施工工地上发现和征集了戚继光撰文《明登仕佐郎枣强王傅昭节先生中谷梁公墓志铭》石刻、戚继光篆书《明故寿官卢公配秦氏墓志铭》石刻等三件文物，有关石刻不见史载，属于未传世的新史料发现。还有一些戚继光的珍贵文物，如戚继光画像、戚继光刀收藏于中国国家博物馆；戚继光书法《送小山李先生归蓬莱》书轴，收藏于山西省博物院。以上物质文化遗产，折射了戚继光的丰功伟绩和文韬武略，再现了戚继光的丰满形象。

一、戚继光牌坊

　　戚继光牌坊建于明嘉靖四十四年（1565），当时两座牌坊前立有石碑，碑文："文武官员到此下轿下马。"官员到此，文官下轿，武官下马，走过牌坊，以示尊

---

* 袁晓春，中国明史学会戚继光分会副会长兼秘书长，烟台科技学院教授。

崇。戚继光牌坊包括母子节孝坊、父子总督坊两座石牌坊，石牌坊比例匀称，雕刻精细，是古代少有的大型石雕艺术品，为明朝石牌坊代表作之一。

明嘉靖四十四年，戚继光时年38岁，嘉靖皇帝为旌表戚继光抗倭功绩敕建两座牌坊，即母子节孝坊、父子总督坊。母子节孝坊建在街东头，父子总督坊建在街西头。

母子节孝坊正间上层定盘枋上正中置竖式"圣旨"匾，其四周饰浮雕双龙戏珠纹，二层定盘枋上面枋板由四朵荷叶托起，东西两面镌书"母子节孝"。正间枋额阴刻楷书两行，上为"旌表赠特进荣禄大夫右都督戚宁妻一品夫人贞节阎氏"，下为"诰赠特进荣禄大夫中军都督府右都督荐举孝廉戚景通"。母子节孝坊正间东立面单额枋雕刻"丹凤朝阳"、龙门坊雕刻"凤凰卷云"、小额枋雕刻"威凤祥麟"；西立面单额枋雕刻"双龙戏珠"，龙门坊雕刻"南海大士与八仙"，小额枋雕刻"狮子绣球"。次间分别雕有凤凰、仙鹤、神鹿、麒麟、神兽等吉祥图案。近楼的栏心板镌有精致的宝瓶万年青图案。

父子总督坊镌书"父子总督"，牌坊为四柱三间五楼云檐多脊花岗岩、大理石石雕坊，高9.5米，宽8.3米，进深2.7米。父子总督坊为旌表戚继光和其父戚景通功绩而建，正枋额楷书"诰赠骠骑将军护国都指挥使前总督山东备倭戚景通"，下为"镇守浙福江广郴桂总兵都督同知前总督备倭戚继光"。正坊间镂雕"二龙戏珠""戚继光征战图""狮子滚绣球""鱼龙变化""麒麟与凤凰""凤凰穿牡丹"等图案，侧间分别雕饰花木鸟兽等图案，雕镂精细，构图丰满。两座牌坊巍峨挺拔，气势雄伟，是中国古代独创的纪念性建筑物，具有很高的艺术和历史文化价值。

新中国成立后，戚继光牌坊的维修保护共有三次。戚继光牌坊历经450多年的风雨，风化较厉害，蓬莱文化部门分别于1958年安排工匠殷勤、1986年安排工匠齐善坤进行两次维修工程。第三次是1998年维修加固工程，仍然聘请石匠齐善坤，为保证技术质量，还聘请"石雕之乡"河北省曲阳县多名技术工匠，以保证修复石雕与古代石牌坊的工艺一致，修复中剔除了以往维修的水泥构件，以新的石构件将两座牌坊残缺的176件构件全部补全。

戚继光牌坊先后历经清朝1888年的7.5级地震以及1969年渤海湾的7.4级地震，两座牌坊个别立柱受震断裂，但400余年来仍巍然屹立。1968年某日，"文革"造反派纠集人员"破四旧"，要拉倒戚继光牌坊，往牌坊上套上大绳时已近中午，他们回家去吃午饭。此时蓬莱县政府接到国务院电话通知，戚继光是民族英雄，牌坊不许破坏。

二、戚继光祠堂

戚继光祠堂建于明朝崇祯八年（1635），因明朝后期时局动荡，崇祯皇帝面对国乱思念忠臣，加之大臣叶向高多次向崇祯皇帝上奏得到采纳，在登州府南街修建"表功祠"，对戚继光的功绩进行表彰。蓬莱地方史上有武庄公祠、武毅公祠来历不清的疑问，实际上在戚继光去世后，明朝廷赐谥号"武庄"，其时仅修建戚继光墓地，"得昭，准祭二坛加祭一坛，照例造葬"[①]，未修建武庄公祠。明朝崇祯八年，明朝廷又追赐更高一级的谥号"武毅"，这也是戚继光祠堂由武庄公祠演变为武毅公祠的缘由。

戚继光祠堂现存门房、过厅、正祠三处建筑。门外两侧各有石狮一尊。

门房门楣镶嵌三块透雕花板，门楣内悬挂"表功祠"黑底金字匾。门上阴刻对联"千秋隆祀典，百战著勋名"，横批为"海上威风"。门房坐东朝西，面阔8米，进深3.2米。三开间，二柱五檩五架梁，硬山顶建筑。玲珑正脊，合瓦屋面。

过堂坐东面西，面阔8.1米，进深4.3米，三开间，四柱五檩五架梁，硬山顶前檐廊建筑。玲珑正脊，垂脊饰走兽，合瓦屋面，西有前廊，方形柱子，檐檩下饰镂空花板五组，镂空卷草纹雀替。明柱上楹联是1934年冯玉祥来蓬莱时的题词，上联"先哲捍宗邦民族光荣垂万世"，下联"后生驱劲敌愚忱惨淡继前贤"。过堂正中立屏风，上悬戚继光画像，高2米，宽1.3米，为单线彩色平涂，画像中戚继光身着官服，坐姿。屏风前陈列戚继光战刀，长0.89米，刀身窄长，刀柄上刻"万历十年登州戚氏"字样。屏风两侧陈列《纪效新书》《练兵实纪》《止止堂集》等戚继光著作和《戚少保年谱》，以及戚家军当年食用的"光饼"等展品。

正祠坐北面南，面阔8.1米，进深5.6米。三开间，四柱七檩五架梁，硬山顶前檐廊建筑，玲珑正脊，垂脊饰走兽，合瓦屋面。门上匾额为"戚武毅公祠"，楹联为现代作家郁达夫所撰"拔剑光寒倭寇胆，拨云手指天心月"。廊东侧墙壁上嵌

---

① 刘聿鑫、凌丽华主编：《戚继光年谱》，山东大学出版社2020年版，第252页。

有清朝纪焕回《谒武庄公祠》刻石一方："韬钤虎豹阵鸳鸯，腹有雄兵百万藏。一片石西坚垒在，三神山畔古祠荒。绯袍异代瞻遗像，宝剑当年赐尚方。日暮备倭城上望，余威犹靖海波扬。"正祠内塑戚继光坐像一尊，塑像后方两侧为隶书对联："封侯非我意，但愿海波平。"坐像西侧屋檩悬挂郁达夫题、现代书法家刘艺书"丰功伟烈"匾。

戚继光祠堂的保存与戚氏后人的贡献有直接关系。戚氏后人多为单传，民国初期戚家家道中落，戚氏故宅易手他人，戚氏家人搬到表功祠中居住。表功祠多年失修，日渐破落，蓬莱人北洋军阀吴佩孚得知情况后，对表功祠进行了维修。此外，在表功祠前院北部建瓦房三间，供戚氏家人居住。新中国成立后，蓬莱县政府将表功祠分配给戚氏后人，颁发了土地证。戚氏后人一直居住在表功祠内，为表功祠的保护做出了贡献。1985 年，蓬莱县有关部门拨款将表功祠征集为国家所有，戚家搬迁到登州府西城墙附近盖房居住。表功祠经过修缮后对公众开放。1987 年重立"忠""孝"石碑，后对表功祠的门厅、过堂、正祠屋面倒垄维修、木构件油漆彩绘。1989 年成立了戚继光祠堂管理所，2000 年更为戚继光故里管理处，由政府进行管理保护。1999 年 3 月，蓬莱市政府搬迁了戚继光故里住户 120户（包括海军部队家属住房），复建了戚继光故里以及广场、东、南、西、北等四条仿古街道。

必须指出的是，戚继光祠堂建筑命名、布局与历史原貌尚有差距，应恢复表功祠的历史原貌。戚继光祠堂现有门房、过厅、正祠的命名、布局均不准确，其历史格局应为三进院落，自西向东依次为门房、前堂、南北厢房、正堂。因南厢房、正堂损毁，缺少主要建筑正堂，现在将北厢房命名为正祠是错误的，有违历史史实。应在适当的时期，重新修复南厢房（遗址尚存）、正堂，以恢复明朝戚继光表功祠的历史原貌。

三、戚继光墓

戚继光家族墓地位于蓬莱城南 20 多里的芝山南麓，据清朝康熙版《蓬莱县志》记载："自戚继光曾祖戚详即袭登州卫指挥，至戚继光凡七世，皆葬于蓬莱芝山麓。"可见自六世祖戚斌之后，戚氏族人均安葬于此。1965 年前，戚继光墓封土尚存，墓前有翁仲、石虎、石羊等石刻文物。1965 年秋季，戚继光墓、戚景通墓先后被毁，成为无法弥补的历史创伤。迄今一直有戚继光墓被毁，是芝山林场工人种树偶然发现导致被毁的说法。戚继光墓被毁的历史真相究竟是怎样？对此进行多年的调研，先后查找蓬莱县文物工作者孙世相、于希之等人的调查材料，并于 20 世纪 90 年代，有幸在烟台市文物管理委员会查到了有关戚继光墓被毁的原始记载：

蓬莱戚继光墓破坏情况调查报告

遵照领导指示于 1972 年 11 月 10 日到达蓬莱，次日会同该县孙同志至戚继光墓现场——芝山，进行了初步调查，现将调查情况汇报如下：

一、位置、原状

戚继光墓位于蓬莱县城南二十华里芝山南麓。存有封土，高可三四米，直径 4.5 米，附近辟有梯田，植有果树。在墓近梯田地沿上尚存有翁仲、石虎、石羊、石坊等遗物。墓前有石碑一座。

据县志记载："自戚继光曾祖戚详即袭登州卫指挥，至戚继光凡七世皆葬于蓬莱芝山麓。"现在地面可见者，只戚继光与其父戚景通二墓。当地群众世代相传，皆知其为戚继光墓。

二、破坏经过

1964 年该地组织了由五个生产大队组成的林场，负责整个芝山的封山造林工作。这个林场的负责人非但未将保护文物纳入规划，反而异想天开以扒古墓挖金子买机器为名，发动工人对古墓进行了彻底破坏。

据了解，1965 年秋后，即对戚继光墓进行了盗掘。根据是老人传说，戚继光是打仗死的，皇帝给他换了个金头金胳膊，里边有宝物，可以卖了买抽水机、拖拉机，他们即以整地为借口进行了大肆挖掘。从墓门前开了一个宽约三米、长约七米、深约三米的大沟，将墓门全部拆开，使墓内棺具、石座等全部毁掉。因该墓早年被盗未发现任何财物，在发掘墓顶封土时他们发现了墓志，系石英质，洁白坚硬，上下两层被他们当作石桌放在了门前。

这次盗掘结束，墓室未破坏，被当作了养马棚，一直保存至今。

1971 年秋末该场盖仓库，将墓志底、盖全部砸碎当作了石料，经我们这次设法抢救，根据字迹约可复原大部。一部被压在墙上尚可窥见字迹。据了解，墓碑、翁仲、石马、石坊等一部分亦被砸毁压在墙上。

今年 11 月上旬他们又对戚景通墓进行了盗掘，仍以整地为借口挖了一个深约三米、直径四米见方的大深坑，将戚景通墓大部拆除。墓石起出，墓分左、中、右三个室，在中室发现了墓志，起出，扔在地旁。墓志盖志为"明故昭武将军都指挥金事戚公配淑人张氏王氏合葬墓志铭"。右室、中室全部拆掉，左室尚保存完好，在右室北部发现铜镜一面。在盗掘中因砸伤了人，送医院治疗才上报被县里发觉。

调查人：李步青

1972 年 11 月 12 日

李步青先生供职于烟台市文物管理委员会，是山东半岛第一代文物工作者，北京大学考古培训班出身，他及同事奠定了山东半岛考古、博物馆学的基础。李步青先生的调查是严谨准确的。据李步青先生的调查，戚继光墓早年被盗，戚景通墓中仅余一件铜镜，所存文物不多，但发现了明朝汪道昆撰写的戚继光墓志铭盖两件文物，现存于烟台市博物馆。现在的戚继光墓，为 1987 年蓬莱县政府重新修复。

四、戚继光重要文物

1. 戚继光画像

戚继光画像藏于中国国家博物馆，一级文物，画像为纸本设色，高 154 厘米，宽 81.5 厘米。1959 年由山东省博物馆调入。原为蓬莱戚氏家族旧藏，1952 年由戚继光后裔戚云竹捐献山东古代文物管理委员会。

这幅戚继光画像为戚继光 52 岁所绘，是其率兵增援辽东，击退土蛮入犯，因功晋封太子少保，获赐大红蟒袍后所绘，画像为明人之笔。戚继光全身坐像满贯全幅，着红色官服，戴乌纱，着四爪行蟒蟒袍，腰系玉带板，正襟危坐，仪态端庄，面额略施淡赭，胡须飘然，表情威严正直。眼视正前，目光炯炯，若有所思，静穆、沉着、坚毅的神情栩栩如生。《戚继光画像》具有很高的艺术性。画法属工笔重彩，着意写真，表现出戚继光刚正不阿的光辉形象和顽强气质。

戚继光画像传世留有两幅，还有一幅为戚继光 47 岁所画，藏于山东省博物馆。

戚继光 47 岁画像   戚继光 52 岁画像

他驻守蓟镇 7 年，修建长城 2000 里，在蓟州建立起步、骑、车联合作战体系，边关无警，京师太平，升为左都督，赐大红蟒袍，得到了万历皇帝"赐服"的待遇。

2. 戚继光刀

戚继光刀藏于中国国家博物馆，一级文物，刀长 89 厘米，柄长 16 厘米。刀身近柄处刻有"万历十年，登州戚氏"八字，为万历十年（1582）戚继光任蓟镇总兵官时锻造。戚继光在与倭寇作战中，改革明军战刀，戚继光说："刀要与手相轻，柄要短，形要弯。"①刀身呈弧线，细窄，刀刃弧度加大，刀起开两道血槽，形成了刀身弧形的戚家军刀。

国家博物馆收藏的戚继光刀是王懿荣后人捐献的。1895 年中日甲午战争爆发，时任国子监祭酒，登州福山（今烟台福山区）籍的王懿荣回山东兴办团练路经莱阳，与同窗好友、莱阳知县徐桂宝相见，徐桂宝将珍藏多年的戚继光宝刀赠送给王懿荣，希望他能带领家乡军民，与侵略者决一死战。王懿荣获赠戚继光刀，大

---

① （明）戚继光：十四卷本《纪效新书（十四卷本）·卷四》，中华书局 2001 年版，第 81 页。

喜过望,写下了《戚武毅公宝刀歌》:"昔年曾刻《南塘集》,今朝喜得戚家刀。刀轻如纸光如水,两行款识秋芒豪。上镌万历十年字,是时公居蓟镇地。登州戚氏岳家军,铸刀初成姓为记。忆昔浙闽与三边,公所到处皆凌烟。虏酒朔风不成醉,精神炯炯三百年。……"诗歌说明,王懿荣获赠的戚继光刀,是戚继光于万历十年镇守蓟镇边塞时所铸造,传到王懿荣手中,已经是 300 年之后了。王懿荣"喜得戚家刀",想得更多的是如何将历经 300 年的戚继光爱国主义精神传承下去。1900年,八国联军攻陷北京,身为京师团练大臣的王懿荣殉节而死。戚继光刀由王懿荣后人捐献给国家博物馆。

3. 戚继光书法《送小山李先生归蓬莱》

戚继光书法代表作《送小山李先生归蓬莱》书轴,藏于山西省博物院,国家一级文物,高 130.6 厘米,宽 90 厘米,质地为绢质。

《送小山李先生归蓬莱》为戚继光 43 岁任蓟镇总兵,在三屯营总兵署见到蓬莱诗社老友李小山时欣然所书七律诗:"蚤年结社蓬莱下,塞上重逢各二毛。天与龙蛇开笔阵,地分貔虎愧戎韬。郊原酒尽雨声细,岛屿人归海气高。丛桂芳时应入越,扁舟随处任君豪。隆庆庚午夏六月孟诸子戚继光书于蓟东之莲麓斋。"该诗收入戚继光诗文集《止止堂集》。戚继光工诗文,善书法,行草笔法娟秀,豪劲端重。戚继光青少年时期师从蓬莱名儒梁玠,研习篆书、楷书,中年后善为行书。《送小山李先生归蓬莱》是戚继光盛年行书代表作,是其书法成熟期作品。书法挥洒自如,奔放骏爽,用笔精到,气运声动,颇具黄山谷①气象,透出戚继光的沉静刚毅与豪迈气概,已臻书法佳境。

4. 戚继光撰文《明登仕佐郎枣强王傅昭节先生中谷梁公墓志铭》石刻

戚继光撰文《明登仕佐郎枣强王傅昭节先生中谷梁公墓志铭》石刻为汉白玉石质,长 52 厘米,宽 50 厘米,现收藏于登州博物馆。

2004 年 6 月 21 日,退休教师张进波在蓬莱城南阳光花园施工工地上,发现了刚被挖掘机挖出的戚继光撰文《明登仕佐郎枣强王傅昭节先生中谷梁公墓志铭》石刻,当时墓志铭盖丢失,仅存墓志铭。蓬莱阁管理处袁晓春、李建萍、杨清波等人闻讯赶赴工地,将这一珍贵文物抢运回蓬莱阁管理处。

---

① 黄山谷,即黄庭坚,北宋时期著名书法家、文学家。

据戚继光著《止止堂集》①和戚祚国等编《戚少保年谱》②记载，戚继光13岁就学于蓬莱名儒梁玠先生。梁玠先生为蓬莱诸谷人，秀才出身，屡举乡试不中，后出任沧州训导，历任教谕、教授致仕，享年72岁。戚继光17岁袭职任登州卫指挥佥事，因家贫无资购车出入，已有官职身份，再去梁玠先生处学习，就不能徒步前行，戚继光要继续学习遇到了困难。梁玠先生告诉戚继光："你家世代为官，现在你有幸做官，不愿废弃学业，而向老师求学，你可以进一步学习成就功名，我愿意帮助你实现求学志向。"于是，梁玠先生每天到戚继光家授学，使戚继光的学业日益长进。有一天，戚继光准备了丰盛的饭菜，招待梁玠先生。梁玠先生不喜反怒道："你父亲一生清白，未留下什么金钱，你怎么能操办这些饭菜？我来教你难道是为了享受这些饭菜？"梁玠先生斥责后就离开了。从此，戚继光再不敢置办餐饮答谢老师。戚继光与老师梁玠先生感情一直很深，戚继光中年时曾深情回忆道："先生不以光为不肖，过督之。光今一字一句，皆先生授也。"③在戚继光晚年编辑的诗文集《止止堂集》中，收录了其撰写的《中谷梁先生墓志铭》《祭业师广文梁中谷先生》《沧州儒学训导梁玠遇寇纪事》三篇记述怀念梁玠老师的文章，可见梁玠先生对戚继光一生影响之大。

戚继光撰文《明登仕佐郎枣强王傅昭节先生中谷梁公墓志铭》石刻，埋藏于明朝万历丙子年间（1576），距今有430多年历史。经将《明登仕佐郎枣强王傅昭节先生中谷梁公墓志铭》铭文与戚继光著《止止堂集》中《中谷梁先生墓志铭》④原文对照，两文同属一文，墓志铭铭文中戚继光原文一字未变，仅增加阎漳书和栾乐篆盖以及梁玠先生长子梁任重上石等文字。戚继光当年深切怀念老师梁玠的文章石刻重现于世，是近年来戚继光史料的一次重要发现。戚继光著《止止堂集》原文与梁玠先生墓志铭石刻互为印证，因此极具历史研究价值。

---

① （明）戚继光：《沧州儒学训导梁玠遇寇纪事》，摘自《止止堂集》，中华书局2001年版，第126—128页。

② （明）戚祚国等：《戚少保年谱耆编》，中华书局2003年版，第9页。

③ （明）戚继光：《祭业师广文梁中谷先生》，摘自《止止堂集》，中华书局2001年版，第217—219页。

④ （明）戚继光：《中谷梁先生墓志铭》，摘自《止止堂集》，中华书局2001年版，第153—158页。

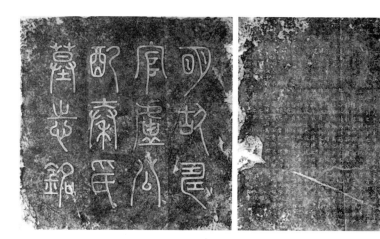

戚继光篆书《明故寿官卢公配秦氏墓志铭》石刻

5. 戚继光篆书《明故寿官卢公配秦氏墓志铭》石刻

戚继光篆书《明故寿官卢公配秦氏墓志铭》石刻为墓志铭盖、墓志铭两件文物，石质为汉白玉，长98厘米，宽98厘米，保存完整，十分难得，现藏于登州博物馆。

2004年10月27日，在蓬莱城西紫荆山庄建筑工地，发现了戚继光篆书《明故寿官卢公配秦氏墓志铭》石刻。蓬莱阁管理处李建萍、董韶军、范惠泉等人与蓬莱阁公安派出所民警一起，将《明故寿官卢公配秦氏墓志铭》石刻运至蓬莱阁文物库房。

戚继光篆书《明故寿官卢公配秦氏墓志铭》石刻，为明朝嘉靖癸丑年（1553）六月后戚继光新任署都指挥佥事于蓬莱所书，时年26岁。墓志铭篆盖文为"明故寿官卢公配秦氏墓志铭"，篆书分四行，每行三字，共12个字，篆法严谨，线条流畅①，是目前存世的戚继光唯一篆书作品。蓬莱籍已故书法家葛家修先生认为，戚继光精于篆书，评价其早年的行书作品《幽州道上句》中，"海""风""申""道"等字全部使用篆书，"笔势遒劲，忠勇之气流露于字里行间"。虽然葛家修先生未能亲眼所见戚继光的篆书石刻，但其评价准确恰当，已被新发现的篆书石刻所证明。

---

① 张永强：《蓬莱金石录》，黄河出版社2007年版，第219—220页。

戚继光早年擅篆书，中年后书法多以行书和楷书见长，其行书作品分别流存于福建省福清市瑞岩山"独醒石""休休台"行书手迹、河北省遵化县文化馆《登舍身台歌》行书碑刻、山西省太原市山西省博物馆的《送小山李先生归蓬莱》行书手迹绢本，楷书作品有北京市密云县白龙潭寺《游龙潭寺》楷书碑刻等。戚继光这些书法作品，笔力遒劲，气势磅礴，显示出豪放潇洒的书法风格，均为难得的书法珍品。

五、余叙

记载戚继光家族珍贵史料的蓬莱《戚氏族谱》，惜未能传世，有待今后的调查发现。据戚继光第13代孙、年过八旬的戚兆华先生介绍，"文革"前他家中存有两部《戚氏族谱》，一部被蓬莱县文化馆杨馆长借走，此后不知所踪。另外，仅存的一部《戚氏族谱》，在"文革"中被武霖村造反派烧毁，造成保存600多年的《戚氏族谱》失传。有一种传说，《戚氏族谱》曾被中国历史博物馆征集收藏。1999年，在筹备戚继光故里期间，曾专门找到中国历史博物馆保管部，但没有查到《戚氏族谱》的下落。2019年，筹建戚继光纪念馆期间，再次找到国家博物馆（原中国历史博物馆）保管部的专家，从该馆的电子档案，到文物库房底账、实物，进行了反复盘查。经查询，可以确定国家博物馆没有保存《戚氏族谱》，看来蓬莱戚氏家族珍藏的《戚氏族谱》，尚有待人们的发现研究。

戚家拳与戚家拳的传承

李万胜 辛茂顺 李俊锋 *

戚继光是中国历史上杰出的军事家、伟大的民族英雄，又是一位武艺高超、功勋卓著的将帅武术家，他抗倭戍边，一生戎马40余载，为国家和民族立下了不朽功勋。戚继光在其军事著作《纪效新书》《练兵实纪》中承前启后，把中华传统武术精华和练兵实战经验相结合，系统研创整理，对中华武学的传承发展做出了重大贡献，著名的"戚家拳"就是他留传后世的非物质文化瑰宝之一。清代乾隆年间编纂的《四库全书》收录我国兵书20部，其中有戚继光两部，即十八卷本《纪效新书》《练兵实纪》，区别于其他兵书，戚继光这两本兵书强调了戚氏军事思想的核心——养兵重在"练"上，平日练就钢筋铁骨，战时方能雄狮怒吼。而戚家拳恰恰是练兵的日常功课。挖掘戚家拳，走进战将戚继光的世界。

一、戚家拳诞生的背景

戚继光出身将门之家，世袭登州卫指挥。古登州（今山东蓬莱等地）既有美妙绝伦的山海风光，又有深邃厚重的历史文化积淀，历来是兵家必争的军事要地。历史上秦皇汉武曾到此巡游，齐王田横在此屯兵。《水浒传》里一百〇八将中，孙立、孙新、解珍、解宝等八位武艺高强的好汉故事也发生于登州府。在这片热土上，历代文臣武将层出不穷，精武文化底蕴十分深厚。戚继光自幼便生活在这孕

---

* 李万胜，戚家拳十五代传承人。辛茂顺，戚家拳第十六代传承人。李俊锋，戚家拳第十七代传承人。

育着爱国、忠义、尚武的沃土之上，受到良好的家庭教育和尚武氛围的熏陶，他不但继承了将门武艺，而且精研兵书和当时流传的著名拳法器械，苦练当时盛行的武举考试的马箭、步箭、弓、刀、石等武艺和擒拿格斗等搏杀技艺，博采众长，集多门武艺于一身。嘉靖二十八年（1549），戚继光参加了山东武举考试，在众多精英中脱颖而出，高中武举。文武俱佳的戚继光立即引起独具慧眼的将官们高度关注，先后有多名官员上疏当朝，举荐戚继光，称赞他"屡式武魁，尤精骑射""才猷出众，骑射兼人"及"勇略独冠群英，志节更超流俗"。这充分证明，当时戚继光的文韬武略已超凡脱俗，武学技艺已达臻境，这也为戚继光之后南征北战、所向无敌，以武会友、以武练兵及创编"戚家拳"打下坚实基础。

二、戚家拳创编及抗倭战争中的作用

有关戚家拳的最早记述出自戚继光所著的《纪效新书》卷十四《拳经捷要篇》。《纪效新书》是戚继光南征北战、率军与倭寇等入侵之敌实战经验的总结，有着很高的军事价值和历史价值。尤其当年与倭寇的战斗，是一场中国未曾遭遇过的抗击外敌入侵的战斗。倭寇是中国之前从未遇到过的凶残敌人，戚继光在与倭寇多次交锋实战中发现，对付这群凶残的敌人，中国传统武术还是大有用武之地，他一反过去历代兵书兵法不专论传统武术的状况，在《纪效新书》中专门著编了《拳经捷要篇》《长兵短用说篇》《短兵长用说》《射法篇》《藤牌总说篇》等，对中华传统武术在实战中的运用，进行了精练、深入、系统的论述。他在《拳经捷要篇》中讲到"拳法似无预于大战之技，然活动手足，惯勤肢体，此为初学入艺之门也"。"大抵拳、棍、刀、枪、叉、钯、戟、弓矢、钩镰、藤牌之类，莫不先由拳法活动身手。其拳也，为武艺之源。"戚继光总结提炼实战中的经验及民间传统十六家拳法等精华，博采众长，创编了训练戚家军的武术拳械实战技法，并"择其善者三十二势"，绘之以图，注之以诀，图文并茂，形象逼真地加以记载，为后世留存了生动珍贵的武术史料，后世称之为"戚家拳"。

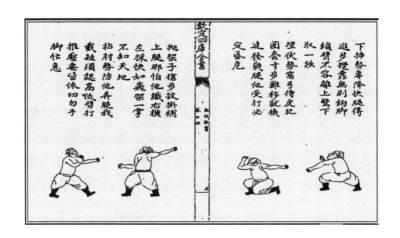

上图是戚继光在《纪效新书·拳经捷要篇》绘制的拳法三十二势中的"下插势、埋伏势、抛架子、拈肘势"图及文字说明。

上图是戚继光在《纪效新书·拳经捷要篇》绘制的拳法三十二势中的"一霎步、擒拿势、中四平、伏虎势"图及文字说明。

戚继光把戚家拳作为招募新军进行训练的必修武艺基础内容，从实战出发，反复苦练，使军士深得武艺的快、狠、稳、准、巧之奥妙诀窍。根据实战需要，把当时使用的冷兵武器装备进行科学配伍，并针对敌我双方的强、弱、长、短优劣特点，在军事技艺上精益求精，改进创新武艺技能，创编了著名的鸳鸯阵法。

鸳鸯阵是由 12 名军士组成的战斗单位，除一名队长居队伍前列和最后一名伙夫外；最前面两名军士持两种不同功用的藤牌，主要担负护卫防御及反击；其后两名军士手持一丈三尺长的狼筅压制扫击强敌；狼筅手后面是四名长枪手，担任主要的刺杀毙敌职能；再后面两名军士手持镋钯等武器，担任警戒、支援任务，形成以长制短、以短救长、长短配合、攻守兼备、交叉攻击、互相掩护、首尾相顾、灵活变化的整体完美配合，使冷兵器武技击敌的威力倍增，在抗倭战争中让倭寇魂飞魄散、闻风丧胆。戚家军军威大振，特别是嘉靖四十年（1561）的台州大捷，戚家军更是创造了冷兵器时代难以逾越的敌我战损比 275∶1 的军事奇迹。

三、戚家拳特点及后世的传承发展

戚家拳对后世武术的发展影响极其深远。《拳经捷要篇》中的"拳为武艺之源""以静制动""以逸待劳""顺人之势，借人之力""以长制短""以巧制拙""阴阳转换""有虚实、有奇正""刚在他力前""柔在他力后""不动如山、动如雷震"等武学精论，已成为武术界的至理名言。流传至今的名拳中，在探究溯源时有多个拳种都能找到与戚家拳的渊源。如武术界关于太极拳的溯源考证中，很多武术专家学者认为，最古老的陈式太极拳名称中，单是戚继光"拳经三十二势"中，就被吸取了二十九势。中国近代武术史学家唐豪所著《太极拳源流考》一文中曾写道："考陈家沟长拳十三势，炮锤歌谱，其中拳名与戚继光三十二势相同者，计有懒扎衣、单鞭、金鸡独立、探马势（高探马）、七星势、倒骑龙、连珠炮、悬脚二换（二起脚）、雁翅式（白鹤亮翅）、拗单鞭（斜飞拗步）、旗鼓式（肘底锤）、擒拿手（小擒拿）、虎抱头（抱头推山）、顺鸾肘（玉女穿梭）、鬼蹴脚（跌叉）、金鸡独立、指裆锤、当头炮……这些也构成了现在陈式太极拳的基本构架。""拳经三十二势"以"懒扎衣"为起势，陈式太极拳也都以"懒扎衣"为起势。陈式太极拳的《拳经总歌》七言二十二句，是太极拳的原始理论。把《拳经总歌》和戚继光的"拳经三十二势"图诀加以对照，就很明显可看出是吸取了戚继光"拳经三十二势"中的很多精华。

戚家拳古朴无华，实战性强，刚柔相济，节奏明晰，结构严谨，内容丰富，每动拳式都有着巧妙的实战攻防技法。拳式中汲取了多家名拳精华和实战经验，更显精妙，其技击内容丰富，踢、打、摔、拿俱全。踢法主要有蹬、弹、踹、踩、铲、挂、撩、摆、勾、点、错、缠等；打法主要有冲、勾、崩、摆、劈、砸、挑、盖、钻、横、挂、撩等拳法及劈、截、削、砍、推、按、摔、扇、撩、插、掀、穿等掌法，还有许多挤、靠、抖、撞等进攻身法及肘法；摔法主要有跸、掤、抱、别、挑、扫、切、捯等；拿法则主要重在擒敌要害，巧制关节，针对肩、肘、腕、胯、膝、颈等重点部位，巧妙运用分、合、屈、伸、顺、旋、切、转等技法，以奇巧制胜。戚家拳既有最古老军体拳的克敌制胜妙招，又有强健体能、壮胆坚魄的实用效果。通过习练戚家拳，既可使习练者身强力壮，武艺高强，正气高昂，又可促使习练者更全面地感悟民族英雄的浩然正气，进一步弘扬爱国主义情操。

戚家拳自明代流传至今，在浙江、河北、北京、山东等地形成了不同风格的拳法继续传承。如今山东传承的戚家拳，为戚继光十四世孙戚宝祥根据家传及《拳经捷要篇》记载的拳法整理而成。戚宝祥老师曾任北京市武术协会会员，北京市通州区戚家拳武馆馆长，20世纪80年代初曾将他传承的戚家拳资料捐献给北京市武术遗产挖掘整理小组。北京市《武魂》杂志还对戚宝祥老师传承的戚家拳进行了多期连载。为了弘扬戚继光文化，在戚继光十二世孙戚兆华先生的引荐下，蓬莱文化局领导和原市太极拳协会李万胜会长于2006年前往北京通州区拜访戚宝祥馆长。他为表达对先祖戚继光及先祖故乡蓬莱的敬意，把收藏的戚家拳史料捐赠给蓬莱政府，委托蓬莱申报非物质文化遗产项目，还把戚家拳精心传授给蓬莱的李万胜、高建毅，并向他们颁发了戚家拳十五代传承人证书。2006年，蓬莱将戚家拳成功申报为烟台市级非物质文化遗产项目。后经烟台市向山东省申报，批准成为山东省级非物质文化遗产项目。戚家拳当仁不让，是非物质文化遗产，但也和有的非遗项目一样，传承人系列出现了"模糊性"，戚家拳自明代中叶流传至今数百年，时断时续，流派丛生，真假传人，莫衷一是。

在戚继光的故乡蓬莱，地方党和政府一贯重视该拳的挖掘、整理和传承，特别是涌现出一批以弘扬戚家拳为己任的积极分子，得到了党委政府的支持，做了大量卓有成效的工作。在申报过程中，烟台市名录委员会曾发生过争议，戚继光十四世孙戚保祥的证词发挥了具有法律意义的作用。时任烟台市非遗专家组组长、著有长篇纪实文学《戚继光》的著名地域文化学者安家正教授，根据《戚少保年谱》，证明戚保祥不仅在民间体育上具有正宗的传人地位，而且在戚氏血统上也具有正统的传人资格，这个发言具有一锤定音的影响，所有与会专家取得了共识。

依据我国《非物质文化遗产法》，戚宝祥老师的十四代传人既然是完全合法的，那他指定的十五代传人也是毫无疑义的。戚家拳合法的十五代传承人，经烟台市政府审查通过，并向传承人颁发了市级非遗传承人证书。

目前，戚家拳的传承普及已在烟台市蓬莱区深入展开。蓬莱区选拔有一定武术基础人员举办了多期戚家拳培训班，并在易三学校和登州武术馆挂牌建立两处戚家拳传承基地，对戚继光文化和戚家拳的拳理拳法等进行系统的研究弘扬。多处学校已将习练戚家拳纳入中小学及学院体育课程，戚家拳已进入军营、学校和社区。戚家拳传人及弟子开展走进军旅活动，为烟台海军航空工程学院士官进行武术培训。蓬莱登州武术馆携手烟台科技学院共同打造戚继光武术文化推广中心，弘扬戚继光精神，传承戚继光文化，把戚继光武学文化发扬光大，其已成为烟台科技学院的一道亮丽的风景线。在蓬莱戚家拳由原来濒临失传的状况发展到全区，习练总人数达数千人，尤其是易三学校和登州武术馆传承成果显著。登州武术馆精心教练组织，带出了一批高素质的习练队伍，多次参加省市武术比赛和表演，获得较好成绩和好评。国家有关部门和中央电视台、山东省和烟台市电视台及有关报纸杂志等多次到蓬莱专题采访报道戚家拳的习练及传承情况。2015年12月初，国家图书馆受国家文化部委托，组织人员专程到蓬莱采访烟台市级戚家拳传承人李万胜，对山东省非物质文化遗产项目戚家拳进行细致的拍摄、录像及文字资料等收集整理，该资料现已收存于国家图书馆国家资料室。戚家拳已成为宣传烟台蓬莱的一张名片，成为弘扬戚继光文化的重要组成部分。目前，戚家拳也逐步在烟台市芝罘区、莱山区等地形成不同规模的传承，深得习练者喜爱，呈蓬勃发展之势。

戚继光家族优良家风的基本内涵

尹君丽 *

戚继光是生活在明朝中期的武将，这一时期重文轻武的体制制约着政令军令执行，武官仰文官鼻息，难有作为，且地方卫所制崩坏、军伍逃亡，世袭军人战斗力严重退化。在如此严峻的大环境下，戚继光军事生涯40余载，始终站在抗击外敌的军事斗争前沿，先后消弭了当时中国来自南、北两个方向的外族侵扰和威胁，为国为民立下卓越功勋，写下了十八卷本《纪效新书》、《练兵实纪》和十四卷本《纪效新书》等著名兵书，丰富了中国兵学宝库，为后人留下了宝贵的精神财富。戚继光能取得如此辉煌的军事业绩和理论成就，离不开他的家国情怀和坚持不懈的个人品格修养，离不开戚氏家族优良家风的熏陶。

本文所引戚氏家族起点为戚继光的六世祖戚详。

戚氏家族是一个有着深厚儒学修养的武将世家，儒学伦理观念植根于家族的血脉之中，因此戚氏家族的家风核心是儒家传统伦理道德和礼法规范。主要内容可以概括为忠、孝、廉、节四个方面，其中"忠""孝"是戚氏家族家风的主要基调，赋予了戚氏家族旺盛的生命力，是其作为将门世家的重要文化表征之一。

嘉靖十八年（1539），戚继光的父亲戚景通在修缮房屋时，借着戚继光建议把四扇窗户扩建为12扇窗户以维护将门脸面的事情，对12岁的戚继光进行教育：第一，"尔能树身获世，守此以奉宗祀，使吾无得罪于先世，尔犹聚族于斯，

---

* 尹君丽，中共烟台市蓬莱区委党校乡村振兴学院专班主任。

不然此且不保，四户足矣"[1]，第二，"读书在识'忠、孝、廉、节'四字，否则焉用？"[2]指出将门的门面不在所谓的与官职匹配的府邸窗户的多少，而在于"树身获世"，也就是要有安身立命的本领，接着提出本领的用处在践行"忠孝廉节"，随后把"忠孝廉节"四个字"揭诸新壁"。后来，戚景通摹写了南宋民族英雄文天祥的"忠""孝"手迹，并撰写了《忠孝跋》，原文如下："臣子大节，惟忠与孝，外此非名教中人。宋文山先生大书以遗后世，良有以也。愚喜其笔法之妙，用意之善，因勒诸石，以为将来臣子者劝。故僭跋以记岁月云。"[3]之后，在院中立起阴刻《忠孝跋》铭文的"孝"字碑及"忠"字碑二碑（现存蓬莱戚府表功祠院内）；嘉靖四十四年（1565），明朝廷为旌表戚氏家族建了两座石质牌坊，分别是褒扬戚景通、戚继光父子报国功绩的"父子总督"坊和表彰戚景通与母亲阎氏节孝而立的"母子节孝"坊。忠孝碑是戚景通总结戚家家风进行家庭教育的有力说明，两座牌坊则是明朝廷及时人对戚氏家族将门家风的高度肯定。

一、忠：尽忠报国

一般来说，家风是世族精神文化传统。一种精神或行为方式在某一宗族内延续三代以上，便可视其为某一家族之文化传统，构成其家风。戚世家族为将门世家，"忠君""报国"是戚家代代相传的风骨。

元末明初，戚继光的六世祖戚详跟随朱元璋南征北战，凭借军功，升至百户，战死云南；之后，他的儿子戚斌被封为明威将军，世袭登州卫指挥佥事，戚斌善于管理，据《登州府志》记载，明洪武年间戚斌与当时的登州卫指挥使谢观增筑备倭城；戚斌生子戚珪，能文会诗、仗义勇为，"特著《家训》一编"[4]；戚谏，也就是戚继光的曾祖父，武艺高强，"弱冠独搏一虎"[5]。戚氏家族，自戚详为国捐躯始，到之后历代子孙，都能做到修身立命、忠君报国，将门世家修文修武的文化底蕴

---

① （明）戚祚国等：《戚少保年谱耆编》，中华书局 2003 年版，第 6 页。

② （明）戚祚国等：《戚少保年谱耆编》，中华书局 2003 年版，第 6 页。

③ 张德信、王熹：《戚继光研究资料粹编》，黄海数字出版社 2016 年版，第 1229 页。

④ （明）戚祚国等：《戚少保年谱耆编》，中华书局 2003 年版，第 1 页。

⑤ （明）戚祚国等：《戚少保年谱耆编》，中华书局 2003 年版，第 1 页。

一脉相传。这一点，在戚继光的父亲戚景通时表现得最为突出。

戚景通六岁丧父，受到的教育是来自戚氏家族累代积累的门风和母亲阁氏的言传身教。在正式袭职之后，戚景通带着任命书，跪拜母亲，阁氏泣曰："毋蔑尔父蒸尝……尔维夙夜无忝，勉之。"①勉励戚景通勤奋工作，不辜负戚氏家族的门风。

戚景通56岁老来得子，对戚继光寄予厚望，通过严管慈教，塑造儿子的精神品格。

戚景通将《忠说》碑铭刻于"忠"字碑后，深化戚氏家人对"忠"的理解：

> 忠道大矣！古圣贤言忠，历历可考……若对子之孝言，则忠为臣事君当然也。尽忠者，尽己之谓事君；而不尽此也，奸贪欺诈之贼尔，非臣也……忠则可赏，不忠则可诛，如黑白可指。余临宋文山先生大书"忠"字，发其可以勉之谓臣者，于是著《忠说》。②

对于"忠"，戚景通赞成尽忠就要尽自己最大的能力事君，否则就是不忠，同时表明他摹写文天祥的"忠"字，目的就是要勉励戚氏后人做忠君之臣。在具体的行为表现上，明汪道昆《太函集》中记录了关于戚景通的忠君之事。权宦刘瑾广结豪杰，以图谋逆，派人在夜里给戚景通送去一顶席帽，叛乱爆发时戴着这顶帽子就证明他是刘瑾的部下。戚景通假装答应，天亮后就把帽子藏起来，然后召集所辖官兵备战，以应援朝廷。刘瑾时为司礼监掌印太监，为"八虎"之首，掌握大权，戚景通能够不为所动，在关键时刻选择忠君护国。河北爆发叛乱，累及山东，戚景通受命守邹城，他立刻辞别母亲，带700余人前往。刚出平度，就与叛军正面遭遇，敌众我寡，戚景通认为"成师以出，义不避难"③，列阵以待，退却敌军。入邹以后，戚景通率众誓师、严格守备，并率轻骑过孟子庄，击杀敌人，获数十捷，保护了邹城的安全。从这一点上看，戚景通有忠君护国的初心，也有忠君护国的本领，做到了他教育后人的"尽己之谓事君"，可以说真正做到了身体力行。

① 张德信、王熹:《戚继光研究资料粹编》，黄海数字出版社2016年版，第47页。
② 张德信、王熹:《戚继光研究资料粹编》，黄海数字出版社2016年版，第1229—1230页。
③ 张德信、王熹:《戚继光研究资料粹编》，黄海数字出版社2016年版，第47页。

家风的形成和传承主要赖于家教。家族代表人物用以教育子弟、训诫后人的家训、遗言等，最终都衍化为家族的规范，对门风的形成和传承也有着十分重要的影响。此外，各家族修撰的家谱、家传、家录等，其主要目的就是为了向子孙后代传递家族文化精神。家风对家族或家庭最重要的影响，体现在"对世族子弟的精神品格的塑造"[①]。戚继光是在有着深厚儒学修养的武将世家中长大成人的，戚氏家族的成就在戚继光这一代达到辉煌的顶点，"将军春秋三十六，秉钺专征，不五等，即三孤，勋名极矣"[②]。戚继光深受父亲的影响，他一生取得的丰功伟绩离不开父亲的教导和他对父亲的承诺。

戚继光 16 岁时，乡邻议论："孝廉，孝廉，能留给后代什么呢？"戚景通针对这个问题，私下教导戚继光说："顾吾遗尔不赀，贮之帝所，富盛矣！"[③] 戚继光当即向父亲叩首，回应说："大人所遗，高高在上，吾何患盗矣。"[④] 戚继光 17 岁时，北上办理袭职手续，戚景通在蓬莱郊外为他送行，叮嘱道："吾遗若者，毋轻用之。"[⑤] 戚继光回答："儿当求增，何敢轻用。"[⑥] 在《戚少保年谱耆编》的记录中，戚景通两次与戚继光的交流都提到了"我留给你的东西"，但没有具体说留下的是什么，戚继光在《〈大学〉经解》的这一段话，应该能够对这个悬案做出解答：

> 世禄之家，尽忠报国，分内事。一时有间则二三，则非忠矣。凡我同侪，荷国恩于兹二百余年，受娠之初，此身即为国家之身。[⑦]

从父子二人的对话中可以推断出，戚景通留给儿子的正是武将世家以身许国的忠义。戚继光认真践行父亲教导的"忠"，并将之升华为忠于国家和民族的意识，

---

① 王永平：《论中古时期世族家风、家学之特质——以江东世族为中心的历史考察》，摘自《六朝江东世族之家风家学研究》，江苏古籍出版社 2003 年版，第 349 页。

② （明）戚祚国等：《戚少保年谱耆编》，中华书局 2003 年版，第 8 页。

③ （明）戚祚国等：《戚少保年谱耆编》，中华书局 2003 年版，第 7 页。

④ （明）戚祚国等：《戚少保年谱耆编》，中华书局 2003 年版，第 7 页。

⑤ （明）戚祚国等：《戚少保年谱耆编》，中华书局 2003 年版，第 8 页。

⑥ （明）戚祚国等：《戚少保年谱耆编》，中华书局 2003 年版，第 8 页。

⑦ （明）戚继光著，王熹校释：《止止堂集》，中华书局 2003 年版，第 245 页。

体现在爱惜百姓、保护百姓的行为上。

戚继光留下了200多首诗歌，其中不乏"遥知百国微茫外，未敢忘危负岁华"的爱国情怀，也不乏"废屋梁空无社燕，清宵月冷有悲魂"的爱民之心，尤其嘉靖二十五年（1546）所作《韬钤深处》中的"封侯非我意，但愿海波平"更是表达了他不求战功，但以维护天下安宁为己任的远大志向，奠定了他一生保国安民的人生基调。在《〈大学〉经解》中解读《尚书·康诰》中的"如保赤子之句"时，戚继光说：

> 赤子，谓未能言之子也，饥不能言食，渴不能言饮，寒不能言衣，惟有呱呱而已，惟在保母默通其情而预为之所耳。若夫龆龀以上，饥寒饮食，悉能言求，保之何难？正如下民之情，饥寒疾苦、患难冤抑，不得上达。在为民父母者，如保赤子，默通其意而已。况吾民疾苦能讼于楮笔，饥寒能通于言语，非龆龀者比，尚不能保之，将谁责哉！[1]

戚继光强调为官者要像父母爱护婴儿一样爱护百姓。民间疾苦不能上达，正如婴儿口不能言，因此为官者一定要与百姓心意相通，要知民情、懂民意，以百姓之心为心之所系。这种爱民护民之心，让戚继光始终把百姓利益放在首位。在战场上，把"禁止扰民"写入军规，戚家军"号令金石，秋毫无犯"，把"救一条性命，赏金五钱"写入奖惩条例，在抗倭战斗中解救出数以万计被倭寇掳走的百姓，为戚家军赢得了百姓的拥戴，得到了百姓的支持，戚家军也因此有了在抗倭战场百战百胜的底气，为百姓解难、为明朝廷解忧，最终保卫了东南海防的安宁。在蓟州御虏时间，戚继光采取与对待外来入侵的倭寇不同的策略，施行"不战而屈人之兵"，让汉、蒙民族的百姓都免遭战火涂炭。

戚继光有五子，分别是祚国、安国、昌国、报国、兴国，在姓名上体现出戚家"忠"的传承。虽然随着时代的流转，戚氏家族不复往日战功，在史册上"声名不显"，但是尽忠报国的家风却代代相传。

---

[1]（明）戚继光著，王熹校释：《止止堂集》，中华书局2003年版，第246页。

二、孝：孝老爱亲

孝悌，指对父母孝顺、对兄弟友爱，也包括和朋友之间的友爱。对一个家庭或家族来说，"孝悌"既是世人最为看重的基本的家族道德准则和维护家庭凝聚力最为重要的家庭伦理规范，同时也是评议一个家族或品评一个人物的重要标准。[①]据《登州府志》记载，戚继光的祖母阎氏24岁丧夫守寡，通过纺织养家，侍奉婆婆，教养儿子。嘉靖四十四年（1565），朝廷敕建"母子节孝"碑，对阎氏母子的节孝予以表彰。

在《孝说》碑铭中，戚景通再次强调孝道以"勉世之为子者"：

> 立身之为道，本道之为孝。……能尽道以事天，亦孝也，岂特子事亲而已哉?! 若对臣之忠言，则孝为子事亲当然也。古之人，有大孝，有达孝，有至孝，有纯孝，有忠孝，有小孝，有生事死事之孝，有越理家敬以矫情、伤生致养以干誉之孝；有背逆不孝，又有少慕父母而孝裹于妻子，存则不顾其餐，没则求牛眠鹤飞之地以为孝。而激富贵者，孝则可法，不孝则可罪，如霄坏不侔。[②]

在刊刻于"孝"字碑的《孝说》中，戚景通重点指出了孝与不孝的具体表现，并表明了对孝的态度，"孝则可法，不孝则可罪"，同时还强调了孝的另一层重要意义："能尽道以事天"，移孝作忠是为大孝。戚景通非常重视孝悌传家，不仅孝的观念根深蒂固，而且亲身实践、身体力行。在戚继光的儿子们主持编纂的《戚继光年谱》中，关于孝悌之风的记载比比皆是。

嘉靖十七年（1538）为侍奉老母亲，戚景通主动辞去官职，从京城回到蓬莱亲自照顾母亲。戚景通老年得子，每次就餐时，都会带着孩子们，千方百计博得母亲开心，母亲稍有不如意的地方，就"蒲伏受罪"[③]。父亲孝敬、祖母慈爱，是戚

---

① 俞祖华、王海鹏：《清代栖霞牟氏家族文化研究》，中华书局2003年版，第113页。
② 张德信、王熹：《戚继光研究资料粹编》，黄海数字出版社2016年版，第1230页。
③ 张德信、王熹：《戚继光研究资料粹编》，黄海数字出版社2016年版，第49页。

继光生活的日常场景。

遗憾的是，戚继光 10 岁丧母，14 岁祖母去世，17 岁丧父，对家中长辈几乎没有尽孝的机会。戚继光 20 岁那年，在登州负责屯务，有一日在书房午休，梦见父亲厉声教导："吾有十四戒，尔小子其识之，真心实行，以体吾言，始为克孝子……"①戚继光从梦中惊醒，满身大汗，立刻起身再三叩拜，挥泪记下父亲在梦中的教诲，日行日践，以尽孝道。

在他的诗文《止止堂集》中有这样一段话："余宦游性僻，最不爱入民居，但业林梵宇，虽窄狭之极，每乐憩焉。至阅壁间题咏与檀越舍挂、幡幢、梁栋题名、祈佑文疏，以见一方之俗。每以十幅计之，则九幅乃父母为子孙祈佑，而子孙为父母祈佑者，百无一二焉。吁！天下之大，何其慈父母多而孝子孙少也！可以观世矣。"②从中可以体味到戚继光对于子女之孝的感慨。

无缘孝敬父母，戚继光在孝上的表现是妻贤夫安、兄友弟恭，以及遵从父亲的教导"移孝作忠"。父亲去世后，年仅 17 岁的戚继光和妻子王氏担负起养育弟弟戚继美的责任。嘉靖二十七年（1548）王氏"脱簪珥为叔纳室李氏"③，典当嫁妆，为戚继美娶妻李氏，但因为李氏年幼，常常找王氏别扭，戚继光得知此事，写了这样一首诗以自警："四瓜犹畏摘，两瓜更何如？一摘瓜分蔓，再摘蔓且除。家家有南亩，毋使妇人除。"④表达了希望与弟弟、弟媳一家和睦相处的愿望。

戚继光对弟弟戚继美亦兄亦父，在生活上帮助他，在品格修养上引导他，兄弟二人一生情深。据年谱记载，戚继光工作之余，常与弟戚继美"稽古竟日"。嘉靖三十四年（1555），兄弟二人关于清节孝义进行讨论，戚继美提出问题："今人说起古人清节孝义，莫不侈为美谈而思仰止，及其自待待物，却又在私欲上用念，何也？"戚继光回答："天理难复而易蔽，人欲难制而易纵。复理如仰面攻城，纵欲如下坡推毂。"⑤勉励弟弟追求天理，克制私欲。在哥哥的教导下，戚继美亦修文修

---

① （明）戚祚国等：《戚少保年谱耆编》，中华书局 2003 年版，第 9 页。
② （明）戚继光著，王熹校释：《止止堂集》，中华书局 2003 年版，第 253 页。
③ （明）戚祚国等：《戚少保年谱耆编》，中华书局 2003 年版，第 11 页。
④ （明）戚祚国等：《戚少保年谱耆编》，中华书局 2003 年版，第 11 页。
⑤ （明）戚祚国等：《戚少保年谱耆编》，中华书局 2003 年版，第 16 页。

武，后官至贵州总兵官。

父子兄弟之谊，被戚继光带入练兵工作中，在军中，他把"聊情义"作为练胆气的主要方法，培养士卒之间情同兄弟、官兵之间情同父子，甘苦同享、患难与共的"大家庭"氛围，主张为将者当"如保赤子"那样对待士兵，要"爱士如婴儿"，与士兵同甘共苦、真心实意地爱护他们，士兵必会深受感动而"可以之赴深溪"①，最后"爱行恩结，力行气奋，万人一心，何敌不克"②。爱士兵，则必须对士兵进行教育，首先就是要进行儒家礼仪、名分的教育，然后才是行军打仗的训练。戚继光认为："士卒爱矣，于我同死生而不辞矣。苟不加教习之，亦是以卒予敌耳。语云：'爱而不教，禽犊之爱也。'故凡礼义、名分、行伍、进退、营阵、武艺，不教不能知。"③戚继光所练之兵万人一心、势不可当，与这种家国同构的管理模式有着很大的联系。

孝为百德之首，孝敬父母的人，在工作中犯上的少，兄弟和睦的人，和同事关系也处得好，孝的影响由小家至大家，"孝始于事亲，终于报国"。戚继光对父亲的孝道，最终体现在忠诚报国的大孝上。戚继光戎马一生，在东南沿海抗倭 10余年，荡平了百年之久的倭患，保卫了国家领土主权，保卫了沿海人民生命安全；在北方抗击蒙古部族内犯 10余年，保卫了北部疆域安全，促进了汉蒙民族的和平发展，真正做到了"封侯非我意，但愿海波平"。

三、廉：廉洁齐家

"国无廉不安，家无廉不宁"，对于"廉"，戚继光有自己的见解。他说：

> 凡人有所好，便是病痛。但著病痛，便被人牢笼。故曰："廉士可辱，勇士可激。"所好在名，则名其牢笼乎！所好在利，则利其牢笼乎！不但名利，犯有所偏皆然。惟有礼义不着病痛，惟有凡事淡泊些，无欲便不受牢笼。④

---

① （明）戚继光著，邱心田校释：《练兵实纪》，中华书局 2003 年版，第 187 页。
② （明）戚继光著，邱心田校释：《练兵实纪》，中华书局 2003 年版，第 189 页。
③ （明）戚继光著，邱心田校释：《练兵实纪》，中华书局 2003 年版，第 189 页。
④ （明）戚继光著，王熹校释：《止止堂集》，中华书局 2001 年版，第 256 页。

好名声的人，名声就是他的牢笼，好利禄的人，利禄就是他的牢笼，只有廉洁的将领，才能无所畏惧、勇当大任。基于这种认识，戚继光对于钱财的态度是这样的：

> 三餐充腹，一裘蔽寒，独妻侍老，恒产免乏，皆足以享尽其欲，又何必求多为乎？
>
> 人生血肉之躯，不过借此以寄吾神耳……裘锦可暖，绮锦何为乎？粮食可饱，膏粱何为乎？①

对于如何做到"廉"，戚继光这样论述：

> 仕者之廉，固分之常。但定乎其中而不移者，亦难矣。上则父母期必其成家，中则妻孥欲丰其服食，下则子孙厚望其蓄遗。父母、妻孥、子孙皆己之可欲而不能割者。非能割爱窒欲，斩钢截铁，岂能执众怒而由我乎哉！②

他认为，要做到廉洁，就必须克制住为家人谋取私利的心。在这一点上，戚继光履职之初就如此践行，最为著名的是"一鱼三吃"。据《戚少保年谱》记载，戚继光与王氏结婚后，生活十分清贫，请客吃饭也是由王氏变卖嫁妆来置办。王氏买了一条鱼，早上给戚继光吃鱼头，中午吃鱼尾，晚上吃剩余的部分，夫妻二人如此安于清贫的生活。嘉靖二十五年（1546）戚继光负责屯务时，"服官精白，以当众心"。③

对"廉"有这么深刻的认识和日复一日扎实的践行，离不开父亲的影响和引导。戚景通在任大宁都司"一把手"时，推荐名叫安荣的人做副职。安荣上任后，送上100两白银酬谢，戚景通拒不接受，并说："我推荐你，是因为你有才有德。如今你送钱给我，说明你德行有亏，我看错了人。"戚景通不仅自己廉洁用权、廉

---

① （明）戚继光著，王熹校释：《止止堂集》，中华书局2001年版，第250—251页。
② （明）戚继光著，王熹校释：《止止堂集》，中华书局2001年版，第253—254页。
③ （明）戚祚国等：《戚少保年谱耆编》，中华书局2003年版，第9页。

洁从政，还教育儿子从小掐断可能引发贪腐的私欲。戚继光13岁时穿了双漂亮鞋子，被父亲看到后斥为奢侈，并给他分析说："今天穿绣花的鞋子，明天就要穿绸缎的衣服；穿绸缎做的衣服，必要配上等的宴席，没有丰厚的家产又要过奢侈的生活，那么做了将官就会克扣军饷、贪赃枉法！"戚景通防微杜渐，用严厉的家教让儿子远离奢侈生活。

戚景通十分重视戚继光的教育问题，除了亲自言传身教，还专门聘请了登州府有名的儒生梁玠教导戚继光，家庭教师的教育亦是家庭教育的重要组成部分。梁玠是蓬莱县义堂社人，"先生生质颖异，结发明义经，至长博洽，古今载籍，多所览睹"①。对戚继光的影响很大，在目前存留典籍中，可查阅的戚继光亲自为恩师梁玠撰写的文字分别是《沧州儒学训导梁玠遇寇纪事》《中谷梁先生墓志铭》。据戚继光本人的记载，13岁师从梁玠读书，"光今一字一句，皆先生授也"②；戚景通去世后，戚继光因为已有官身，必须有车马才能外出就读，但戚家家贫，支持不起，梁玠得知情况后，就亲自上门教学。戚继光过意不去，就留老师梁玠吃饭，梁玠怒言："汝先君清白无遗资，安得办此？岂吾为汝受飨耶？"③之后不论寒来暑往、天气如何，梁玠都上门教学。这段话不仅可以侧证戚景通的清廉，也可以看出作为家庭教师的梁玠对戚继光的引导。在谈到老师对自己的影响时，戚继光说："从而衔命南北，幸不颠踬者，固窃庭训，先生镕植，不敢忘也。"④

戚继光父子所处的明朝中后期，正是皇族大建皇庄、官绅侵吞地产、军官侵吞屯田的时候，戚继光在登州和初到浙江时，负责的正是屯田，但是他廉洁奉公、绝不贪墨，后来屡立战功，获得恩赏，他把自己的赏银分给了将士。戚继光不贪不藏，回到蓬莱后，甚至连买药的钱都拿不出，以致在贫病交加中离世。正是父亲的严格教育和老师梁玠的引导，让戚继光能够谨记廉洁为官的家训，在60岁去世时，"以故四提将印，佩玉三十余年，野无成田，囊无宿镪，惟集书数千卷而

①（明）戚继光著，王熹校释：《止止堂集》，中华书局2001年版，第126页。
②（明）戚继光著，王熹校释：《止止堂集》，中华书局2001年版，第127页。
③（明）戚继光著，王熹校释：《止止堂集》，中华书局2001年版，第127页。
④（明）戚继光著，王熹校释：《止止堂集》，中华书局2001年版，第157页。

已"①，没有田地、没有存款，只有 1000 多本书。这与戚景通 72 岁去世时，家徒四壁，只有一把川扇、一张旧床的情况十分相似。戚继光去世后，他的儿子们因父功袭职，也如父、祖一样廉洁从政、不蓄私财，在给父亲戚继光修年谱时，因为家贫难济，难以成书，幸得有沈宁海捐资资助，才得以有今天的《戚少保年谱耆编》印制、传世。

四、节：砥节守公

"蓬莱畔，奇尔松，苍林黛鬓似虬龙……久随冷淡缘，静任盈虚理。"② 万历十五年（1587），60 岁的戚继光写下人生最后一首诗《东海奇松歌》。他说，我这一生就像那棵松树一样，无论身处什么样的环境，都会按照内在的纹理行为处事。他所说的纹理，就是不屈不挠的气节。

节是指气节操守，它指一个人在任何条件和处境下，都能笃守某种被誉为高尚纯正的道德品质的行为表现。戚继光的父亲戚景通在任时，有一位戚姓上级要与他联宗，戚景通断然拒绝；在担任漕运把总时，因为不肯贿赂当值而面临降级的惩戒，他的下属送来 300 两银子让他去通融，戚景通又断然拒绝，并说道："我就是因为不肯屈就于陋规才有此结果，又怎么会因为出现这个结果而折腰呢？"戚景通的坚持，不受任何诱惑甚至威胁的影响，这种气节，无声中影响着戚继光。

在为新河府署题名"忠一堂"时，戚继光谈到尽忠报国是分内事，但壮年以后，会受到货财、色欲、口体、势利的诱惑，有的人就会"爱乐恶苦、贪生畏死，有所顾惜，则良知遂泯。忠矣且不能，况能一耶"③？要做到砥节守公，就要"大行不加焉，穷居不损焉"，"正其谊不谋其利，明其道不计其功"。"故虑敌国外患为民害，须高城雉深沟垒；虑私欲潜滋为心害，须广义路、辟理门。由是，敌虽多，可使无关，治吾之气有以夺之也；诱虽重，可使无夺，治吾之心有以闲之也。"④

隆庆元年（1567），戚继光一到都城北京就提报了一份详尽的练兵建议，但是

---

① 张德信、王熹：《戚继光研究资料粹编》，黄海数字出版社 2016 年版，第 11 页。
②（明）戚继光著，王熹校释：《止止堂集》，中华书局 2001 年版，第 104 页。
③（明）戚继光著，王熹校释：《止止堂集》，中华书局 2001 年版，第 245 页。
④（明）戚祚国等：《戚少保年谱耆编》，中华书局 2003 年版，第 16 页。

兵部不置可否，闻者议论纷纷，面对汹涌而来的反对声，戚继光说："如果这个建议被采纳了，我就鞠躬尽瘁地执行，如果不被采纳，我也会尽职尽责。"之后，方案没被采纳，戚继光并没有因此气馁，而是改变策略，主持修建了首创的"空心敌台"、万里长城最险要的"箭扣长城"和唯一的海中长城"老龙头"，组织了16万人的大阅兵，彻底扭转了鞑靼骑兵动辄破墙而入、威胁京师的被动局面，用另外一种方法实现了保境安民的初心。在北方御房时，戚继光遭受种种掣肘和谗言，处境如"伏轼长嘶"的战马一般艰难，但他不苟全于虚名，冒着被言官弹劾、曲解的风险，始终如一地以"海波平"为第一要务，适时变通，形成既契合于初心，又合于时世、利于实践的方案。

回想戚继光的成长之路，从12岁那年，父亲问他"立志安在"开始，戚继光就一直遵从父命通过读书探索"忠孝廉节"的大义，15岁时，因为博览群书、精通经学闻名登州，19岁，在读一本兵书时，许下了"封侯非我意，但愿海波平"的人生志向，找到了践行父亲教诲的路径，终其一生，"一片丹心风浪里，心怀击楫敢忘忧"。身居一品官位后，戚继光写下这样一首诗："少年好纸笔，长事行间役。落落惭父书，为国空驰驱。"感念父亲的教导帮助他找到尽忠报国的人生目标，感谢父亲养成的好家风让他能够笃行不怠。可以说，戚氏优良家风一直熏陶、孕育和影响着戚继光的人生态度、价值取向和行事风格，是他走上战神之路、建功立业的力量之源，戚继光也用自己的一生践行、升华了戚氏家族"忠孝廉节"的传世家风。

与戚家军美食有关的传说

李有峰 *

在灿若繁星的中华名将里，无论是百人榜、十人榜之选，戚继光都是具有绝佳竞争力的上榜人选，他一手缔造的戚家军和编写的一系列影响深远的兵书是中华古典兵学最后的一个高峰。

戚继光一生功业的顶点在塞北，不战而屈人之兵。然而最为后人称道的功业，却还是在浙闽两地的抗倭历程。浙闽两地流传着许多他的事迹，也保留了很多习俗。本文试从传世美食的角度，探究戚继光、戚家军抗倭御房历程中给百姓带来的深远影响。概括来说，有四类：第一，如光饼、食饼筒之类的食物，当年作为行军军粮，发挥了巨大作用；第二，如糟羹、芋艿之类的食物，寄托了当地百姓的缅怀悼念之情；第三，如"三吃鱼"等食物，承载了戚家良好家风；第四，则是酱烤猪头、锅（鼎）边糊等食物，包含了老百姓犒赏戚家军将士的军民鱼水情。

一、行军军粮传世千古

1. 光饼

近代文学家郁达夫1937年游福州于山，怀古伤时的他步岳飞旧韵写下一首《满江红》，其中"至于今，遗饼纪征东，民怀切"[1]中提及的"遗饼"，指的便是光饼，这也是传世跟戚继光相关的最有名的美食。据《福州府志》记载，嘉靖

---

* 李有峰，山东省烟台市蓬莱区融媒体中心干部。

① 杨金亭主编：《中国抗战诗词精选》，燕山出版社2007年版，第73页。

四十二年，戚继光奉命率兵援闽，由于南方正值雨季，军队口粮受捂发霉，食用米饭浪费时间并且不止饿不易携带，戚继光便提出，按山东蓬莱老家制作杠子头火烧的方法烤制面食干粮，布置各营以炭火炙烤、用面粉做成的两种圆饼：一种小而干燥，一种大而松软，并略带甜味。前者叫光饼，后者人们给它取名为征东饼。两种圆饼中间均打一小孔，叫士兵用麻绳串起来挂在脖子上，作为临时干粮，这就是光饼的原型。

由于光饼便于行军时携带，可以随时充饥，大大增强了队伍的机动性，戚家军在东南沿海抗倭中，经常流动作战，光饼就是戚家军的主食之一。后来士兵发现烤饼虽可以充饥，但常吃易燥火、便秘，不易消化，且口味差，后来在制作过程中又加盐以增口味，加碱以助消化，加芝麻以润肠胃、去燥火，改良后的烤饼成为戚家军作战时的必备口粮。特别是在福建福清与倭寇的一场战斗中，民国陈遵统等撰《福建编年史》曾如此记载："……牛田对阵，倭兵方面，刀枪甲胄，精锐鲜明，真是从来所未见；而且勇悍善战，又出异常"[1]，史称"牛田大捷"。持续的追击作战中，光饼给将士们提供了有效的物质保证，作为军粮天下闻名，此后各地百姓争相为军队做光饼当军粮。后人感念戚继光，就把这种小饼叫作"光饼"，流传整个闽北。

后来福建各地为了适合当地口味，对光饼的制作和形态进行改动，出现了很多变化，有福清的芝麻光饼、建瓯的葱肉光饼、永泰的葱饼等，但都叫光饼。光饼既由纪念戚继光得名，兼有光复失地内涵，语带双关，由其本身的历史起源奠定了其文化内涵及爱国主义情愫。提起光饼，人们便会想到戚继光带领戚家军平息倭患的英勇事迹，为此产生的自豪感与责任感不知令多少中国人杰热血沸腾，视死如归。

2. 三合面

三合面是一款地地道道的闽南传统小吃，广泛流行于泉州一带，主要由面粉、白糖、白芝麻、本地红葱头和上等食用油精制而成。三合面的由来也跟戚家军有着千丝万缕的关系。

明嘉靖十年，戚继光在金华、义乌组织戚家军。其部队随身带两种干粮，其

---

[1] 陈遵统等编纂：《福建编年史（中）》，福建人民出版社 2009 年版，第 541 页。

中一种叫作"布袋炒面",走到哪里吃到哪里。嘉靖四十五年春,倭寇再次入侵泉州,知府万庆和戚继光联合击败倭寇,泉州老百姓为追击倭寇的戚家军也准备了布袋炒面,他们把炒熟的葱头、芝麻、白糖掺入面粉中,以便战士们随身携带。家家户户各显其能、奉献爱心,做出的美味可口之"布袋炒面",就是三合面的前身。

现在的三合面秉承传统工艺,味道清香纯正,吃后不易上火。烧上一壶开水,一边加水一边用勺子搅动直到绵稠,刚泡好的三合面香甜可口,有浓浓的葱香与芝麻香,吃过之后,那香味仍久久留于唇齿之间,令人回味无穷。如今做三合面的人家少了,想吃的话可以在特色小吃店或者超市里买到。三合面健脾补胃,是老少皆宜的特色美食。

3. 继光面

戚继光江南抗倭时发明了"光饼",在北方戍边时还创制了"继光面"。那时,戚继光的对手是入关抢劫的蒙古骑兵,他们说来就来、说去就去。由于明军粮草供应不上,不敢远距离追击,丧失了许多歼敌良机。为解决这个难题,戚继光在营中苦思冥想,偶然闻到外面飘来的炒菜香味,眼睛一亮:把面粉炒一炒,用布袋装了带在身上,追击敌人的时候饿了,吃上几口,再喝点山泉水,不就解决粮草供应问题了吗?伙头军照戚继光说的,炒了些麦面尝尝,味道还行;再兑上些盐末,就做好了。没几天,全体将士都配备了这种炒面。有了它,才能在那次长途追击战斗中活捉外族骑兵首领董狐狸。因为这种炒面是戚继光发明的,所以就叫"继光面"。

如今看来,继光面也好,三合面也罢,包括光饼在内,都是戚家军为方便行军作战而创造的即食食品,几百年来一直流传下来。

二、案前美食凭吊古今

1. 糟羹

"正月十四是元宵,份份(土话,家家的意思)糟羹蛤蜊调。"这句老话在浙江台州,不论老少都耳熟能详,说的是当地人过元宵节不仅要提前一天,还要吃一种糊状的东西,叫作"糟羹",而这个习俗,却是为了怀念戚继光和戚家军。

明嘉靖四十年,戚继光带着500余名戚家军驻守桃渚城。没多久,2000多名倭寇突然杀至,把桃渚城团团围住,而且表现出一种誓死破城而入,抢钱、抢粮的饥渴。戚继光严令军士加强城守，不可轻举妄动。他一边巡视城墙，一边思考破敌之策。适逢正月十四，天气寒冷又临近过节，但库里的余粮只剩一餐，解粮官张里道帐前禀报，说大批军粮要第二天中午才能运到，而库里的粮食只够当晚吃，第二天早上的饭食没有着落，于是向戚继光建议，向城里的百姓借点粮食。考虑到百姓生活不易，戚继光毅然拒绝，命人将剩下的粮食磨成粉，兑水熬成糊状，添加瓜果野菜制成羹。这个一顿饭做两顿吃的方法，不仅让将士吃了个饱，还让他们回味无穷。消息传出，桃渚城百姓非常感动。此后，当地人不仅把元宵节改到了正月十四，还专门制作这种羹，因其杂七杂八、糊糟糟的，所以取名叫"糟羹"，也有叫"元宵羹"的。

时至今日，随着物质生活水平的提高，人们往往选用很多好吃的食材切成小小的丁，如青色的芥菜叶、黑色的香菇丁、香喷喷的肉丁、爽口的白色荸荠丁、绵软的芋头丁……再加上米粉做成糊状，一碗跟藕粉颜色近似的糟羹就摆在了餐桌上，老少皆宜。名字虽叫糟羹，可事实上一点都不糟，非常好吃。吃过正月十四的"咸羹"还不算完，正月十五还要吃"甜羹"，年才算是过完了，先吃咸羹再吃甜羹，寓意先苦后甜，日子越过越甜美。老人们还时不时讲一讲戚继光和戚家军那些事儿，这一锅杂烩让一家人围坐在一起，画面充满温情。

2. 芋艿

都说戚继光抗倭没吃过败仗，可能不是真的，浙江象山港南部民间中秋吃山芋的习俗，据说就是因为戚家军吃了败仗而留下来的。

据说明嘉靖年间，依山驻扎的戚家军正在营地里欢度中秋。不料时值夜半，倭寇竟发动偷袭，并乘势把戚家军团团围困在山上。数日后，戚家军粮草已绝。戚继光一边传令加紧防守，一边派出部分士兵挖野菜草根充饥。不少士兵在山上发现了许多长着大叶子的植物，块根去皮后煮熟，味道好又耐饥，就拿给戚继光看。戚继光尝后很高兴，便感慨："由于麻痹大意，造成了今日之危，为纪念遇难的士兵，就取名叫'遇难'吧！"后来戚家军官兵奋勇杀敌，成功冲出包围圈。为纪念戚家军抗倭救民的功绩，东南沿海人民每年在中秋节时，都要吃"遇难"，意思是全家团聚时，不要忘记国家和民族的危难。后来，"遇难"两字因谐音，慢慢地演变成"芋艿"。

其实，不仅在宁波象山，我国东南沿海地区多地如温州等地，也都流传着大致相似的悲壮故事，并保留着"中秋吃芋艿"的习俗，以示不忘民族危难和戚继光的抗倭功绩。

3. 食饼筒

食饼筒，顾名思义就是把各种美味佳肴用纸样薄的麦焦皮（也有用米浆烙的米筒）包成筒状，又称麦焦、麦油脂、五虎擒羊等，也有称麦饼筒和锡饼的，是台州一种著名的小吃。据《台州府志》记载，台州人端午节吃食饼筒是为了纪念戚继光。传说当年戚继光在临海白水洋平倭时，一役歼敌万余，创出了"白水洋大捷"，为台州抗倭画上了圆满的句号。在这次连环战役中，当地的老百姓非常感谢戚家军，赶猪送酒去慰劳军队，但都被戚家军退了回来。老百姓心里实在过意不去，有个聪明的妇女想出了办法，将猪肉做馅，做成麦粉饼给戚家军。为了让士兵吃好，村妇们争强斗胜，麦饼越做越大，竟做成斗笠一样大。士兵们吃后个个精神百倍，奋勇杀敌，造就了这场大捷。因为时值端午节，此后每年端午节，台州家家户户都要包食饼筒纪念戚家军。

三、一鱼三吃传承良好家风

但凡了解一点戚继光历史的都知道，他娶了王氏女子为妻。很多野史中，都将王氏描绘成一个武艺精湛、精通兵法的"河东狮"，因为她性格泼辣，做事干练，让戚继光特别畏惧。戚继光的好友汪道昆甚至将其记载在了《孟诸戚公墓志铭》里，"一品鸷而张，先后有子皆不禄，少保阴纳陈姬，举祚国、安国、报国，沈姬举昌国，杨姬举辅国。御人露诸姬多子状，日操白刃，愿得少保而甘心。少保衷甲入寝门，号挑而愬祖祢，乃大诟。一品亦弃刃抱头痛哭，乃携安国子之"[1]。王氏虽然凶悍，却不失为一个贤妻。她在生活中照顾丈夫，在事业上辅佐丈夫，其实是一位不让须眉的巾帼英雄。两个人结婚之初，戚继光买了一条鱼。谁知吃饭时，王氏端上的盘子里只有鱼头，戚继光以为妻子将鱼肚、鱼尾都吃了，心里很不是滋味；等到中午再开饭时，王氏又端上了鱼尾；晚间又端出了鱼肚子。戚继光这才明白，妻子根本不舍得吃鱼，在她暴躁脾气的背后，是对自己的一份深情。自

---

① 陈遵统等编纂：《福建编年史》（中），福建人民出版社 2009 年版，第 551 页。

此，戚继光待王氏也更加宽宏。《戚少保年谱耆编》就完整记载了这件事："嘉靖二十四年（1545）乙巳，家严（指戚继光）十八岁，冬十月，娶嫡母王氏。时家严母子三人，孤苦无依，乃从张大母命，娶家慈，主中馈。家慈既归后，同寅相顾者留饮，无资，家严方计窘无措，俄而，盘飧具。暨客去，入问其由，乃家慈撤簪珥质办者也。尝市一鱼，三斩待饪。朝进首，午进尾，少保虚口而行。问有余，曰：'亡矣。'则以臑在腹而阴自奉，心嗛之。暮以鱼腹羞，家严色沮，曰：'子枵腹以果吾腹，甘苦可无同乎？'家慈曰：'妾佚君劳，君良妾苦，礼也。'家严心德之，方诸孟光，深相敬让。"[1]

后来，"一鱼三吃"的故事被蓬莱当地饭店研发成了一道既好看好吃又内涵丰富的菜品，还被央视搬上了荧屏，其教育意义和深远影响力不言而喻。

四、百姓犒赏军民鱼水情

1. 酱烤猪头

"酱烤猪头"是奉化民间一道名菜，相传是当地百姓为犒赏军纪严明、治军有方的戚家军将士发明的美食。加工程序不多，几乎人人一学就会。原料也便宜，用猪头肉、咸光饼和冰糖等东西按比例拌和在一起，放在锅里烤熟，便可以吃。滋味非同一般，既香又甜，既酥又脆，既可当点心又可作主食，怎么吃也不腻。

明嘉靖年间，戚继光亲率兵将，开到奉化大桥、溪口、江口，安营扎寨，摆开与倭寇决战的态势。倭寇贼首得知，派了大批海盗从镇海、慈溪等地偷袭奉化。戚家军与奉化民众奋起回击，打得倭寇焦头烂额，死伤大半，残留者狼狈逃窜，回到停在海面的船上。在欢庆战斗胜利的时刻，奉化老百姓敲锣打鼓，宰猪杀羊，举灯舞龙，载歌载舞地涌向戚家军兵营。人们挑着慰劳品，向自己的军队慰问。戚继光在战火还未最后熄灭、军情十分紧张的时候，抽空迎接了奉化民众代表。他看到老百姓挑着许多东西，如此爱戴自己的军队，心里十分激动，但感怀倭寇多年流窜抢掠导致百姓苦不堪言，说什么也不收大家带来的犒劳品。在百姓的苦苦劝说下，戚家军只收下了光饼，其他几十担猪肉、大米和食品都退了回去。

---

[1]（明）戚祚国等：《戚少保年谱耆编》，中华书局2003年版，第8—9页。

百姓们见戚家军只收光饼却不要那些肉类，就心生妙计，把肉做成光饼模样再次送去。戚继光见后误以为是单一的军粮，且战士所带干粮也所剩无几，便破例收下，等发现真相为时已晚。戚继光心里清楚民众的一片心意，当即表示：百姓爱兵，犹如爱子，倭寇不除，誓不回朝！而"酱烤猪头"中蕴含的军爱民、民拥军的故事从此传为美谈。现在奉化民间办酒席都把猪头肉去掉，直接变成"酱烤猪头酥饼"，原本的"拥军粮"演变成了一道具有地方特色的名点，成为没有"猪头"的酱烤猪头。

2. 锅（鼎）边糊

锅边糊，也叫鼎边糊，是福州著名风味小吃。相传戚继光打击倭寇时，百姓用"锅边糊"犒军，因此名噪一时，流传至今。清代郑东廓所著《福州风土诗》写道："栀子花开燕初雏，余寒立夏尚堪虑。明目碗糕强足笋，旧蛏买煮锅边糊。"[1]1961年，朱德元帅在福州品尝锅边糊时也表示："这么简单的原料，这么简便的制作，这么简化的吃法，却有这么引人的魅力，真叫人尝后难以忘怀。"[2]

明朝嘉靖年间，福州沿海城乡常遭倭寇骚扰，戚继光带兵入闽剿倭寇，受到当地民众的拥戴与欢迎，老百姓经常送粮送食犒劳戚家军。有一天，倭寇侵犯福州侯官县林浦乡，刚上岸就被戚继光率军击溃，戚家军凯旋途经下渡村，当地乡民备下美酒猪羊，摆下八仙桌，主动送来大米、鱼肉、香菇、虾皮等，准备热热闹闹地招待凯旋的战士们。就在此时，又有一股倭寇袭击，戚继光问清情况，马上集合队伍准备歼灭敌寇。慰劳的酒菜准备不及，戚家军便要开拔。老百姓一听着急了，无论如何也要让战士们吃了饭再去打仗。一位姓郑的乡亲灵机一动，将肉丝、蚬子、金针、木耳、蛏干、干贝等一股脑儿混煮成高汤，大米磨成浆涮于锅边，不消一刻钟，一锅又一锅的锅边糊就煮出来了。众将士吃饱后奋勇上阵，把倭寇全部消灭。"锅边糊"的做法也因此流传了下来，成为当地百姓缅怀、感恩的独特表达形式。

3. 太平蛋

太平蛋原称黄金蛋，是用鸡蛋、鸭蛋或其他禽类蛋烹制而成的一种美食，寓

---

① 福州市作家协会编：《福州文学·3》，海峡文艺出版社2021年版，第155页。
② 赵麟斌编著：《福州民俗文化述略》，同济大学出版社2010年版，第86页。

意平安、健康、如意，是福建福鼎人民餐桌上的美味佳肴。很多人只知道光饼与戚继光有关联，却很少有人知道福鼎的太平蛋与戚继光也有一段历史渊源。

明嘉靖四十一年，倭寇大举进犯我国沿海各地，福建形势危急。戚继光在浙江剿灭海贼后，率领六千健壮兵勇奉调长途跋涉，入闽抗倭。经过福鼎时，当地人民被他们的顽强神勇深深感动。为了感谢抗倭将士一路辛劳，百姓想尽一切办法帮助和支援他们。有人说用粽子，有人说用水煮蛋，但都要去壳，将士们食用起来很麻烦。最后百姓将鸡蛋用清水煮熟，剥开蛋壳，放入六至七成的热油锅当中炸成金黄色捞出、沥干。油炸后的蛋香酥可口，更富弹性，更易保存，营养也更加丰富。将士们吃了黄金蛋，既充饥又营养，戚家军从福鼎一路往沿海线路打到宁德，先后荡平横屿、牛田、林墩三大倭巢；并于嘉靖四十二年二次回抵福建，于平海卫大败倭寇。戚家军随后解仙游之围，灭山贼吴平于南澳，基本平息了东南沿海的倭患，使侵略者再也不敢轻易登陆骚扰。

此后，沿海地带得以太平，人民安居乐业，当地百姓为了纪念戚继光及戚家军的功绩，将黄金蛋改名为"太平蛋"。它至今仍是深受福鼎人民喜爱的美食之一。

4. 梓椤叶饼

梓椤叶饼又叫戚家饺子、戚家饼，是东北地区及河北东北部的一道满族美食。明隆庆元年，边关告急。为了抵御不断犯边的北境强敌，朝廷紧急将戚继光调往北方，担任蓟镇总兵，肩负拱卫京师的重任。随戚继光一起北上的，是他抗击倭寇时在浙江义乌招募训练的义乌兵，史称戚家军。守卫长城的义乌兵思念南方的粽子，但苦于没有合适的食材。恰巧山海关一带的长城边处长着很多梓椤树，树叶清香且肥大，军中一位聪明的厨师就在每年五月长城沿线梓椤叶鲜嫩的时候，采摘梓椤叶做皮，里面用面粉包上菜馅，制成梓椤饼，粗粮细做，改善生活，一解南方将士们的思乡之苦。

经过蒸制的梓椤叶饼外皮透明，里面的馅料都能看到，且清香扑鼻，非常好吃，加上梓椤树叶独特的清香，让人回味无穷。士兵们吃了，无不交口称赞。这东西不但好吃，而且携带十分方便，平时来不及吃饭，揣兜里几个，有空了就可以吃。此物由军中传到当地百姓家。这样一传十、十传百，就把梓椤叶饼的做法传了下来，延续至今。

时至今日，梓椤树叶饼多内裹淀粉做皮，辅以三鲜为馅，饼皮隐约透明，成

了名副其实的民俗食品。人们都说，如果来到长城脚下，不吃上一顿地道的榆关
梓椤叶饼，那简直是人生一大遗憾。梓椤叶饼已经成为名副其实的历史名吃，还
申报了市级非物质文化遗产，成为山海关厚重沧桑的历史见证者。

当然，因为年代久远和古代文献典籍散佚损毁，很多美食会有两三种甚至多种
传说，即便是本文收录其中的部分美食，恐怕也有为后人牵强附会之作。但是不管
怎样，这些为后人津津乐道的美食故事，往往让人想到400多年前戚继光带领戚家
军平倭、御虏的英勇事迹，寄托着国人对民族英雄戚继光的无限景仰与爱戴。

戚继光故里历史文化街区的保护与发展

史立丽 *

　　戚继光故里历史文化街区是戚继光从小生活的场所，这里有许许多多关于戚继光的人文事迹，不论是生活上还是军事上的。在这里，你在恍惚间好像穿越到了明朝中晚期那个轰轰烈烈的戎马倥偬的年代。2006 年 5 月，戚继光故里被共青团中央批准为第四批全国青少年教育基地。2009 年 11 月，戚继光故里被评为国家级爱国主义教育基地。2020 年 11 月，国家对全国历史文化街区和国家历史文化名城进行优秀示范案例评选，蓬莱戚继光故里历史文化街区被列入历史文化街区活化利用优秀示范案例之列。2022 年烟台市蓬莱区坚持开发与保护并重的原则，提出建设古城复兴区，保护好西关、万寿、戚继光等省级历史文化街区。一系列的荣誉和政策正在推进戚继光故里历史文化街区创新性发展和创造性转化。戚继光故里的资源唯一性和垄断性，让历史动脉与现代城市有效融合，成为蓬莱文旅产品特色的灵魂。

一、戚继光故里历史文化街区的历史演变及保护价值

　　蓬莱戚继光故里历史文化街区位于蓬莱老城区钟楼西路南侧，北有蓬莱水城及蓬莱阁，东有商业中心，西有办公文教中心，南有南关路，总面积约 17.77 公顷。其中，戚继光故里占地 1.9 万平方米，主要由戚府、横槊堂、止止堂、孟诸

---

　　* 史立丽，中共烟台市蓬莱区委党校讲师。

书屋、悠憩堂、戚继光兵器馆、后花园、牌坊街、戚氏牌坊、表功祠等建筑组成，是明代抗倭名将戚景通、戚继光的故居。这里展示了一代战神戚继光青少年时期修文习武、矢志报国和晚年回归故里仍然壮心不已，以及在南方抵御外侮、尽歼倭寇的英雄事迹，体现戚继光一生践行的"封侯非我意，但愿海波平"的坚定信念，彰显了戚继光非凡的军事才能、卓越的历史功勋及崇高的爱国主义精神，因此，总结分析街区历史演变及保护价值，有利于街区的重点保护与传承发展。

（一）戚继光故里历史文化街区的历史演变

戚继光故里历史文化街区是蓬莱古城的核心区域。早在西汉时期，汉武帝第五次东巡寻找海上仙山，在海边筑起一座小城，命名"蓬莱"，聊以自慰。唐人杜佑在《通典》中记载："汉武帝于此望海中蓬莱山，因筑城以名。"[①]汉武帝寻仙望海的地方大概就在戚继光故里鼓楼的位置，唐朝叫"望仙门"，后留有"望仙日迹"的匾额。在唐贞观八年（634），唐王朝设置蓬莱镇，戚继光故里鼓楼北侧偏东的位置就是唐朝东城门所在位置。由于登州古港是唐朝时期的四大港口之一，对内对外的经济贸易往来频繁，戚继光故里历史文化街区民居聚落、商贾云集。明朝，登州升为登州府，东城门东扩，建造了戚继光表功祠、戚继光牌坊等建筑。清末后的戚继光故里历史文化街区逐渐成为居住为主、旅游为辅的历史文化街区，展现蓬莱古城传统民居的生活方式。

街区里有全国重点文物保护单位戚继光牌坊及戚继光祠堂，省级文物保护单位基督教圣会堂、栾调甫故宅，烟台市级文物保护单位孙氏故宅（含赵氏故宅），蓬莱区级文物保护单位沙澄故宅等文物古迹，文物保护单位较为集中，牌坊街、磨盘街具有鲜明的地方特色。特别是戚继光牌坊、戚继光表功祠是重要的历史文化遗产，受到国家的保护。1989年成立了戚继光祠堂管理所，2000年更名为戚继光故里管理处，由政府进行管理保护。1999年3月，蓬莱政府搬迁了戚继光故里住户120户（包括海军部队家属住房），复建了戚继光故里以及广场东、南、西、北等四条仿古街道。戚继光故里历史文化街区是蓬莱人记忆中不可抹去的文化符号。光阴流转，世事变迁，但戚继光在人民心中的英雄形象从来没有改变。

---

① 高英选注：《蓬莱阁诗文选粹》，山东省出版总社烟台分社 1985 年版，第 151 页。

（二）戚继光故里历史文化街区的保护价值

1. 肌理局部完整，整体风貌较好。街区的核心区域，传统风貌建筑数量较多，建筑风貌较好，主要以戚继光故里为主，零星分布较有特色的传统民居，基本保留了历史格局与风貌，延续了文物真实的历史信息。大部分建筑整体保存比较完好，肌理完整，但局部私搭乱建现象较严重。局部延续了胶东民居建制、风格，但建筑上的雕塑、彩绘经历代修缮，有所变化。

2. 古迹遗存较多，结构巧妙精美。以古建为主，另有牌坊等要素，跨越明清、民国、新中国各时期。主要价值：一是外观庄重，构造巧妙。立面一般为"穿靴戴帽"形式，窗台以下墙体用当地毛石砌筑，窗台至檐下的墙体则为土坯或青砖砌筑，外抹白灰。门窗四周用青砖砌门窗套，屋面布瓦，形成材质和颜色上的对比，搭配协调。建筑色彩以青灰、白色为主色调，以黑红色为点缀，厚重大气。二是装饰艺术，细致精美。历史文化街区内建筑及牌坊等的装饰艺术构件，从雕梁画栋到门做柱础，木刻、吻兽及花格门窗，均精雕细琢，形象逼真，具有很高的艺术价值。三是历史文化，丰富厚重。戚继光祠堂及牌坊体现了抗倭的精武精神及明清时期的建筑文化。民居建筑体现出了传统的民俗文化及当地民居的建筑特色。

3. 街巷格局古韵，传统氛围浓厚。街区内街巷主要为磨盘街、小十口南街等，宽度均在3—10米之间，其中磨盘街较具古街韵味，为石块铺地。各个庭院门口，也是居民生活场所的重要组成部分。另外具有较高的文化价值，如关于磨盘街的由来流传着正史、野史等多种传说。磨盘街传说与县令破案有关，其实是唐代朝廷为满足军事补给需要，从全国各地征调大量石磨用于粮食加工，战争结束后就弃用铺路了。当前，磨盘街、画河东路、画河西路、小十口南街等是保留良好传统空间氛围的街巷。

4. 非遗集中体现，多元文化璀璨。街区内非物质文化遗产丰富，其中，国家级非物质文化遗产1处、省级2处、烟台市级5处、蓬莱区级5处。拥有多项民俗风情、传说典故、传统技艺，比如蓬莱剪纸、博绣等多项传统技艺。街区内融合了精武文化、爱国文化、家风文化、民俗文化等，是非物质文化遗产的集中展示地。

综上所述，戚继光故里历史文化街区集中体现明清时期建筑特色，是以居住为主要职能、以山东胶东民居为特色的区域，对研究明清胶东民居建筑及构筑物、戚继光生平、爱国主义精神及民俗方面具有重要的历史文化价值。

二、戚继光故里历史文化街区保护与发展中的困境

（一）开发利用的手段缺乏创新

戚继光故里作为戚继光的出生地、祖宅，是他生活成长的见证，作为一种文化遗产，其历史反映蓬莱的历史变迁和重要的文化底蕴，被称为城市的脚印，是蓬莱宝贵的旅游文化资源，充分展现故居的历史文化价值。戚继光故里向游客开放，由于陈列方式传统、手段缺乏创新等原因，发展前景不容乐观。而且传统建筑年久失修，严重老化，因此在历史街区的保护和开发中，既要符合可持续发展的要求，又能保护地段和街道的格局与空间形式。

（二）空间活力的功能不够完善

街区缺乏公共活力功能，另外商业用地沿街呈线性分布，东侧有城市级商业中心，分散了较多人流，街区内商业影响力较小，街区在积聚人气方面缺乏外围活力空间的支撑。画河等城市重要的公共空间被居住用地所包围，公共开放性差，不能引导城市活力的发展。钟楼西路作为景区的重要地段，布局有办公科技设备及网吧理发等生活性服务店面，不利于外来游客的消费。

（三）旅游特色的定位尚不清晰

戚继光故里作为蓬莱景区的组成部分，各种规划都强调其旅游功能，但现状仅限于景点旅游，配套服务设施不足，未开发延伸旅游产业，缺乏特色。

（四）历史资源的环境展示不佳

传统民居极具特色，但以居住功能为主，不利于展示，形象不突出。另外如上水门、城墙遗址等，与居住混杂一起，缺少积极的活力空间联系，不能得到系统的展示，经济文化潜力不能有效发挥。此外历史资源缺乏保护，现代建筑缺乏必要的控制与引导，致使古城形象遭到破坏。

三、推进戚继光故里历史文化街区保护与发展的思考

戚继光故里历史文化街区是具有一定时间连贯性、空间完整性和传统风貌特征的物质存在，又是市民生活的载体，是历史文化遗产的重要组成部分，在保护、利用和传承中要严格贯彻原真性、完整性和生活延续性等原则，融入登州古城复

兴的历史文化保护与传承。

（一）加强核心区保护，打造公共活动空间和文化凝聚高地

戚继光故里旅游地位十分重要，应充分发挥其旅游职能，激发其活力，构建吸引点及吸引空间。与北侧蓬莱阁、水城等景点加强旅游线路引导，采取一日游、两日游等旅游产品的共同开发，加强宣传等措施，吸引游客，提升知名度。以戚继光故里及老城传统风貌为吸引点，构建展示体系，体现海洋文化与精武文化、民俗文化的结合。加强休闲、娱乐等功能的引入，建立吸引游客留下来的兴趣场所，充分发挥戚继光故里的旅游职能。增设戚继光塑像、戚继光广场，强化与周边区域的联系、衔接，以文化为纽带，东西向链接画河，南北向串联水城，打造开敞、开放的公共活动空间。围绕戚继光忠孝节义的高尚情操、作战时的英勇无畏，以及他发明新式武器、阵法等体现出的创新思维，打造爱国主义和精武精神的文化凝聚高地。让参观者去感受他成年时期带兵抗击倭寇、驰骋疆场的雄风和功绩，去感受他"忠孝廉节"的家风和家教，去体味他保国为民的情怀和初心。真正将研学基地的特点发挥出来，增强参观者的爱国主义情感和国家认同感。

（二）近核心区发展文创产业及旅游服务，升级街区活力延伸文化内涵

系统梳理戚继光相关文化并归类，挖掘戚继光宗谱文化、精武文化、民俗文化，对其物质文化和非物质文化进行整理，以戚继光精神为突破点，寻找戚继光文创产品创新性转化的方式与方法。设立文化研究、论坛、联谊等常设机构，定期组织开展文化研讨、民俗展示、研学体验、艺术表演等系列活动，增加商业业态，提升街区人气，做活做强故里景区，打造登州古城复兴的样板和示范。结合周边艺术品交易、摄影基地等功能，打造以旅游为主导的文化创意产业及休闲功能区。

第一，在传承方式上，利用现有传统院落进行改造，增加传统民居体验，增加符合戚继光故里特色的演艺项目，制作民众喜闻乐见的影视作品，也可将杂技、武术、戏曲等多种艺术形式融入现场表演之中，可表演戚继光的家风文化、尚武精神、文化学养等，着重体现青少年时期戚继光的勤奋刻苦、家国情怀；同时采用声、光、电特技，让游客置身其中，感受英雄豪迈气概，品读精武文化精髓，接受历史文化教育与爱国主义教育。互动体验区，可以增设民俗工艺坊，用于体现戚继光文化的蓬莱剪纸、博绣、玉石雕刻、葫芦雕刻、面塑等，增加游客的互动环节，与核心景点共同构成旅游产业组团，使物质文化与非物质文化得以展现，

延伸街区文化内涵，扩大戚继光故里景区影响力，提升街区魅力。

第二，在环境氛围营造上，在街区处处体现戚继光文化色彩，设计雕塑小品要独特吸睛、风格统一，要设置多处网红打卡处，通过微视频传播等增加 IP 流量；通过 AR、VR 等高科技在街区内展现戚继光家风文化，经营者穿上明朝服饰，布置古代生活场景，让游客进入街区换上明朝服饰，穿越在街区中，通过沉浸式体验感知戚继光的成长成才之路。

第三，在业态和文创产品上，以政府引导为主，培育和发展含有戚继光文化的餐饮、主题酒店、手工文创店等业态，借鉴陕西袁家村互通有无、利益共享的运营方式，避免同质化恶性竞争。利用院落可改造为星级酒店，餐饮引入戚继光宴、戚继光饼等特色饮食。特别是要和大学、文创企业合作，开发戚继光相关文化的文创产品。这种艺术品不仅仅是旅游纪念品，还具有宣传广告、收藏欣赏、投资增值等多种附加性价值。

（三）外层优化服务功能，提高居民生活品质

南侧及东侧为居住功能，可以结合居住区设置超市、居民服务等功能，为周边居民提供便利的同时，减少北侧旅游功能为居民带来的干扰。通过实施一系列基础建设如道路绿化、消防设施和公共厕所的改造提升、街区强弱电系统的升级以及市政管线入地等工作改变街区面貌，改善居民的生活环境质量，激发居民的热情并提高他们的审美素养。

总之，戚继光故里历史文化街区是英雄故里，是传播戚继光文化和精神的重要媒介，我们要将戚继光故里历史文化街区活化利用好。历史文化街区保护与传承应以街区自身历史文化资源为出发点，全面梳理与分析值得保护与发展的物质形态与文化内涵。街区的保护与发展不仅限于功能的调整，应从业态调整、功能分布、非遗文化传承、民居再利用等多个方面进行探索，做到符合街区保护与发展相协调。

戚继光诗歌欣赏

将帅诗人戚继光

曲树程 *

  戚继光身为杰出的军事家、一代名将、民族英雄，又文思敏捷、富有才情，写得一手好诗，具有这种才华的将帅诗人在历史上确实少见。其诗中那坚韧执着的爱国主义情怀，那忠心报国、不畏强敌、勇于担当、不计名利的精神品质，即使拿到今天考量，犹有宣传弘扬的现实教育意义。在写作艺术上，作为格律诗，不仅完全符合严格的格律要求，规范标准，而且对各种艺术手法和修辞手段的运用，也是娴熟自如，增加了诗的艺术魅力。然而令人不解的是，戚继光的诗却未能引起文学史家的关注和重视而被长期搁置。究竟什么原因呢？我记得著名歌词作家乔羽先生在一次访谈节目中说过，优秀的歌曲，光是词好、曲好还不行，还必须有人演唱宣传，这样歌曲才能被人知晓，广泛传唱。我一生写了1000多首歌词，也有优秀作曲家为之谱曲，但是，现在提起来的，就是"一条大河""荡起双桨"几首，其余也就搁置在那里了。

  我想，戚继光的诗稿，的确也存在这个问题。他的诗自从清乾隆时被查禁，100多年后，由王懿荣刊刻面世，至今也不过100余年，这期间经过战乱和各种政治运动，他的诗被旁置，也是自然。但这毕竟不是主要原因。我认为，最主要的原因，是文学史家们没把这类军旅作家、将帅诗人放在眼里。他们或以为，作为将帅，其毕生职业是统军作战、谋敌取胜，哪有闲工夫写诗作文？况且写诗也不

---

  * 曲树程，原烟台教育学院教授。

是简单的事，需要相当的文学修养和古典文学功底，岂是军中武人所能为之？其实依我们说，恰恰因为是军中武人，却写出了优秀感人的诗歌，才叫人刮目相看。

　　说到将帅诗人，我查了陆侃如、冯沅君二位先生合著的《中国诗史》，这是我国文学史上第一部诗歌史，初版于20世纪20年代。书中虽然没有"将帅诗人"这个概念，但是对曹操却作了比较详细的论述。特别肯定曹操的抒情诗，气势宏伟，慷慨悲壮。我认为，曹操其实是有资格荣膺"将帅诗人"这个高雅称号的。将帅诗人的基本条件就是两条，第一是将帅，有军功战绩，对国家民族有所贡献；二是诗人，写有一定数量、具有将帅风格能够鼓舞人心的诗篇。曹操领兵先后平定袁术、袁绍等地方割据势力，统一了中国北方，此其将帅之功；在文学方面，他鞍马间为文横槊赋诗，写出了气势磅礴的抒情言志诗，我们今天把他称为我国历史上最早的一位将帅诗人不是没有理由的。此外，就很少有人能和他相比。刘邦写出了《大风歌》，项羽写出了《垓下歌》，二诗很有将帅豪气，但可惜诗歌只此二首，不能称为诗人。至于秦皇汉武，略输文采，唐宗宋祖，稍逊风骚，自不必提。宋代的陆游、辛弃疾气壮山河的爱国主义作品是不少，惜无将帅之功。再往后数，还有谁能获此称号？我看就是岳飞了。他那壮怀激烈、誓雪国耻的《满江红》词，他那"斩除顽恶还车驾，不问登坛万户侯"的豪言壮语，国人读之无不意气风发，引以自豪。毛泽东同志曾公开称赞岳飞的爱国主义气节，称"他是个值得我们称颂的民族英雄"。[①]因此，将岳飞称为继曹操之后的又一位将帅诗人，相信没有人会提出异议的。那么，除了曹、岳二位，还有谁呢？毫无问题就是明代的戚继光了。

　　戚继光谙熟兵法、运筹帷幄的文韬武略，杀灭倭寇、镇服胡虏的奇功伟勋，丝毫不逊于曹、岳，而从诗歌言之，曹操今存乐府体诗20余首，岳飞今存诗词总数不足20首，而戚继光创作的诗今存240余首。仅从这一点来说，戚继光堪称最多产的将帅诗人。

　　下面再说说戚继光的诗。按照我们今天的观点，实事求是地说，明代的诗人，确实没有唐宋诗人的才华和素养，他们最缺的就是现实生活的实践和丰富的人生阅历，唯以模拟古人为能事，自然写不出什么好诗。但这并不否认有出类拔萃者，戚继光便是其中的一枝独秀。

---

① 毕桂发编著:《毛泽东读诗评诗用诗》，中央文献出版社2010年版，第331页。

但是从新中国成立前后的多部文学史看，似乎没有戚继光的位置。学术界看不到论述戚诗的文章。记得"大跃进"时期，曾有北京大学学生参与编写的一部两卷本文学史出版，首次论述了戚继光及其诗，然而不久，它便被专家重新编写出版的一部四卷本文学史取代，戚诗重被埋没。此后，仅有个别戚诗在中学课本里出现过。

这种现象一直持续到改革开放，专家学者们思想解放，重新研究戚诗，骤然发现诗中除了前述那些优点之外，更有一种无可取代的将帅豪气和不可遏抑的感召力。人们发现，戚继光是中国诗歌优良传统的一位优秀继承者，其诗完全可以称作古代将帅诗歌的典范。专家学者们开始发表文章，专论将帅诗人戚继光和他的爱国主义诗篇，开始下功夫收集戚诗整理成集，全国性的戚继光研讨会也应时召开。

今天人们对戚继光诗歌的关注，还有一个重要原因，就是习近平总书记经常引用戚继光的诗歌，他在自述《我的文学情缘》中写道："记得我在宁德工作时，早上出发，傍晚才能到寿宁。那个地方都是山路，我上山时想起了戚继光的诗句：'一年三百六十日，多是横戈马上行。'"[1]2018年5月28日，习近平总书记在两院院士大会上还引用了戚继光《望阙台》诗中的诗句："繁霜尽是心头血，洒向千峰秋叶丹"，[2]赞美科技工作者敢于进取、勇于奉献、胸怀天下、甘洒热血的爱国主义情怀。总书记对戚继光诗歌的关注和喜爱，必将推动戚继光诗歌的研究和推广。

---

[1] 朱亚非主编：《戚继光志》，海洋出版社2020年版，总序第4页。
[2] 朱亚非主编：《戚继光志》，海洋出版社2020年版，总序第4页。

戚继光诗歌赏读（八首）

曲树程

部兵戍蓟

叱马过幽州，横行北海头。

朔风喧露鼓，飞电激蛇矛。

奋臂千山振，英声百战留。

天威扬万里，不必侈封侯。

蓟，指蓟州镇。明政府为防备蒙古骑兵南下入境，在沿长城一线设置了九个边防重镇，蓟州镇是其一，防区为今河北、辽宁部分地区，因兵力不足，每年从山东、河南等地调兵轮番戍守。据《戚继光年谱》记载，从明嘉靖二十七年（1548）起，戚继光连续五年，每年从春到秋三个季度执行戍蓟任务，这诗是他首次戍蓟途中所作，时年21岁。这是一首珍贵的戚继光遗诗，诗的手迹照片今存蓬莱档案馆，此诗（手迹）的珍贵性有三：其一，第一次展现出诗人年轻时的将帅豪气。那凝霜的战鼓响彻在凛冽的北风中，锃亮的长矛在闪电中激情挥动，在这样的环境中，诗人叱马横行，无所畏惧，俨然一副将帅形象。横行，这里是纵横驰骋的意思。唐代诗人高适的《燕歌行》有句："男儿本自重横行，天子非常赐颜色。"[1]意思是男子汉看重的是驰骋疆场、英勇杀敌，皇帝对这种人也特别看待，赐予奖赏。

---

[1] 王周锁主编：《中华经典晨读百篇》，西北大学出版社2019年版，第94页。

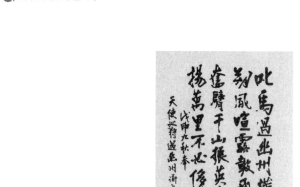

戚继光诗手迹

其二，第一次明白宣示了戚继光一心投国、不计荣禄的爱国主义仕宦观念。"天威扬万里，不必侈封侯"，只求国威远扬，震慑来敌，不去侈谈奢求封爵奖赏，这与民族英雄岳飞"斩除顽恶还车驾，不问登坛万户侯"[1]的庄严誓词一脉相承，这种置国家利益于个人名利之上的思想情怀，对于一个初涉军旅的青年将领来说，是难能可贵的。

其三，此诗手迹的边款附言，为学术界提供了一份有价值的证据。关于戚继光戍蓟的时间问题，学术界有不同看法，《戚少保年谱》记载，自嘉靖二十七年至三十一年，每年皆有"春正月，部兵戍蓟门"[2]的字样，手迹"戊申"二字，可以佐证《戚少保年谱》的记载是可信的。"戊申"是嘉靖二十七年。

蓟门雨霁

阳光隐现塞天昏，一半山容带雨痕。

新水乱侵黄草岸，残烟淡衬绿杨村。

---

① 缪钺：《宋诗鉴赏辞典》，上海辞书出版社 2015 年版，第 960 页。

② 刘聿鑫、凌丽华主编：《戚继光年谱》，山东大学出版社 2020 年版，第 11 页。

胡收野马休南牧，汉有雄师在北门。

筹国莫矜无战伐，闻看游骑猎秋屯。

戚继光的戎马一生中，有两个时间戍守蓟州。一是从 21 岁至 25 岁连续五年的登州卫指挥佥事之职值戍；二是从 40 岁至 56 岁以"总理练兵事务"和总兵官的身份专职镇守。此诗是作于登州戍蓟期间，《横槊稿》和《年谱》皆未收录，仅见于《蓬莱县志》。

蓟门，遗址在今北京市德胜门外，在蓟州防区，其位置贴近京都，故称蓟门。当时诗人率领的戍蓟人马路过此地，正逢雨后初霁，他环视周围景象，有感而发，吟咏此诗。前四句切扣诗题，写雨霁景象。天色昏暗，阳光隐现，地上雨水浸漫枯黄的岸草，附近村落冒着晚炊的残烟，给人的感觉是凄清、冷落、暗淡、荒凉。诗人为什么一开始描写这样一种环境气氛呢？接读诗的下面四句可知。

胡，原指汉代北方的匈奴，即后世通称的"胡虏"，此指当时的蒙古鞑靼部落。南牧，实际意思是南下骚扰。典故出自西汉政论家贾谊的《过秦论》文中写秦的强盛："乃使蒙恬北筑长城而守藩篱，却匈奴七百余里，胡人不敢南下而牧马。"[1] 北门，即指蓟门，蓟州镇。这两句是警告鞑靼部落，不要南下骚扰，明王朝有雄兵镇守在北方边境。诗句雄壮豪迈，富有气魄；其中也隐有对时局形势的忧虑。据《年谱》记载，时年 23 岁的戚继光，"频年戍蓟，习蓟事甚悉，幸旦夕无北寇患耳"[2]。鉴于"蓟为都城唇齿"而防卫不力，他特地向上级呈献了《备俺答策》。俺答是鞑靼诸部中势力最强的一个部落首领。这份御敌之策的具体内容，我们今天虽不能详知，但肯定是针对蓟镇积弊而提出的切实可行措施。可惜"当道奇其才而不能用"。这年秋天，果然发生了"庚戌之变"。诗末二句：筹国，谋划国事，实指上级主政者。矜，矜夸，自负。游骑，指鞑靼骑兵。其于每年秋高马肥时举行大规模的射猎演习，乘机掠夺边境村庄居民，即诗中称"猎秋屯"。当时戍蓟的主要任务就是"防秋"。这两句是提醒当权者，不要为边境的暂时安宁沾沾自喜，要时刻警惕虏寇入侵的迹象，采取长远的防边措施。但是人微言轻，诗人通过亲

---

① 王周锁主编：《中华经典晨读百篇》，西北大学出版社 2019 年版，第 46 页。

② 刘圭鑫、凌丽华主编：《戚继光年谱》，山东大学出版社 2020 年版，第 11 页。

身经历而精心写作的御敌之策不被采用，无疑增加了他对时局形势的忧虑。以这种忧国忧民的心情，面对雨后初霁的景象，感觉自然不可能是清新凉爽，只能是此诗一开始所描写的样子了。

戚继光的诗，以七律著称。值得注意的是，这首七律却不是完全独创，而是脱胎于唐代诗人雍陶的《塞路初晴》。雍诗原为："晚虹斜日塞天昏，一半山川带雨痕。新水乱侵青草路，残烟犹傍绿杨村。胡人羊马休南牧，汉将旌旗在北门。行子喜闻无战伐，闲看游骑猎秋原。"①细加比较二诗之不同，最主要是表现在诗末二句，雍诗"游骑"指的是戍边将士。诗人对边境暂时的安宁无战，感到喜悦。于是以"旅游"的悠闲心情观赏将士们的射猎演习。戚诗"游骑"指的是鞑靼骑兵，"猎秋原"改为"猎秋屯"，一字之改，将鞑靼抢掠村民的行径表现出来；更重要的是将"行子喜闻"改为"筹国莫矜"，从国家政治形势的高度看待"无战伐"的暂时安宁，从而为该诗赋予了深刻的警示意义。戚继光借用雍诗，翻新出奇，进行了脱胎换骨的改造，真正做到了"反其意而用之"。

潞河听笛述闺情

茫茫辽海无鳞羽，戍客寒深妾怨深。

何处少年吹铁笛，愿风吹入阿郎心。

潞河，水名，即今北京市通州之白河。听笛的笛，诗中称铁笛，铁制的笛管，与芦秆做的芦管，皆源于西北羌族竹制的羌笛，羌管。因其短小，便于携带，故为出征远戍的士卒随身常备，用以抒发久戍不归思乡念亲之情。那时而悠扬时而呜咽的声音很有感染力，如唐代诗人李益《夜上受降城闻笛》所写："不知何处吹芦管，一夜征人尽望乡。"②

此诗作于戚继光戍蓟期间。诗题说明，诗人听到笛声，引发他抒写征人妻子们在家守候丈夫归来的心情。诗首句写当地环境。辽海，指辽东海滨之地，鳞羽，代指鱼鸟，比喻人的行迹音信。"无鳞羽"，说明诗人的戍蓟队伍驻地空旷寂寥，罕

---

① 华锋等编著：《唐代名家诗选》，海南出版社1994年版，第866页。
② 李定广：《中国诗词名篇赏析（上）》，东方出版中心2018年版，第232页。

见人迹。"戍客寒深妾怨深"一句是诗的主旨，时令正是寒秋，"戍客寒深"当是诗人的感受。其时他难免想到自己的部下，正在遭受寒冷，而后方的衣物尚未送达，这不能不使他心情不安。而更让诗人同情的是，戍客家中的妻子们，天气一天比一天冷，而她们的"阿郎"久戍边塞，自己不能前往照顾，该是怎样的一种心情？"妾怨深"三字，一个怨字，集中表达出来。那是对丈夫关心担忧的爱怨；也含有对后方工作失职的抱怨；也可能隐含着对丈夫久戍不归忘家弃妻的疑虑幽怨，这从下面写的她希望少年笛声传入阿郎心中以唤起丈夫的思乡之情而透露出来。"何处少年吹铁笛"切题，写诗人的感受。诗人凭经验想到，不知又是哪个初入部队、辞家远戍的少年士兵在想家了。但是军纪不可通融、军心不能涣散，他无法阻止少年想家，只能在心中同情而已。

这首诗题为"述闺情"，其实也是述诗人的感情，表现出他对部下妻子包括那些年轻小兵的关心同情。这首诗，让我们想起唐代的一首闺情诗："夫戍边关妾在吴，西风吹妾妾忧夫。一行书信千行泪，寒到君边衣到无？"据说是唐代诗人王驾之妻陈玉兰作，题为《寄夫》。同样的题材，同样的内容，在戚诗中只用"戍客寒深妾怨深"一句浓缩出来。戚继光还有一首诗《闺意》，也是写闺中女子怀念戍边丈夫的，写一只边塞飞来的鸿雁，故意在女子的闺楼前飞舞，以挑动她的思夫之情。读罢这类诗，我们不禁会想到一个问题，像这种抒写闺情的小诗如何能出自置身军旅、献身疆场的戚继光手笔？这，恰恰正是将帅诗人不同凡俗的专长，表现出他特有的丰富细腻的情怀、充沛旺盛的精力和善于捕捉诗意的诗人灵感；同时更表现出这位年轻将领虽然出身将门，却没有自命不凡，脱离下层人民，他依然关心同情平民百姓和下级僚属的日常生活和喜怒哀乐。

过文登营

冉冉双幡度海涯，晓烟低护野人家。
谁将春色来残堞，独有天风送短笳。
水落尚存秦代石，潮来不见汉时槎。
遥知百国微茫外，未敢忘危负岁华。

嘉靖三十二年，26 岁的戚继光升任都指挥佥事，总督山东沿海备倭事务，总管三营二十四卫所。文登营是其一，从此结束了连续五年的戍蓟任务。其时原本活跃于浙闽沿海的倭寇，日益猖獗，其祸害范围已延及整个东部沿海，山东自不例外。戚继光此时落任新职，既是上级对他此前工作业绩的肯定，更是看中他的军事才能。这首诗是他上任后的第二年，带兵巡视海上诸营卫到达文登营时所作。

诗前面写了营区的晨起景象。为何忽发思古之幽情，写秦代石汉时槎呢？秦代石的典故是说秦始皇东巡至荣成成山角时，想做石桥渡海观日出，有神人相助驱赶石下海，石行不速，神辄鞭之，石皆流血，至今呈红色。汉时槎（木筏）典故传说，汉武帝派张骞寻找河源，张骞乘槎到达天河。诗写秦石汉槎，从表面看，文登营近海写"水落""潮来"，是很自然地就眼前景象而写。但诗人的真谛却是着意于秦汉两代的强盛。而当前的形势是国力衰弱，致使外寇入侵，穷于应付。诗人想到自己肩负的职责，想到自己那"国威扬万里"的豪壮誓词，怀念秦汉两代的强盛是很自然的。诗"尚存"意在说明，当年的秦汉国威尚在，勿悲观泄气；"不见"则惋惜当今的现实状况，远不如前。但诗人毫不气馁，他自励必须面对现实，有所作为。于是写了诗的最后二句。值得我们深刻领会的是诗的尾联。而对穷凶极恶贼心不死的倭寇，诗人自警：一刻也不能放松警惕，务必保持居安思危的思想，为击退来犯之敌、保卫国家安全作出应有的贡献，切莫辜负了宝贵的年华。诗人的自警，其实是他的座右铭式誓词。当今倭寇的后裔，日本军国主义复活，扩军备战，妄图重演 70 年前的侵略恶行，在此形势下，戚继光的爱国誓词，尤其具有现实的警示意义。

韬钤深处

小筑惭高枕，忧时旧有盟。
呼樽来揖客，挥麈坐谈兵。
云护牙签满，星含宝剑横。
封侯非我意，但愿海波平。

嘉靖三十四年（1555），28 岁的戚继光奉调浙江抗倭前线。初任屯田理事，这与戚继光杀敌立功、扬威救国的心愿相违，因此一度表现出怅惘失意的消极情绪。但是戚继光毕竟是一位不负年华、勇于进取的年轻将领，这期间，他没有任由情绪消沉，而是利用屯田事务较为松闲的机会，积极研读兵书，切磋兵法，坚持练功习武，期待临阵杀敌的时机到来。终于在一年后升任参将，从此开始了直接抗击倭寇的战斗生活。

这诗是戚继光司理屯田期间写的。诗题"韬钤"，原指古代的两部兵书《六韬》和《玉钤篇》，后以喻指用兵谋略。"处"，止，藏。标题的意思是胸有谋略而深藏若虚，不露锋芒。诗的主旨是表达对时局的忧虑和自己应有作为的鼓励。从诗的现实意义来说，它可以看作《过文登营》的续篇，二诗可以呼应重读。首联"小筑"，是幽静的小室；"惭高枕"，以高枕无忧而羞惭。诗句的正面意思即应居安思危。"忧时旧有盟"，实际就是《过文登营》尾联"遥知百国微茫外，未敢忘危负岁华"的概括；现时倭患未除，家国不安，决不可掉以轻心，要立志担负起保家卫国的职责，切莫辜负了岁月年华。"旧有盟"，就是指曾经发出的誓言。然而仅存的誓言不行，还必须有实际行动。那么，在现在这种处境下，该怎么做呢？诗的中间两联便是具体的回答。一是要经常接触有经验的人，一同研讨兵法。每当客人来到，即刻揖迎上酒，然后坐下来，挥动麈尾畅谈切磋。麈（zhǔ），一种似鹿的兽，尾毛细长，其尾可制作拂尘（俗称缨甩子、毛掸子），魏晋时期的士大夫们特好挥动拂尘，显示清高优雅。诗中的"挥麈"，未必是真，不过是表示"坐谈兵"时悠然自得、随意无拘的情景，而我们从中可以隐约看到一个年轻儒将的风采。二是自身有作为，即广读兵书，坚持练武。"牙签"，象牙制作的一种书签，此代指书籍。"满"字言其兵书之多，积存满屋。这两句写得十分形象含蓄，意思是夜读时，雾气入室，弥漫着满屋的兵书；那星星的光彩，蕴含在横置的宝剑闪光中。值得注意的是，练功习武的人的宝剑，平时一般是挂着的，而此言"横"，说明宝剑刚刚用过，暂时横置案上，待会还要用。一个字表达出诗人夜间一边读书一边练武的辛勤刻苦。诗的尾联呼应首联"忧时"，再次宣明忠心报国、不图封赏的心志，表示彻底清除倭患，永得国家安宁、海波平静的意志和决心。

此诗今读，要义有二：其一，这是戚诗中唯一一首从儒将"儒"的一面和文武兼资"义"的一面，具体表现诗人年轻时的儒将形象；没有一点虚情假意和浮夸，有的只是谦恭刻苦和自信。戚继光的"儒将"誉称，最早见于《明史·戚继光传》末评语："明季语将帅，具文武资，多推南塘，呜呼，可以为儒将矣！"其"将帅诗人"之称，其实就是"儒将"在诗歌领域的雅称。其二，是诗的现实意义。

当前日本军国主义右派势力蠢蠢欲动，妄图实现其祖先倭寇侵犯邻国，烧杀掠夺、无恶不作的梦想。戚继光的这首诗，今天依然值得我们年青一代深读学习。

望阙台

十载驱驰海色寒，孤臣于此望宸銮。

繁霜尽是心头血，洒向千峰秋叶丹。

　　嘉靖四十二年（1563）戚继光率兵援闽取得彻底胜利后，他和同僚游览了福清县境的瑞岩寺新洞，他站在一高阔的山岩上，环望周围的景色和苍茫辽阔的大海，向着北方京都的方向眺望，感慨万千，信口吟咏出这首诗歌。

　　诗题"望阙"，与诗中的"望宸銮"是一个意思。阙，宫殿；宸銮，皇帝的居室和车驾，此皆代指朝廷和皇帝。诗人于游兴正浓时，为什么特言"望阙"呢？这其中分明含有向朝廷表明心迹、寄予希望的意思。戚继光在与倭寇近十年的战斗中，基本上是独行其是，没有受到多少干扰和掣肘；对于朝中的党争内斗、腐败乱象，他虽然略知一二，但基本上与之无关。他心目中的圣朝明主，依然是明王朝的最高代表、国家的神圣象征。于是，他以自己血战十年、战绩辉煌的底气，暗自向朝廷表示再接再厉的忠心，希望继续得到信任和重用。

　　起句"十载驱驰"是约数，从嘉靖三十四年（1555）来到浙江抗倭前线，到作此诗时，实为九年。"海色寒"三字感情色彩十分浓重，海色平常是蔚蓝，天气不好时呈现暗灰色，它作用于人的视觉，与体肤感觉无关。而现在诗人为什么感觉"寒"呢？这不能不说是诗人历年征战亲身经历凝练出来的独特感受，那一场场惨烈的海上激战，杀得倭寇漂尸满目，血染大海，狼奔鼠窜；而己方的忠勇将士，也难免有人舍命战死，葬身海中。想到这种血战场面，怎能不令人心惊胆寒？"寒"字这种"越职"用法，我们在毛泽东同志的《长征》诗中也曾见过，"大渡桥横铁索寒"，那泸定桥的铁索高悬，难以触摸，而诗人却说它"寒"，这分明是联想到当时英勇无畏的红军战士飞夺泸定桥、强渡大渡河时的壮烈场面而产生的独特感受。

　　战争是残酷的，但保家卫国、抗击外敌的正义战争又是不可避免、义不容辞的。正是在这一思想理念支配下，诗人吟咏出"繁霜尽是心头血，洒向千峰秋叶丹"的经典名句。先是以繁霜比喻满腔热血，然后由秋叶经霜变红，象征热血将秋叶染红，暗喻自己不惜流血牺牲，最终赢得抗倭战争的胜利，保障了东南沿海千万人民的安宁生活。"洒向千峰秋叶丹"一句，非常形象地展现诗人忠心报国、不求名利、不计荣禄的高尚品质，它像繁霜染红秋叶，消失了自己，却换来了万山红遍层林尽染的美丽景色。

这首诗在艺术上，创造性地继承了前人"血染秋叶"的艺术构思，如董解元《西厢记诸宫调》唱词："君不见，满川红叶，尽是离人眼中血。"后来王实甫《西厢记》唱词："晓来谁染霜林醉，总是离人泪。"①（"醉"字化用酒醉人脸变红之意）。唱词表达的仅仅是儿女私情，虽凄切感人，但形象意义狭小有限。戚诗表达的却是坚贞报国、甘洒热血的赤胆忠心，其形象意义之博大、艺术效果之壮丽，远超前人。《望阙台》在戚继光的诗歌中，无疑是精华之作，无论从思想性还是艺术性来说，都堪称中国古典诗歌的经典篇章。

马上作

南北驱驰报主情，江花边草笑平生。

一年三百六十日，多是横戈马上行。

这首诗有个特殊情况要先说明一下。《戚继光年谱》记此诗于嘉靖三十年，戚继光 24 岁时戍蓟途中作。题为《马上行》，首二字为"歧路"。而《横槊稿》收有此诗，首二字为"南北"，是怎么回事呢？《横槊稿》是诗人于南方平倭后期整理编订，推想他决定收录此诗，是看中诗的要义在于表现大半生的征戍生活。而"歧路驱驰"则分明不能概括南北两地，而且二十几岁时就说"笑半生"也不切实际，故作此修改，以便真实恰切地概括出诗人南征北战的军旅生涯。因诗中已有"马上行"三字，故改题为《马上作》，暗含"曹氏父子鞍马间为文，往往横槊赋诗"之意。

起句写南征北战的动机目的。"报主情"的"主情"就是君恩，一般臣僚看重的君恩就是计官加禄和赏赐。但戚继光心目中的国君，是国家的神圣代表和象征，他"报主情"的要义，就是忠心耿耿报效国家，并不在意封爵奖赏。这是他一开

---

① 秦言编：《中国历代诗词名句典》，中国商业出版社 2011 年版，第 276 页。

始置身军旅时就明确宣示的。"国威扬万里，不必侈封侯""封侯非我意，但愿海波平"等诗句，就是他的庄严誓词。这应当是我们对"报主情"的正确理解。"江花边月笑平生"一句，将艰苦卓绝、出生入死的战争生活，以轻松的、形象艺术的手法表现出来。"江花边草"代表着南北两地的景物，"笑平生"意思是为平生南征北战的生活而欣慰。

此诗点睛之笔在一"笑"字，它点示出诗的两层意义：一是对待征战戍边的态度。由于征戍的性质不同，征人的思想认识和具体情况不同，征戍者必然表现出不同的态度。如王翰笔下的"醉卧沙场"的旷达和自知不能生还的悲叹。戚继光则清醒认识到部兵戍蓟对于保障边塞人民生命财产的重要性，所以尽管一年之中，从春初到秋末，几乎天天横戈马上，辛苦劳累，也心甘情愿，感到欣慰。诗的第二层意义是对待吃苦耐劳的态度。凡是一个年轻有为的人，凡是一个有志于未来承担国家重任的人，必先苦其心志，劳其筋骨，不怕艰苦，经受磨炼。习近平总书记曾引用此诗的后两句："一年三百六十日，多是横戈马上行"，意在教育启发广大革命工作者，要学习戚继光吃苦耐劳的精神，为我们国家富强、民族复兴做出贡献。戚继光写此诗时 24 岁，他曾龟勉自励："自觉二十上下，务索做好官，猛于进取，而其他利害劳顿皆不屑计也。"这段话恰是习主席引用此诗二句最好的注脚。

送李文学归蓬莱

早年结社蓬莱下，塞上重逢已二毛。
天与龙蛇开笔阵，地分貔虎愧戎韬。
郊原酒尽雨声细，岛屿人归海气高。
丛桂芳时应入越，扁舟随处任君豪。

李文学，戚继光早年的同乡李小山，据传他是一位满腹诗书而不慕功名、钟情山水的才子，当年在戚继光组织的诗社中，他是最积极的骨干成员，二人形成了深厚的友谊。成年后，二人各行其志，戚继光走上了抗击外敌、保家卫国的人生光辉之路，而他却仍然我行我素，宿志不改。在戚继光调到蓟镇不久，他慕名远道专程来访。戚继光热情地接待了他，二人欢处数日，畅叙今昔，分别时李索求墨宝。戚继光向着家乡方向的大海，望着窗外的沥沥细雨，略思片刻，一挥而就，写出了这首充满友情的送别诗。诗题的手迹原作"送小山李先生归蓬莱"，诗中"已二毛"作"各二毛"。各字分明是指戚、李二人，而戚的用意似在说自己未老先衰，已是二毛之年，故诗收入《横槊稿》时，作出改动。二毛，意指头发白黑相间的老年人，戚继光其时年仅43岁。

诗的内容，可分为两部分。前部分四句，是写李的到来。好友久别重逢，自不免抚今追昔，感慨万千。二人友谊形成于早年的诗社之交，故起句即从早年结社写起。诗社是早年以戚继光为主组织的一个诗人小团体，非定时地召集成员在蓬莱阁上聚会赋诗。"蓬莱下"，即指蓬莱城，对"塞上"而言，蓬莱地势居下，故称。颈联写当年诗社的活动，无疑是这次戚、李相聚的主要话题。"龙蛇"，比喻非凡之人，此誉指李，以及诗社所有成员，当然也包括诗人自己。"笔阵"，形容诗文笔力雄健有如军阵，杜甫《醉歌行》："笔阵独扫千人军。""开笔阵"，这里指当时诗社经常开展的一种具有争优竞胜性质的作诗活动，如分韵、限韵、对句、联句等，每当友人相聚，茶余酒后，以此助兴。这时戚继光表现最为优秀，据《年谱》所论，"每当宴乐游赏，杯筹交酌，手不停挥，口耳应接，目双行下，而酬又抚爽"。这种活动，既增进了友谊，又提高了赋诗水平。诗言"天与"是形容诗社成员个个都行，好像是上天赐予的一帮人才。颈联下句承上句追欢昔日，转写现今。貔（pí），古时所称虎豹一类的猛兽，貔虎比喻勇猛将士。戎韬，军事谋略。"愧戎韬"，是说蓟镇虽聚有英勇无畏的广大将士，但因自己谋略不足，未能发挥他们的才能而深感惭愧。这分明是自谦之语。戚继光的雄才大略，举世公认，他的自谦，实际暗含着他来到塞上后未受重用一直感到压抑，其御敌平虏之策无法实施而又无法明言的苦楚。

诗的后部分四句，写李的归去。"郊原酒尽"，写塞上饯别。"雨声细"以涩涩细雨烘托恋恋不舍的心情。"岛屿"指李归去之地蓬莱。"海气高"以海上雾气高浓，不利船行，表示对李行途的关心。这两句于写景中显示出依依不舍的真挚友情。诗末一句，有意从惜别的沉郁情绪中解脱出来，写别后再聚的希望：不久秋天到来，丛桂芳香，那时一起去南方越地，游览观赏，届时同乘扁舟，随意漂游，任你尽纵豪情雅兴。

戚继光镇蓟期间，闻名来访的人士很多，因此他这一期间写的送别诗不少。我读后的感觉是，这首送别诗最好，好在情真意切地表现出诗人心系乡愁、念重旧情、珍视友谊、不忘故友的真纯人品，看不到一点自命不凡、目无常人的官架，这是十分令人感佩的。诗中这种人品的表现，也许是诗人和李的特殊友谊关系所致。从诗的写作来说，在与友人临别之际的瞬间，诗情焕发，挥毫成诗，也足见将帅诗人的超凡才华。这种才华，来自天赋，也来自他早年诗社活动的实践训练。

戚继光诗词品析

陶昱睿

戚继光（1528—1588），字元敬，祖籍登州。袭父爵任登州卫指挥佥事，后转战浙江、福建、蓟门等地，戎马一生，战功显赫，累迁总兵官、左都督。晚年受政敌针对，迁守广东；后又遭弹劾，罢官归家，郁郁而终。戚继光在有限的一生中，给我们留下了宝贵的精神财富，在他的诗词歌赋中，我们不难发现他心怀天下的爱国主义情感、吟草咏木的浪漫主义情怀；同时，作为一个有血有肉的人，多年从征在外的戚继光也不乏边关将士的思乡情怀。

一、爱国主义情感

爱国主义情感是戚继光最主要的情感，也是戚继光诗歌中体现最多的情感，贯穿了戚继光的一生。戚继光能够取得巨大的军事成就，成为我们的民族英雄，与他心系天下、忧国忧民的爱国主义情感是分不开的。

嘉靖三十年（1551），戚继光在《辛亥年戍边有感》中写道："结束远从征，辞家已百程。欲疲东海骑，渐老朔方兵。井邑财应竭，藩篱势未成。每经霜露候，报国眼常明。"[1]"结束"意为把头发束起来，古人束发之年为 15 岁。首联交代了这首诗写作的背景，自己 15 岁时从军出征，写这一首诗时已经 24 岁了，离家已经非常远了。颔联和颈联说明明朝军队面临的一种窘境：马也累了，兵也老了，百姓

---

① (明) 戚继光撰，王熹校释:《止止堂集》，中华书局 2001 年版，第 8 页。

手里的钱越来越少了，但是抵御敌人的藩篱却还未成形，表明戍边的任务道阻且长。尾联运用转折，表明即使在艰苦的环境中，自己的报国之心也不会变化。这首诗通过对自己戍边感悟的描写，表达了自己的报国之情。早在青年时期，戚继光心中就已经埋下了报效国家的种子。"每经霜露候，报国眼长明"也成为我们熟悉的名句。

在《关岭寺有感》一诗中，他这样写道："圣治于今天地宽，危岑何事尚名关？客中幞被因秋薄，月下禅钟入梦闲。寒水绕溪喧古树，晴烟破曙满空山。平生却遣群鸥笑，一片孤忠两鬓斑。"①"孤忠"一词表明忠贞自持、不求人体察的节操。在爱国这件事上，戚继光毫不含糊，从来不需要别人来提醒自己。从题目来看，戚继光来到关岭寺这个地方，感叹关岭寺清冷寂静，由关岭寺想到了自己，关岭寺要时常驱赶叽叽喳喳的鸟雀，戚继光也要将倭寇驱赶到海外。最后一句，表达了自己一片孤忠，即使到老也不会改变的决心。

在《凯歌》中，戚继光和乐而歌："万众一心兮群山可撼。惟忠与义兮气冲斗牛。主将亲我兮胜如父母。干犯军法兮身不自由。号令明兮赏罚信。赴水火兮敢迟留！上报天子兮下救黔首。杀尽倭奴兮觅个封侯。"②这首诗歌并没有过多的辞藻修饰，而是用《诗经》那样直来直去的表达方式，表现戚继光所带将士忠诚仁义的性格，以及赏罚分明的军事纪律。最后两句表达了戚继光对将士们的期望，"上报天子兮下救黔首。杀尽倭奴兮觅个封侯"，上报国家，下救百姓，为国建功立业。

《奉召北还，元日邀友人集大安暨氏耀金亭，分得连字》："圣主筹边日，孤臣应召年。临池惊短鬓，聚梗识多贤。二水分闽楚，丹心誓地天。感恩怀尺疏，直欲捣祁连。"③这首诗作于1567年，戚继光应召北还京师，开始北上拒虏。首联交代了诗作的背景；颔联惊觉自己年纪很大了，已经39岁了，过了战士的黄金年龄，但是此日一聚认识了这么多贤士，便深感欣慰。颈联表达了自己的爱国之心，闽和楚是由两条大江来分界的，但我的爱国之心永远铭刻于天地之间。尾联表达自己的决心——怀着国家对我的信赖，怀揣国家召我的奏章，我真想一路打到祁连

---

① （明）戚继光撰，王熹校释：《止止堂集》，中华书局 2001 年版，第 10 页。
② （明）戚继光撰，王熹校释：《止止堂集》，中华书局 2001 年版，第 19 页。
③ （明）戚继光撰，王熹校释：《止止堂集》，中华书局 2001 年版，第 25 页。

山。这首诗以戚继光奉召北还为切入点，表达了自己为国牺牲青春、拼尽全力杀敌的志向。

在《盟忠楼》中，他写道："绝顶开高阁，雄规壮北门。侧身见辽海，举首接天阁。击楫前贤志，裁襟国士恩。叮咛二三子，毋负此盟言。"①《盟忠楼》作于隆庆三年（1569），戚继光阅边至石门，参将李信、辽东刘沄引杯为誓，不负朝廷。副总兵胡守仁嘉其仁义，各截襟藏于幕府。戚继光因此将其楼命名为"盟忠楼"。此举可见，戚继光不仅将爱国之志践行于自己的言行之中，并且也以此志"叮嘱二三子"，可见对祖国的热爱之情已深入骨髓。

戚继光在《明妃曲》中写道："从来胡语不相通，愁心都付琵琶中。乳酪香，入口断妾肠。羌管音，入耳伤妾心。黄金竟莫赎，徒向南天哭。雁来几度无信还，龙荒秋雨增辛酸。汉使归来那肯说，纤手冰弦恨空结。至今芳草悲春风，孤冢青青不改色。"②戚继光通过对王昭君悲戚命运的诉说——为报家国，只身前往"胡语不相通"的匈奴部落，以换取汉朝与匈奴的和平。根据戚继光此诗中的用词"断妾肠""伤妾心"，可以看出，戚继光对昭君出塞并没有持肯定态度，不赞同昭君出塞，但是对昭君的贡献确是赞赏有加。最后一句"至今芳草悲春风，孤冢青青不改色"，对王昭君的功绩进行了充分的肯定，此句类似文天祥《过零丁洋》中"人生自古谁无死，留取丹心照汗青"③。这首诗歌传达出了在面对北面匈奴时汉朝的无奈，以昭君出塞来维护国家的和平。也从侧面表达出了戚继光以军强国，以此名垂青史的心愿。

戚继光在《督兵过潮州渡》中写道："汗血炎方七见春，又随残月渡江津。行藏莫遣沙鸥识，一片浮云是此身。"④诗的前两句写作者自身的经历，南方天气炎热，流血流汗已有七个年头了，后来追随残月渡江跨海；诗的后两句表达出戚继光自身的志向，无论做官还是归隐，都不希望被打扰，只愿自己是一片飘泊的浮云。戚继光的这首诗与唐代诗人岑参的诗歌有异曲同工之妙。岑参的《武威送刘单判

①（明）戚继光撰，王熹校释：《止止堂集》，中华书局 2001 年版，第 32 页。

②（明）戚继光撰，王熹校释：《止止堂集》，中华书局 2001 年版，第 33 页。

③（清）永瑢、纪昀等撰：《钦定四库全书·集部·文山集·卷十九》，台湾商务印书馆 1987 年版，第 1a 页。

④（明）戚继光撰，王熹校释：《止止堂集》，中华书局 2001 年版，第 23 页。

官赴安西行营便呈高开府》诗有云："功业须及时，立身有行藏。"①表达了两位诗人戎马一生、富贵浮云的高洁情操。

在《宁德平》中，戚继光写道："孤城已复愁还剧，草合通衢杂藓痕。废屋梁空无社燕，清宵月冷有悲魂。步兵涉海悬夷馘②，飞旆降俘散蚁屯。且喜丈人在帷屋，愿从骥尾报君恩。"③这首诗首联和颔联写景，孤城已被收复，忧愁反倒加剧，因为孤城的街道满是杂草和苔藓。废弃的屋檐连只飞鸟都不愿停留，到了晚上，让人倍加觉得凄冷。颈联叙事，步兵临海作战，割掉敌人的左耳来计功，旌旗飘到哪里，哪里的敌军就作鸟兽散。尾联抒情——值得高兴的是，我敬重的人就在帷幄之中，我愿意在鞍前马后为他效力，以报答他的知遇之恩。

在《普宁寺度岁》中，戚继光写道："落日萧萧起暮钟，祇园呼酒亦从容。时华已谢群情异，风景相将到处同。百战谁能宽束带，平生自慰有孤忠。残宵坐对寒灯尽，远思悠悠在海东。"④这首诗首联和颔联写景叙事，黄昏落日时分，戚继光在普宁寺祇园喝酒，即使晚风萧萧，入夜的钟声已经敲响，也丝毫不影响诗人的兴致。当下时节，群华已谢，各处风景别无二致。颈联和尾联抒情，身经百战，没有什么能让自己卸下身上的军装，这样或许会有点累，不过想到这是忠君爱国的表现，就会十分欣慰。夜已经深了，寒气也渐渐袭来，燃烧的蜡烛也快要熄灭了，哎，倭患究竟什么时候才能平息啊！本以为"百战谁能宽束带，平生自慰有孤忠"，就已经足以表达出诗人的忠君爱国之情了，但是通过对全诗细细地品味，诗的最后两句"残宵坐对寒灯尽，远思悠悠在海东"，才是诗人情感的升华，看似颈联和尾联抒情，但是尾联将抒情寓以写实之中，所抒发出来的情感更加真实，令人动容。

在《春日与胡茂秋、汪文鸣、方景武同集，分得开字》中，戚继光写道："阊阖茏葱淑气回，遥瞻日月九天开。边臣病骨兼愁立，侠客长歌任酒催。烽火十年

---

① （清）永瑢、纪昀等撰：《钦定四库全书·集部·岑嘉州诗·卷一》，台湾商务印书馆 1987 年版，第 2a 页。

② 馘：古代战争中割掉敌人的左耳计数献功。

③ （明）戚继光撰，王熹校释：《止止堂集》，中华书局 2001 年版，第 17 页。

④ （明）戚继光撰，王熹校释：《止止堂集》，中华书局 2001 年版，第 15 页。

惊泽国，松楸千里隔蓬莱。恩深不道谋身拙，独倚青萍志未灰。"① 这首诗中，戚继光将报国之志与思乡之情共书。常年的军旅生活，导致了戚继光"边臣病骨兼愁立"，但是戍边之愁与思乡之情并没有摧毁戚继光的豪放情怀，一句"侠客长歌任酒催"，将诗人的豪迈与浪漫展现了出来。尾联"恩深不道谋身拙，独倚青萍志未灰"，有一种"凭谁问：'廉颇老矣，尚能饭否'"②的味道，虽然头发花白，但是保家卫国、抵御胡虏的志向不会随着头发的斑白而褪色，传达出诗人的报国决心。

戚继光对祖国的爱无疑是清澈的，爱国诗歌是戚继光诗歌中所占篇幅最大的部分。在戚继光的故乡，在蓬莱的海市公园里，戚继光的《过文登营》就印在公园的标牌上，在这首诗里，戚继光写道："遥知百国微茫外，未敢忘危负岁华。"在《望阙台》中，他写道："繁霜尽是心头血，洒向千峰秋叶丹。"③ 除了上述诗歌，在《马上作》中，他写道："南北驱驰报主情，江花边草笑平生。一年三百六十日，多是横戈马上行。"④ 在《蓟门述》中，他写道："不将筋力答吾皇，方寸何安颜何光。""为子死孝行聿彰，为臣死忠国之良。"⑤ 在《寄书》中，他写道："男儿铁石志，总是报君心。"⑥ 在《和张都护》中，他写道："拜命自惭青鬓在，同期勋业勒燕然。"⑦ 在《船厂阻雨》中，他写道："驱驰还我辈，不惜鬓毛苍"⑧；在《纪事》中，他写道："报国志酬民恨雪，艰虞此意更谁知？"⑨ 在《登石门驿新城望塞》中，他写道："援袍志在捐身易，按塞年来报国难。"⑩ 在《己巳除日署中乏薪，得毛字》中，戚继光写道："西望蓟门通御气，孤臣不惜敝征袍。"⑪ 即使戚继光被贬谪至广东时，仍有"一

①（明）戚继光撰，王熹校释：《止止堂集》，中华书局 2001 年版，第 44 页。

②（清）永瑢、纪昀等撰：《钦定四库全书·集部·稼轩词·卷二》，台湾商务印书馆 1987 年版，第 23a 页。

③（明）戚继光撰，王熹校释：《止止堂集》，中华书局 2001 年版，第 20 页。

④（明）戚继光撰，王熹校释：《止止堂集》，中华书局 2001 年版，第 22 页。

⑤（明）戚继光撰，王熹校释：《止止堂集》，中华书局 2001 年版，第 25 页。

⑥（明）戚继光撰，王熹校释：《止止堂集》，中华书局 2001 年版，第 14 页。

⑦（明）戚继光撰，王熹校释：《止止堂集》，中华书局 2001 年版，第 16 页。

⑧（明）戚继光撰，王熹校释：《止止堂集》，中华书局 2001 年版，第 16 页。

⑨（明）戚继光撰，王熹校释：《止止堂集》，中华书局 2001 年版，第 18 页。

⑩（明）戚继光撰，王熹校释：《止止堂集》，中华书局 2001 年版，第 35 页。

⑪（明）戚继光撰，王熹校释：《止止堂集》，中华书局 2001 年版，第 37 页。

片丹心风浪里，心怀击楫敢忘忧"①，这句话的意思是一片赤子之心在这海风海浪里，心里怀着击溃倭寇的抱负，不敢忘记国家的忧难，把忧国忧民作为自己的分内之事，深深体现了诗人的爱国主义情怀。

二、浪漫主义情怀

浪漫主义情怀是戚继光诗歌表达的另一重要情感，在浪漫主义情感的驱动下，戚继光笔下的草木多少带着些灵动。或许是因为在爱国情怀中掺杂了浪漫主义，所以戚继光的诗歌并不那么悲伤，在爱国的路上永远充满了豪情壮志，如《东海奇松歌》："蓬莱畔，奇尔松，苍鳞黛鬣身虬龙。风雨时时吟不歇，炎天凄切寒无冬。问之何代谁植此，精神命脉羌如彼。初不避山林，原不竟朝市。久随冷淡缘，静任盈虚理。寿已千龄外，恍然一瞬里。松有闻，尘嚣两耳具纷纭。松有见，转眼荣瘁亦堪叹。松若有心情，能忘利与名。人非松，松非人，古来那具千年身？龙争与虎斗，转盼即成陈。松兮松兮奈尔何，摇笔且放奇松歌。"②在戚继光的笔下，蓬莱岸边的奇松仿佛有了生命一般，奇松的样子像是一条虬龙，无论寒冬酷暑都苍劲有力。这棵奇松一直矗立于此，已有千百年了。"松有闻""松有见"一闻一见，将奇松拟人化，几千年的见闻早已使得奇松对世间的事物如过眼云烟；"松若有心情"，进一步将奇松拟人化，"龙争与虎斗，转眼即成尘"，传达出世间万物发展、在奇松面前不过一瞬的感慨，也展现出诗人平静随和的心境。

再如《游雁山集景》："雁山秋杪一探奇，素练千寻下雁池。仙掌芙蓉当客耸，石梁盂钵为谁遗？岩高月挂观音镜，洞古云生罗汉衣。施雨神龙归太速，尚余鼻水滴清漪。"③在这首诗中，戚继光将瀑布比喻成白纱、山峰比喻成鲜活的人、山洞比喻成盂钵、月亮比喻成观音的镜子、浮云比喻成罗汉的衣服，就连落在水面泛起涟漪的水滴，戚继光也将其比喻成神龙的鼻水。在戚继光的眼中，这些自然造物不再是单调的人间景象，而是闪耀着和谐与灵动的仙境。作者的浪漫主义情怀跃然纸上。

---

① （明）戚继光撰，王熹校释：《止止堂集》，中华书局2001年版，第99页。
② （明）戚继光撰，王熹校释：《止止堂集》，中华书局2001年版，第104页。
③ （明）戚继光撰，王熹校释：《止止堂集》，中华书局2001年版，第19页。

在《宜曛洞》中，他写道："共爱朝曦好，吾怜夕照斜。听桡归晚渡，看鸟篆晴沙。啸发悲高叶，杯空落断霞。醉衔三尺舞，直欲挽天槎。"[1]该诗的意境表达类似于周敦颐的《爱莲说》，"予独爱莲之出淤泥而不染，濯清涟而不妖"[2]。戚继光通过表达对夕阳的喜爱，描绘了一幅夕阳西下、晚舟归渡、鸟卧暖沙的和谐景象，颈联通过听觉和视觉的合作，向我们展示了一幅动态的山水画，尾联通过"醉""舞""挽天槎"这样豪迈的表达，透露着诗人不羁的浪漫主义情怀。

在《振衣台》这首诗中，戚继光这样描写道："蓬莱有佳人，佩剑游南纪。指顾山海间，徜徉群动里。薄行幽径纡，乱石谁人驱？中有千丈表，乘之临玉虚。拂袖惊长风，浩歌空九衢。飘摇揖王母，如闻琼佩琚。幽人保元命，义士轻其躯。雉飞不逾皁，鹏抟九万余。巨翰如可挟，从此谢尘区。"[3]仅是粗略地阅读这首诗词，就可以发现诗中所表达出来的浪漫主义情感。如"玉虚""王母""幽人（隐士）"等词语的表达，隐约透露着李白"仙人抚我顶，结发受长生"[4]的浪漫，深刻体现出了诗人的浪漫主义情怀。

在《暮春舟中》，戚继光写道："疏雨同春尽，轻帆并鹜飞。柳深黄鸟乐，莎暖白鱼肥。物候惊新转，尘踪恨昨非。江涛渺无际，端坐对晴晖。"[5]这是一首五言写景诗，对仗工整，向我们描绘了一幅山清水秀、鸟叫虫鸣的春天景象。首联奠定该诗写春的总基调，以自然规律为引，蒙蒙细雨伴随着春天的结束而结束，在小船的周围总是伴有大雁在飞翔，以便随时驻足休息。颔联写黄鹂在茂盛的柳树上高歌，在靠近海滩的地方，游鱼在自由地遨游。颈联表达了一种时过境迁、物是人非的悲观情绪。但尾联话锋一转，时过境迁，物是人非又怎样，变化是永恒的，你看这一望无际的江涛，永远在奔流不息，所以，趁着春色宜人，静静地坐着欣赏这落日的余晖。在写景上，戚继光的手法是浪漫的，我们也很容易感受

---

①（明）戚继光撰，王熹校释：《止止堂集》，中华书局 2001 年版，第 19 页。

②（清）永瑢、纪昀等撰：《钦定四库全书·集部·周元公集·卷二》，台湾商务印书馆 1987 年版，第 1b 页。

③（明）戚继光撰，王熹校释：《止止堂集》，中华书局 2001 年版，第 20 页。

④（清）永瑢、纪昀等撰：《钦定四库全书·集部·李太白集注·卷十一》，台湾商务印书馆 1987 年版，第 11a 页。

⑤（明）戚继光撰，王熹校释：《止止堂集》，中华书局 2001 年版，第 22 页。

到他诗中所透露出来的快乐气息。

在《壬寅春余，月下浣，夜梦与蓟门兵宪徐公饮，偶掷骰子得么，载之玉盘，捧以授予，遂成二十八言，大笑而寤，晨起录之》中，戚继光写道："使君少负九州名，开府天津近帝城。六博①似知忧国意，一轮红日掌中擎。"②根据题目，戚继光这首诗于梦中所作，虽是一首称赞他人的诗作，但不乏豪放之情。"六博似知忧国意，一轮红日掌中擎"，颇有"运筹帷幄之中，决胜千里之外"的意境，诗中的溢美之词与豪迈意境，体现了诗人的浪漫情怀。

在《仙舟洞》中，戚继光写道："天地无心壑似舟，岩扉寂历自春秋。一时偶见停桡在，千载能令载酒游。洞口将军应化石，蓟门客子尚存丘。醉来欲掣神鳌去，不掷任公旧钓钩。"③这首诗作于戚继光重修遵化汤泉时，偶遇仙舟洞，诧异于仙舟洞之奇异而作。仙舟洞得名于少司马刘应节，刘应节曾来到仙舟洞，因为其洞如舟，在洞中可以并排而坐，饮酒作乐，故名仙舟洞。戚继光也因此作诗一首。诗歌的首联对仙舟洞的形状及年代进行了介绍，颔联则言在洞中可以泛舟饮酒；尾联大笔一挥，"醉来欲掣神鳌去，不掷任公旧钓钩"，喝醉酒就骑着神龟自由地畅游。整首诗传达出诗人的不羁与自由，通过对仙舟洞的描写，夹杂诗人的想象，传达出诗人的浪漫情怀。

《送学仙者入辽》："令威一去几千载，瑶草萋萋华表闲。不为采芝迟海外，还逢化鹤到人间。"④"令威"为传说中的神仙，"瑶草"为传说中的仙草，短短四句诗，诗人的浪漫主义情怀跃然纸上。《督兵过潮州渡》："汗血炎方七见春，又随残月渡江津。行藏莫遣沙鸥识，一片浮云是此身。"⑤表达了戎马一生、富贵浮云的高洁情操。在《元夕，开府杨公自范阳过访，赋事以谢》其四中，戚继光写道："他时呼酒祁连上，潦倒清秋三百杯"⑥，将报国之志与豪迈情怀糅合在一起，让人直呼过瘾。

---

① 六博，又作陆博，是中国古代民间一种掷采行棋的博戏类游戏，因使用六根博箸所以称为六博，以吃子为胜。

② (明)戚继光撰，王熹校释：《止止堂集》，中华书局 2001 年版，第 54 页。

③ (明)戚继光撰，王熹校释：《止止堂集》，中华书局 2001 年版，第 66 页。

④ (明)戚继光撰，王熹校释：《止止堂集》，中华书局 2001 年版，第 36 页。

⑤ (明)戚继光撰，王熹校释：《止止堂集》，中华书局 2001 年版，第 23 页。

⑥ (明)戚继光撰，王熹校释：《止止堂集》，中华书局 2001 年版，第 52 页。

三、思乡之情

戚继光祖籍山东登州蓬莱县（今烟台蓬莱区），一生戎马，征战浙江、福建、广东、北京等地，思念家乡是不可避免的，戚继光在诗歌中所表达的思乡感怀之情，使得他的形象更加丰满。

如在《铁马》一诗中，戚继光写道："一簇敲风百炼成，中宵惊起玉关情。总然用尽檐前力，应是无心为利名。"[1]铁马的解释有两种，一种是配有铁甲的马，还有一种解释是系在房檐上的铃铛，不论是哪种解释，都符合本诗的意境。无论是战马身上的铁甲还是悬在屋檐上的铃铛，每当半夜叮叮当当的声音响起来的时候，将士的思乡之情也会被不知不觉地勾起。最后两句，将思念家乡与报效祖国这两个矛盾点巧妙结合，越是思念家乡，越是要拼尽全力为国效力，戚继光再次表达了自己不为名利、愿为国家安危拼尽全力的赤诚之心。

又如在《客馆》中，戚继光写道："酒散寒江月，空斋夜弈时。风如万马嘶，人似一鸡栖。生事甘吾拙，流年任物移。所忧在仰俯，何以慰离思。"[2]戚继光在描写浪漫时可以淋漓尽致，在描写悲伤时亦是让人感同身受。首联"酒散寒江月，空斋夜弈时"，仅仅十字，将一个人喝闷酒、一个人坐在棋桌前消遣以挨过寒夜的孤独表现得入木三分。颔联通过"风"与"人"、"万马"与"一鸡"的对比，让人不免有"寄蜉蝣于天地，渺沧海之一粟"哀叹。颈联则是表达了"哀吾生之须臾，羡长江之无穷"的感慨。尾联"所忧在仰俯，何以慰离思"将思乡之情的无力感表现得无比真实，让人感同身受。这首诗所引所用，皆是我们所熟知之物，把孤独表现得也让我们感同身受，不免让人觉得悲从中来。

在《元夕开府杨公自范阳过访，赋事以谢·其三》，戚继光写道："凌虚小队散春风，长啸遥看大漠空。隐约蓬莱沧海畔，氤氲宫殿紫云中。晴沙鸣镝初回骑，石磴移尊已度钟。万灶暮烟低汉戍，归来豪气挟长虹。"[3]在戚继光的诗歌中，不止一次描写蓬莱，如"烽火十年惊泽国，松楸千里隔蓬莱""九曲河流返汉槎，蓬莱

---

①（明）戚继光撰，王熹校释:《止止堂集》，中华书局 2001 年版，第 13 页。
②（明）戚继光撰，王熹校释:《止止堂集》，中华书局 2001 年版，第 21 页。
③（明）戚继光撰，王熹校释:《止止堂集》，中华书局 2001 年版，第 52 页。

原有野人家"①……蓬莱是戚继光的故乡，在长风呼啸的大漠之中，戚继光感受到了来自故乡的氤氲湿气，其间透露出对故乡的思念。尾联"万灶暮烟低汉戍，归来豪气挟长虹"传达了自己定将完成戍边任务，以期荣归故里的决心。

《送美弟之任金山》："骊驹系雨向郊墟，长夏分携伏枕余。百代家声重赖汝，半生心事独愁予。东归松槚停骖外，南去鲸鲵避楫初。别酒泪痕浑是血，年年塞雁问吴书。"②这首诗是戚继光送别弟弟戚继美所作的一首送别诗，诗中表达了戚继光对弟弟的殷殷期待。"百代家声重赖汝，半生心事独愁予"，戚继光家族世受圣恩，希望弟弟戚继美能够继续为家族争光。最后两句表达了戚继光对弟弟深深的不舍，"别酒泪痕浑是血，年年塞雁问吴书"，表达了戚继光对此次分别的不舍，在交通不便的古代，分隔二地，见面不易，只能依靠书信来传达思念。

在《在告暂憩小金山·其二》中，戚继光写道："诸公尽是济世才，吾卧蓬莱亦快哉！闻说伏杉生百粤，常看飞栋矸三台。报君未老驱赢骨，听笛先闻吹落梅。但愿五云扶日月，相逢到处好衔杯。"③这是戚继光抱病从广东归家途中所作，首联表达了对诸公的殷殷期待，"诸公尽是济世才"，表达了将祖国的未来交到这些人手中自己会很放心。首联的后半句表露出自己归心似箭，"吾卧蓬莱亦快哉"，表现出了诗人渴望早日回到自己的故乡。尾联表达了对诸公的思念，"但愿五云扶日月，相逢到处好衔杯"，希望随着时间的推移，大家退休之后，可以到处约着喝酒。诗中除了传达出诗人的归乡心切，还透露出诗人的浪漫情怀。

在《放舟蓬莱阁下》中，戚继光有："三十年来续旧游，山川无语自悠悠。沧波浩荡浮轻舸，紫石崚嶒出画楼。日月不知双鬓改，乾坤尚许此身留。从今复起乡关梦，一片云飞天际头。"④初次泛舟蓬莱阁是三十年前，再次泛舟已经是三十年后了，蓬莱阁的景色就像我此时悠然自得的心境。在苍茫的大海上，漂浮着我的小舟，蓬莱阁就耸立在山崖上。这三十年作者经历了太多的战事，两鬓也已经斑白，但是回到蓬莱阁这个地方，却好似回到了自己年轻的时候：还好我仍然可以

①（明）戚继光撰，王熹校释：《止止堂集》，中华书局 2001 年版，第 44 页。
②（明）戚继光撰，王熹校释：《止止堂集》，中华书局 2001 年版，第 41 页。
③（明）戚继光撰，王熹校释：《止止堂集》，中华书局 2001 年版，第 100 页。
④（明）戚继光撰，王熹校释：《止止堂集》，中华书局 2001 年版，第 97 页。

游荡在天地之间；从今往后，又可以在生我养我的地方入眠，心情是何等的舒服，就好像一片白云飘荡在天尽头。这首诗已经不是简单的思乡之诗了，而是作者度过无数次思乡的夜晚，终于回到家乡的喜悦，在家乡的感觉就是"山川无语自悠悠"。作者通过诗歌表达，将对故乡的喜爱以及在故乡的安逸传达了出来，我们也能够由衷地感觉到诗人的快乐。

戚继光不只有对家乡的思念，戎马一生，还有许多对友人的思念，如《送黄医官南还》："少年结侠如君少，况复神楼旧业奇。松菊满庭归正好，春鸿回首慰相思。"① 又如《送叶山人归恒安》中，他写道："不知他日泪，谁为故人流？"②《送王山人南还》中，"天风万里过仙槎，滦水光摇彩笔花。慷慨已知凌大漠，艰虞何用问悲笳。乍看白发乾坤短，忍听骊驹道路赊！秋雁图南江国近，边臣愁绝久无家"③；在《送张中丞开府辽阳》中，戚继光写道："海裱初消柳色斑，春随使节度榆关。橐鞬日暖辽阳近，笳鼓风生锦水闲。三辅经纶留宦辙，一时勋业动人寰。徘徊重惜临滦意，丹陛方虚司马班。"④ 等等。思乡诗与送别诗所传达出来的情感也是戚继光的真情流露，戚继光的爱并不仅仅是对国家的大爱，也包含着对友人、对故乡的深情，这些细腻的情感一起，完整地构筑了戚继光的精神世界。

除了上述三种情感之外，戚继光的诗歌中还经常将两种情感杂糅，比如说"醉把韶光问花事，从来不解破边愁"⑤ "愧予不是寻芳客，夜夜严城度戍筜"⑥ "何时投传⑦来东海，还向蓬莱一卜居"⑧……这些诗词表达着诗人的浪漫主义情怀，却也将为国戍边的无奈杂糅其中，正是这些严肃中透露着浪漫的诗句，使得戚继光的形象更加立体，侧面凸显出他的爱国情感十分真实。正是这种矛盾的碰撞，才使得戚继光的形象更加丰满。若只是展现浪漫主义情怀，则脱离实际；若只是表达

①（明）戚继光撰，王熹校释：《止止堂集》，中华书局 2001 年版，第 59 页。
②（明）戚继光撰，王熹校释：《止止堂集》，中华书局 2001 年版，第 57 页。
③（明）戚继光撰，王熹校释：《止止堂集》，中华书局 2001 年版，第 56 页。
④（明）戚继光撰，王熹校释：《止止堂集》，中华书局 2001 年版，第 51 页。
⑤（明）戚继光撰，王熹校释：《止止堂集》，中华书局 2001 年版，第 55 页。
⑥（明）戚继光撰，王熹校释：《止止堂集》，中华书局 2001 年版，第 13 页。
⑦ 投传：投弃符信，指辞职，弃官。
⑧（明）戚继光撰，王熹校释：《止止堂集》，中华书局 2001 年版，第 14 页。

爱国主义情怀，则言之无物。正是通过这些碰撞的写法，诗人的形象才更加完善。

戚继光的诗歌有一种特殊的感染力，写悲时使人潸然泪下，写喜时让人想要和乐而歌，这就是戚继光笔下诗歌的渲染力。如果非要对戚继光的诗人身份下一个定义的话，我愿以"豪放的、浪漫的爱国主义诗人"去定义他。他诗中所透露出来的爱国绝非是说说而已，戚继光在表达爱国之时，会时常透露出自己不为名利的高洁情操；在表达思乡时，会将民族大义放在首位；在传达浪漫主义情怀时，又有一种怡然自得、超然物外的洒脱。作为明代著名爱国将领，作为今天我们国家的民族英雄，戚继光的优秀品质值得我们永远铭记，戚继光的诗词值得我们永远传诵。

附 录

戚继光研究书目论文辑要

王海鹏 *

为了使学者们了解戚继光研究的基本情况，现将戚继光研究的相关著作、论文附录于后。

凡著作、论文，一般会进行归类。在同一类别下，按照时间先后顺序排列，由此可以窥探戚继光研究的发展脉络。

一、著作

（一）1949 年之前出版的著作

黄天释、黄香山编文，梁中铭绘画：《民族英雄》。

中央陆军军官学校成都分校编：《民族英雄史略》，成都，编者刊。

陈光宪：《历代名将事略》，武学书局（北京），1906 年初版，1921 年再版。

孙毓修：《模范军人》（1—8 册），商务印书馆（上海），1915 年至 1926 年版。

庚恩旸编著：《中国对外三十六大军事家》，云南图书馆（昆明）1917 年版。

饶景星：《白话军人模范》，武学书局（北京）1918 年版。

杨歧械编：《古今名贤全史》，大陆图书公司（上海）1921 年版。

（明）黄道周著，刁广孚编：《历代名将断》，武学书馆（北京）1922 年版。

易君左：《中华民族英雄故事集》，1933 年第三版。

---

* 王海鹏，鲁东大学历史文化学院教授。

金铁庵：《戚继光将军平倭传》（全 5 册），民族文化社 1934 年版。

嵇翥青：《平倭名将戚继光生活之批判》，上海汗血书店 1935 年版。

袁清平编，李剑虹审：《四大民族英雄岳文戚史集》，军事新文社 1935 年版。

程宽正：《初中学生文库·戚继光》，中华书局 1936 年编印。

章衣萍：《戚继光》，上海儿童书局 1937 年版。

孟锦华：《浙江抗倭故事》，战时教育文化事业委员会书刊发行部 1939 年版。

蒋君章：《明代平倭三杰》，独立出版社（重庆）1942 年版。

吴原：《戚继光》，正中书局（重庆）1943 年版。

姚海舫编著：《中华四英雄传》，人文书店（重庆）1944 年版。

周彬编：《十个民族英雄》，中国史学研究社（浙江）1944 年版。

王崇武：《戚继光》，胜利出版公司（南京）1946 年版。

罗时旸：《戚继光》，青年出版社（南京）1946 年版。

萧潇：《历代名将史略》，大方书局（上海）1947 年版。

程宽正：《戚继光》，中华文库 1947 年版。

俞凌编：《历代民族英雄故事》，国光书店（上海）1948 年初版。

（二）1949—2000 年的著作

李光璧：《明代御倭战争》，上海人民出版社 1956 年版。

陈懋恒：《明代倭寇考略》，人民出版社 1957 年版。

谢承仁、宁可：《戚继光》，上海人民出版社 1959 年版。

王业猷：《戚继光》，中华书局 1959 年版。

谢承仁：《戚继光》，上海人民出版社 1978 年版。

虞裴明：《戚继光》，江苏人民出版社 1983 年版。

金文明：《戚继光的故事》，上海少年出版社 1983 年版。

朱封鳌：《戚继光台州抗倭》，浙江人民出版社 1983 年版。

蒋大椿：《戚继光》，中国青年出版社 1983 年版。

虞裴明：《戚继光》，江苏古籍出版社 1985 年版。

邹经：《〈纪效新书〉与〈练兵实纪〉总说》，军事出版社 1987 年版。

郑樑生编校：《明代倭寇史料》（第一—七辑），文史哲出版社 1987 年版。

温州市民间文学集成编委会编：《浙江省民间文学集成·温州市故事卷》，中国民间文艺出版社 1989 年版。

童来喜:《通俗军事文库·中国历代名将丛书·戚继光》,军事科学出版社 1991 年版。

曲树程:《戚继光诗稿》,黄河出版社 1991 年版。

计红绪、王云高:《戚继光》,时代文艺出版社 1993 年版。

梁宪初著,枫树编译:《商用戚继光兵法》,远流出版事业公司 1993 年版。

胡耀忠:《抗倭名将戚继光》,海南国际新闻出版中心 1995 年版。

裴明海主编:《宁波爱国民间故事集》,宁波出版社 1995 年版。

范中义:《中华历史文化名人评传·兵家系列·戚继光评传:继往开来的军事家》,广西教育出版社 1996 年版。

赵海军评注:《戚继光兵法》,岳麓出版社 1997 年版。

李春秋主编:《"中华魂"华夏名人传记系列·爱国民族英雄丛书·戚继光》,中国华侨出版社 1996 年版。

戚继光撰,范中义等注释:《戚继光兵法》,时事出版社 1998 年版。

梁冰波:《中外英雄人物故事丛书·戚继光的故事》,汕头大学出版社 1998 年版。

蓬莱市《戚继光民间故事传说集》编写组:《戚继光民间故事传说集》,山东友谊出版社 1998 年版。

丁义波、孙文、李克主编:《戚继光民间故事传说集》,山东友谊出版社 1998 年版。

《山东省志·诸子名家志·戚继光志》编纂委员会编:《戚继光志》,山东人民出版社 1999 年版。

（三）2000—2023 年的著作

范中义、仝晰纲:《明代倭寇史略》,中华书局 2004 年版。

马艺嘉编绘:《漫画中华英雄·戚继光》,现代出版社 2006 年版。

曲树程:《戚继光诗稿》,黄河出版社 2007 年版。

范中义:《戚继光兵法新说》,解放军出版社 2008 年版。

范中义:《戚继光兵法新说》,中国人民大学出版社 2008 年版。

竭宝峰编:《中国名人成才故事·戚继光抗击倭寇的故事》,辽海出版社 2009

年版。

叶娇编著:《靖海记:戚继光台州平倭》(台州历史文化丛书),北岳文艺出版社 2009 年版。

唐豪:《王宗岳太极拳经·王宗岳阴符枪谱·戚继光拳经》,山西科学技术出版社 2008 年版。

成君忆:《带好你的兵:向戚继光学管理》,吉林出版集团有限责任公司 2010 年版。

林可行:《戚继光的故事》,中国科学文化音像出版社 2010 年版。

史式:《中国历史人物故事·戚继光》,广西师范大学出版社 2010 年版。

赵相如:《抗倭名将戚继光》,西泠印社 2010 年版。

袁耀龙主编:《驱逐倭寇·戚继光》,吉林文史出版社 2010 年版。

方玉环编著:《抗击倭寇的民族英雄戚继光》,吉林人民出版社 2011 年版。

范中义:《戚继光评传》,南京大学出版社 2011 年版。

林风编著:《杰出的军事家和抗倭名将戚继光》,蓝天出版社 2011 年版。

袁耀龙编著:《中国文化知识读本·驱逐倭寇——戚继光》,吉林文史出版社 2011 年版。

朱亚非:《戚继光》,辽海出版社 2012 年版。

陈泽华:《信仰的力量:戚继光》,吉林教育出版社 2013 年版。

陈国锁:《陈王廷缠拳与戚继光拳法》,河南人民出版社 2014 年版。

范中义:《中国古代军事家评传丛书:戚继光评传》,解放军出版社 2014 年版。

范中义:《戚继光大传》,海洋出版社 2015 年版。

韩朝建:《抵御外侮·中华英豪传奇·抗倭名将戚继光》,南京出版社 2016 年版。

范中义:《卫国英雄戚继光(青少版)》,辽宁人民出版社 2017 年版。

边艳艳编著:《抗倭将领戚继光》,辽海出版社 2017 年版。

姜正成:《抗倭名将戚继光》,郑州大学出版社 2017 年版。

李申:《戚继光抗倭》,吉林出版集团有限责任公司 2017 年版。

王强:《戚继光集》(全 5 册),凤凰出版社 2017 年版。

冯国权、胡长秀:《抗倭英雄戚继光传》,华中科技大学出版社 2018 年版。

黄汉超：《戚继光拳经螳螂拳证义》，天地图书有限公司 2018 年版。

叶玉杰：《大型电视连续剧·戚继光》，百花文艺出版社 2014 年版。

梁源、马靖忠：《向戚继光学有效管理》，中国标准出版社 2019 年版。

章衣萍：《戚继光》，东方出版社 2019 年版。

范中义：《戚继光大传》，海洋出版社 2020 年版。

曲树程：《戚继光诗稿》，海洋出版社 2020 年版。

宋耀武：《戚继光生平史话》，黄河数字出版社 2020 年版。

王曼：《戚继光抗倭真英雄》，郑州大学出版社 2020 年版。

余华达：《戚继光抗倭传说》，宁波出版社 2020 年版。

刘素平：《抗倭名将戚继光传》，中国书籍出版社 2022 年版。

杜洪涛：《戚继光》，中华书局 2022 年版。

任晓礼、刘晓东：《戚继光军事思想对万历朝鲜战争的影响》，山东大学出版社 2023 年版。

刘晓东、祁山：《戚继光军事思想接受史研究——以朝鲜王朝为例》，社会科学文献出版社 2023 年版。

二、期刊论文

（一）1950 年至 1978 年间的论文

李光璧：《明代御倭战争中的戚继光和戚家军》，载于《历史教学》1955 年第 10 期。

杨耐思：《戚继光的拼音》，载于《文字改革》1960 年第 13 期。

万芳苓：《戚继光》，载于《大众日报》1961 年 5 月 28 日。

林中青：《发扬戚继光的武德》，载于《国魂》1961 年 9 月第 196 期。

赖家度：《戚继光和他的"鸳鸯阵法"》，载于《工人日报》1961 年 6 月 11 日。

许勇：《戚继光抗倭图》，载于《历史教学》1962 年第 5 期。

建和：《戚继光与中秋曳石》，载于《羊城晚报》1964 年 9 月 20 日。

武慰萱：《谈戚继光斩子的传说》，载于《人民日报》1965 年 7 月 27 日。

林方：《戚继光备倭守边》，载于《文字改革》1966 年第 3 期。

杨镇欣：《戚继光平倭故事》，载于《民间文学》1966 年第 1 期。

裴伯欣：《民族英雄戚继光》，载于《畅流》1967年2月号第35卷1期。

洪城：《戚继光的治军思想》，载于《历史研究》1975年第6期。

吴吟世：《平定倭寇名将戚继光》，载于《中国国学》1975年第4期。

（二）1979年至1999年间的论文

1. 戚继光思想

范中义：《戚继光战争指导思想略谈》，载于《军事历史》1984年第2期。

白巍：《戚继光的练兵之道》，载于《军事史林》1987年第2期。

王兆春：《从〈纪效新书〉与〈练兵实纪〉看戚继光对古代军事学的贡献》，载于《军事历史研究》1987年第3期。

范中义：《戚继光建军思想初探》，载于《军事历史研究》1988年第2期。

朱清泽、童来喜：《论戚继光的军事思想——纪念戚继光逝世四百周年》，载于《军事历史》1988年第1期。

余坤元：《略论戚继光的练兵之道》，载于《政工学刊》1988年第7期。

李鹏青：《论戚继光的军事改革》，载于《军事历史研究》1989年第3期。

孙炳元：《浅论戚继光的教育思想》，载于《盐城师专学报（社会科学版）》1989年第4期。

王联斌：《戚继光的武德教育思想》，载于《军事历史研究》1997年第3期。

王联斌：《戚继光的武德教育思想（续）》，载于《军事历史研究》1997年第4期。

邹经：《浅说戚继光的练兵思想》，载于《军事历史》1983年第7期。

毛元佑：《戚继光的军事教育理论和实践》，载于《历史教学》1993年第11期。

朱亚非、赵志坚：《戚继光军事思想篇论》，载于《孙子学刊》1994年第3、4合期。

王联斌：《戚继光的国防伦理精神与"戚家军"的武德风貌》，载于《军事历史研究》1996年第4期。

尹建强：《简论戚继光的治军练兵思想》，载于《河南师范大学学报（哲学社会科学版）》1999年第5期。

范中义：《论戚继光军事思想》《戚继光军事学说及其历史地位》，载于《兵家史苑》（第2辑），军事科学出版社1990年版。

2. 戚继光生平事迹

宁茂昌:《明代爱国将领——戚继光》,载于《大众日报》1981 年 1 月 3 日。

范兆琪:《明代杰出的军事家——戚继光》,载于《历史知识》1982 年第 2 期。

顾留馨:《一生戎马倥偬中》,载于《新民晚报》1982 年 1 月 13 日。

孔克西:《抗倭名将戚继光》,载于《长江日报》1982 年 4 月 12 日。

何敦华:《戚继光平倭患的战斗》,载于《历史知识》1984 年第 4 期。

范兆琪:《戚继光平定倭寇的不朽功勋》,载于《中学历史教学(广州)》1986 年第 3 期。

张鑫昌:《抗倭斗争中的戚继光》,载于《思想战线》1987 年第 1 期。

陈柏泉:《张叔夜戚继光海瑞史迹丛考》,载于《江西历史文物》1986 年第 1 期。

朱泽:《诗剑之交——记汪道昆、戚继光的友谊片段》,载于《安徽史学》1984 第 5 期。

信洪林、朱少伟:《戚继光的制胜之器——筅》,载于《上海大学学报(社会科学版)》1985 年第 1 期。

朱希元、苗济田:《金山岭长城与戚继光》,载于《古建园林技术》1986 年第 3 期。

张鑫昌、谭奇伦:《抗倭斗争中的戚继光》,载于《思想战线》1987 年第 1 期。

解立红:《戚家军科学的兵器配备》,载于《军事历史》1988 年第 1 期。

杨辄:《戚继光斩子说不能成立》,载于《东北师大学报》1988 年第 5 期。

张铁牛:《戚继光建设与运用水师的卓越才能》,载于《军事历史》1988 年第 1 期。

游任遂:《戚继光——幸运的将军》,载于《历史教学问题》1989 年第 1 期。

林长华:《戚家军的〈长枪队〉与〈鸳鸯阵〉》,载于《中国民兵》1989 年第 9 期。

朱亚非:《从历史档案看戚继光在山东的防倭活动》,载于《历史档案》1991 年第 4 期。

蔡俊士:《戚继光在浙江台州抗倭斗争述论》,载于《杭州大学学报(哲学社会科学版)》1991 年第 2 期。

朱亚非:《从历史档案看戚继光在山东的防倭活动》,载于《历史档案》1991年第4期。

曲树程:《戚继光在登州》,载于《山东社会科学》1992年第4期。

肖立军:《戚继光与明代火器》,载于《文史杂志》1992年第6期。

陈志卫:《"戚家军"的政治训练》,载于《政工学刊》1993年第2期。

师里:《戚继光与鸳鸯阵法》,载于《东北师大学报》1994年第2期。

彭和平:《戚继光创建的快速后勤保障部队》,载于《军事历史》1995年第1期。

郑心雨:《戚继光抗倭史迹与余姚的武术运动》,载于《浙江档案》1997年第11期。

朱亚非:《戚继光在御倭战争中的治军与战略战术》,载于《明清史论稿》,山东友谊出版社1998年版。

紫西:《戚继光与蓟镇长城防务》,载于《文物春秋》1998年第2期。

魏艾民:《爱国主义传统永放光彩——范中义〈戚继光评传〉评介》,载于《政工学刊》1998年第10期。

薛军:《戚继光兵法——十四卷本〈纪效新书〉简介》,载于《国防》1998年第10期。

尹建强:《简论戚继光的治军练兵思想》,载于《河南师范大学学报(哲学社会科学版)》1999年第5期。

胡嘉山:《戚继光抗倭的"鸳鸯阵"》,载于《中学历史教学参考》1999年第3期。

臧强、闫凯:《戚继光平倭》,载于《美术大观》1999年第5期。

3. 戚继光的籍贯、著作与诗

苏邦凤、谢根华、戚齐孟、钟远纯:《关于抗倭英雄戚继光祖籍的调查》,载于《江西历史文物》1984年第2期。

卢茂村:《关于戚继光籍里考》,载于《江西历史文物》1985年第2期。

王幼生、刘思祥:《戚继光爱国主义思想探源:兼证戚继光是安徽定远人》,载于《滁州师专学报》1987年第1期。

高英:《戚继光是蓬莱人》,载于《蓬莱文史资料》1987年第3辑。

熊鸣涛:《戚继光是不是定远县人?》,载于《志苑》1987年第2期。

范中义:《戚继光的祖籍与卒年》,载于《江淮论坛》1987年第2期。

阮移平:《戚继光籍贯小考》,载于《档案工作》1990年第11期。

阎崇年:《戚继光籍贯考》,载于《文史哲》1991年第3期。

邓兴锋:《明代口语研究的新材料——〈纪效新书〉语言特点例说》,载于《淮阴师专学报》1993年第3期。

郑树荣:《为〈练兵实纪〉正名》,载于《体育文史》1985年第5期。

王彦永:《民族英雄的豪迈诗章——戚继光〈盘山绝顶〉浅析》,载于《语文学习》1986年第5期。

曲树程:《将帅诗人戚继光和他的爱国主义诗篇》,载于《山东社会科学》1988年第6期。

孔繁信:《民族英雄戚继光的〈横槊稿〉诗》,载于《烟台师范学院学报(哲学社会科学版)》1989年第4期。

梁自洁、史克振:《辟径钩沉显将帅诗本色——读曲树程注释本〈戚继光诗稿〉》,载于《山东社会科学》1992年第6期。

张宗原:《戚继光军旅诗撷胜》,载于《华东理工大学学报(文科版)》1994年第6期。

谢晖:《明戚继光佚诗一首》,载于《文献》1998年第2期。

郑绍宗:《戚继光〈香山纪寿〉刻石跋》,载于《河北学刊》1985年第6期。

沈寿:《明代戚继光〈拳经·捷要篇〉今译与解析》,载于《成都体院学报》1982年第4期。

刘玉岐、潘国华:《登州卫致戚继光公文选》,载于《历史档案》1984年第2期。

张孟仁:《戚继光墨迹》,载于《历史档案》1981年第4期。

刘震:《戚继光登舍身台诗碑》,载于《文物春秋》1994年第2期。

曹淑梅:《戚继光〈三屯营重建镇府碑记〉考释》,载于《中国地名》2000年第2期。

4. 与戚继光有关的传说、民间故事

鲁琪:《戚继光与北京内长城》,载于《旅游》1980年第1期。

祖而奇:《戚继光以猴助战》,载于《北京晚报》1980 年 10 月 15 日。

成大林:《抗倭名将和金山岭长城》,载于《百科知识》1981 年第 2 期。

蒋大椿:《戚继光父亲留下的遗产是什么?》,载于《江淮论坛》1982 年第 2 期。

杜幼德:《白龙潭与戚继光》,载于《旅游》1982 年第 4 期。

朱封鳌:《戚继光海门屯兵处》,载于《文物天地》1984 年第 1 期。

朱封鳌、杨德盛:《戚继光抗倭的铜钟》,载于《文物天地》1984 年第 1 期。

刘文瑞:《戚继光和明长城》,载于《教师报》1985 年 3 月 17 日。

李方玉:《戚继光及其画像》,载于《东岳论丛》1985 年第 2 期。

孟乃昌:《戚继光与太极拳》,载于《体育文史》1987 年第 3 期。

赵栋:《明长城和戚继光》,载于《唐山师专学报》1987 年第 3 期。

姜纬堂:《辨戚继光之卒日兼说"蜡日""腊日"宴》,载于《江淮论坛》1989 年第 5 期。

胡善美:《戚继光与福州风味小吃》,载于《食品与健康》1994 年第 1 期。

丁德润:《从戚继光斩子说起》,载于《人民论坛》1994 年第 8 期。

肖然山:《少年戚继光》,载于《少年月刊》1996 年第 11 期。

尤克勤、李继忱:《戚继光受教戚景通》,载于《家长》1999 年第 10 期。

潘秀华:《戚继光与景忠山》,载于《档案天地》1999 年第 2 期。

邵阿墨:《戚继光与台州"穿心饼"》,载于《食品与健康》2000 年第 10 期。

冯日乾:《戚继光的无奈》,载于《领导文萃》2000 年第 4 期。

董韶军:《民族英雄戚继光》,载于《春秋》2000 年第 1 期。

(三)2000 年至 2022 年间的论文

1. 戚继光的思想

潘明英:《从历史文化遗产中汲取运动训练理论的营养——试论戚继光练兵思想之精髓》,载于《南京体育学院学报》2001 年第 5 期。

董韶华、郭增林:《从档案文献看戚继光的军事思想》,载于《山东档案》2001 年第 2 期。

赵红、朱亚非:《戚继光对孙膑军队建设思想的继承和发展》,载于《管子学刊》2005 年第 3 期。

朱晓红：《理法的交融与和谐——戚继光治军思想刍议》，载于《军事历史研究》2006 年第 4 期。

于志洪、于嘉帅：《戚继光布阵中的数学思想》，载于《语数外学习（初中版七年级）》2007 年第 8 期。

仝晰纲：《从〈练兵实纪〉看戚继光的将帅观》，载于《山东师范大学学报（人文社会科学版）》2007 年第 6 期。

赵国华：《戚继光军事思想探论》，载于《理论学刊》2008 年第 5 期。

杜超：《戚继光与〈孙子兵法〉——兼论经典理论著作的实际运用》，载于《滨州学院学报》2009 年第 2 期。

迟金光、董奕、孙艳艳：《试论戚继光的育将思想及其影响》，载于《兰台世界》2009 年第 23 期。

迟金光、董奕：《略论戚继光的练兵思想》，载于《兰台世界》2010 年第 3 期。

高希彬、王秋灵：《戚继光体育思想研究》，载于《体育文化导刊》2010 年第 7 期。

刘海洋：《蒋介石对戚继光养成教育思想的继承与发展》，载于《漯河职业技术学院学报》2011 年第 4 期。

赵金娜：《试论戚继光的武术练兵思想》，载于《群文天地》2011 年第 16 期。

李瑞华：《戚继光军事思想的宗教神学色彩探析》，载于《新西部（下旬理论版）》2011 年第 6 期。

赵金娜：《试论戚继光的武德思想》，载于《文体用品与科技》2011 年第 9 期。

张健荣：《蓟镇防务与戚继光的军事思想研究》，载于《三门峡职业技术学院学报》2012 年第 2 期。

贾红毅、赵建波：《明代戚继光军事训练思想探源》，载于《兰台世界》2012 年第 30 期。

车安刚：《东南沿海抗倭斗争中戚继光的练兵治军思想》，载于《滨州学院学报》2013 年第 5 期。

梁娟娟：《从〈纪效新书·胆气篇〉看戚继光的治气思想》，载于《滨州学院学报》2013 年第 5 期。

王秦：《试论戚继光正心术军事伦理思想及其当代启示》，载于《改革与开放》

2013 年第 10 期。

王稳:《南北驱驰报主情 江花边月笑平生——试论戚继光的武德思想》,载于《河南农业》2013 年第 4 期。

刘红:《戚继光兵儒合一思想管窥》,载于《兰台世界》2013 年第 27 期。

黄国军:《戚继光对孙子情报思想的继承与发展》,载于《滨州学院学报》2014 年第 4 期。

侯阳:《从〈纪效新书〉和〈练兵实纪〉看戚继光的军事教育思想》,载于《经济研究导刊》2014 年第 6 期。

张翠、李露露:《学用贯通,始得大道——有感于戚继光对〈孙子兵法〉的继承创新》,载于《孙子研究》2015 年第 5 期。

张长念:《戚继光武学思想的"儒道"与"释心"》,载于《首都体育学院学报》2015 年第 6 期。

丁雪枫:《论戚继光的武德思想》,载于《伦理学研究》2015 年第 4 期。

丁雪枫:《戚继光的武德思想及其影响》,载于《武陵学刊》2015 年第 4 期。

马斌、马兰:《从〈纪效新书〉看戚继光发展武术实用性思想与对策》,载于《当代体育科技》2015 年第 10 期。

曹文明、谢德:《历史的继承与超越——浅谈戚继光对待〈孙子兵法〉的成功经验》,载于《孙子研究》2015 年第 3 期。

连彦明:《李成梁与戚继光的御边思想初探》,载于《佳木斯职业学院学报》2016 年第 3 期。

梁娟娟:《论戚继光的将帅思想——兼论其对孙子将帅思想的继承与发展》,载于《孙子研究》2017 年第 3 期。

赵志坚、陈晓明:《戚继光军事思想与齐兵学初探》,载于《文史杂志》2017 年第 6 期。

邵永乐:《论戚继光的军校武学教育思想》,载于《开封教育学院学报》2018 年第 3 期。

王泽应、刘利乐:《戚继光的报国思想及其当代价值》,载于《社会主义核心价值观研究》2019 年第 1 期。

朱美娣:《论戚继光与阳明心学的渊源》,载于《宁波大学学报(人文科学版）》2019 年第 6 期。

姚振文：《戚继光对兵儒融合的自觉追求与突出贡献》，载于《管子学刊》2020 年第 3 期。

赵英、冯媛媛：《"南倭北虏"时代危机背景下的制胜思想探要——以俞大猷对戚继光的影响为中心》，载于《管子学刊》2020 年第 2 期。

梁娟娟：《论戚继光的战术思想——兼论其对孙子战术思想的发展》，载于《台州学院学报》2020 年第 2 期。

杨绪敏：《论戚继光人格修养及其对治军的影响》，载于《江苏师范大学学报（哲学社会科学版）》2020 年第 5 期。

郑任钊：《论戚继光的儒学修养》，载于《台州学院学报》2020 年第 2 期。

陈文辉、葛业文：《试论戚继光作战思想》，载于《军事历史》2021 年第 2 期。

张丛丛：《抗倭名将戚继光读书思想探析》，载于《山东图书馆学刊》2021 年第 4 期。

2. 戚继光生平事迹

冷东：《戚继光视野下的明代潮州社会》，载于《广州大学学报（社会科学版）》2004 年第 3 期。

胡昌成：《校外历史课程资源开发的实践与思考——从对戚继光宁德抗倭的研究活动谈起》，载于《宁德师专学报（哲学社会科学版）》2008 年第 3 期。

陈学文：《明代抗倭戚家军组建》，载于《浙江学刊》2009 年第 6 期。

王哲：《从戚家军看团队建设》，载于《人力资源》2009 年第 1 期。

万明：《从戚继光的文化交游看晚明文化视域下的"武臣好文"现象》，载于《鲁东大学学报（哲学社会科学版）》2009 年第 4 期。

李建明：《戚继光"有限发展"火器技术问题初探》，载于《自然辩证法研究》2009 年第 7 期。

卢如平：《戚继光浙东抗倭述略》，载于《台州学院学报》2011 年第 2 期。

史国强：《从戚、戚城、戚姓说戚继光》，载于《濮阳职业技术学院学报》2012 年第 2 期。

陈学文：《戚继光在台州》，载于《浙江外国语学院学报》2012 年第 4 期。

马静茹：《戚继光镇守蓟镇前后境遇的变化》，载于《江南大学学报（人文社会科学版）》2013 年第 1 期。

赵毅、于宝航：《张居正与戚继光关系论略》，载于《辽宁师范大学学报（社会科学版）》2013 年第 5 期。

刘鸿亮、王涛：《从戚继光看中国武术与军事技术的关系》，载于《佛山科学技术学院学报（社会科学版）》2013 年第 4 期。

朱晓红：《我国传统治军思想的基本特点——以〈纪效新书〉为例》，载于《滨州学院学报》2013 年第 5 期。

冯百跃：《瑞安"藤牌舞"与戚继光浙闽抗倭的"鸳鸯阵"》，载于《浙江艺术职业学院学报》2015 年第 4 期。

林岩夫：《封侯非我意，但愿海波平——明代著名军事家戚继光生平事迹述略》，载于《孙子研究》2018 年第 1 期。

亦彬：《戚继光与"辕门斩子"》，载于《孙子研究》2016 年第 5 期。

马冲、赵毅：《戚家军战力发展研究——从浙江到蓟镇》，载于《辽宁师范大学学报（社会科学版）》2018 年第 2 期。

赵英：《"嘉隆万"大变局中的戚继光制胜实践摭论》，载于《军事历史》2019 年第 5 期。

蔡薇、赵万永：《论戚继光水军战船与同时代西方风帆战舰的船型》，载于《北部湾大学学报》2019 年第 8 期。

郭洁宇、刘彬：《戚继光的"精器之道"》，载于《军事史林》2019 年 Z1 期。

徐勇：《天津兵学文化视角下的戚继光研究》，载于《滨州学院学报》2020 年第 3 期。

刘涛：《方志书写与史实重建——戚继光平定龙头寨事迹遭旧志阙载、改写原因考析》，载于《孙子研究》2021 年第 4 期。

刘涛：《戚继光招抚"三图贼"编入"上杭赖家兵"考》，载于《孙子研究》2021 年第 6 期。

徐勇、王冬：《名帅雄关——近年来天津学界戚继光与黄崖关长城研究综述》，载于《孙子研究》2021 年第 4 期。

黄友泉：《军事社会学视域下的戚继光与戚家军——兼论倭乱期间东南兵害成因及其治理》，载于《台州学院学报》2023 年第 1 期。

3. 戚继光的籍贯、著作与诗

秦进才：《戚继光籍贯新探》，载于《河北师范大学学报（哲学社会科学版）》2009 年第 6 期。

林晓平、戚莎莉：《戚继光祖居地及远祖新证》，载于《赣南师范学院学报》2005 年第 5 期。

刘向阳：《〈纪效新书〉〈练兵实纪〉的军事法制思想》，载于《政法论丛》2001 年第 5 期。

温力：《从戚继光的十四卷本〈纪效新书〉看火器的发展对军事和武术发展的影响》，载于《武汉体育学院学报》2003 年第 1 期。

朱晓红：《〈纪效新书〉"军法"思想解析》，载于《西安政治学院学报》2006 年第 4 期。

石彦霞、韩建：《〈纪效新书〉中的"将"字句》，载于《齐齐哈尔大学学报（哲学社会科学版）》2007 年第 3 期。

石彦霞：《婉约如水，磅礴若山——简评〈纪效新书〉的语言风格》，载于《作家》2008 年第 6 期。

石彦霞：《〈纪效新书〉中的"在于"句》，载于《牡丹江大学学报》2008 年第 1 期。

金双平：《〈纪效新书〉词语校正》，载于《文教资料》2008 年第 3 期。

金双平：《〈纪效新书〉语词札记》，载于《文教资料》2008 年第 28 期。

吕靖波：《〈止止堂集〉注释订误一则》，载于《江海学刊》2009 年第 2 期。

李晓艳：《〈纪效新书〉的刊行与武术内容考》，载于《浙江体育科学》2012 年第 4 期。

岳岭：《〈纪效新书〉军事思想的研究述略》，载于《佳木斯教育学院学报》2012 年第 9 期。

杜超：《〈纪效新书〉的实事求是精神及其现实借鉴价值》，载于《滨州学院学报》2013 年第 5 期。

张立军：《〈纪效新书·拳经捷要篇〉对明清拳术的影响浅探》，载于《兰台世界》2013 年第 26 期。

祁山：《〈纪效新书〉传入朝鲜半岛的背景及影响》，载于《山东青年政治学院学报》2013 年第 5 期。

葛业文:《〈纪效新书〉十八卷本与十四卷本的相互关系》,载于《滨州学院学报》2014 年第 4 期。

谢祥皓:《〈纪效新书〉〈练兵实纪〉》,载于《孙子研究》2016 年第 5 期。

丁传伟、张珍:《〈纪效新书〉武学解析》,载于《兰台世界》2016 年第 18 期。

寇月:《基于〈纪效新书《拳经篇》〉对摔法技术的剖析研究》,载于《中华武术(研究)》2018 年第 1 期。

孙卫国:《〈纪效新书〉与朝鲜王朝军制改革》,载于《南开学报(哲学社会科学版)》2018 年第 4 期。

蔡艺、李青:《〈纪效新书〉在朝鲜半岛的传播与影响——基于朝鲜汉文武籍编撰的视角》,载于《山东体育科技》2020 年第 6 期。

刘小丽、王鹏飞:《〈纪效新书〉在日本的传播与影响探析》,载于《宁波开放大学学报》2023 年第 1 期。

周潇:《戚继光文学成就评述》,载于《东方论坛》2011 年第 1 期。

孙建昌:《丹心照汗青——浅谈戚继光军旅诗的爱国情操》,载于《山东人大工作》2007 年第 2 期。

赵娜:《茅元仪〈武备志〉与戚继光著述关系考》,载于《河南师范大学学报(哲学社会科学版)》2012 年第 3 期。

尚翠萍:《戚继光用"密码诗"灭倭寇》,载于《农家之友》2017 年第 6 期。

郑钦南、郑苍钧:《戚继光在浙江所赋诗》,载于《书屋》2021 年第 1 期。

曹淑梅:《戚继光〈三屯营重建镇府碑记〉考释》,载于《中国地名》2000 年第 2 期。

李子春、赵国英:《永旺塔与戚继光》,载于《文物春秋》2001 年第 6 期。

王琦、周晓红:《抗倭名将戚继光手迹》,载于《中国档案》2002 年第 11 期。

何荣伟:《戚继光手迹的坎坷经历》,载于《兰台世界》2003 年第 12 期。

马猛:《戚继光〈香山纪寿〉石刻研究》,载于《文物世界》2017 年第 4 期。

4. 戚继光崇拜、戚继光精神

邱春林:《古代旗幡设计与"五色"观念——以戚继光的旌旗设计为例》,载于《东南文化》2005 年第 4 期。

郑镛:《戚继光闽南"化神"考》,载于《泉州师范学院学报》2007 年第 3 期。

李宗勋:《高丽与明嘉靖时期的倭寇问题比较——兼谈戚继光剿倭》,载于《韩国研究论丛》2009 年第 20 期。

文时伟:《关公佑助戚继光南澳平倭的传说》,载于《东方收藏》2012 年第 11 期。

冯军伟:《新媒体时代戚继光精神融入高校思想政治教育研究》,载于《教育现代化》2019 年第 56 期。

冯军伟:《新媒体环境下大学生家国情怀培育路径研究——以戚继光形象传播为例》,载于《新闻前哨》2021 年第 3 期。

李刚:《戚继光精神的思想内涵与时代传承》,载于《人文天下》2021 年第 7 期。

廖建媚等:《民间体育故事的记忆载体、社会价值与传承路径——以戚继光藤牌抗倭故事为例》,载于《体育科学研究》2022 年第 4 期。

5. 戚继光对武术的贡献

蒋兴材:《戚继光三十二势长拳与南兵拳(宁波架)》,载于《武当》2008 年第 5 期。

蒋兴材:《戚继光三十二势长拳与武当长拳》,载于《武当》2007 年第 11 期。

武兵、王宏强、武喆或:《戚继光三十二势技击法》,载于《少林与太极》2011 年第 4 期。

张国锋、甘海霞、李军:《戚继光对明代武术发展的影响》,载于《兰台世界》2013 年第 30 期。

王卓:《戚继光长枪解》,载于《精武》2009 年第 10 期。

牛晓雷:《太极拳源考——戚继光与〈拳经捷要篇〉》,载于《兰台世界》2013 年第 27 期。

郭玉江、张建丰:《论阳明心学对戚继光武学理论的影响》,载于《兰台世界》2013 年第 15 期。

于志钧:《戚继光〈拳经三十二势〉与陈式太极拳》,载于《武当》2014 年第 7 期。

刘旭东:《从戚继光〈纪效新书〉看中国武术和军事技术的结合》,载于《搏击(武术科学)》2015 年第 5 期。

郭玉江、张建峰:《阳明心学对戚继光武学理论的影响》,载于《少林与太极》2015 年第 1 期。

李通国:《训练学视角下戚继光〈拳经三十二势〉的用途及训练方法》,载于《武术研究》2017 年第 11 期。

王建超:《戚继光对中国武术和军事发展的影响研究》,载于《武术研究》2018 年第 2 期。

李开周:《戚继光的武功》,载于《同舟共进》2019 年第 6 期。

李通国:《戚继光如何进行传统武术的实战训练》,载于《少林与太极》2021 年第 12 期。

6. 与戚继光有关的文物与文化遗产

潘秀华:《戚继光与景忠山》,载于《档案天地》1999 年第 2 期。

曲金良:《戚继光与中国海洋历史文化遗产——兼及历史文化遗产的开发与保护》,载于《中国海洋大学学报(社会科学版)》2004 年第 2 期。

余华生、应长裕:《苦战凤凰岭 建立娘子军——纪念戚继光在浙东治海抗倭 450 周年》,载于《宁波通讯》2005 年第 11 期。

袁晓春:《明朝戚继光石牌坊综合保护技术探究》,载于《中国文物科学研究》2008 年第 4 期。

吴晓娟:《民族英雄戚继光爱国抗倭史迹述略》,载于《兰台世界》2013 年第 18 期。

王和俊、闵丽娟:《环境工程思想作用下基于戚继光主题元素的蓬莱旅游纪念品外包装设计》,载于《环境工程》2022 年第 3 期。

三、戚继光学术研讨会论文集中的论文

(一)阎崇年主编:《戚继光研究论集》,知识出版社 1990 年版

阎崇年:《论戚继光》。

韩大成:《一代名将戚继光》。

刘重日:《全面评价戚继光的文韬武略》。

朱清泽、童来喜:《略论戚继光的军事思想》。

范中义:《论戚继光军事思想》。

杨业进:《戚继光战术的创革与中国古典战术的终结》。

陈学文:《戚继光与戚家军》。

张铁牛:《戚继光与水师》。

张习孔:《论戚继光"大创尽歼""以次剿除"的御倭作战方针》。

王兆春:《戚继光对火器研制和使用的贡献》。

解立红:《论戚家军长短结合的兵器配备》。

解承仁:《戚继光的爱国主义思想》。

尹传水:《戚继光——古代爱国主义思想的典范》。

谭奇伦、张鑫昌:《论戚继光爱国主义思想的形成》。

迟克俭:《正义凛然,光照后人——论戚继光的品格》。

黄冕堂、金之平:《倭寇性质驳论与戚继光》。

杨余练:《戚继光在山东》。

朱亚非:《从几件历史档案看戚继光与山东备倭》。

龚剑峰、郑慧日:《论戚继光在浙江抗倭》。

董郁奎:《戚继光与台州大捷》。

颜章炮:《略论戚继光在闽抗倭》。

孙文良、柳海松:《论戚继光镇守蓟门》。

李建军:《戚继光与天津》。

姜纬堂:《戚南塘与汪太函》。

裴效维:《戚继光与诗歌略论》。

范中义:《〈纪效新书〉十四卷本成熟时间与内容》。

王玉祥:《戚继光著作刊刻述略》。

郝子文、周恩惠:《戚继光籍贯辩》。

（二）范中义主编:《戚继光研究论集》,华文出版社 2001 年版

范文澜:《戚继光》。

高扬文、陶琦:《戚继光简论》。

张德信:《戚继光奏议研究》。

范中义:《戚继光军事学说及其历史地位》。

林仁川:《试析戚继光的伦理道德思想》。

林吉玲：《戚继光的将帅观》。

朱亚非：《略论嘉隆万时代对戚继光的影响》。

仝晰纲：《明代嘉靖年间海盗与倭寇的合流》。

冷东：《戚继光平定海盗吴平论析》。

宗毅：《戚继光对军事技术的贡献》。

席龙飞、顿贺：《戚继光抗倭及其战船》。

曹文明、吕颖慧：《略论〈纪效新书〉十八卷本的价值与影响》。

孙光圻：《从〈纪效新书〉看戚继光水师的船舶结构和船员结构》。

邱心田：《戚继光〈练兵实纪〉刍议》。

王熹：《〈止止堂集〉略论》。

刘聿鑫：《〈戚少保年谱耆编〉的内容、价值和版本》。

王及：《台州大捷与现存明代戚继光抗倭纪念碑刻》。

蔡晓静、任振儒：《戚继光与喜峰口、三屯营》。

顿贺：《戚继光威镇幽燕》。

王雪农：《戚继光与山海关长城》。

王富强、袁晓春：《戚继光、戚景通墓的发现》。

佟辉：《戚继光研究综述》。

（三）张守禄主编：《戚继光研究》，中国文史出版社 2008 年版

范中义：《论民族英雄戚继光》。

席龙飞：《戚继光的海战实践与理论概括》。

曲金良：《戚继光与中国海洋历史文化遗产——兼论历史文化遗产的开发与保护》。

陈尚胜：《戚继光与朝鲜使节李珥的接触》。

戚俊杰：《戚继光兵学与中朝御倭海战的胜利》。

安家正：《构建戚继光文化》。

朱亚非：《戚继光精神再探讨》。

袁晓春、王记华：《试论戚继光的民间崇拜与影响》。

陈本学：《一生求变之戚继光》。

曲树程、蔡玉臻：《戚继光的三首珍贵佚诗》。

蒋惠民:《从黄县防倭遗址看戚继光的早期军事思想》。

张德信:《浅述明代抗倭与海防建设——兼论明代中日关系走向》。

李宗勋:《高丽与明嘉靖时期倭寇问题比较——兼谈戚继光剿倭》。

于建华:《蓬莱戚继光故居建筑设计》。

王锡平:《论戚继光故居的重建与利用》。

孔庆生:《蓬莱戚家牌坊化学加固保护与残损构件修复》。

刘春志、武玉林:《戚继光的练兵之道》。

吴潮海:《练就能征善战的精锐之帅》。

马立峰、张晓军:《戚继光军事训练思想评述及启示》。

李晓玲:《浅议戚继光治军思想中的人本精神》。

葛业文:《略论戚继光的将德观及其现代启示》。

周钰雯、夏爱军:《忠孝伦理教育对戚继光的影响及其现代意义》。

范中义:《论戚继光的造势》。

陈相灵:《明代南北危机中戚继光战略运筹的成功经验》。

曹文明、谭胜:《浅论戚继光对待〈孙子兵法〉的历史经验》。

陈宝良:《戚继光与晚明武将群体思想的转变》。

朱敏彦、李洪珍:《一代儒将戚继光》。

钟少异:《中国军事文化视野中的戚继光》。

张德信:《戚继光与张居正关系再探——以张居正书牍为中心》。

毛佩琦:《戚继光与汪道昆的书剑情谊》。

万明:《解读戚继光的文化身份》。

邱心田:《戚继光三部兵书的成书、传承关系及其价值》。

林金树:《戚继光抗倭与隆庆朝开海》。

彭勇:《试论戚继光修筑蓟镇长城的组织管理》。

张凤林:《长城与戚继光的戍戎诗——兼议戚继光在北方"以守为主"的战略思想》。

张凤林:《论戚继光在北方坚持"不战而屈人之兵"的意义》。

张金龙:《戚继光与义乌兵》。

蔡玉臻:《戚继光为何晚年凄凉》。

袁晓春：《蓬莱新发现戚继光及家族史料探究》。

李克、汤进学：《戚继光家族事务研究》。

汤进学、李克：《戚继光籍贯辩议》。

（四）中国明史学会、蓬莱市人民政府：《第十五届明史国际学术研讨会暨第五届戚继光国际学术研讨会论文集》，黄海数字出版社 2015 年版

陈二峰：《明代山东省东三府司法实践与地方社会》。

张爱敏：《明代登州卫、登州营及登州镇考》。

杨猛：《简述明代登州备倭城与海防建设》。

肖立军、李玉华：《明初山东总督备倭官浅探》。

宋耀武：《明末"登州事变"的再思考》。

蔡志书：《浅议登莱巡抚在抗击后金和维护山东海防安全中的作用》。

陈文念：《略论陈其学是明长城守建的功臣》。

李德楠：《从虚幻到现实：蓬莱文化景观的历史建构》。

赵毅：《张居正与戚继光关系论略》。

高春平：《论嘉靖中后期政治腐败对抗倭战争的影响》。

范中义：《俞龙戚虎之优长》。

卢岩：《浅析戚继光百战百胜的原因之关注细节》。

龚剑锋、高文龙：《试论戚继光与义乌兵的招募和征战》。

陈支平：《戚继光在福建的史迹述略》。

何歇劲：《李腾芳疏上〈戚继光练兵法〉及其抗倭方略述》。

叶王杰：《浅论戚继光对明末国防建设的贡献》。

常修铭：《戚继光与明末中国的步兵革命：与战国日本的比较》。

曹文明、吕颖慧：《戚继光军事管理思想初探》。

张凤林：《戚继光的"适成中国之大"思想》。

刘凤鸣：《〈纪效新书〉传入朝鲜半岛的背景及影响》。

杨丁、柳斌：《蓬莱新出明〈王母吴儒人墓志〉考释》。

（五）中国明史学会、中共临海市委宣传部：《第七届戚继光学术研讨会论文汇编》，浙江人民出版社 2021 年版

陈支平：《明代惠安李恺与俞大猷、戚继光》。

郑任钊:《论戚继光的儒学修养》。

徐剑:《戚继光参与政治之条件研究》。

张金龙:《试析"括徒"》。

尤飞君:《宁海抗倭两百年》。

童章回:《戚家军平倭首战在宁海揭幕》。

王建富:《戚继光舟山抗倭史迹地名考》。

吴旭东:《戚继光在临山》。

彭勇:《戚继光及其时代》。

牛传彪:《浙兵与明代中后期边、海、腹里防御》。

宋耀武:《戚继光将将思想解读》。

张凤林:《从台州大战到董家口大捷,看戚继光军事思想的价值取向》。

许建峰:《浅谈蓟镇后勤保障重地——板厂峪》。

何先龙:《明代户籍制度看戚继光的籍贯和原籍》。

朱亚非:《论戚继光在台州战役中的军事创新思想》。

范惠泉:《戚继光兵书附图研究》。

戚俊杰、李娜:《戚继光军事论著的广泛传播与应用》。

李有峰:《戚继光为什么坚持将兵、练将》。

曹贺龙、刘洋:《戚继光汤泉大阅兵查考》。

邱心田:《〈练兵实纪〉明清版本及其流变》。

李华彦:《隆庆至万历初戚继光镇守蓟州的对蒙关系》。

徐勇:《天津兵学文化视角下的戚继光研究》。

梁娟娟、孙远方:《论戚继光的战术思想——兼论其对孙子战术思想的实践》。

卢如平、林大岳:《戚继光浙东平倭的历史贡献及当代价值》。

李万胜、辛茂顺、刘翠慧:《戚继光对中华武术的传承与贡献》。

郑云鹏:《从诗稿看戚继光的高尚情怀》。

汤进学:《浅议戚继光的军礼之道》。

范厚广:《弘扬戚继光精神做新时代的奋斗者》。

唐锡彤:《吴佩孚的戚继光情结》。

冯荣:《戚继光抗倭与新时代民族精神传承弘扬研究》。

林滟茹:《浅谈文旅融合背景下历史人物的当代价值表述》。

朱丽霞:《戚继光与长城文化》。

代雪萍:《从"遗勿轻用"看戚父景通对戚继光的影响》。

杨绪敏:《论戚继光人格修养及对治军的影响》。

叶玉杰:《戚继光春节诗词背景浅析》。

张粤俊、袁晓春:《戚继光在浙江与各地民间影响》。

周致元:《明代徽州的防倭措施》。

卢岩:《试析戚继光台州抗倭对明朝中后期海防的影响》。

魏美智:《千载寺武魁"略称少林"抗倭史迹探析》。

赵树国:《"同心料理，互为应援"——援朝御倭战争期间环渤海地区的海防体制》。

黄建聪:《周德兴与泉州海防建设——兼谈周德兴与泉州人之恩怨》。

邵磊:《南京出土三种明初抗倭武官墓志》。

周苗:《以嵊泗列岛为中心的明代中后期浙东海防体系》。

肖立军:《明代浙江省镇营兵制下海防建置探略》。

芮赵凯:《嘉靖"大倭寇"与浙、直御倭士兵征调研究》。

尹君丽:《戚继光的海防建设实践》。

徐立新:《正月十四与八月十六——台州节日风俗与抗倭关系浅说》。

徐三见:《台州抗倭遗迹遗事杂考》。

彭连生:《戚继光临海本地神化》。

谢忠志:《中秋饮食俗尚——兼论戚继光与食芋传说》。

王欣、单仁慰:《"申遗"之后台州戚继光系列非遗发展思路初探——以"戚继光抗倭传说"为中心》。

董成娣、周维彬:《戚继光的艺术情怀》。

叶艳莉:《戚继光与中国非物质文化遗产》。

张学亮:《戚继光强军思想及实践论析》。

孙祥宽:《戚继光籍贯及祖籍辨析》。

卢永芳:《仙游是戚继光剿倭的重要战场》。

林大岳:《明代台州抗倭六虎将》。

戚江初:《封侯非我意，但愿海波平——对习近平总书记积极推崇戚继光文化的述评》。

吴晓慧:《戚继光与台州地域文化——兼述人文资源转化为文化产业的探索》。

马曙明:《戚继光军事思想对海防建设的影响研究》。

何薇薇:《戚继光抗倭对台州地域文化发展的影响》。

陈引奭:《诗书岂独英雄气——戚继光〈送李先生小山归蓬莱〉书轴读后》。

沈建钢:《唐顺之与戚继光练兵思想比较研究》。

林汝志:《戚继光平倭在椒江的遗存与传承》。

戚国纹:《实现中国梦，需要戚继光精神与百老精神相结合》。

林秋明:《叶向高与戚继光》。

周琦:《〈纪效新书〉：台州抗倭形成的"戚继光兵法"》。

丁式贤:《戚继光抗倭与弘扬新时代民族精神》。

陈瑾:《〈戚南塘剿平倭寇志传〉：文学叙事下的抗倭拐点——台州大捷》。

吴建山:《习近平强军思想与戚继光军事思想之比较及其现实意义探讨》。

闫海青:《戚继光的军事领导力》。

吴庆洲:《戚继光创空心敌台研究》。

（六）《山东社会科学研究·2021》，山东大学出版社 2022 年版

王海鹏、王金定:《明代山东备倭都司与海防三营考》。

宋耀武:《戚继光军事思想的时代价值》。

卢岩:《戚继光抗倭精神探析》。

范厚广:《戚继光爱国主义精神的形成和启示》。

贾文振、王佳宁:《戚继光精神在高校思想政治教育中的价值和应用研究》。

丁桂萍:《新时代弘扬培育戚继光爱国主义精神的价值和途径》。

张子川、姜华:《论戚继光的爱国主义精神与当代价值》。

袁晓春:《戚继光军事思想与"鸳鸯阵"的演变》。

刘甜甜:《将戚继光精神纳入新时代党员干部教育培训内容研究》。

刘凤鸣:《戚继光兵书长期影响朝鲜王朝军队原因探析》。

刘晓东:《朝鲜正祖依照戚继光兵书建设军队》。

后 记

　　《戚继光研究文萃》编辑出版是烟台市政协为进一步落实习近平总书记视察烟台指示精神、履行文化和文史工作职责、加强戚继光精神的传承和弘扬而实施的一项重点工作。本书征编工作于 2022 年 3 月正式启动，今年 5 月基本完成并交付中国文史出版社。经过相关各方的共同努力和辛勤工作，今日得以如期同读者见面。

　　本书所收论文，系各位作者近年来新创的精品力作，是戚继光研究和戚继光精神应用研究两大领域的最新成果。本书在征编出版过程中，得到了市有关部门、区市政协、驻烟高校和社会各界的关心支持和鼎力相助，我们谨在此表示衷心感谢！特别是烟台市社会科学联合会、蓬莱区政协等单位在稿件征集、调研考察等方面大力支持；鲁东大学刘凤鸣研究员等诸专家学者焚膏继晷地审阅、编撰、校对；十三届市政协委员刘兰清女士以对市政协文化文史事业的一片深情厚谊，从成立戚继光研究机构、开展公益宣传到本书出版，不惜赀力，无私奉献。编审人员属辞比事、不惮劬劳，还有很多人默默付出甚至连名字都不肯留下。总之，大家以对历史负责、对人民负责的态度，秉笔直书，探幽发微，倾力打造，奉献出这部凝聚着群体智慧与汗水的精品力作。

　　戚继光的研究是一项庞大的系统性工程，内涵丰富，研究的广度和深度都十分浩瀚。尽管我们在编撰过程中坚持严格的学术标准，对论文反复打磨、修改和完善，以提升质量，但由于受资料、时间以及编者水平等条件所限，书中挂漏之处在所难免，敬希广大读者朋友不吝指正。

编辑部

2023 年 10 月